新安文化丛书

XIN'AN WENHUA CONGSHU

新安江流域城镇

王振忠 著

中共淳安县委宣传部
中共淳安县委党史研究室
淳安县人民政府地方志办公室
淳安县政协文史和教文卫体委员会
编

文物出版社

图书在版编目（CIP）数据

新安江流域城镇 / 王振忠著. -- 北京 ：文物出版社，2024.7
(新安文化丛书. 一)
ISBN 978-7-5010-8399-2

Ⅰ. ①新… Ⅱ. ①王… Ⅲ. ①城市史－研究－淳安县
Ⅳ. ①K295.54

中国国家版本馆CIP数据核字(2024)第067688号

新安江流域城镇

新安文化丛书一

编　　者：中共淳安县委宣传部
中共淳安县委党史研究室
淳安县人民政府地方志办公室
淳安县政协文史和教文卫体委员会
著　　者：王振忠
责任编辑：孙　霞
封面设计：方　卓
责任印制：张道奇

出版发行：文物出版社
地　　址：北京市东城区东直门内北小街2号楼
邮　　编：100007
网　　址：http: //www.wenwu.com
邮　　箱：wenwu1957@126.com
经　　销：新华书店
印　　刷：杭州富春印务有限公司
开　　本：787mm×1092mm　1/16
印　　张：417.25
版　　次：2024年7月第一版
印　　次：2024年7月第一次印刷
书　　号：ISBN 978-7-5010-8399-2
定　　价：2880.00元(全18册)

总 序

新安文化是指新安江流域文化。

新安江是钱塘江的正源，源头分为两大支流。南支称率水，为新安江主源，发源于安徽省休宁县五龙山脉的六股尖；北支叫横江，源于黟县五溪山主峰白顶山。两支源流在屯溪汇合，流至歙县浦口一段称渐江，歙县浦口以下至浙江省建德县与兰溪相汇处称新安江。新安江与兰溪汇合后称富春江，到萧山闻家堰称钱塘江，流至杭州湾入海。

新安江流域地处闽浙山地的北缘，黄山、天目山、白际山、五龙山、千里岗、龙门山六大山脉盘桓其间，山地及丘陵占十分之八九。新安江水呈树叶网络状，由西向东辐射，地势也是由高及低逐步下降。流域平均海拔 800 ~ 1000 米，处在山岭川谷之中。俯视江南，附近的江西、浙江、江苏、安徽，均在其下。地处新安江源头的徽州，有“吴头楚尾”之说。杜牧诗云：“溪山侵越角，风壤尽吴根。”非常准确地描写出新安江流域的地理位置。

新安江流域以黄山山脉为界，南坡有流向东南钱塘江的新安江水系，直达杭州，是前往江南的捷径；流向西南鄱阳湖的阊江水系、乐安江水系，直达饶州、九江；北坡有直接流入长江的青弋江、秋浦河水系，直达池州、安庆、芜湖长江沿线。新安江下游严州府与兰江相接，向南直达金华、衢州，是前往江西、福建的捷径。陆路虽地势高耸，山路崎岖，但由于地处皖、浙、赣三省交界，成为全国的交通网络中重要的一环。

魏晋时期，由杭州经新安江前往江西、福建的通道，是全国交通枢纽上的重点线路。宋永初三年（422）秋，谢灵运离开建康（今南京）赴任永嘉郡太守。他沿钱塘江、富春江溯流而上，经桐庐、建德、兰溪，转由婺江到永嘉，途经桐庐写下《初往新安至桐庐口》诗。唐代以前，北方通往南方的三大干线，其中两条干线经过新安江流域。一条由洛阳东行至汴州，循运河东南而下，经杭州，沿钱塘江溯流而上，经睦州、婺州、衢州、信州至江西、福建和岭南道。另一条由洛阳走陆路，经汝州、许州至陈州，过寿州、庐州，渡江至采石，经宣州、歙州到睦州，经婺州、衢州，再选择西行或南行通往福建、江西和岭南各地。宋以后，新安江流域交通线路更是呈放射状，四面通达。虽然山道崎岖，水路湍急，路途稍显艰难，但无论水路、陆路，前往江西、湖北、福建、南京、杭州都是必经的捷径。

人类逐水而居，河流是人类文明的摇篮。先秦时期，新安江流域先属吴，吴亡属越，越灭属楚。秦末，在新安江中游和上游设黟、歙二县，下游则归富春县管辖。东汉建安十三年（208），分歙地置始新、新定、黎阳、休阳四个县，加上原来的黟、歙二县，就有了六个县，以这六个县新设新都郡，郡治设在始新县治新定里（今淳安县威坪镇）。黄武四年（225），析吴郡富春县地置建德、新昌、桐庐、新城四县，建德县、新昌县（后改寿昌）地处新安江下游。其后新安江流域郡、州、府级机构，先后更名或改设为新宁郡、新安郡、东阳郡、遂安郡、婺州、睦州、歙州，最后定名为徽州和严州；县级机构先后更名或改设为新安江上游的歙县、黟县、休宁县、祁门县、绩溪县、婺源县，新安江中游的淳安县、遂安县，下游的建德县、寿昌县。

新安文化的地域范围，以新安江上游古徽州一府六县，即歙县、黟县、休宁县、祁门县、绩溪县、婺源县，以及新安江中下游古严州的淳安县、遂安县、寿昌县、建德县为核心区域。新安文化的时空概念起自史前文明，迄于1949年，根据研究需要适当后延。其内容涉及哲学、经济、社会、教育、学术、文学、艺术、工艺、建筑、医学等诸多学科，凡与新安江流域社会历史发展有关的内容，均是新安文化的范畴。

新安江流域是我国原始文化的一个独立发展单元，一步步走来，没有停留，没有断代。历经早期文明、晋唐兴起、五代至元崛起、明清鼎盛和近代转型五个发展阶段，形成新安文化的完整体系。

1974年11月，在建德县上新桥村乌龟洞发现一枚人的犬齿化石，被命名为“建德人”，属于晚期智人类型，距今约五万年。同时，新安江流域分布着大量的旧、新石器时代遗址，承继“建德人”的文化发展。1959～1975年，新安江上游的屯溪西郊奕棋村先后发现8座西周至战国早期的墓葬。出土的青铜器、原始青瓷和几何印纹硬陶，在形制、纹饰和构图风格上，具有浓厚的越文化特色。史称当地人为越族，人民性格强悍，尚武好斗，文化礼仪相对薄弱。通过地方行政治理过程中的教化，当地越人在了解和接受中原人的生产、生活方式后，道德观、价值观、文化崇尚等方面均发生变化。

晋唐时期，新安文化兴起。晋代的“永嘉之乱”和唐代的黄巢起义是中国历史上的两件大事。它不仅造成西晋和唐朝的灭亡，导致中国社会的分裂，而且对我国南方的发展产生深远的影响。“永嘉之乱”和黄巢起义期间，中原士族比较集中地迁入新安江流域，现存的徽、严二州不少姓氏族谱中，对始迁祖的追溯都上溯到这一阶段。中原士族大量迁入以后，以其自身的文化素养和生活习惯渗透民间，改变了新安江流域越族的风俗习惯，越族尚武习俗与中原儒雅之风融合，儒家思想的仁义忠孝和修身齐家理念，开始在新安江流域流行。休宁吴少微的“吴富体”在文坛崭露头角，新安江下游的“睦州诗派”更是享誉诗坛。

五代至元，新安文化崛起。这一阶段新安江流域的教育与科举得到长足发展，仅南宋时期徽州、严州二府进士就有 806 名。南宋理学大儒朱熹祖籍徽州，曾两次回徽州省墓、探亲、授课，并在严州丽泽书院、遂安瀛山书院讲学论道。新安人读朱子之书，秉朱子之教，以邹鲁之风自恃，形成新安理学学派，使得朱熹理学在新安江流域广为流传，对整个流域的文化形成和演变起到关键作用。文风郁起，留下很多脍炙人口的作品，如胡仔的《苕溪渔隐丛话》和方岳、方逢辰的诗歌，在全国诗坛都占有一席之地。徽州刻书和严州刻书，在中国刻书史上贡献卓著。制瓷技术、医学、植物学、光学、生物学等科学技术都取得一定成就，其中歙县张杲淳熙十六年（1189）写成的《医说》一书，是中国医学史上第一部医史传记。

明清时期，新安文化进入鼎盛。私学、官学和书院教育同步发展，推动新安江流域科举繁荣兴盛。淳安人商辂“三元及第”，于明宣德十年（1435）乡试、正统十年(1445)会试及殿试均为第一名。理学、心学与朴学相互融合发展，理学家们提倡“和会朱陆”，阳明心学受到欢迎。清康熙、乾隆时期，新安学者提倡实事求是的治学精神，开创朴实的学风，成为清代学术的主流，朴学领袖戴震更是中国哲学史上的唯物主义启蒙思想家。文学艺术百花齐放，新安画派是明清文人画的正统继承者，徽派版画代表了中国传统版画的最高成就，徽派篆刻成为中国文人篆刻的主流，徽剧乃京剧之母。科学技术成就斐然，新安医学所主张的“固本培元”理论，是中国传统医学中的精华；程大位是中国历史上珠算集大成者；郑复光《镜镜詅痴》集当时中西光学知识大成。

近代，新安文化开始转型。光绪二十六年（1900），歙县基督教堂在城内创办崇一学堂，迈开新安江流域兴办新式学堂的第一步。在西方近代科技和工业革命的影响下，实业救国成为潮流，培养近代农林、商业、工业人才，是教育转型过程中的重要一环。光绪三十四年（1908），戴英在休宁县隆阜珠里创办新安江流域近代第一所职业学校——休宁初等农业学堂。随后，徽州乙种商业学校、淳安县初级实业小学、建德县浙江省立甲种森林学校等相继开办。新安学术也开始向近代学术思潮转型，胡适成为近代文化转型中承上启下的关键人物。文学艺术在转型中得到提振，其中由汪渊集句成词、其夫人程淑笺注的《麝尘莲寸集》，以词集词，前无古人。黄宾虹成为近代中国绘画领域中的一座高峰；黄士陵的篆刻形成自己的艺术风格，被称为"黟山派"。"徽路徽戏"和睦剧得到全面发展。

新安江流域自古为越族领地，随着中原士族的迁入，中华儒家文化的价值观"修身齐家治国平天下"，在这里不断积淀，形成尚武自强、重教崇文、俗尚文雅、治生重商的区域特征。

新安江流域早期越人以尚武著称。明清时期，新安江流域百姓依然习武自强为常。至今民间仍留存不少延请拳师的"拳关"文书。明万历休宁程冲斗所著《耕余剩技》，是中国武术史上的名著。绩溪县张横秋更是以武术名世，在武术史上形成"豫徽武术"流派，其拳术至今仍在新安江流域流传。很多文人在习文的同时练武，明末休宁县抗清义士金声不仅文章出彩，而且武艺高强。休宁画家汪肇，喜好持矛舞剑。新安朴学后期的重要学者汪宗沂，通拳术、剑术、马术，喜谈兵。他的学生许承尧、黄宾虹，一个是著名诗人，一个是著名画家，跟着汪宗沂学习时，练剑、骑马也是必备的功课。

中原士族迁居新安江流域以后，注重文化传承。这种传承使得新安江流域重视教育，崇尚文雅。朱熹提倡读书，研究学问，从事著述，强调"穷理之要，必在于读书"。新安理学的兴起，增强了新安江流域的读书氛围。儒家思想被塾师细化在自己教学实践中，塾师编写的大量蒙学教材中，将儒家的道德观念灌输给学童。在新安理学的影响下，新安江流域读书著述之风盛行，形成"十家之村，无废诵读"的景象。宋元以来，被称为"东南邹鲁"。

随着儒家思想向民间基层渗透，礼教在老百姓中扎根。民间礼仪以朱熹《家礼》作为依据，渗透于各个家庭。休宁《茗洲吴氏家典》根据《家礼》，结合本宗族的情况，规定冠婚丧祭的礼仪，作为子孙后代遵行的法典。民国遂安《高峰朱氏宗谱》卷三《家训》对子弟的礼仪教育写得非常具体，结合家族特点，将礼教具体化，教育族人如何做人、做事，各项规范要求明确，可操作、能监督，俗向文雅，成为“礼下庶人”的典范。

新安江流域有一个异于全国其他地区的现象，就是人们以经商致富为荣，从商成为风气。新安学者提倡职业不分卑贱，引导民众经商，鼓励商人创业，提倡“廉贾”价值观。地方士绅还通过各种方式为商人代言，创造良好的经商环境。学者的倡导、士绅的鼓励，对不轻视商业、不以经商为耻社会风气的形成，起到极大的促进作用，使新安人在观念上获得解放，理直气壮去经商，造就了雄飞于中国商界三百年的新安商人集团。

新安文化不断兼收并蓄，坚持实事求是，遵循儒雅中庸的发展过程，构成以“包容、探索、和谐”为核心的人文精神。

在沉淀中原汉文化和践行儒家思想的过程中，新安江流域不断地塑造自身的人文精神，推进新安文化的发展。新安文化的形成，是中原汉文化与当地土著越文化进行融合的过程。在两种文化的融合过程中，汉文化虽然是强势文化，但具有很强的包容性，促进了越文化的自然融合，从而产生出新质的新安文化。这种包容性，在新安文化发展过程中，贯穿始终，成为新安文化特色。兼收并蓄的包容精神，体现了新安文化的博大气象，是新安文化得以发展的源泉。

在新安文化发展过程中，新安人一直遵循实事求是的原则，博学求知，努力探索规律，追求真理，勇得时代风气之先。朱熹提出“濯去旧见，以来新意”；戴震主张“不以人蔽己，不以己自蔽”；胡适要求“重新估定一切价值”，都是不懈求索、勇得时代风气的典范。实事求是的探索精神，体现了新安人的思辨能力，是新安文化得以不断创新发展的动力。

新安文化是宋以后中国儒家文化在民间社会最完整的体现和典型范例，其儒雅中庸的内质得到很好的体现。“薄利多销”成为新安商人的经营手段，自己少赚些，让消费者不吃亏，成为“中庸”思想在商业领域的一种表现，即双赢。新安宗族在“中庸”思想的指导下，和睦相处，很少发生械斗。就是宗族间有了矛盾，也是协调处理，互相谦让。在艺术上，也非常讲究中庸平和。新安篆刻中的雅逸隽秀、平和光洁；新安版画内蕴的恬静和安乐，也是儒雅中庸的一种表现。儒雅中庸的和谐精神，使得新安江流域社会平稳安定，是新安文化不断发展的基础。

新安江流域靠近越文化核心区，其文化既具有新安文化特点，又带有钱塘江流域良渚文化特色，体现出新安文化与良渚文化融合的趋势。对河系流域上下游文化碰撞、交融的研究，具有重要价值。

新安江流域至今保存下来的地面文物遗存10000多处、8000余种文献、100余万件文书，跨越千年历史，涵盖政治、经济、文化各个领域。尤其地面文物遗存、非物质文化遗产和文书档案，均为第一手资料，是人们了解中国封建社会后期农村社会实态不可多得的资料，为按历史本来面貌做综合实态研究创造了前所未有的有利条件。中国社会科学院历史研究所周绍泉先生指出："以徽州文书为代表的历史文书档案为主要资料，综合研究历史社会实态，将是我们这个时代的学术潮流。"

新安文化是中国封建社会后期传统文化的典范，独树一帜，在各自领域都处于领先位置。从新安文化中提炼出来，形成新安宗族、新安学术、新安商人、新安教育、新安建筑、新安书画、新安工艺、新安科技、新安文学、新安戏曲、新安饮食、新安民俗等文化现象，是新安文化中的精华，学术界在研究专业史时无法绕开这些课题。对新安文化展开研究，实际也就是对中国封建后期传统文化展开研究，窥一斑而见全豹，具有普遍的学术意义。

新安江流域四面环山，作为一个独立的自然地理单元，风景秀丽，人们的审美观受到山水环境的影响。新安四雕艺术、文房四宝艺术、盆景艺术、新安书画、新安文学等，都是新安江流域自然环境同新安人审美观相结合的产物。而新安饮食、方言的形成，同新安江流域独特的自然地理环境及资源有关；新安宗族社会构成和村落结构，同新安地理环境也是密切相关，具有地理文化单元的人类文化学研究价值。

新安文化是移民文化，中原士族的内迁，决定了其社会与文化的诸多现象和特点，受到中原文化的影响。同时，新安文化的昌盛与发展，还存在着一个由新安江流域再向外移民的过程，并对侨寓地的文化产生影响。如新安学术、徽剧、新安艺术、新安刻书、新安篆刻等对扬州学派、京剧、江南园林、江南版画、浙派篆刻都有渗透和影响。研究新安文化，可以获得中华大文化融合各民族文化、各地方文化的一般与个别规律，为繁荣中华大文化作出贡献。

新安江流域是宗族社会。明清时期，农村基层依靠宗族自治管理，有不少好的做法。现存不少宗族公约中有值得学习和借鉴的条文，如禁止乱砍滥伐和禁止赌博等。从内容上看，它们符合当今所提倡的环境保护和社会文明的主旨。从实施机制上看，它不是依赖于行政系统，而是靠"公约"的形式自我约束，这给建设社会主义新农村带来启示，村民自治要以农民为主体，增强农民的自觉意识，而不是靠行政手段。新安文书中的商业合同，反映了新安人市场观念的成熟；分家契约反映了新安人既遵从中国传统的伦理观，又理性地处理家庭财产等经济问题；诉讼文书，反映了古代新安江流域民间已经有较强的法治观念。新安江流域古村落人与自然和谐，以人为本的思想贯穿村落建设，村落中的防火措施、水系设计都十分讲究，科学性很强，给当代环境规划设计带来启示。

新安文化博大精深，对新安江流域上游的徽州文化研究，已经成为一门专门的学问——徽学。但对整个流域的整体研究还是一个空白，编撰《新安文化》丛书，可以填补全面涵盖新安江全流域文化的研究空白，力求科学、全面、准确、系统地展示新安文化的各个方面，对于新安文化学术研究及开发利用，是一件十分有意义的事情。

《新安文化》丛书编撰委员会

2023 年 4 月

目 录

导 言

一

19世纪中叶，罗伯特·福琼（Robert Fortune，1812 ~ 1880）受英国皇家园艺协会派遣，前后四次来华开展调查。协会命他从中国引种野生或栽培之观赏植物及经济植物的种子，并收集与花园、农业和气象相关的情报资料。作为茶叶之乡的新安江流域，自然是他必到的地区。

福琼在后来所著的《两访中国茶乡》[①]中，对于新安江流域有着颇多生动的描绘。在书中，他写道：

> 这条美丽、清澈的江流，在阳光下闪闪发光，它在群山之中蜿蜒流淌，一会儿波平如镜，深沉静美，一会儿却又是浅滩急流，河床上到处都是岩石。在有些江段，江边林木蓊郁，树木将其枝条垂入水中；而在另一些江段，水面上岩石巉峭，与急流砰訇撞击。
>
> 这一带地处山区，远方的山岭，高高低低，从300英尺到3000英尺不等，它们或孤峰特立，或者连绵起伏，或者沟壑纵横，姿态万千。总之，景色非常迷人，那些鲜活的画面将长久地印在我的脑海中。

这段文字主要是状摹新安江中游的景观，从中可见，江水穿行于群峦叠嶂之间，沿途山青水秀，后人推崇的“新安江山水画廊”步移景异，令罗伯特·福琼颇感身心愉悦。

沿着新安江溯流而上，很快便到了上游重镇屯溪，在那里，罗伯特·福琼又写道：

> ……前一晚的暴雨已经云收雨歇，我从来没看到过这么美的早晨。太阳闪着金光，空气清新凉爽，眼前的一切都令人赏心悦目。船员们都用不着费什么劲，

① *Two Visits to the Tea Countries of China and the British Tea Plantations in the Himalaya.*

船就顺着急流迅奔而下，两岸的森林、城镇、村庄都纷至沓来。有时候，当我们凝神注目，看到前路好像已经被群峦叠嶂给挡住了，但等船到近前，在至少3000英尺高的山岭间，总有一条通道豁然出现，我们的船就从夹岸对峙的高山之间一掠而过。

时令刚过月半，月光下的景致非常美丽，让人难忘。有时候，一轮满月高挂山头，在清澈的江面上洒下一片柔和的清光，浮光耀金，仿佛江面上撒落无数颗珠宝。当我们的船贴近到东边的河岸时，月亮看起来就像是落到东边的大山后面，在升起的地方落下了，把我们留在阴影之中，就这样，在船只不断行进的过程中，月亮多次升起又落下，直到它升到高空，大山再也无法遮拦倾泻而下的月光。

在这位英国人的笔下，新安江有着如诗如画般的美丽……

新安江，又名徽港。为钱塘江的正源，因流经旧新安郡境而得名。新安江干流随地异名，上源率水出自皖、赣交界怀玉山脉率山主峰——休宁县六股尖东坡，发源地至休宁县鹤城，称为冯村河。此后，鹤城至休宁县流口称大源河，流口至屯溪称率水，屯溪至歙县浦口称渐江，浦口以下始称新安江。当然，在习惯上，也有人将屯溪以下就直接称为新安江。此后，新安江由皖、浙交界的街口流入浙西，折而东南流经威坪、淳安、港口和茶园等地。新安江在淳安县境内的这一段又名青溪，至梅城合兰江后为桐江，再接下去便是富春江、钱塘江，一直流入杭州湾。

新安江属山溪性河流，河水蜿蜒穿行于皖南山地和浙西丘陵之间，沿途山坡陡峭，河流湍急，峡谷险滩众多，其水能蕴藏量及水资源皆极为丰沛。据统计，新安江有大小支流数十条，歙县以上主要有率水、横江、丰乐水、富资水和练江等。其中，屯溪以上各支流大多流经崇山峻岭，河谷深切地层，干支流呈现出滩多、水浅、流急的特征。屯溪至深渡数十公里，沿途河面宽窄变化明显，河道颇为曲折。深渡至街口20多公里，河流穿行于深山峡谷之间。新安江中游以下，“三里一危湍，五里一急壑”，一路上湾多滩险，沿途则有桐溪、武强溪、富强溪和寿昌溪等。其中，淳安县西部的桐溪一名蜀溪，源出浙、皖边境的老山东麓，自北向南纵贯淳安县境，属山溪性河流，溪流湍急。武强溪源出白际山脉东麓，其上源有二，即东源洄溪，西源札溪，两源汇合后辗转奔流，最后流入今新安江水库。其沿途坡陡流急，也是典型的山溪性河流。富强溪又名进贤溪、东源港，在淳安县东北，现亦流入新安江水库。而寿昌溪则在建德县西南部，因流经旧寿昌县境而得名，后入新安江。

总体上看，“深潭与浅滩，万转出新安”，新安江由其上源奔涌而至，后流经深渡，至皖、浙交界处的街口，继而流入今新安江水库，再经铜官峡谷至梅城，全长 373 公里，流域面积 1.1 万平方公里。①

新安江

二

南宋文学家范成大曾赋《浣溪沙》二首，其一为：“歙浦钱塘一水通，闲云如幕碧重重。吴山应在碧云东，无力海棠风淡荡。半眠官柳日葱茏，眼前春色为谁浓？”揆诸史籍，绍兴二十五年（1155），范成大任徽州司户参军，历时六七年，这首诗是他离开徽州赴杭州前所作。歙浦为练江、渐江汇合之处，在诗中则代指歙城。该

① 以上对新安江及其支流的概述，主要参考以下诸书：《淳安县志（1986～2005）》编纂委员会：《淳安县志（1986～2005）》；《新安江开发志》编纂委员会、淳安县新安江开发总公司：《新安江开发志》；陈桥驿：《浙江古今地名词典》；陈基余等：《安徽大辞典》。

诗状摹了新安江一带春天的山光水色，同时也抒发了个人怀念故乡之情愫。

在传统时代，新安江是连接皖南山乡与浙西丘陵地区，以及长江三角洲最为重要的通道，徽州人外出经商，“春风一棹渐江水，直送侬郎下浙西”——自新安江直下经严州府，便可辗转抵达杭州，进入商贾麇聚的长三角。特别是明清以来，无数的徽州人就是经由新安江奔赴长江三角洲。清人王元瑞有一首《黟山竹枝词》曰：

少小离家动别愁，杭州约伴又苏州。
妾心难逐郎心去，折柳年年到白头。

这首诗是从女性的角度，描摹了徽人外出所引发的心理波动——男子自小外出务工经商，苦守乡间的商人妇愿随君去而不得，只能在闺中翘首以盼，其思念难耐之心声溢于言表。类似的情绪，在传统时代的诗文中所见颇多。

光绪年间“寄萍生自用氏”所著《自助录》（抄本）中，就有一首《甲辰秋日枯坐无聊有感千里依人之慨而书于沪南萍寓》，其中就述及某徽商从屯溪至杭州再到上海的沿途所见及心理感受：

蔽目青山照眼帘，舟人篙桨两摧前，盘绕石子滩中驶，七里严陵古钓边。
湾湾曲曲出徽河，三浙江中风浪多，舟轻似叶颠狂甚，橹声随在浪中哗。

诗中的“徽河”也就是新安江，全诗状摹了沿途的浪大水急及行路之艰难。民国时人徐云松亦有一首《徽河苦》，更是道尽了旅途的艰辛：

徽州府，交通阻，谁人晓得徽河苦？徽河之苦在滩多，天干水浅没奈何！没奈何！要赶路，大风大雨也要走。天光到晚十四时，何时盼到里花疫【渡】（一名锡行疫【渡】，到此近徽界矣）。徽杭七百有余里，闻家堰嘴背纤起。过了一滩又一滩，人生背纤最艰难。滩上顺风犹易过，无风背纤步蹒跚。五六月中太阳晒，石子如汤走不快。前船不进后船停，客子舟中须忍耐。冬天水浅船难撑，上岸背纤赶路程。无钱难买头发袜，赤脚入水冰咬人。一年三百六十天，工钱不满九十元。家中父母和妻子，忍饥受冻真可怜！

新安江穿行于崇山峻岭之间，不少河段地势落差较大，河道起伏不平，滩险流急，特别是溯江而上，多靠纤夫沿岸濒崖背纤而行，这些人沐雨栉风，口喊号子，匍匐前行，步履维艰。尤其是在冬天，纤夫赤足踏入冰冷的河水，体感寒冷彻骨，颠连困苦……上述这段文字，细致描述了新安江沿岸纤夫的艰辛与痛苦。接着，他又重点谈及旅外商人的境况：

> 徽州人，生意客，一年一度归不得，必到三年才准归。归来船上讨苦吃，吃苦坐舱中，天天盼顺风，顺风烟薰客，还言运气通？上水客人真苦恼，蚊虫臭虫知多少！夜间魂梦不能安，日间厘税还不了。税关厘卡真难当，倚官仗势开笼箱。两块花边买扦手，有钱容易通商量。不买扦手真痴呆，误了东风借不来。别人趁风往前去，我被扣留船难开。船难开，事犹小，赶不上帮真不了。孤舟野岸夜须停，防贼不眠盼天晓。

归乡的诸多旅人，一路上局蹐于狭小船舱，时常困于徽河之水浅，还要忙于应付诸多关卡的需索。诗中提及的“扦手”，是指手拿铁扦稽查收税的胥吏。这几句诗说的是直到民国时期，新安江上各处税捐处皆设所盘查，办事者沿用清代征收厘金时所使用的铁钎，插入行李之内检查商货。当时有民谣唱道：“新安江，九根扦，一扦一洞戳破天。商货莫从徽州走，商客莫坐徽州船。”这是徽人抱怨沿途税关多达9处，商民备受盘剥与刁难。徐云松接着还提到：

> 徽州河，还太平，浙江地面多歹人，歹人流寇何由起？此事到【倒】要问督军，督军！督军！你不是上海租界洋楼客，不是有家归未得。你如是我徽州人，念我徽河苦行役，何不倡筑屯昌路，背纤人来把工做，工人即是背纤人，修路常常把我雇。生意客，更喜欢，一年一次回家山，徽州的人个个笑，徽州河水生生甜。

19世纪与20世纪之交，随着整个社会的失序，新安江流域的治安状况趋于恶化，沿途匪患愈益严重，来往新安江上的徽人时常遭遇盗贼劫掠，其生命及财产皆遭受损失。为此，他们呼吁尽快开建徽杭公路，以取代“三百六十滩，滩滩在天上”的新安江水路。

上述的《徽河苦》一诗，刊登于当年徽州人所办的《微音月刊》上，诗歌末有“十四年六月十日于徽河舟上”之落款，可见该诗作于1925年夏日，当时作者正奔波于徽河路上，显然是有感而发。

三

在传统时代，河流与沿途市镇之关系极为密切。在新安江流经的沿线，就分布着大大小小的著名城镇。1921年10月1日，有位署名为“风尘余生”的人在《申报》上发表《新安江之观感》一文，其中有“新安江要邑之经见”“斯江要邑，由下流为首，即富阳、桐芦【庐】、严州、淳安、徽州、休宁、黟县。支江若汾水、金华、兰溪、遂安，要镇若渔山、里山、灵桥、中埠、场口、东梓、横山、窄溪、注溪、仓后、茶园、港口、息埠、威平【坪】、街口、小川、深渡、棉潭、薛坑口、南源口、朱家村、浦口、屯溪等。”据上揭所列，大致说来，“要邑”是指新安江干、支流的行政中心，而其中的“要镇”则主要包括流域内的经济中心。

在新安江流域，最为重要的城镇首推上游的屯溪。此处青山环绕，绿水潆洄。1848年，罗伯特·福琼曾这样描述屯溪：

> 屯溪是个很繁荣、很忙碌的市镇，离徽州府20英里左右，是徽州府的主要码头。屯溪坐落于北纬29˚48'，北京再往东约24'经度的位置。因为江水很浅，无法再往上游行驶，所有杭州、严州来的大船都需靠在这儿上下货物，所以这儿也就成了一个贸易中心。几乎所有的绿茶都在这儿装船，沿着新安江顺流而下运往杭州，然后再转运到上海。运往广州的绿茶则要向西先翻过一片山岭，那里有一条流往鄱阳湖方向的河。

对于屯溪的商况市景，罗伯特·福琼接着写道：“屯溪据估计有15万居民，最大宗的贸易物品就是绿茶。这儿有很多大的茶叶商，他们从茶农或和尚们手中购买茶叶，然后进行加工与分类，把茶叶分成不同的批次，运往上海或广州，在那儿再卖给外国商人。据说每年屯溪要运出去七八百批次的茶叶。我也注意到这儿有很多木器店，生产柜子，光是这一行业就雇了不少人。实际上，屯溪和周边人口稠密的地区可以说都是因为茶叶对外贸易而兴盛起来的。”

罗伯特·福琼的说法，反映了清代茶叶贸易与屯溪山城发展的密切关系。此后，对于新安江畔的这个市镇，更为有名的描摹，自然首推1934年著名文学家郁达夫写的《屯溪夜泊》：

新安江水碧悠悠，两岸人家散若舟，
几夜屯溪桥下梦，断肠春色似扬州。

屯溪桥附近鸟瞰（原图见《安徽画报》1960年第3期，由邹怡提供）

前文述及，率水与横江在屯溪汇合后称渐江，至歙县浦口与练江汇合后始称新安江。在练江上游，隋唐以后修有渔梁坝。对此，曾任徽州松源监税的元代散曲作家张久可，有一首《渔梁送客》：

浪花飞雪，船阁苍云缺。
一片鸬鹚西照，樯燕语，柳丝结。
话别，情哽咽，酒边歌未阕。
他日寄书双鲤，顺流过，钓台月。

诗歌选自明人唐文凤的《梧冈集》，描写的是“新安八景”之一的“渔梁送客”。在张氏笔下，新安江水冲激着渔梁坝，溅起雪一般的浪花，坝下诸多帆船陆续远航。在落日余晖的映照下，岸边柳丝飘拂，船畔散布着众多鸬鹚，而燕子则围绕着桅樯飞鸣。《渔梁送客》一曲，营造出商埠码头依依惜别的气氛。

沿着新安江东下，深渡也是一个重要的市镇。对于这个位于歙县东部的水运码头，当代作家陈所巨曾吟诗描述：

> 一页一页那帆远了又近，一叶一叶那舟去了又来，山是渡进来的，水是渡出去的，山向徽州水下钱塘，挥手弹泪之间那满月，又被船头啃缺了一块。
>
> 出出进进去去来来，官员命妇巨商大贾剑客优人，缘山而入沿水而出，山渐渐高瘦水渐渐白胖，只徽墨歙砚祁红屯绿，和一部徽菜菜谱不瘦不胖地，在桅上悬挂徽州光彩……

诗人感叹“山环水绕那徽州，渡出渡进的古今”。

由深渡而下，经街口入浙江，沿途锦峰秀岭，山青水碧，很快就进入淳安县境。在淳安境内，第一个重要的市镇便是威坪。1848 年，罗伯特 · 福琼于 10 月 31 日晚抵达此处，根据他的描述“威坪镇建在新安江江边的高岸上”，“这是一个很大的城市，四周有城墙护卫，居民大概有十五万人。威坪位于与徽州交界的地方”。由于从街口顺流而下，很快就到达威坪，故而让罗伯特 · 福琼产生了某种错觉。第二天早上，他接着写道：

> 太阳这时候刚刚升起，晨曦照耀在威坪那古老的城墙与门楼上。……清澈美丽的江水从旁流过，四周环以小山，多么浪漫美丽的风景，又有年深日久的城墙在旁拱卫。

新安江过了威坪，又过了淳安，经由茶园，不久便到了严州。根据罗伯特 · 福琼的描述，严州府距杭州大约有 80 里，正好处于杭州与徽州之间半程的位置。“严州府城也像所有的中国城市一样用围墙护卫着，城墙全长约 4 英里。看起来这儿也是个历史悠久的地方，但停泊在城外河里的船只数量很少。……严州也是前往徽州的船只的集散地，因为要给船上人员提供日常生活服务，相关生意便做得很大。从城市规模来看，严州大约有 20 万居民”。1924 年，鸳鸯蝴蝶派作家徐哲身有一首《严州歌》，刊登在《红杂志》第 2 卷第 50 期上：

严州之下千峰青，桐庐水到钱塘平。
江光一量破飞鸟，落日天碧风帆明。
严州之上沙滩曲，水清石瘦见丛竹。
山远娟娟塔映空，黄鹂唤雨村烟绿。
我行到衢州，乃为严州歌。
严州画船无此多，红颜如花骄绮罗。
春来日夜生新水，花落随流奈汝何。

徐哲身所说的“严州画船”诸姬，应当也就是传统时代为过往贾客所艳称的“同年嫂”“同年妹”之类。新安江在建德与东阳江汇合，始称桐江，其下游亦即富春江及钱塘江。

新安江是徽州的母亲河，“新安之水宇内胜，水水汇流棹可随，就中山明更水净，绝妙何图竟如斯”。可以断言，若没有新安江，就没有传统徽州的繁盛，也就没有辉煌灿烂的新安江流域文明。从历史深处逶迤而来的新安江，宛如一幅五彩斑斓的绚丽画卷，随着江水之奔流，其山水篇章在皖南浙西间徐徐展开，时而群峦叠翠溪流飞泄，时而陡峭峡谷险滩急流，时而舒缓流淌涟漪微漾，“黄山白岳相对峙，细看从来无厌时”，姿态万千的新安江，是从水墨丹青中流淌出的峡谷深流。而新安江流域的诸多城镇，则积淀了千百年来璀璨的历史文化。

第一章　新安江流域上游城镇

本书所说的“新安江流域”，包含的范围是安徽徽州府和浙西之金华、衢州和严州三府。其中，新安江干流流经的地区为徽州府和严州府，支流涉及的区域为衢州府和金华府。就干流而言，流经徽州府境内的为新安江上游，淳安县境内的为中游，而建德县境内的则为下游。

自古迄今，在新安江流域各地分布着不少城镇。其中，屯溪不仅是徽州的第一大市镇，而且也是整个新安江流域最为重要的城镇。因此，本章将首先予以专门论述。

第一节　屯　溪

旧时屯溪下街江滨有一座五福祠，其中的对联系清末民初绩溪人胡位周所撰：“五水顺还，通六邑源流，到此齐收住；福星照耀，看半江帆影，都将满载归来。”[①] 这副对联，生动地状摹了屯溪地理区位之优势以及市镇的繁华盛景。

屯溪老街

一、“诸溪聚合”的屯溪

“屯溪”一名之由来，并无定论。其中有一种说法是源于水文形势，“诸溪聚合，谓之屯溪”。此处的“诸溪”，系指新安江上源的率水、横江等汇流于此。该处河面宽阔，河床比降较小，因其水流趋

① 舒育玲：《徽州楹联通览》，黄山书社，2013年，第19页。

缓，故河流的沉积作用比较强。一般说来，率水与横江汇合之后始称渐江，在习惯上，也有的称由此而下的河段为新安江。民国年间出版的《徽商便览》指出："休宁县水道之源有二：一源出黟县之渔亭，一源出本邑之龙湾、溪口。此皆舟楫可通，有裨商务。其余之涓涓细流，不具论。要之，休宁之水虽支分派别，皆会于屯溪而入新安江。屯溪为徽州一大商镇，诚以地居新安江流域，浙江之货品输入便利，复居徽境之中央，康衢四达，凡小商镇之离河流远者，皆转而输运于屯溪。此为休宁之美利，河流使然，甚矣！河流者，商之至宝，致富之资也。"上述这段文字，简要描述了地处渐江之滨的屯溪，其周遭支流纵横，舟楫颇为便利。若自此溯流而上，可至休宁之龙湾、溪口等处，而经由万安、休宁县城和渔亭，则又可抵达徽州府西北之黟县。此外，渔亭至祁门可通木筏，祁门西上则可前往江西的鄱阳湖。而若由屯溪顺流而下，经由深渡、街口、淳安和建德等地，流过桐江、富春江等，便可直达钱塘江滨的杭州。

根据今人的回忆，在传统时代，一般情况下，自屯溪顺流下水，大约四日抵达严州，再花一两天即可到达杭州。不过，如果适逢降雨河水增涨，那么，从屯溪到杭州，仅仅需要4天就可到达。相形之下，若由中、下游溯流而上，航行则相对较为困难。依据晚近时人的经验，从严州到徽州约需五六天才能到达；而若由钱塘江畔的杭州上行，则需要十日以上。在公路未曾开通以前，进出屯溪的大宗商品多是经由水运。此外，还有数条陆路连接徽州各县及青阳、太平和石埭等地，并由此通往浙江、江西各处，这些，都使得屯溪成为皖南山区的物资集散中心。当时，在屯溪集散的商品，主要是周遭各地的山林土产。这些物产汇集屯溪之后，由船只辗转运往下游各地。与此同时，中下游的诸多商品也经由新安江汇聚于屯溪，再转销到徽州及周边的山区各县。正因为如此，早在晚清时期，"休宁之富在于屯溪，局卡林立，商贾辐辏"。[①] 在这种背景下，屯溪虽然原本只是休宁县属下的一个市镇，但因其地理位置之优越，其商业繁盛程度远远超过休宁县城。另外，屯溪不仅是徽州的商业中心，而且还成为上至渔亭、上溪口，下至杭州、兰溪的货物集散中转地，新安江流域不少地区的物价行情，有时还要视屯溪之消长为变化。由此可见，屯溪是新安江流域最为重要的市镇，显然一点都没有夸张。

① [清]刘汝骥：《陶甓公牍》卷12《法制科·休宁民情之习惯》，第230页。

二、从水运码头到商业重镇

屯溪地处率水与横江汇聚之处，其形成的基本轨迹是由水运码头逐渐演变，最后发展成为区域性的商业重镇。根据文献记载，早在元末明初，程维宗在屯溪建造店房47间，其中除自营4间之外，其他的则用以招徕商贾、囤集客商货物。及至弘治年间，学识渊博的程敏政主编有《休宁志》，其中就描述过位于休宁县境内的屯溪街。明嘉靖十五年（1536），由于屯溪石桥的建成，街市遂逐渐向河东发展，商业亦日趋繁盛。一般认为，屯溪市镇的雏形"八家栈"，应当也就在此阶段形成。所谓八家栈，是指屯溪桥东头紧连的一段曲尺形街道。在这一带，先后设有储用栈房8家，八家栈遂因此得名。八家栈形成之后，附近沿河水运更加繁忙，而东来西往的肩挑驮运亦愈益频密，屯溪成为徽州重要的物资集散中心。屯溪老街的发展也沿着渐江之流向，自西向东、由南至北逐渐展开，在此过程中，河街、正街和后街等街衢巷陌渐次成形。①

明代中期以降屯溪城区的扩展（示意图），引自邹怡：《产业集聚与城市区位巩固：徽州茶务都会屯溪发展史（1577～1949）》一文，邹怡绘制

① 参见邹怡：《产业集聚与城市区位巩固：徽州茶务都会屯溪发展史（1577～1949）》，《"中央研究院"近代史研究所集刊》第66期，2009年。

及至清代，屯溪市廛愈益兴盛。康熙《休宁县志》记载："屯溪街，县东三十里，镇长四里。"现存于该志之中的"屯浦"图，形象地展示了清代前期屯溪一地帆樯林立的盛况。对此，清人查锡恒有《屯浦归帆》诗曰：

碧水萦洄最上游，垂杨夹岸舣归舟。
渔歌远近从风递，帆影高低带月收。
飞倦剧怜投树鸟，长闲终羡傍滩鸥。
村烟起处楼台好，一片波澄万顷秋。

此诗生动地状摹了屯溪周围水路航运的繁忙景象。从中可见，横江与率水汇合之处，山水澄明，屯浦十里江面上诸多帆樯与周遭的楼台村居相映成趣。

屯溪早期商业与街市发展的历史，因书阙有间，难以详细复原。不过，在现存的徽州文书中，仍然可见一些蛛丝马迹。康熙年间的徽州文书抄本《屯溪基地契白议约地图书信投词帖》，保留有屯溪上街某处的手绘地图。从中可见，在"大巷通溪"和"通溪大埠"之间，除了一般的房屋、"众厅"之外，还紧密分布着面店、酒店、帽店、船行和栈房等，这从一个局部反映了老街市井的繁盛状况。另外，近年来披露的《明天启二年十二月至清康熙元年七月休宁县汪氏誊契簿》中，提及顺治十三年（1656）屯溪中街的一些店铺，"原造通街门面楼二所，后栈房并厨房、楼屋及空地……南至会源行屋"，其中涉及榆林巷、屯溪后街和还淳巷等地名，还有老街上的染坊等。[①] 另两份清乾隆四十一年至四十七年（1776 ~ 1782）屯溪万和馆店业经营转让合同，[②] 其中提及胡君明与胡林万兄弟二人合开屯溪万和馆店，该店应是徽菜馆或徽面馆。

乾隆末年，苏州人沈景运在所撰《屯溪镇》诗中写道："屯溪一镇不宜舟，路去休宁十里修，浅水轻浮编竹筏，大桥横亘缓溪流。"原题诗注曰："去休宁邑三十里，

---

① 封越健：《中国社会科学院经济研究所藏徽州文书类编·置产簿》第5册，社会科学文献出版社，2020年，第339～341页。

②《清乾隆四十一年正月【休宁县】【胡】君明等立盘算万和馆店业银本屋业基地并开张议据(附乾隆四十七年三月将议据内【胡】璧本利付讫批)》，见封越健：《中国社会科学院经济研究所藏徽州文书类编·散件文书》第2册，社会科学文献出版社，2017年，第484～487页。

水浅滩急，舟楫不能进，土人用毛竹编为筏，用载人货。”这里是说从屯溪到休宁县城，因水浅滩急，大船不能行驶，所以只能利用以毛竹编成的竹筏以运载人货。

清道光时，杭州诗人夏之盛在游历徽州后，感叹“屯溪隆阜间，民生素殷沃”。①咸丰时期，徽州各地生产的绿茶有不少都运至屯溪精制，“屯绿”之名遂闻名遐迩。在此背景下，各地商贾麇集鳞至。根据各类文献记载，及至光绪年间，屯溪“为休邑之冠，各行业既备且多，四方穷民来觅食者踵相接”。②对此，光绪二十四年（1898）成书的《皖志便览》，指称“屯溪为全郡精华所聚”。当时，前往徽州督查盐务的戴启文，曾有一首《抵屯溪》诗：“皖南巨镇首屯溪，万户居民本富庶。商贾辐辏阛阓繁，茶客年年竟来去。盐商计利利亦溥，十万金钱输正赋……”③该诗对于活跃在屯溪的茶商和盐商，都有颇为生动的状摹。由此可见，屯溪原本就是富商巨贾麇居之地。后来，由于皖南茶叶贸易的兴盛，以及作为盐务中枢的地位，屯溪老街更呈现出异常繁华的景象。

光绪三十二年（1906），徽州知府王振声曾描述：“屯溪上、中、下街四五里，阛阓填溢，足征繁盛。”④此后，屯溪城区主体南抵江畔河街，北至后街，东西向以西镇街（黎阳桥至屯溪桥）和屯溪正街（屯溪桥至镇东阁）为主体。⑤根据邹怡的研究，民国时期，屯溪城区主体南北方向跨度受渐江岸线与华山岭及杨梅山之限制，变化并不太大，东西方向顺新安江流水继续向东扩展，大体至今日的跃进路一线。1949年以后，特别是20世纪80年代之后，屯溪城区向东继续大规模延伸，大体至原屯光乡里前村、外前村一线，南部通过屯溪新大桥，连通江心洲和渐江南岸的阳湖，北界推至铁路一线。⑥

三、屯溪的商况市景

明末清初的屯溪，据说仅“辖八百户”。⑦及至清末，民国传钞本《安徽省志》

---

① [清]夏之盛：《四月十六日挈眷之新安（壬寅）》，见氏：《新安纪行草》。

② 光绪二十八年（1902）刊本《新安屯溪公济局征信录》，见李琳琦、梁仁志：《徽商会馆公所征信录汇编》下册，人民出版社，2016年，第902页。

③ [清]戴启文：《新安游草》卷上，第7页下～第8页上。

④ [清]王振声：《王振声日记》，凤凰出版社，2017年，第85页。

⑤ 屯溪市地名委员会办公室：《安徽省屯溪市地名录》，1985年，第3页。

⑥ 邹怡：《产业集聚与城市区位巩固：徽州茶务都会屯溪发展史（1577～1949）》，台北《“中央研究院”近代史研究所集刊》第66期，2009年。

⑦《休宁县风土志》，转引自屯溪市地方志编纂委员会：《屯溪市志》，安徽教育出版社，1990年，第36页。

第七章曾指出，至1919年前后，屯溪"约有人口一万五千，户数在三千内外云"。当时，屯溪一镇除了本土人口之外，还有不少来自其他各地的务工经商者。根据清末徽州知府刘汝骥的讲述，当时，屯溪镇的土著不过占人口的十之二三，其他前来此地谋生的人，也大多是"数米而食，栉薪而炊"的客民，[①]"屯溪、率口、黎阳、阳湖一市茶之区也。朱明节届，男妇壮幼业此者以数万计。茶号借钱庄以资助之，分茶品为二十余样，统名之曰洋庄"。[②]此一记载明确指出，屯溪外来人口的纷至沓来，与当时繁盛的茶叶贸易密要相关。

光绪二十四年（1898），有一册与兴修渔梁坝相关的征信录中，提及当年的捐款：

兴修渔梁坝捐款一览表

类别	经募人	捐款数(元)		
		10元及以上	10元以下	总数
屯溪镇	孙华梁 江人铎 洪廷俊 叶龄	孙华梁,李维深,江人铎,洪廷俊,詹贵和,广馨祥,叶龄,义祥隆,隆泰昌,馨记号,李祥记,学日益斋,广生,裕昌馨,协泰和,森盛,永隆祥,永达,震生,永华丰,永昌椿、永福兴,朱新记,万成祥,殿记,源源福,公大昌,和茂祥,永泰源,春泰祥,森泰,宝和,春甡荣,森元,洪永芳,孙永春,永茂祥,冠芳,永昌福,方萃昌,永昌隆,荣昌椿,聚隆,春和永,林茂昌,雨春,怡茂祥,厚记春,春记号,福生和,亿中祥,致中和,同复亨,怡兴隆,宝泰隆	馥馨祥 朱生记 永福春	1127

① [清]刘汝骥：《陶甓公牍》卷10《禀详·禀屯溪水灾劝捐文》，安徽师范大学出版社，2018年，第160页。
② [清]刘汝骥：《陶甓公牍》卷12《法制科·休宁民情之习惯》，安徽师范大学出版社，2018年，第229页。

续表

类别	经募人	捐款数(元)		
		10元及以上	10元以下	总数
屯镇铺户	曹国镛 宁恩 程士爽 胡佐齐 程康梓 葛庆典	钱业,布业,姚承德堂,江成美堂,曹万隆,胡立德堂,何安禔,程采明,李长兴,曹正隆,曹福隆,宁振丰,郑大昌	人丰号,陈会源,郑永昌,汪宝善堂,大源号、大诚号,同昌永,吴万元,曹德和,福康,福源栈,裕康栈,广元栈,春和栈,震盈,茂记,石翼农,源聚,恒大成,查和记,余福泰,润森馨,泰隆裕,致和泰,曹大兴,苏同丰,泰源祥,无名氏,金日盛,恒泰,德兴,张鼎聚,叶怡兴,合记春,恒馨,同春,葛松春,胡开文,同德仁,陈泰昌,章德泰,曹永裕,王万和,义顺,陈漱芳,同丰,永盛隆,亿泰丰,广聚,裕丰源,恒大怡,振泰,益隆,恒隆,甡生,日隆甡,鸿记祥,恒盛,源泰,勤泰,正路,广顺,周怡盛,盛昌,志康椿,合顺,资生堂,震泰,德隆,正和,源记,陈乾茂,王万茂,济昌,淇粹,宝康,同源和,正康,长茂,裕隆,广和源,裕泰隆,阮德兴,冯乾泰,同福,万成,德聚,太和,震丰,彭聚和,怡和,胡泰隆,德发,唐生顺,同仁昌,鼎泰,福茂昇,鼎兴,胡同仁,王新泰,义泰祥,宋兴泰,余德泰,永昌春,程德馨,义和祥,万泰,王复新,同和,益生,杜仁和	500
总计				1627

这一份名单颇为罕见且珍贵，其中“屯溪镇”条下所列多是当时的茶商，而“屯溪镇铺户”则主要是商家。其中，屯溪镇的经募人孙华梁为屯溪公济局的创始者之一，是清末著名的茶商。

对于屯溪而言，茶业对于市镇的影响尤为重大。对此，民国传钞本《安徽省志》就指出：“屯溪在新安江上流，屯溪河（率水）之左岸，位于徽州府西南五十里，休宁之东南三十里，东港（白鹤水）、南港（率水）之水汇于此。新安江沿岸山岳相接，而于此处则称成一大盆地，此地原不过一镇市而已，故无城壁之设，在屯溪河与杨梭山、观音山、草山之间成一甚长之街市，更延长渡东港而东联东乡而成一繁荣之市区。于东港建七浦桥，以联络之，该桥长27丈，阔一丈八尺，全部石造，桥台凡六座，水门之高一丈八尺，建于明嘉靖十五年，工费一万六千元，其后修缮工事，则由当地商贾公同担任云。由东乡之西端至大街之东端，约二里半，自河街至后街约半里强。”另外，该书还谈及屯溪的“市况”：“此地附近一带种茶甚盛，茶之生产颇可观，且又为新安江上游水运之中心，遂臻于今日之繁盛，将来日益发展可预期焉。著名之街市为大街、河街、后街等处，就中以大街大商店最多，市面为最热闹，道路铺石，阔约丈余……建筑物之大者，为警察署、自治公所、茶税局、厘金局、兵营（观音山）、茶商公立农学校（对岸）及小学校数所。此外，茶行之规模宏大者有百余家。”

关于屯溪一地的商业状况，民国初年以后的记录就更为详尽了。譬如，1918年，安徽省立第二师范学校学生张正春，就曾写过一份屯溪商业状况的调查报告，其中提及，屯溪的商业可以分为土产类（茶、粮食、油、糖坊、酱园、肉铺、腌腿、山货、水果、漆、箬、棕）、杂货类（杂货、盐、布、纸、瓷、纸烟、药材）、文具类（笔墨、书籍）、洋货类（洋货、煤油）、工艺类（染坊、缝纫店、铲厂、铜器厂、锡器业、竹器业、木器业、银楼）、交通类（船行、客栈）和金融业（钱庄、当铺）和杂业类（酒馆，牙行）。当时，“屯溪之商店，按照商会调查，上自黎阳，下至率口，前至河街，后至后街，大小商店约共五百余家”。此外，另有商业机关，如税关（茶税局、厘金局、烟酒局、烟酒栈等）、商会（休宁商会）、会馆（江西会馆、宁属同乡会、婺源同乡会、绩溪同乡会）、公所（青阳公所、仙源公所、旌阳公所、梁安公所）、局所（邮政局、电报局、督销局、硝磺局、警察局等），“土产商品，其销路上通江西，下达苏杭。以茶叶、竹木、米谷、杂粮、山货、水果为出产大宗，其最著名者为徽墨、罗盘、贡枣、青螺、葛精、笋衣、祁术、石斛、石耳等”。[①]

根据记载，1920年前后，屯溪商店有400余家，基本上与上述的调查相当。对此，1920年3月18日的一则报道：“屯溪市镇居徽州之中央，水陆交通之总枢也，帆樯枢也，帆樯如林。河面广阔巨大之石桥，有名之建筑也。行人如织，接踵摩肩。

① 郑示言：《民国七年屯溪商业状况调查》，政协屯溪区文史资料研究委员会：《屯溪文史》第4集，第32～39页。

斯地商务殊盛，唯市街狭隘，除竹制之小轿外，车马稀有，以路狭屋高，日光难及，每遇天雨，隔日尚泥泞载道。此处居民非有事，必不外出闲游，上流社会之男女，出必以轿，故市街整洁之问题，无人议及。”1923年冬，由徽旅联合会印送的《屯溪南水卡裁撤案由·弁言》提到，屯溪是徽州“商务荟萃之区”。当时，从阳湖运来的屯溪货物，计有箬皮、枯饼、猪肉、靛青、桐油、牛皮、猪料、板笋干、笋衣、杉板、皮油、废铜、冬笋、锡饼、锅茶、灰茶、末茶、朴茶梗、茶子、杂骨、旧棕包和旧被絮等24种。

民国年间绩溪人舒啸写有《屯溪匪灾》一诗：“屯镇商场近水开，徽州市面独占魁，半千气数刘基定，如许繁华被匪灾。”1929年4月，因朱老五之乱，一场人为的大火致使商镇损失惨重，有不少店铺化为焦土。即便有此劫难，1930年，地理学者钱兆隆的观感仍然颇佳：

> 屯溪在徽州西南五十里，为徽港大民船之终点，市廛繁丽，有沪杭风，人口约三万，为皖南第一大都会，且为茶市之中心，茶栈密布，不下数十，凡徽州六县所产之茶，多集中于此，再由水路输出至杭州。其他若木炭、木材、冬菇、香蕈、冬笋等，每岁亦输出不少。至输入则以杂货为大宗，米、茶等次之，故商业之盛，甲于皖南。……屯溪地居徽州六县之中心，当浙、皖、赣三省交通之要冲，西南至婺源，以通江西之德兴，西通祁门，以达江西之景德镇，西北经休宁以达黟县，东北经歙县、绩溪，以至浙江之昌化，四通八达，行旅麇集。

1934年，郁达夫走访屯溪，他在《屯溪夜泊记》一文中写道：“屯溪是安徽休宁县属的一个市镇，虽然居民不多，人口大约最多也不过一二万，工厂也没有，物产也并不丰富，但因为地处在婺源、祁门、黟县、休宁等县的众水汇聚之乡，下流成新安江，从前陆路交通不便的时候，徽州府西北几县的物产，全要从这屯溪出去，所以这个小镇居然也成了皖南的大码头，所以它也就有了‘小上海’的别名。‘生意兴隆通四海，财源茂盛达三江’，这一副最普通的联语，若拿来赠给屯溪，倒也很可以指示出它的所以得繁盛的原委。”

根据《徽州商业志》等资料的描述，当时屯溪的商店主要分布在老街、西镇和河街三处。其中，河街主要是米店、棕店、菜馆，西镇则有酱园、国药、南货店、米栈和烟丝店。批发站大多设于巷内；经纪行开在华山岭，专为行商代卖，收回佣金；大桥两端，皆有小商店。若从高空俯瞰，屯溪老街呈鱼骨架状，其纵向主干颇像是鱼之脊柱，左右一些长长短短的横向巷弄，则似密密麻麻的鱼边小刺，其街巷布局及建筑形式，尽显徽派建筑的传统风格。

以下对屯溪的一些重要商业略作专门性的概述。

(一)茶业

徽州府的茶叶虽然产于属下的一府六县，但有相当大的部分皆集散于屯溪，故徽州茶也叫“屯溪茶”。康熙年间诗人查慎行有《青溪口号八首》，其中有咏茶商者：“屯溪船上客，前度去装茶，娶得东村妇，经年一到家。”当时，原设于白际岭附近的汰厦巡检司移驻屯溪。五口通商之后，屯溪绿茶之外销日趋繁盛。歙县芳坑著名茶商江耀华抄录有《屯溪茶市竹枝词》，其中有：“新安土物尽堪夸，摘了春茶又子茶，最是屯溪商贾集，半年算得小繁华。”江耀华贾而好儒，十分注意将经商心得撰述成文，故而在芳坑江氏文书中，保留有大量的商业书和商人书。例如，笔者手头的《万里云程》抄本，就是芳坑江氏文书之一种，其中就提及清代中叶茶商在屯溪起引、起照、挂号、办纳各种手续，以及到船行叫船等方面的内容。

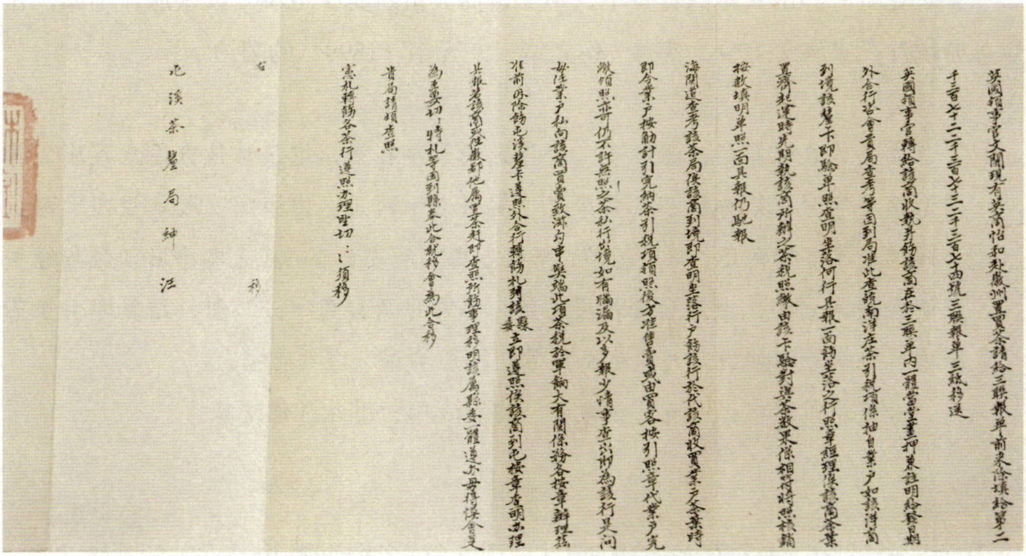

清同治五年十二月廿一日(1867年1月26日)，皖南牙厘总局移文

《清史稿·地理志》称屯溪为“茶务都会”。在晚清时期，“屯溪地方为商茶聚集

之区，向来各属茶斤，素以该县为最，其中在屯做茶，运往上海等处发卖”。[①] 同治五年十二月廿一日（1867 年 1 月 26 日）皖南牙厘总局的移文曾指出，在上海的江南海关苏松太道官员接到英国领事官的通知，有英商怡和欲前往休宁屯溪置买茶叶。为此，江南海关苏松太道官员知照皖南牙厘总局，皖南牙厘总局又知会休宁知县……此一事件，反映了通商口岸洋人对“屯绿”的关注。在这种背景下，屯溪老街的茶号及茶庄之开设如火如荼。每年前来屯溪打工拣茶的徽州民众，更是不胜枚举。《清同治七年四月休宁县为禁止恃强搅拣茶斤乘机偷窃以安商贾告示》指出：“屯溪等处，现届茶市，各商贩鳞集，买卖茶斤，烘拣装箱，请引贩运出境销售，惟拣茶之所，人数众多。”[②] 戴启文所著《新安游草》卷下即有《拣茶歌》，对此做了详尽的描摹：“不插田中秧，不采陌上桑。谷雨既过开头纲，茶市还比农桑忙。东怜【邻】西舍诸女伴，拣茶故业难抛荒。更有远自星江来，担囊负笈趋休阳。”“星江”在婺源县（今属江西）南部，为乐安江之上游，此处用以代指徽州府的婺源县。根据当代徽州人的回忆，旧时婺源人挑担成群结队地前来屯溪卖茶，颇具特色。上述的“更有远自星江来，担囊负笈趋休阳”，应是百余年来婺源小茶贩的传神写照。关于这一点，该诗自注曰：“徽州茶市，屯溪最盛，各乡妇女拣茶为业，远者来自婺源，麇集于此，几二万人。”[③]

正是在茶叶经济繁盛的背景下，不少富商大贾纷纷在屯溪开设茶庄。例如，在歙县芳坑江氏家族文书中，就有一份光绪二十五年（1899）的契约：

> 立合约人江耀华、谦顺安，今订定庚子年在徽州屯溪镇地方设立茶庄，牌名谦慎昌字号，采办绿茶，共集资本规银六千两正。内谦顺安股本银四千两正，江耀华股本二千两正，踩成箱茶，概归上海谦顺安代售，庄上各事归江耀华经手。议明除股本之外，由谦顺安垫用汇款，每月每两计息一分二厘，结算即由售茶款内，将搭股本如数归还。生意盈亏，按股均派，立约存据。
>
> 一议箱茶到申，所有开销缴费，均照大例扣用九八银结算。

① 封越健：《中国社会科学院经济研究所藏徽州文书类编·散件文书》第4册，社会科学文献出版社，2017年，第199页。

② 封越健：《中国社会科学院经济研究所藏徽州文书类编·散件文书》第4册，社会科学文献出版社，2017年，第209页。

③ [清]戴启文：《新安游草》卷下，第11、12页。

一议结账之日，能得生意盈余，作十二股分派，应提出花红二股，以酬劳经手之人。

一议采办茶事，随时依谦栈号信以作进止。

廿六年九月卅日批：本年生意完场，此合同作废。

光绪二十五年十月吉日　江耀华（押）

谦顺安（押）

见议　徐秉衡（押）

程松云（押）

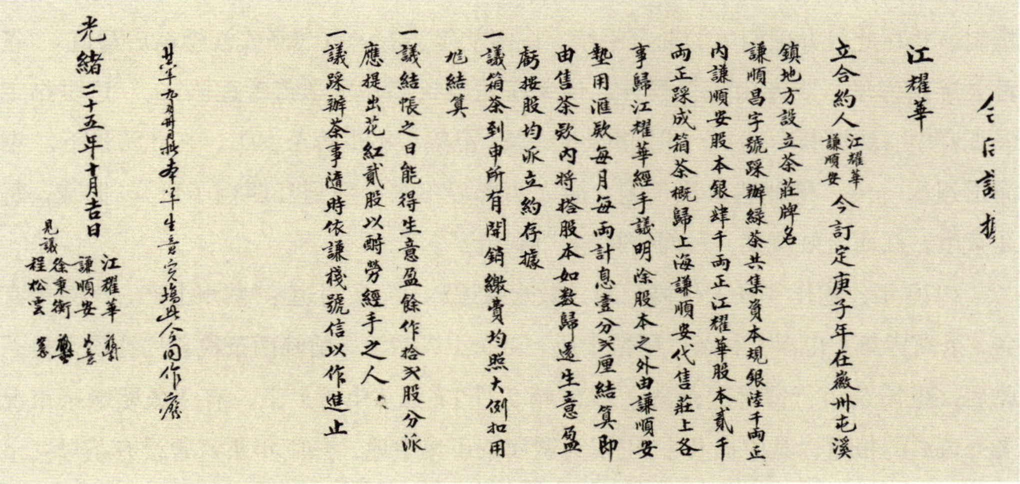

合同書據

江耀華

立合約人江耀華 謙順安今訂定庚子年在徽州屯溪

鎮地方設立茶莊牌名

謙順昌字號採辦綠茶共集資本規銀陸千兩正

內謙順安股本銀肆千兩正江耀華股本貳千

兩正採成箱茶概歸上海謙順安代售莊上各

事歸江耀華經手議明除股本之外由謙順安

墊用滙款每月每兩計息壹分弍厘結算即

由售茶款內將搭股本如數歸還生意盈

虧按股均派立約存據

一議箱茶到申所有關銷繳費均照大例扣用

旭結算

一議結帳之日能得生意盈餘作拾弍股分派

應提出花紅貳股以酬勞經手之人

一議採辦茶事隨時依謙棧號信以作進止

廿六年九月卅日批本年生意完場此合同作廢

光緒二十五年十月吉日 江耀華 謙順安 見議 徐秉衡 程松雲

清光绪二十五年（1899）江耀华等人在屯溪合开茶庄的合约

合约之中，另有光绪二十六年（1900）的批注。从迄今尚存的诸多相关信函来看，程松云曾驻上海，而江耀华所在的谦顺昌茶号则在屯溪黎阳。

清末宣统年间，直隶静海人刘汝骥主政徽州时，曾进行过一次全府的民情调查。根据当时的报告，休宁县的“职业趋重之点”，“屯溪、率口、黎阳、阳湖一市茶之区也。朱明节届，男妇壮幼业此者数以万计，茶号藉钱庄以资助之。……工匠缺乏，又召江西人以伐木烧炭矣”。[①]“朱明节”即立夏节，正是茶叶旺季。而在与此差相同时的《安徽省志》“生业”条下，亦有相关的记载：“此地之生业最称盛大者，为茶

① [清]刘汝骥：《陶甓公牍》卷12《法制科·休宁民情之习惯》，第229页。

商及水运茶叶之产于屯溪附近者，年不过一万元，但徽州各县之茶，除婺源产之少数由婺源江输往江西外，余悉集于此地，从事精制，然后由新安江取道杭州运往上海，每年输出额约十二万担，价值四五百万元，本地茶商有茶务总局之组织，共有会员七十余名，因欲图茶叶之发达，故又开办茶商公立农学校及茶业讲习所，招收小学毕业生，授以种茶、制茶等技术与知识，现有学生四十余名。此地茶业之盛大有如上述，且又为新安江大民船之航线终点，故水运亦极盛，其繁盛商业兴隆有蒸蒸日上之势，盖运茶往杭州之民船，其归途则运杂货及各种货物，以供皖南各地方之需要，是故屯溪以一镇市之地位，而居然成为皖南商业、金融之中心市场也。”

及至民国时期，浙西淳安、遂安以及江西景德镇等地的茶叶一度也要运往屯溪精制，并在此处办理相关的勘合手续。民国初年，有一首《新安江棹歌》写道："雀舌兰芽藉作堆，观音山下拣场开，谁家窈窕新妆妇，也学莺莺逐队来。"这是指屯溪观音山（珠塘巷东端）一带，多设拣茶场，汇集了不少拣茶女工。在此背景下，"屯浦迢迢水一湾，樗林巷口泊舟闲，游人买醉后田去，新到江西档子班"，据载，每逢茶市，江西流妓麇集，民间俗呼为"清音班"。①

1920年，题作"乡人投稿"的《徽州杂述》②一文写道："徽州土产，产茶最有名，茶商皆集于屯溪，制茶厂屋数十所，男女工人数万，前皖南茶税总局亦设于是。"此后，屯溪茶市行情起起落落。1928年5月17日《申报》上，有《徽赣绿茶市况之一斑》的报道，其中提及："屯溪为徽属茶市集中地，热闹年头，曾设有茶号九十余家。今岁茶号之盛，不减上述之数，鳞次栉比，几无虚隙。太湖、安庆茶工及婺源茶师均群集于此，已待开场。惟休宁本地产茶不丰，大半办自婺源。茶号如此之增多，本处茶叶实有供不敷求。如阳湖吴怡和号进茶胃量极大，搜办约在五六千担；次如永达祥等号，亦进胃不少。近日屯市少数茶号，已派员赴婺北樟前、子坞、大连、陀川等处定购，约俟市盘开出，再照市算价，竞争之烈，实所罕见。"另外，当年7月6日的《申报》上，也有发自屯溪的《路庄绿茶市况汇报》，其中分别报道了婺源、屯溪、歙县、德兴、玉山、浮梁和遂安各地的茶产状况。

在1932年出版的《啸余漫墨》中，有绩溪人舒啸的《茶商为屯溪五福祠开光》，

① 《游戏杂志》第15期，1915年。

② 《申报》1920年3月19日。

其中写道："歙人在屯溪做绿茶者，数十年来，无如今年获利之厚，于是吐气扬眉，以为神助。适下街有五福祠，茶商代为开光，色色形形，应有尽有。"稍后于此，建设委员会经济调查所曾在皖南各县调查，先后刊印了当涂、芜湖、宣城、广德、郎溪、歙县和休宁七县。其中，歙县、休宁的调查是在1934年，出自统计课长何兆瑞之手，最终报告收入《中国经济志》下册。据1935年《中国经济志》"序"称："屯溪为皖南各县货物出入之总汇，其地位略与芜湖相等。输出货物，自以茶叶、木材为大宗；输入货物，以盐、食用油、南货为大宗。"屯溪"为皖南之茶市，举凡婺源、祁门、黟县、歙县、太平、绩溪诸县之茶，均于此散集，故屯溪茶号盛时，有百余家之多。二十二年为极衰之时，亦有六十六家，茶行七家，茶庄七家，上海经营洋庄之茶栈派人至屯放款收茶者，亦有八家之多。屯溪出境之茶，以洋庄为多。洋庄以箱计，每箱重四十余斤，二十二年由屯出境者，约十五万箱，值四五百万元，行销各地之本庄茶，其值亦不下二百万元。每当暮春，制茶工人麇集于屯溪者，不下万五千人，拣茶之妇女，占其半数。制茶工人，多来自婺源，盖婺源人制茶技术精良，为皖南诸县之最。连附于茶业以为生者，尚有锡罐、板箱、篾箱三业，锡罐专为装盛洋庄茶叶之用。屯溪业此者，盛时有十余家。二十三年尚有四家，工人百一十人，营业十万余元。板箱裹于锡罐外，为保护锡罐之用，二十二年业此者十七家，营业总数三万八千余元。板箱之外，再加篾箱，业此者十余家，营业约一万五千元。茶业之运输，在汽车道未通以前，皆由水路，自屯溪循新安江东下至杭，行程自四日至八九日不等，运费每箱自六角至一元。"

1937年，有位署名"澄清"的人，在《文友》上发表物产调查报告《徽州之茶》，其中提及徽州的茶行：

> 茶叶之中心，在屯溪镇（属休宁县，惟红茶即在祁门县）。屯溪一埠，约有茶行八十余家，祁门，三十余家，本省当局，在屯溪镇设有茶厘局。每届茶事上市，屯溪地方，即人烟四集，熙来攘往。如茶事起色，即人人喜形于色，倍觉热闹，商家亦专赖此一节生意。倘遇衰败年成，即人人丧气，商家亦必大打折头矣。
>
> 茶行之房屋，多系自建，规模甚大，内部工场，以拣茶部分为中心，拣茶工作，完全由妇女充任，故妇女、小孩喧嚷之声，达于户外，而售卖零食之小贩，

亦门庭若市。女工拣茶先由发筹处领筹，然后凭筹领茶；拣讫后，由监工者验讫，交给堆货间，工资论斤计算，每天多者四五角，少者一二角不等。茶行只供拣枥，坐凳须由女工自备。此等女工，多系住居于附近城镇者，真正农家妇女较少，故每届茶行开市，即涂脂抹粉，争妍斗艳，出入通衢，轻薄儿郎，即乘机追逐，故时有桃色新闻发生，然真正良家妇女较少。至于炒茶工场，男女均有，惟如火如荼，挥汗如雨，当其事者，遍身黄沫，不若拣场内之莺莺燕燕矣，只能高唱山歌，自解烦躁而已。其他筛、装工作，均属于男工，惟装之茶木箱，则须由江西人制作，虽有由行家自办材料，自设作场者，但工作匠人，必须雇用彼邦人，外邦人无论如何不能插足，此亦不啻一专利营业也。

根据1935年之前的调查，茶号职员以婺源、歙县人居多，次为休宁、太平、青阳，其他各地亦有，四柱工头及筛工扇工概属婺源人，歙县人仅为副手，炒工多安庆六县人，婺源、休宁人次之，拣工则全系附近乡村妇女，茶号大者二三百人，小者百余人，每年茶市各地工人来屯者达一万五千余人。[①]

（二）粮食业

徽州地狭人多，粮食长年供不应求。早在明代，天启《休宁赋役官廨全书》中就留下这样一段记载："屯溪系一邑总市，商牙辏集，米船络绎相继。"[②] 这些粮食来自外埠，源源不断地供求城乡民食。

在新近出版的徽州知府王振声之日记及来往信札中，对于粮食供给有一些较为细致的讨论。例如，在写给前任徽州知府黄曾源的信中，王振声就指出："四月杪米价骤涨，因浙运不通，旌德、石、太亦阻，故人心惶惶。至抢米之案，惟屯溪一起为甚，乘夜抢杂货铺米百数十石，并及他物，丁分府已移住，极力弹压始止。揆情恐有外匪混入，因急请兵移驻震慑，赶办平粜后，即平靖。"[③] 这说明徽州的粮食供应，除了来自浙江、经由新安江的主要来源外，还有来自旌德、石埭、太平等地的粮食。另外，在书信、日记中，他还有两处提到粮食的供应。其中一处提及："徽郡山多田少，

①《屯溪茶》，《实业杂志》1935年，第211号。

② 天启《休宁赋役官廨全书》，转引自邹怡：《明清以来的徽州茶业与地方社会（1368～1949）》，复旦大学出版社，2012年，第180页。

③ [清]王振声著，孟化、张廷银整理：《王振声诗文书信集》，凤凰出版社，2020年，第233页。

产米仅敷半年，全仗外米接济，自入夏各路阻运，米价日昂，人心不靖，乡镇亦渐有强买抢米之案。”[①] 另外，光绪三十二年（1906）闰四月十四日早，“接屯溪丁分府信，十三日晚抢米店杂货店二家”。同月二十六日，“龄令面称屯溪现设平粜两局，定价每升五十八文，地方安静，周管带已拨兵半哨来屯驻扎”。翌年一月二十二日，“鲍振炳、许际唐来见，谈深渡米商已赴兰溪购办米石，俟办妥再请发护照。绅士洪寿彭来见，亦谈米粮事，并拟偕鲍赴屯溪，约会茶商总董洪廷俊通盘筹划，须屯溪多购米，不令掣动歙西乡之米，则歙境内之米自流通不窒，再有外来米接济，可无虑矣”。

及至民国，屯溪由外埠输入粮食的基本格局仍然不变。1935 年 8 月 27 日《中央日报》上有一篇《皖南重镇屯溪商业鸟瞰》，其中写道："粮食业，上年徽地苦旱，米价腾昂，粮商颇多获利。今岁又遭水患，存粮空虚，民食时起恐慌，自今正至上月止，粮价步升，囤积居奇者亦多沾利。本月早稻收获丰稔，价渐低落，粮商储米未脱者，现时不免受负。”

(三)盐业、酱业

屯溪是皖南的食盐转输中心之一。明清时代，休宁县每年额销浙盐皆由船运，沿新安江而上抵达屯溪，再经屯溪转往祁门、黟县等地。当时，屯溪老街凤麟巷河埠因盐船停靠，故俗称“盐埠头”。及至民国时期，销售方式稍有变通，盐商领票经营，官督商销。根据苏绍周《屯溪盐商纪事》一文记载，盐商在屯溪老街开了 9 家盐栈（店），它们是万隆、广源、永和、协春、志成、裕康、豫康、鼎新和德源。另在休、黟、歙、绩等县，又经营了 36 家盐栈。屯溪常平仓计有两处：一在屯溪后街后底田程家老屋，储盐共约 100 万斤，另在屯溪风麟巷大屋储盐约 60 万斤。

屯溪的酱园也相当有名。咸丰九年（1859）五月，两浙江南都转运盐使司颁布的一个告示提及，有位叫胡其萃的人在休宁县十八都八图黎阳地方开设酱坊，请给烙牌悬挂，其中提及所有排列正缸 120 只，年应销官盐 68400 斤。根据《徽州商业志》等的描述，1949 年前后，屯溪有程德馨、漱芳、泰昌、恒丰、益隆、福泰、永记等 10 家酱园，各家前店销售、后坊生产，产品为酱油、酱菜，兼销一些外地副食品、调味品，有的店还生产酒、醋、茶干等。程德馨的“三伏酱油”、漱芳的“油香酱菜”、益隆的黄酒等，皆深受消费者欢迎。其中，屯溪程德馨酱园，于咸丰十一年（1861）

① [清]王振声：《与荣月帆信》，见《王振声诗文书信集》，第259页。

由黟县五都瑶山的程德宜、程德和兄弟二人合资开设，取名程德馨酱园，聘请兰溪酱业名师王炳荣前来把作。经销商品基本上是门市供应，经营方式则是批零经营，其业务范围则遍及休、歙、黟、祁各县集镇、农村。1937 年抗日军兴起以后，屯溪人口激增，市面繁荣，这是程德馨酱园生意最兴隆的时期。

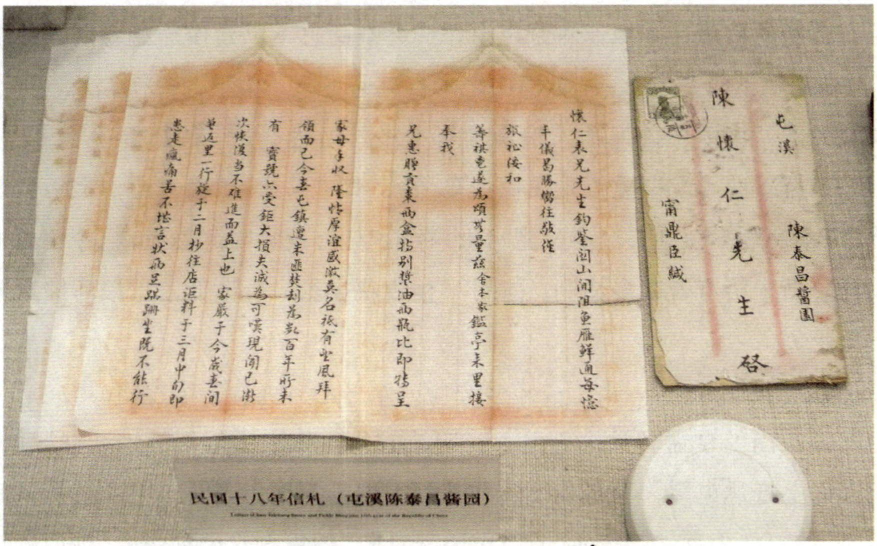

屯溪陈泰昌酱园信札 屯溪博物馆藏

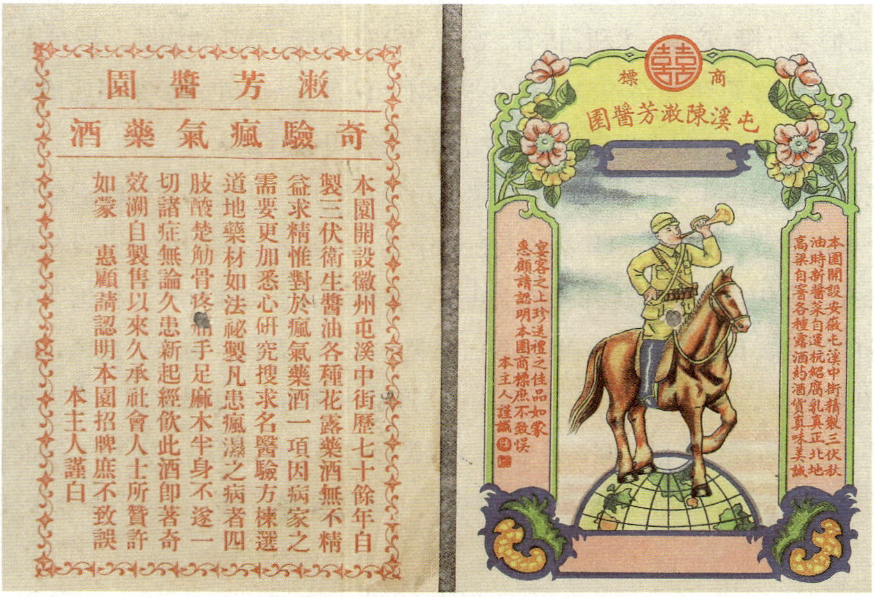

屯溪中街陈漱芳酱园商标及广告

(四)木业

徽州地处皖南丘陵地区，林木繁盛，当地的松杉木板等，大半经屯溪转运外出，其贸易数额颇为庞大，规模仅次于徽州绿茶。近人汪行之在《屯溪木业概述》一文中指出："距离屯溪五里之闵口大河系木材集中地。一路由休宁西乡流口、汪村和五城、龙湾，以及南乡汊口、临溪小河运来之木材，均在闵口集中；一路由黟县、祁门运来之木材，联运杭州出售。祁、黟运木河流，俗称渔亭河，经过休宁、万安、隆阜横江而达屯溪老大桥转入率水（屯溪大河，又名率水）。另一条运木河道由歙县与休宁毗连之石门，经黄口而至屯溪率口，此河专运石门一带木材。……屯溪木商多属个体经营，很少在闵口售卖。这种经营方式，抗战前后历无变异。屯溪因无木材市场，对销区杭州而言叫作产区，其实产区系屯溪附近山区而不在屯溪。1950年杭州木业衰落，木商资金短缺，改做短途经营。即由山区砍伐运到闵口售卖，因此吸引杭州、嘉兴、湖州、松江、苏州、常州等地木商来屯采购。各商在屯均有常设机构，屯溪由产区变为销区，经济非常活跃，市场倍加繁荣。"① 这些，虽然描述的是20世纪木材转输的状况，但从区域经济传承的角度来看，应当也反映了较为长远的历史。

(五)药业

作为皖南的重要市镇，屯溪不仅名医辈出，而且也汇集了一些有名的药店。根据方志记载，1911年之前，屯溪有8家中药铺，即石翼农、同德仁、永昌春、同仁福、胡资生、合记春、益生仁和翼农分号。其中，石翼农为绩溪旺川石家人在屯溪创建，初创于明崇祯十三年（1640），历史相当悠久。及至清末民国，石翼农在祁门县城、黟县渔亭、休宁县万安、淳安县港口及屯溪下街等处设有分号，批零兼营。它与后来居上的"同德仁"并驾齐驱，成为皖南中药市场的巨擘。同德仁创建于清同治二年（1863），最初是由二人合资开办，取"同心同德"之意。后来逐渐发展，成为资金较为雄厚的药店，1996年，被国家授予"中华老字号"。及至清末，屯溪国药业各店联合成立药业公所，镇上的诸商董参与公所日常运作，其经费则由各商户分摊。1930年，药业公所改为屯溪同业公会。据现有资料，该会曾颁布告示，规定当年所售货款，应按新历年终归结。

---

① 汪行之：《屯溪木业概述》，政协屯溪区文史资料研究委员会编《屯溪文史》第2集，1989年，第96页。

当代的同德仁药店

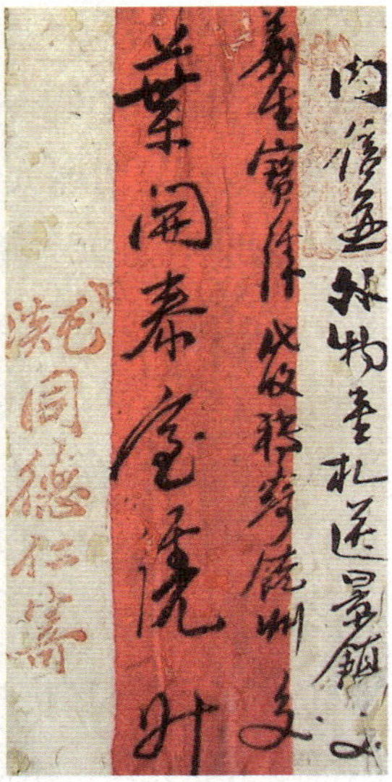

屯溪同德仁药店与饶州叶开泰的通信

(六)饮食业

前文曾引证清乾隆四十一年至四十七年（1776 ~ 1782）屯溪万和馆店业经营转让合同，其中提及胡君明与胡林万兄弟二人合开屯溪万和馆店，该店应是徽菜馆或徽面馆，一直经营到嘉庆年间。当时，屯溪逐渐成为商业中心，饮食业亦日趋兴旺。根据陈安生、鲍翔立主编的《屯溪老街》一书之描述，民国以前，屯溪的商店集中在西镇街、老大桥附近，饮食业以面店、饭摊为主，有十余家，少量酒馆，以咸丰五年（1855）开业的紫云菜馆规模为最大。该馆由程伯言在镇海楼头创办，三层楼房，既承办酒席，也经营面点小吃，既迎接达官贵人，又招待一般消费者。由于该处环境较为幽雅，故生意颇为兴隆。此后，因茶叶经济的繁盛，沿河修建了更多的码头，屯溪商业向东发展，饮食店亦随之不断兴建。另据邵之惠等人的统计，抗战以前，屯溪有徽菜馆 20 多家，比较有名的有，正街的公和园、太白园、玉春楼、福新楼、聚贤楼、复兴楼、大新馆，河街的万利馆、得利馆、胡佩记，横街的海阳楼、佛照楼、拱月楼。抗战开始后，在上海、南京诸地的不少徽馆被战火摧毁，馆店伙计遂纷纷返归故里，一时间屯溪镇上徽馆数量呈爆发式增长，从原来的20多家猛增至50余家。[①]据 1945 年 4 月 1 日《休宁县屯溪镇菜面业同业公会菜面价目一览表》可知，当时的

① 邵之惠、洪璟、张脉贤:《徽菜》,安徽人民出版社,2005年,第157页。

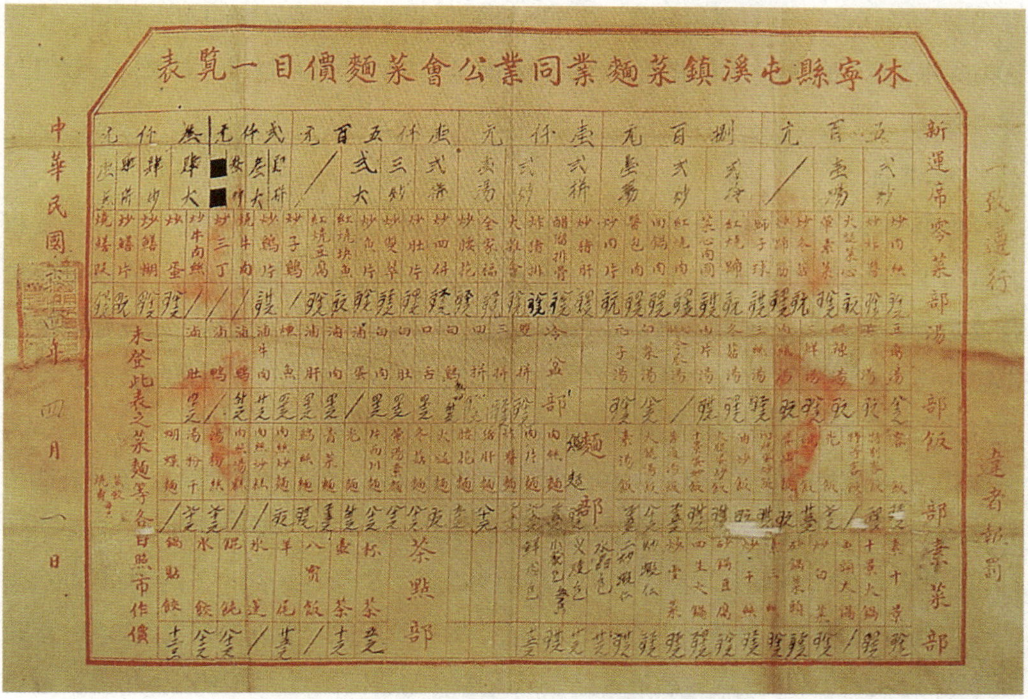
休寧縣屯溪鎮菜麵業同業公會菜麵價目一覧表

新運席零菜部 湯部 飯部 麵點部 茶點部 冷盆部

[redacted]

未登此表之菜麵等各自照市作價

中華民國三十四年四月一日

一致遵行 違者報罰

1945年，休宁县屯溪镇菜面业同业公会菜面价目一览表

当代屯溪老街上的徽菜馆

菜面分为新运席、零菜部、汤部、饭部、面部、素菜部、冷盆部和茶点部等，计有100多种名目。此外，还有未登录此表的菜面等，“各自照市作价”，要求“一致遵行，违者报罚”。

(七)其他

根据屯溪文史资料的记载，当地南北货业经营方式分为批零兼售、专营批发和专营门市三大类。[①] 王珍在《大同布店忆旧》一文中指出：“清末民初，屯溪南北货行业最为兴盛。二十年后，绸布业迅速发展，其规模、资金、盈利，以及辐射范围都超越南北货而跃居行业之首。抗日战争后期，大小布店有三十余家。大同、震大、益甡、天新、乾记、九华都是其中佼佼者（庆记、鸿记是后起之秀），尤以大同声名最著。”屯溪的棉布业在1911～1928年期间逐渐兴盛，除在本埠销售，还经营徽州各县及江西等地的批发业务，货源则主要来自沪、杭一带，经营品种有300～500种。[②] 此外，文房古玩及地摊经济等也颇值得关注。关于这一点，王纯伯在《屯溪》一文中就指出：“屯溪为徽州中心，各县物品，皆齐集于此。中以胡开文之徽墨、歙砚，方秀水之罗盘、日规，均为名贵出品，外人多有购买回国者。再屯溪大桥上，荒货摊林立，多卖古董物件，价值不一。譬如一尊铜佛，索价数百元，倘还以五六百文，亦可买得，真所谓‘向天开价就地还钱’矣。且俗有‘屯溪桥上，三年必卖出一宝贝’之说，于是该桥之上，游人最多，热闹异常。”

以上缕述了屯溪的诸多行当，虽然并不全面，但可以肯定的是，其中茶业最为重要。由于茶业的兴盛，屯溪在新安江流域的地位也有了变化。1851年之前，徽商资本最为雄厚的产业为盐业，其从业者又以寓居淮扬的歙县西乡、南乡人居多，特别是歙县西乡，因富商大贾辈出，生活奢靡，遂成徽州的时尚之区。然而，嘉庆、道光以后，随着扬州盐商的日趋没落，特别是道光年间陶澍的盐政改革，废除了世袭根窝，遂使煊赫一时的盐商急剧衰微。在此背景下，茶业渐成徽州的主要产业，而屯溪作为皖南茶业贸易的中枢，其地位迅速提高，成为徽州时尚的中心。对此，清末就有人指出，“自发逆乱平，徽属商务聚于屯溪。一冠履之时趋，一袍袴之新样，其自江浙来者，休首承之，次即及歙之西乡。近少妇好效沪妆，年长者犹戴鬏（扬

① 吴子俊：《屯溪南北货业经营方式》，政协屯溪区文史资料研究委员会：《屯溪文史》第2辑，1989年。
② 陈安生、鲍翔立：《屯溪老街》，黄山书社，2002年，第79页。

州旧制），此今昔习染之大验也。”[①] 由此可见，在经济地位提升的同时，屯溪亦成为徽州的时尚之都。民国传钞本《安徽省志》对于屯溪当地的“生活程度”也有所描摹：“本地因物产丰富，商业殷盛，故人民一般咸称富裕，而财产家以茶商居多，据本地人之口传，拥有四十万元之资财者有三四家，其十万、八万者无虑数十家，其信用资本盖可推见也。”

1949 年 3 月，安徽省政府一度迁驻屯溪。此后，岁月推迁，时移势异，徽州的行政区划历经了数度调整。1987 年 11 月，屯溪作为地级黄山市市政府所在地。屯溪行政中心地位之确立，显然与老街的经济发展密切相关。

第二节　渔　亭

渔亭为新安江水运西端的重要码头，据北宋乐史《太平寰宇记》记载：“鱼亭山在县南三十五里，每岁西江鱼船至祁门县，舍舟登陆，止此东水次，淹留待船，故云鱼亭焉。”这段文字是说，每年江西渔船抵达祁门后在此登陆，故称上岸的滨水之地为鱼亭。清道光《徽州府志》中所列的市镇，有街口镇、新馆镇、岩寺镇、屯溪镇、万安镇、五城镇、三吴镇、高砂镇、闪上镇、柏溪镇、到【倒】湖镇、庙口镇、鱼亭镇、河东市、华阴【阳】镇、龙塘镇、镇头和临溪市共 18 个市镇。“鱼”后亦写作“渔”，所以现在通常皆作“渔亭”。道光二十九年（1849），碧阳山长潘恭辰在《黟邑渔镇登善集记》中写道：“黟为山水峭驶处，渔镇为商旅所必经，屹然一重镇也。”

一、七省通衢是渔亭

与新安江畔的诸多市镇一样，黟县之所以发展为市镇，与当地的水陆交通密切相关。

（一）水路

新安江上游的率水，又名南港，发源于率山主峰六股尖之东北坡，辗转流经休宁等地，至阳湖与横江会流。横江又名黟水，源自黟县漳岭的吉阳山，南流经黟县城，

---

① [清]刘汝骥撰：《陶甓公牍》卷12《法制科 · 歙县风俗之习惯》，第222页。

抵达渔亭后折而向东，流入休宁县境，经潜阜进入屯溪境内，至老大桥汇入率水。

横江上游山高水陡，沿途水流颇为湍急。乾隆年间黟县知县孙维龙曾指出：黟县地处万山之中，重关叠岭，至渔亭地势渐趋平衍，溪水稍稍渟蓄，“商旅自浙江溯新安江而上者，至此舍舟登陆”。[①] 在黟县境内，渔亭是个重要的交通枢纽。清咸丰年间的抄本《四、五、六都士绅呈请禁止石山以上水运木簰全案》指出：“黟属溪狭水浅，石山以下，始通竹筏；渔亭以下，始通舟楫。”因此，渔亭是诸多竹簰聚集之处，诚如清人余良弼在《石墨岭竹枝词》中所吟咏：“侬家生长此山中，台峙当阳一径通；欲往渔亭坐簰去，不须帆挂遇鸿风。”

关于竹簰或竹筏，早在明末清初，浙江余姚人黄宗炎在《屯溪至鱼亭》诗中就写道：“竹筏清溪逆水牵，鱼游常在镜中天。夜深孤雁惊船尾，日落双猿抱树颠。九里十滩尤懊恼，一程五舍尚迁延。胡麻赤米村村种，翻羡山间垦石田。”对此，清代诗人查慎行《晚至渔亭》亦指出：“小步闻名好，到来颇觉烦。铃声驴背米，簰户水穷村。旅食丰年例，方言晚市喧。黄茅山百折，此路指祁门。”查慎行为浙江海宁人，康熙四十二年（1703）赐进士出身，授编修。另外，乾隆时代户部尚书曹文埴也有《渔亭》诗：“水浅江路穷，岸窄市门对。……竹筏与松舲，停泊各分队。论货盐米多，问途水陆会。”这些都是指在黟县境内，人们将货物或是通过驴载，或是经由竹筏，运往渔亭交易或转输。于是，盐、米、布匹及各类山货汇集于此，再由骡马驮运、肩挑背扛，或水路转输运往各地。

除了县内的转输之外，渔亭还是与外界沟通的重要枢纽。早在宋代，诗人吕本中就有《鱼亭驿》诗：“竹密如云不见天，好山无数簇溪田，只因黟县溪山胜，尽在鱼亭驿舍前。”吕本中世称东莱先生，南宋寿州（今安徽寿县）人。诗中的“鱼亭”即今黟县渔亭镇，宋时为驿站，诗歌描绘了其时渔亭周遭山深林密、风光宜人的景象。及至清代，孙维龙的《黟山杂咏》更明确指出：“峭壁苍岩万叠青，溪流泱泱绕鱼亭，行人指点杭州路，一叶轻帆似建瓴。”该诗注曰：“鱼亭在县南，水通浙江。”[②] 可见，渔亭与杭州关系尤为密切，故俗有民谚“渔亭桥下杭州路”。这是说由渔亭出发沿着新安江东下，可以一直到达杭州。后来，虽然河床淤积日益严重，但在20

① 嘉庆《黟县志》卷15《艺文志》，黄山书社，2014年，第463页。
② 嘉庆《黟县志》卷16《艺文·诗》，黄山书社，2014年，第500页。

世纪50年代以前，木船仍可由屯溪溯横江通至渔亭。

20世纪40年代中叶，历史学家方豪在南京地摊上购得一批徽州文书，及至70年代，他以“战乱中所得资料简略整理报告”为题，在台湾的《食货月刊》复刊上发表了一系列介绍性的论文。1971年，方氏在《乾隆五十五年自休宁至北京旅行用账——战乱中所得资料简略整理报告之三》一文中，就介绍了一册徽州文书抄本，其中提及：

> 鱼亭至屯溪船二只，价三千文，可知每只一千五百文。二十三日开行，二十七日早至屯溪，计四日五夜，约为每船三百五十文一昼夜。
>
> 屯溪至杭州船价五千二百文，计十月廿七日开船，十一月初五日晚到杭州江干，共八日，约为每日六百五十文。

该文概述了从黟县渔亭到屯溪，再由屯溪至杭州江干的行旅过程。对于途中花费的时间，以及乘船支出的船价等，都有明确的说明。另一册黟县文书抄本《履扬自述平生及妻王氏事迹》，则逐年记录了自嘉庆十五年（1810）至光绪八年（1882）程国僖本人从出生以来几乎一生的经历，其中提及：

> （咸丰）八年，四十九岁。逆在金华、兰溪地方，江西那路上下不通，我店存有花笺纸在嘉兴府，屡信来催我店去脱。余坐家无事，与兄商量，出信叫水客吴景堂兄回家，我陪他走徽河下去。六月杪，与景伙到渔亭坐船，至屯（溪）搭义乌船，由杭（州）到嘉兴……

1928年，蒋维乔在《黄山纪游》一文中指出：渔亭“为水陆通衢，市面热闹”。他曾在此“雇定小篷船一艘。盖江之上游，滩多水浅，只有小船可行也。六时，下船。船虽小而极洁，饭食甚佳，同人皆席地横卧。夜半开行，月色入舱，别饶趣味”。另外，1934年的一册抄本《来往信录》，记录了一位叫“颖生”的人之来往信函。颖生曾在余杭一带活动，他有一兄一弟，兄在遂安，弟在屯溪，而其父亲则是位风水先生，在淳安一带活动。此抄本为考察徽商在新安江流域的活动和社会生活，提供了第一手的资料。全书收录的信函计有100多封，书中多有“我黟”“返黟”和“上黟”等字眼，说明作者及其周遭朋友应当都是徽州黟县人。其中有一封是三月廿二寄给父母双亲的信函：“别后午间抵渔，搭定桂仂船。……次日十一点到屯，雇长行船，船资共洋十元，饭钱在外。十八早晨开船……”这封信描述了黟县人外出，从渔亭搭船前往屯溪、港口、遂安一带的情形。另一封信写于五月十一：“昨日午后接父亲坐渔船到屯，一路平安。”两封信中提及的“渔”，即黟县的渔亭。黟县人外出，特别是前往浙西及长江三角洲，皆是从渔亭起步。故此，民国时期编纂的《徽商便览》指出：黟县“境内之渔亭，为新安江通船之起点”。另一处更详细指出：“（黟县）山岭四塞，惟渔亭一水，扁舟东下，入屯溪，会于新安江，故商货之输出，皆以渔亭为筦钥。惟是新安江水道，以渔亭为极远之源。舟之所通者，亦止乎此。江浙之货，运往徽州上游，皆可舟载至此，商人之贩运，咸聚于斯，故渔亭尚未为寂寞云。”

（二）陆路

除了水路之外，此处亦为陆路要冲。有一份黟县印刷的商编路程，是从浙江余杭县起旱，经昌化县，入昱岭关、老竹岭、杞梓里、大佛、章祈、稠木岭到徽州府，过河西桥，经岩寺镇、万安街、休宁县和渔亭，抵达祁门县及黟县。这条路若向西延伸，便是“徽浮古道”。所谓徽浮古道，是由徽州府城至江西浮梁县的古道。此一路线从歙县县城西行，跨丰乐水，经万安至休宁县城，出休宁县西门西行，过界首至黟县渔亭，再由渔亭西行，经楠木岭至祁门县城再西行，前往浮梁县城。从浮梁再向西南行，还可以一直到江西南昌。对此，《徽州府由饶至西省路程歌》曰：

> 新安晓别出河西，五里栏杆揽辔驰，岩寺桥头人辏集，前行投向孟街栖，休城远口阳山口，一带垂杨是柳溪，断桥流水口蓝渡，西（？）馆风烟入画烟（？），孤舟岭上望洞庭，界首回看白岳形，极目渔亭天未晚……

上述文字记录在一份抄件之上，字迹工整秀润，颇为残破，应是当年徽商携之外出经商时所用的“路程”原件，其后及反面为《西省由余干至徽陆路程》和《江西省水路由饶至徽路程》。而在上述的路程中，渔亭是重要的交通枢纽。另外，休宁佚名商编路程抄本中也有一份《路程歌》：“行至界首属黟县，民情土俗异休宁，再行五里藕坑口，七省通衢是渔亭。”这是从休宁前往湖北汉口镇的路程歌，文中将沿途地名串联起来，以诗歌的形式加以呈现。光绪二十九年（1903），程朝仪在《募

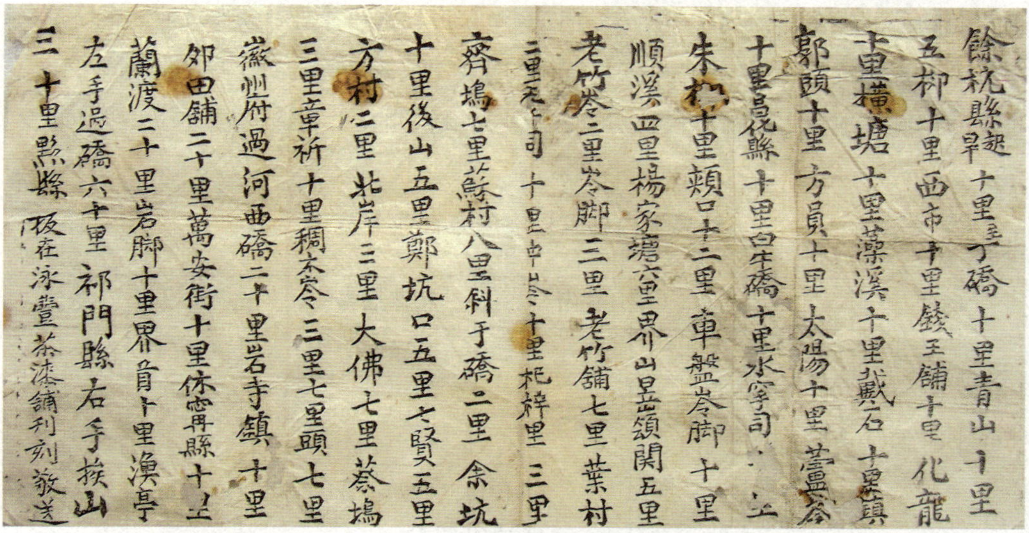
餘杭縣起旱十里丁橋十里青山十里
五柳十里西市十里錢王鋪十里化龍
十里橫塘十里藻溪十里戴石十里鎮
郭頭十里方員十里太陽十里藍嶺
十里昌化縣十里白牛橋十里水客司
朱村十里頰口十二里車盤嶺腳十里
順溪四里楊家塘六里界山昱嶺關五里
老竹嶺二里嶺腳三里老竹鋪七里葉村
三里□司十里中嶺十里杞梓里三里
齊塢七里蘇村八里斜干橋二里余坑
十里後山五里鄭坑口五里七賢五里
方村二里北岸三里大佛七里蔡塢
三里章祈十里稠木嶺三里七里頭七里
徽州府過河西橋二十里岩寺鎮十里
郊田鋪二十里萬安街十里休寧縣十里
蘭渡二十里岩腳十里界首十里漁亭
左手過橋六十里祁門縣右手挨山
三十里黟縣 板在泳豐茶漆鋪刊刻敬送

商编路程印刷品

修渔亭石桥启》中说：“邑之东南渔亭镇，地当七省通衢。”所谓七省通衢，是指由渔亭可以辗转前往苏、浙、皖、赣等省。

正是因为渔亭的重要性，明清时期的徽商在当地多所建设。例如，清代前期扬州盐商、祁门人马曰琯，就“尝筑渔亭孔道”，而道光年间从事粮食贸易的黟县商人汤永懿，亦曾集资并亲任监造，修建了祁门至渔亭石路60里，以便行人往来。①

二、渔亭的商业

在徽州的一府六县中，黟县的商业发展相对较晚。从文献记载来看，及至清代前期起方才蔚然成风。道光《黟县续志》卷15记载：“徽州人以商贾为业，宏村名望族为贾于浙之杭、绍者尤多。”② 不仅是宏村汪姓，黟县其他村落前往杭州务工经商者也相当不少。对此，清人王元瑞的《黟山竹枝词》就写道：“少小离家动别愁，杭州约伴又苏州；妾心难逐郎心去，折柳年年到白头。”当时，凡是外出前往杭州者，渔亭都是必经之地。

除了前往外埠经商外，黟县境内的各个家族，有不少都在渔亭开设店铺。如民间文书《三支阄书序》就提及，黟县古溪史氏在渔亭有店屋一所。③ 道光刊本《登善集》

① 同治《黟县三志》卷7《人物·尚义》。
② 道光《黟县续志》卷15《艺文志》“汪文学传”。
③ 黟县史氏《绿荫轩家传珍书》，私人藏本。

中记载的“舒光裕堂祠会”，应当也是以祠堂公产在渔亭置业。类似于此的例子还有不少。就现有资料所见，这些在渔亭置产的家族，彼此之间的买卖也相当频繁。以下，根据封越健主编《中国社会科学院经济研究所藏徽州文书类编·置产簿》，列出下表：

黟县境内各家族在渔亭置业一览表

时间	卖者	买者	楼屋店堂	价钱	备注
同治四年四月	汪位正堂长房支长铁人二房支长礼三三房支长皆扶等	余国鍼（黟县）	轿西上街园地一处	70两5钱	
			上街桥西店面楼屋、栈屋	105两	此系乾泰行屋
			桥西上街如春号店栈屋全所、空地一业		
同治四年十月	汪春泉		桥西上街空地一处	14两	
同治五年十二月	胡继述堂支长胡佩文同大三支人等		桥西潭头上丰市坐北朝南店屋两所现存基地	120两	
同治十二年六月	程锦云同弟（休宁二都）		汪姓起造坐北朝南市房楼屋全业	800两	
			盐栈一所	400两	
同治十年十二月	余锡泽 余锡弼同侄余百福	余国鍼公会	桥西盐栈三间、楼屋一所，一股分法	光洋185元	
同治十二年闰六月	余昌期 余锡标		桥西盐栈三间、楼屋一所，一股分法	250元	

上述的买卖主要发生在清同治年间，不过，有些交易显然可以上溯至更为久远的年代。例如，《清道光廿一年三月至光十二年三月黟县余氏休黟契白簿》中就有：“抄存胡继述堂阄书上胡世仁康熙四十四年六月淡字一千三百三十一号，地税五分一厘五毛四丝，渔亭潭头。此业于同治五年，尽行出卖与余宅，税亦推讫。店面两间，并后进楼屋余地，赁客。其继述堂原阄书支长胡佩文当面批销。”[①]“继述堂”应是胡

① 封越健：《中国社会科学院经济研究所藏徽州文书类编·置产簿》第13册，社会科学文献出版社，2020年，第86页。

氏家族的公堂，同治五年（1866），该堂将店屋两所出卖予余氏。另一份契约："立当契又侄孙锡泽、孙锡弼，仝侄孙百福，今将承祖遗下大、二、三房三股合买土名渔亭桥西盐栈三间、楼屋一所，入深三进，系经理淡字一千一百八十号，计地税二分三厘五毛正，又将西边厅屋一所，系经理淡字一千一百七十九号，计地税九厘七毛正，以上八至，均照老契，其八至之内，屋两所，并两所屋地，三股之中，身等长房名下，实得一股分法，今将身等长房名下一股分法，尽行凭中立当契，与曾叔祖国鍼公会名下为业，三面议定时值价净光洋一百八十五元正……"①这是孙氏叔侄将盐栈、楼屋和厅屋等出卖与余氏的契约。

在渔亭镇上，置产及买卖之所以频繁发生，是因为渔亭素有"七省通衢"之称，立足于此，便可将家族商业网络扩展至外部世界。而一些人最早也是在渔亭初试身手，然后才前往各地经商。例如，晚清名贤里人余士恩，"年十二，学商于邑东渔亭，夙夜习勤，颇为老于商务者所奖评。洎乎粤寇入黟，君遄归，奉亲出走，负贩为养，日行百里不为苦。……兵燹后，君知扬子江商业当振，乃往鸠兹经营，日积月累，大创厥基，获利巨万"。②据此可知，此人先是在渔亭习业，后来才前往长江之滨的芜湖经商。

清人俞正燮在《黟县山水记》中记载："鱼亭西南陆通祁门，祁门食浙盐，自鱼亭往；米盐自江西来者，自祁门达鱼亭，易舟簰东下休宁；或米价贵，买杭、金、严米，由休宁至鱼亭，济黟民食——故鱼亭为黟大市镇。"③对于此一黟县境内最大的市镇，民国传钞本《安徽省志》记载，渔亭镇有300户。根据今人的追忆，20世纪中叶，渔亭街上商贾云集，店铺鳞次栉比，当地有数家扁担行和运输过塘行，后者以竹筏通过水路，将各类杂货运往黟县及周边各地。每当茶叶上市和秋收季节，渔亭镇上便显得相当热闹。清代以后，由于"华云进香"是先到九华山再至齐云山，其中渔亭为必经之地。许多善男信女经过渔亭，川流不息的人群，与江中的桅樯如林，相映成趣。

关于渔亭的商业，下文分类叙述。

---

① 封越健：《中国社会科学院经济研究所藏徽州文书类编·置产簿》第13册，社会科学文献出版社，2020年，第95页。

② 黟县《环山余氏宗谱》卷21。

③ [清]俞正燮：《癸巳类稿》卷8，商务印书馆，1957年版，第291页。

(一)粮食

清代前期，查慎行有《晚至渔亭》诗中有："铃声驴背米，箄户水穷村。"[①]曹文埴亦有一首《渔亭》诗："竹筏与松舲，停泊各分队。论货盐米多，问途水陆会。此招舟子进，彼率担夫退。……终夕难就眠，机轮响溪碓。"[②]诗中的"松舲"是以松木制作的有窗小船，而"竹筏"则是指由原竹绑扎而成的排筏。另外，"溪碓"指的是徽州各地随处可见的水碓景观，这反映了黟县粮食加工业的盛况。清代中叶，汤永懿曾曰："我黟粮食仰给江西。"一旦江西粮食供给出现紧张，黟县的民食便大受影响。例如，道光十二年（1832）天旱，江西遏籴，黟、祁市场断米。晚清西递人胡梦龄在《黟俗小纪》中指出："我邑粮食向来仰给江右，客之采买屯贮，皆在祁门三里冈，城乡店铺买自祁门。……惟渔亭一路，尽是驴户，用驴驮运。"[③]这是说渔亭的粮食有不少转运自祁门三里冈，而三里冈的粮食则来自江西。黟县粮食供给除了来自江西之外，还有来自本省的太平县。抄本《客光传墨》一书共收录123封信，共分成两部分。前一部分为尺牍活套，后一部分则是真实的信底。其中，有一封信曾指出："我黟太平米到数甚广，且驴可跎至渔亭抖售。"

(二)食盐

渔亭也是黟县境内食盐转输的中枢。据盐政志书记载，清初置松江、宁绍、温台、嘉兴四分司督理盐课，后来并成二分司管辖。其中，杭宁绍温台分司管辖杭、绍二所，嘉松分司管理嘉、松二所。在传统时代，祁门、太平、石台、青阳和东流以及黟县本县的食盐都在渔亭集散，镇上设有盐公堂，并有一条盐街，专门经营食盐。晚清、民国时期，太平人苏成美在歙县朱家村开设苏德泰总栈，并在歙县渔梁、深渡、街口、休宁屯溪、龙湾、上溪口、绩溪临溪以及黟县渔亭等地开设了盐行分店。渔亭作为盐业分销所，盐业贸易颇为兴盛。宣统三年（1911）重修渔亭桥之时，捐资商号中就有在此行盐的同福、鼎隆、元泰、元昌、义盛、义生、义达、永新、永泰和昌元茂"十分销"（渔亭埠盐业分销店）。[④]民国初期，见诸记载的盐店仍有6家。

诚如曹文埴所言，渔亭一地"论货盐米多，问途水陆会"。对此，民国年间编

---

①[清]查慎行：《敬业堂诗集》卷4《西江集》，上海古籍出版社，1986年版，第124页。

②道光《黟县续志》卷16《艺文·诗》，第562页。

③胡梦龄：《黟俗小纪》，民国《黟县四志》卷3《风俗》，第29页。

④《重修渔亭石桥碑记》，《重修渔亭石桥征信录》，第7页上。

纂的《黟县乡土地理》曰："邑食浙盐，船户从浙江运载百货，盐为大宗，悉舣桥下。"当时，有不少黟县人在此经销食盐。如黟县人余蔼山，虽有志于商，但念老母健在不忍远离。恰好亲戚中有人在渔亭镇经营盐业，要聘他为经理，由于离家不远，他欣然赴任。道光刊本《登善集》"捐输经费银洋款"中，列于最前面的是"渔埠盐业递年捐堆金，约钱五六十千文"。另外，光绪时人汪述祖在《祝姚君澧珊先生七旬双寿序》中云："先生自补博士弟子员，数不得志于有司。就聘司会，居渔亭数十年，诸业盐者翕然称之。"[①] 这些，都反映了渔亭镇上盐业经营的一些侧面。

(三)茶业

清人余良弼《石墨岭竹枝词》曰："黟山山僻产茶多，此地茶佳话匪讹。若学卢仝啜七碗，定夸味美胜松萝。"黟县所产之茶也号称"松萝茶"，但就整个新安江流域而言，黟县的茶产实际上相当有限。部分茶叶由渔亭入横江，由水路至屯溪，或直接外售，或售予茶号精加工。对此，民国传钞本《安徽省志》曾述及：黟县在徽州茶中为最下，产额亦不多……黟县产茶的地方主要有四：江村、渔亭、何村、湘口。渔亭有兰馨祥茶号，颇有名，每年做大批之茶，经浙江运往上海。茶用箱装，轻者一箱三十余斤，重者五十斤，其价格装三十斤之白地箱，每箱十五元，装五十斤之蓝箱，每箱三十八九元。

关于这一点，民国《黟县四志》也有记载："黟县仅有绿茶，……茶性淫，装以小口锡罐则色香，经久不变，此制茶法之大略。七都产茶近二百担，如鱼亭上街及李村茶，实邑中之冠。盖茶性喜阴，二处土泥宜茶，兼以培壅勤，做工善，故完全优美也。"[②] 除了黟县所产绿茶之外，还有一些是徽州各地过往渔亭的茶叶。当时，徽州茶商一般是先将茶叶送至屯溪，雇船运到黟县渔亭，再雇挑夫经过数十里的山间小道，将茶叶运到祁门，再雇船经昌江、浮梁抵达饶州，穿过鄱阳湖抵南昌，沿赣江而下，跋山涉水，翻越大庾岭，最后到达广州。歙县茶商路程——《万里云程》抄本，其要目有：徽州府歙县至广东省路程、广东潮信长退日期、晨下孖肩有名色者、各处平头较准本号司码、各处钱串、一路则例便览、一路行口、回南便览、韶关税例、赣关税例和风暴日期。其中的"一路行口"记载了屯溪、渔亭、祁门、饶州及赣州

① 民国《黟县四志》卷14《杂志·文录》，第379页。

② 民国《黟县四志》卷3《地理·物产》"茶"条，第33页。

等地十数家从事茶叶贸易的商行，个中提及渔亭有黄尔贞、蔡德馨、孙运昌、汪秀昇和汪凤羽等行。在道光二十三年（1843）《进广腾【眷】清》、道光二十六年（1846）的《丙午年经办茶总》等账册中，皆有关于茶叶贸易颇为翔实的记载。正因为如此，渔亭一带的商店，有一些就与茶叶经营有关。前引民国传钞本《安徽省志》中提及的兰馨祥，就是渔亭颇负盛名的茶号。另外，民国时期，婺源人方君立也在渔亭开设有振昌椿茶号。1931 年前后，屯溪制作茶箱的箱栈计有 20 余家，多数为江西人以小本开设，其板料则多来自黟县渔亭、休宁五城和歙县沧溪等地。据 20 世纪 30 年代时调查，渔亭“在昔年尚有茶号数家，今则无存，故多直运屯溪运销矣”。①

(四)其他行当

在渔亭，除了粮食、盐、茶之外，还有其他一些行当。根据记载，早在乾隆年间，渔亭镇就设有恒隆典。道光年间《登善集》一书中录有相关章程，其中提及渔亭当时开有 4 家典当铺，各种捐款“公托渔镇典铺分领生息，定以周年六厘行息，分两季交纳。春季二月，秋季八月，俱交经理银钱之司事者收当”。1928 年出版的《族事汇要》之作者何卫侯，为黟县何家溪人，是位在苏州从业的徽商。书中记载，1925 年时，他曾在渔亭经理鼎太典务，兼司渔（亭）商会分所所长。

此外，清嘉道年间，一位叫“嘉辉”的人，在致父亲书信中提及“鱼亭油店恒盛号”。②道光年间《登善集》谈到“渔镇油业”一次捐洋银 40 元。黟县程国儁文书提到：“担茶油至渔亭出脱，……而茶油广兴八八斤为一担，……总是价目上划算，到渔亭只卖得□□□了，若路上有走漏，只卖八九十斤。”晚清民国时期，黟县城中人程雪卿在屯溪同德仁药店当学徒，24 岁就升任经理，后在休宁万安、黟县渔亭和祁门县城均开设分号。绩溪上庄人胡天注先在休宁县城海阳镇的汪启茂墨店中做学徒，出师后娶汪启茂之女为妻，后承顶了汪氏的墨店，将店名更改为“胡开文”。及至其次子胡余德主持家务时，在黟县渔亭创办了正太烟房，确保了“胡开文”墨店原材料的质量与供应。民国时期的《古黟新语》第 12 号，收录畲丁的《救荒随笔》，其中根据调查列出当时黟县的糟坊见下表：

① 傅宏镇：《皖浙新安江流域之茶业》，第31页。

② 《清嘉道年间嘉辉致父亲书信》，见刘伯山：《徽州文书》第1辑第5册，广西师范大学出版社，2005年，第430～431页。

民国时黟县糟坊一览表

开设地	商号	锅数(口)	开设地	商号	锅数(口)
黟城	同元	1	七都考岔	复泰	1
黟城	福成	2	八都	泰兴	1
七都渔亭	义源	2	十都	宏顺	2
七都渔亭	义生	2	四都	同益	1

这位署名为“畲丁”的作者写道：“表列糟坊共八家，计锅十二口。闻每锅日可酿谷三百六十斤，八坊合计，每日共酿谷四千三百二十斤，通年计算，为数至钜。吾邑产谷几何，酿去如许，殆将净尽无余，其绝民食实倍于蝗。”文末的议论，当然不无偏激之处。

除了传统工商业之外，清末民初还出现了一些新兴的产业。如绩溪商人曹敦甫，于宣统三年（1911）与兄弟合股开设了曹新盛南货店，又于1929年在屯溪当铺巷口兴建了新店面，并于两年之后盘顶了同义公店，更名为有利煤油公司。其后，又在黟县渔亭等处开设了分店和堆栈，年销煤油7000桶以上，这是近代外国商品大量倾销中国的一个实例。

三、商人与市镇社会

同治二年（1863）皖南牙厘分局由湾沚迁至渔亭，统管徽州各厘卡。渔亭镇商贾众多，也形成了商人组织。如黟商巨擘余之芹之父余国谨，曾在上海大东门外王家嘴角仁昌源记布号中经商。太平天国时期，为黟县渔亭镇公局董事，是徽州当地著名的绅商。

前文曾提及，黟县境内的许多家族，都在渔亭开设商店，这些人都积极参与当地各类公益事业的建设。如清代前期宏村人汪夔，“附贡生，以浙盐议叙主簿。……夔善事亲，待族人厚，尝以岁祲，三赈其族。修北庄岭及潭口路，并建路亭。又捐县城工，修渔亭通济桥、羊栈岭茶亭，施茶汤、方药，施棺埋胔。刊行《苍生司命》《经验良方》《金刚经集注》，增删《坚瓠集》行世”。[①]

① 嘉庆《黟县志》卷7《人物志·尚义》，黄山书社，2014年，第255页。

清代黟县商人在渔亭不遗余力地从事慈善事业，其标志性的成就主要有两项：一是修建渔亭桥，二是“登善集”的组织与实施。

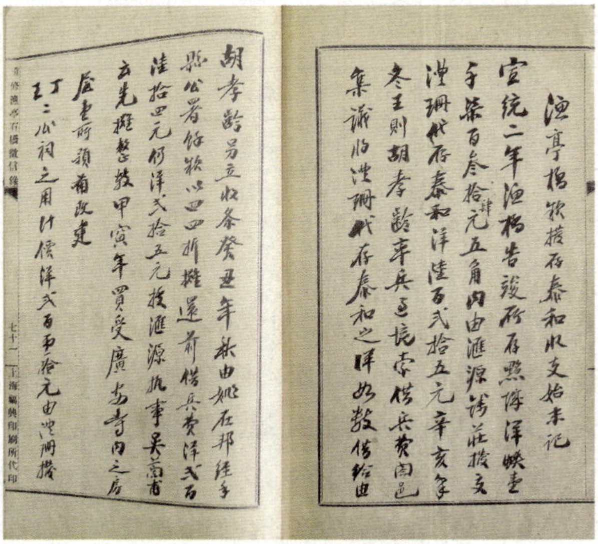
渔亭桥款拨存泰和收支始末记
宣统二年渔桥告竣所存点交洋蚨壹
千柒百叁拾肆元五角内由汇源诸莊拨交
洋珊代存泰和洋陆百弍拾五元辛亥年
冬王则胡孝龄率兵过境索借兵费闔邑
集议将洋珊代存泰和之洋如数借给由
胡孝龄手立收条癸丑年秋由姚在邦经手
照公署追款以四四折扣还前借兵费洋弍百
陆拾四元仍洋弍拾五元拨汇源执事吴蔚甫
先生拨整数甲寅年买受广安寺内之房
屋一所预备改建
丁王二公祠之用计价洋弍百五拾元由洋珊拨
重修渔亭石桥徵信录
七十一 上海编典印刷所代印

《重修渔亭石桥征信录》

黟县东南部水系属新安江流域，货物外运水路由渔亭入横江，再经新安江前往杭州等地，故俗有“渔亭桥下杭州路”之谚。民国年间编纂的《黟县乡土地理》记载：“石门坦受石门山北来之水，东南行至渔亭，会渔亭水（亦曰鱼亭）。渔亭山（在县东南三十五里）北五里有亭，旧云西江渔船至祁门县，保舟登陆，止此待船，亦曰鱼停。为县乡镇，旧有官铺，东南通休宁，西通祁门，北通太平。镇有桥，长三十余丈，旧原通济、永济两桥，邑人胡学梓建为一，清光绪间新修，费二万余金。邑食浙盐，船户从浙江运载百货，盐为大宗，悉舣桥下。古有驿，今有厘卡，溪山明媚，秀蒨可人。昔人诗谓‘只应黟县溪山胜，尽在鱼亭古驿前’是也。横山积翠，帆影往来，翠竹白沙，极似一幅天然图画。”

关于渔亭桥的修建，宣统三年（1911）欧阳国钧、欧阳国光二人撰有《重修渔亭桥事本末记》一文，其中提及：黟县河道宽广数十丈，中心原有小沙洲，分河水为二，两岸皆有桥跨渡，西岸本为木桥，东岸则有永济石桥。乾隆五十三年（1788）洪水暴发，两桥也遭毁圮。黟县西递巨商胡学梓出巨资重建，将二桥联为一桥，总名渔亭桥。咸同兵燹期间，太平军与清军在渔亭数度激战，桥身被毁严重。光绪二十九年（1903），渔亭盐业、油米业等绅商会集商议，募捐兴工。此后历经艰辛，于光绪三十四年（1908）冬竣工。宣统元年（1909），桥下之亭完工。此次修桥历时7年之久，耗费26000余银圆，工程为黟县之最。其后编成的《重修渔亭石桥征信录》中，录有详细的“乐输芳名”。从中可见，“本镇本都”涉及的商号包括：孙福生盐栈、许文盛盐栈、元泰、元茂、元昌、义达、义生、曹永新、同福生、苏鼎隆、义盛、兰馨祥茶号、永泰昌、汪寒记、廿大茂、泰亨典、开开看、查永行、舒克昌行、源昌号、义源号、查立大昌、胡仲芳行、益达号、义和鸿记、江广大、汪仁裕、瑞芝堂、仁寿堂、查永和、彭万兴、源兴、郑益昌、三泰、曹广昌行、汪星聚（速记）、祥茂号、福源坊、永丰号、苏怡隆、益成号、钱和顺、汪义聚、余荣庆、陈和兴、查永源、舒德泰、胡慎记、余德丰、程聚和、胡四宝、鸿春染坊、义昌、李记、苏记和盐米船。此外，还有一些公堂，如欧阳敦本堂、黄志道堂、闵德裕堂、韩彝伦堂、余六物堂、谢贵德堂、余楷德堂、胡明德堂、胡叙伦堂、李余庆堂、杨叙伦堂、李培本堂、程余庆堂、楠岭欧阳和汪敦伦堂。尚有一些祀会，如余含公会、李以公祀、余文晓会和五关汪公会。以上这些商号合捐英洋404元3角5分，钱354文。上述所谓的本镇本都，也就是渔亭镇及其所在的七都。此外，参与捐输的还有本邑（黟县）、休宁、祁门、武林（杭州）、街源（街口）、深渡、沧溪、苕溪、溧阳、芜湖、大通、安庆省、九江、武穴、武昌、鄂垣、夏口、汉镇、沙市、常德府、圻水、龙坪、葛店镇、江西省、饶州府和景（德）镇。

自清代以来，徽州民间的慈善活动中有一种“登善集”的做法——“各邑并于邑界水口登岸处建设登善集，集有司事如堂”，[①] 亦即于水陆要冲设立登善集。之所以称为“集”，可能是因为经费来自募捐，时有“集捐散愿”之说。而“登善”一词，则摘取《周语》“从善如登”四字而来。当时，最为重要的就是渔亭之登善集。现藏安徽省图书馆的佚名《登善集》，为清道光年间刊本，其中的《募建黟邑渔镇登善集启》，是在道光二十一年（1841）六月由登善集同人公具。文中提到，嘉兴的魏塘、杭州江干的海月桥里街都建有六邑厝所，用以暂置旅榇。而渔亭是黟县的交通要冲，每年都有相当多的旅榇自各地运至，但由于没有厝所，风吹雨打，备受摧残。为此，一些人决定建立渔亭登善集，用以暂置旅榇。两年后，他们又寻求官府的支持，“议立登善集丁名”，在黟县七都某图某甲之下设立“乐善会户丁”，在该户丁的登善集名下，对各类田产加以推收过割。对此，当时奉宪批曰：“公建义园，洵为美举，候即出示查禁。”后经数年的建设，主事者余元社等人又将登善集章程请示备案。登善集所置集地及义冢山业，每年钱粮由司事者依限完纳。其经费来源，除了渔亭盐业的照引派捐之外，还有堆金、舒姓公祠年捐等。

当时，登善集接收的旅榇主要来自两个方向：一是来自新安江，二是来自长江

① [清]胡敬：《新安惟善堂前刊征信录序》，《新安惟善堂全录》，光绪七年刊。

中下游。因不少黟县人在杭州务工经商，故由新安江运来的旅榇，以来自杭州的为数最多。“浙江惟善堂递送本邑旅榇到渔，苦无义所，募资购地盖造屋舍，梓谊情殷”。另外，长江中游的旅榇则主要来自汉口和九江的新安笃谊堂。当时规定，从祁门抬送渔亭暂厝所，每棺抬力钱 3200 文，外给神福酒钱 320 文；祁门抬送黟城，每棺抬力照送渔亭例，外加过岭钱 400 文。渔亭借寄暂厝所每棺进出堂，各给钱 200 文。渔亭暂厝所下河，每棺抬力钱 240 文。渔亭酬劳行家照应，每棺钱 100 文。渔亭资送休宁西、北两乡，山路难行，每棺加给抬力钱 400 文。祁门过渔亭附近乡村，直抬下行，不落行家，自渔亭起算，每棺每里 64 文，外给每棺每里 6 文 4 毫。而下游三角洲的诸多旅榇，也通过新安江转输而回到徽州。例如，上海的徽宁思恭堂根据死者所属县份及与上海距离的远近，分别定出极为明确的“足钱”（运送棺柩的价格）。譬如，由上海董家渡口下船抬力是 840 文，至镇口埠 6200 文，至歙县深渡埠 6400 文，至绵潭、雪坑口（薛坑口）6600 文，至琅园口（南源口）、梅口、浦口 6800 文，至渔梁桥 7200 文，至黟县、祁门、渔亭埠 7600 文。从这些记载可见，经由新安江的干支流，自上海到徽州的一府六县各地，运送棺柩已形成了一个完善的网络。

此外，由于还有不少黟县人活跃在屯溪，故当地的思安堂与登善集亦有交集。根据《思安堂征信录》的记载：“渔亭一埠，在黟界内，拟推广设一古黟旅榇公所，并置义山，俾死者子孙从便返葬，费约千金，或集腋筹备，或大好善家独立维持，事在人为，以光义举。”正是在此背景下，黟县的登善集，与屯溪的思安堂、浙江惟善堂、上海徽宁思恭堂、汉口笃谊堂和九江笃谊堂等皆有着密切的关系，渔亭船行在登善集的慈善活动中承担着重要角色。

渔亭位于黟县七都一带，每年六月十二至十四日，都要举行祭祀汪王的庙会，届时，有游大阳降童一事——人们舁汪王像出游，“祈以保苗，童子前驱，斧额刺血”，以消邪降灾。汪王庙前设油釜，釜底焚火，釜中置油翻滚，信众将豆腐揉碎投入釜中，寓意是将害虫像豆腐一般煎死。对此，民间有歌谣曰：“余家无思量，三年两头接汪王（读若阳）；余家无想头，抬着汪家祖宗满街游。”[①] 这是说祭祀汪王不分族姓，成为一地民众普遍的信仰。

综上所述，在传统时代，黟县的市镇发育水平较低。在渔亭，米、盐是最大宗

---

① 《古黟新语》第12号。

的交易，诸多商业受境内各村落家族的影响较大，社会文化亦呈现出明显的区域特色。而今，每天由屯溪开往黟县县城、祁门、石台、贵池、铜陵、安庆和景德镇等地的客车皆路过该镇，来往班次较多，可谓川流不息。而皖赣铁路亦由此地通过，并在该处设有火车站，水陆交通与市镇面貌较传统时代可谓迥异其趣。

第三节 溪 口

一、率水之滨①

溪口位于休宁县西部，因地处浙源水与率水交汇的河口而得名，在皖南一度有“小屯溪”之称，而若放在更大的地域范围内，亦有“七省通衢”之美誉。在当地民间，为了与下游龙湾河对岸的溪口（今双龙村）相区别，称之为上溪口。清初赵吉士的《寄园寄所寄》指出：“《汉志》云：‘渐江水出黟县南。’今浙岭属婺源，溪属休宁。自此两溪合水，港益大，渚清沙白，岸阔墅深，映日成蓝，拱阴聚碧，千条万派，自上溪口至率口，东来百余里矣。……又流四十里至浦口，徽郡歙浦之水，方合流而为新安江。”②可见，上溪口位于新安江上游。清代上溪口人汪由敦撰有《让溪说》，其言：“休宁之西有二水，一出大鄣山，一出浙岭，至吾所居村，则合流而东，以达钱塘，故村之名曰溪口。循溪而东七十里，有水自婺源北流而来会者，其村亦名溪口，而吾村实居上游，故又别之曰上溪口。”③

现存清末婺源秀才詹鸣铎所著《我之小史》的两个抄稿本中，有一处地名写作“上溪口”，另一则作“双溪口”。可见，上溪口又称“双溪”或“双溪口”。另外，汪由敦曾撰有70首绝句，其中之一为：“大连小连水淙淙，杭埠春流拥客船，滩外有滩三百六，送君直到富春江。”该诗注曰：“浙江源于张公山之北高湖尖，出大连、小连，

① 关于新安江上游的溪口镇，安徽省休宁地方志办公室的汪顺生撰有《溪口——新安江源第一埠》一书，对溪口镇做了多侧面的描述。本节在此基础上，利用部分新见的徽州文书资料，进一步探讨溪口镇的水陆交通、商况市景，以及盛衰递嬗。

② [清]赵吉士著，周晓光、刘道胜整理：《寄园寄所寄》卷3《倚仗寄》，黄山书社，2008年，第180页。

③ 转引自汪顺生：《溪口——新安江源第一埠》，合肥工业大学出版社，2014年，第7页。

至梅口会梅溪、孚溪之水，东流百二十里，至吾村会婺源水，达屯溪，会县港流出浦口，为新安江。自吾村登舟，经三百六十滩，直抵钱塘，故渡头名杭埠。”[①]当时，从溪口乘船顺流而下，由新安江经屯溪、歙县深渡、街口和浙西威坪、淳安、茶园等处，可以抵达钱塘江畔的杭州江干。因此，上溪口作为往来杭州的起点和终点，也就有了“杭埠”之别称。而旧时上溪口的“双溪十景”中有“埠岭樵歌”，其中的“埠岭”亦称杭埠岭。直到现在，溪口一带还有杭埠头老街。[②]

上溪口

关于上溪口的交通区位，民国年间吴日法编纂的《徽商便览》中，有《杭州由水路至徽州路程》，其中提及：“练水自绩城以下，横江自渔亭以下，率水自上溪口以下，皆通舟楫，东由歙之街口出境，下达淳安、建德、杭州、上海及兰溪、金华、衢县各埠。休、黟、歙、绩人由之。”关于这一条水路，吴日法还特别点明：“为绿茶运往上海路线。”

从流域的总体上看，溪口地处新安江上游的率水之滨，来自下游的船只由率水

① 转引自汪顺生：《溪口——新安江源第一埠》，合肥工业大学出版社，2014年，第9页。
② 以上这些，参考汪顺生：《溪口——新安江源第一埠》，合肥工业大学出版社，2014年，第5～9页。

溯流而上，最远的只能到达溪口，故而该处成了水上交通的一个重要节点。除了为水路要冲之外，上溪口还是陆路的必经之地。

首先来看从杭州而来的陆路交通。清末印刷品《杭州至徽州旱路程》，其路程的终点就是休宁之上溪口。个中，除了地名和里程的记载之外，还有简明的特别提示，如“起旱”“远”“右手走”“过桥”“远路崎岖上岭”“无店”和“有巡检司”等。此一例子反映出当时从徽州外出经商之人为数众多，以至于像休宁上溪口这样的地方，都会以本地为中心印刷相关的路程。

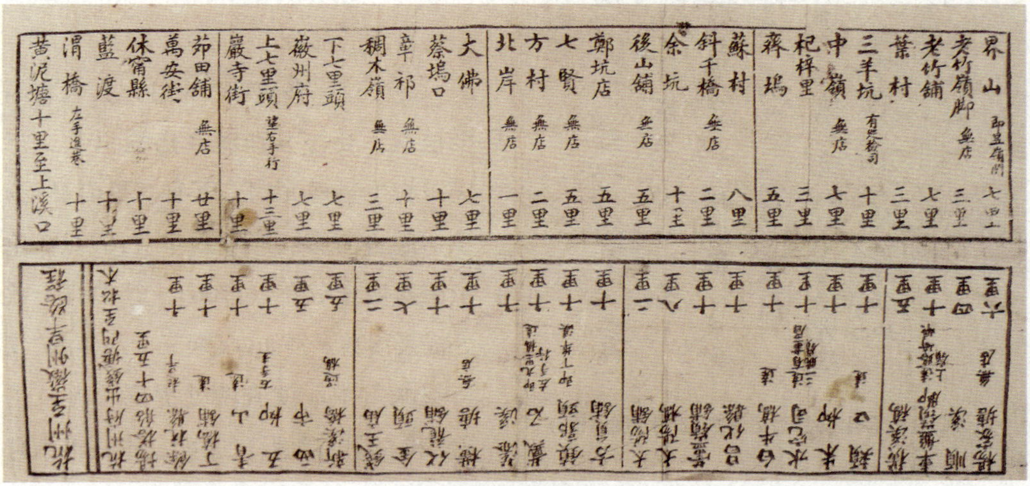

《杭州至徽州旱路程》

这个陆路程，是当时不少徽商来来往往的主要路线。在歙县芳坑江氏文书中，也有一份《杭省至徽郡旱程荣归》的抄件：

> 杭州府出北关门，由湖墅至卖鱼桥，左手进混堂巷搭船，四十五里择旱。余杭十里……昌化县……界山七里，老竹岭脚三里……杭州至徽州，共三百七十六里。上七里头 十三里，岩寺十里，茆田铺廿里，万安街十里，休宁县十里，蓝渡十里，渭桥十里，黄泥塘十里，上溪口荣归。杭至上溪口旱道，共四百六十九里。

这是从杭州前往上溪口的陆路。另外，从上溪口到婺源以及江西各地的陆路程，

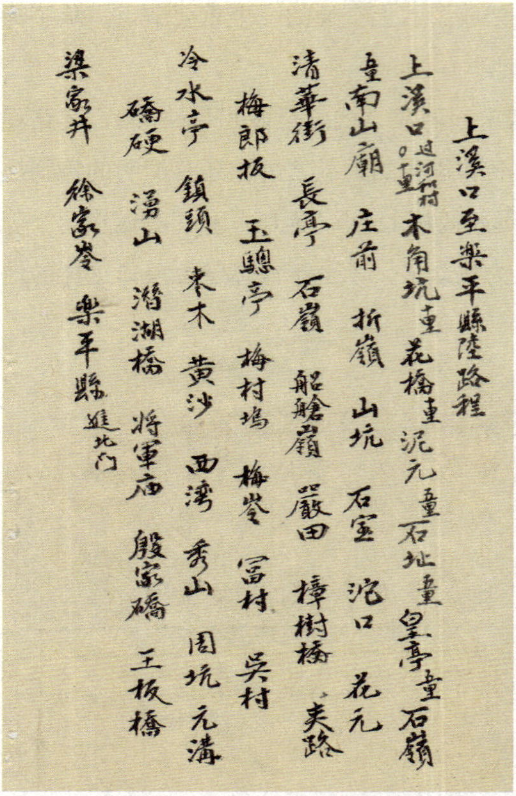

上溪口至乐平县陆路程（见清末《江湖绘图路程》）

也有不少记载。明代徽商黄汴所编的《天下水陆路程》中，就有“饶州府由景德镇至休宁县水程”，这是一条由江西饶州、景德镇一带，经婺源境内的清华东北行，翻越浙岭前往休宁的陆路，其间就经过溪口。清末休宁渠口商人无名氏《江湖绘图路程》抄本中，亦有“上溪口至乐平县陆路程”，便是上述路线的部分。

关于这一条路线，来往之人也有不少记载。婺源县浙源乡嘉福里十二都庆源村生员詹元相，著有《畏斋日记》。该书起自清康熙三十八年（1699），止于康熙四十五年（1706），其中有十数处提及溪口。例如，康熙三十八年的“仪一叔帐”中，就有两处提到“溪口进出”和“溪口常例”。康熙三十八年十月，詹元相前往南京参加乡试，初十日，“仝法叔起程，共带王百祥担行李。是日二人俱轿送至溪口。十一日，溪口搭船至屯溪。十二日，雇船至杭”。康熙四十年（1701）三月十二日，他前“往郡岁试”，曾“在溪口店寓一日”。四月初二，他的父亲“同母舅、法叔、秉叔、孔彰叔回家，倩担挑行李至溪口，去银二钱，八五色”。初七返家，“同希震叔、楚良弟至溪口住”。他还详细记录了此次外出的开支，其中有“溪口进出三分，火酒五文”的记载。康熙四十一年（1702）正月二十五日，詹元相“往旌德科试”，二月十五，“倩人挑行李至溪口，共银三钱四分，回头三分”。二十二日，“魁兄至溪口带行李回，该银一钱”。五月初十，“传闻前数日大水，休宁西南乡上溪口一带淹民房数百，伤人并溜去树木甚多”。当年闰六月二十七，又赴南京乡试，“溪口搭船至屯溪”。上述这些记载，都是说进出婺源，溪口是水陆交通要冲。

正是因为溪口与婺源的关系极为密切，1918 年婺北清华高奢桥下街桥修建，当时参与捐输者，除了婺源当地人外，还涉及徽州邻近地区和外地，如上溪口、屯溪、景德镇、乐平县、九江、上海、汉口、杭州、无锡、广东和常州等地，皆有人捐款。①清代婺源汜川人余邦用经商致富后，“见休邑上溪口至回头岭路途险峻，乃募捐于岭脚建亭，施茶给烛，以便行人”。②这些，都反映出婺源与上溪口一带关系之密切。

民国时期，婺源庐坑人詹鸣铎多次前往杭州及江南各地游历，其进出亦皆途经溪口，这在《我之小史》中有不少记录。例如，其中有一处记载：“是日到溪口，投德美行尚早，枯坐无聊，父亲倚席盹去，我亦盹去……原来溪口至屯溪系小船，由屯溪至杭州，船较大。”当时，婺源人前往溪口，都是走旱路，及至溪口，才坐船下水。詹家往来溪口，经常就住在德美行内。《我之小史》第8回写道：“我钉靴里零散铜元不少，及过溪口，至德美行，我有挑伕二人，一起盛，一进丁。起盛在该行赌博输空，乘间逃走，该行学生乃将进丁之担扣留，进丁正与辩闹，我问起为数不多，乃代开销，俾即放行。那学生与我熟识，招呼一下子，我辞去。”这两名挑伕，显然是当时活跃在婺源至溪口商道上的众多挑伕中的两位。

1949年以前，婺源段莘一带有一些人在休宁齐云山做道士，他们前往齐云山，通常要经过裔村源头、回岭、岭背和上溪口等处，然后才能到达齐云山。③而一般民众，也有不少人经由此处前往齐云山朝山进香。直到20世纪五六十年代，严田去齐云山基本还是靠脚走，沿途有一天的行程。具体说来，是从严田出发，过清华、双河、花园、沱口、凤山、西坑和岭脚出婺源县境，再经过漳前、花桥、溪口等地，然后到达齐云山。④这条路程，迄今仍是婺源经休宁至屯溪的重要交通要道。此外，还有一条陆路，见于明末清初西陵憺漪子（汪淇）编的《天下路程图引》中，即“饶州府由乐平县至徽州陆路”，⑤这条道路是走婺源县城、汪口、江湾，然后经休宁的黄茅、山斗、五城再到溪口。而其中徽州境内的一部分，在黄汴编的《天下水陆路程》中，亦作“徽州府至婺源县路”。

1923年，歙人毕卓君在《推广徽州交通刍议》一文中写道：徽州的主要干道有

---

①《婺北清华高奢桥下街桥工程征信录》，私人藏本。

② 民国《重修婺源县志》卷48《人物12·质行9》。

③ 此据2010年8月15日专访晓庄源头村82岁村民詹箕裘的口述整理，汪发林《婺北的道士世家与民间斋醮活动》，卜永坚、毕新丁：《婺源的宗族、经济与民俗》下册第15章，第658页。

④ 汪发林：《婺北的道士世家与民间斋醮活动》，卜永坚、毕新丁：《婺源的宗族、经济与民俗》下册第15章，第643页。

⑤ 杨正泰：《天下水陆路程·天下路程图引·客商一览醒迷》，山西人民出版社，1992年，第412页。

三条：一是歙绩路，二是黟祁路，三是婺源路。其中，婺源路又分为东、西两路：西路自休宁县治五十里而至上溪口，九十里而至沱口，八十里而至婺源县治。自休宁县治至婺源县治，共有二百二十里。“三路之中，以歙绩路最易行，黟祁路次之，婺源路山岭高峻，真不易行”。①

婺源县图书馆收藏的《控毁婺坝卷帙》抄本中，收录有一些因诉讼而形成的历史档案。其中，乾隆二十四年（1759）五月十九日的《歙邑绅士呈请该县会勘公呈》中有：“……歙邑山多田少，民食仰给江楚，米船自饶河转运婺河，四百余里，直抵汪口，不须换船，发夫挑至溪口，又船运至歙，路遥费多，米价常贵。”此处提到，从湖广、江西运来的粮食，辗转抵达汪口之后，要起旱转运，由挑夫挑往溪口，再船运至歙县。在当时，挑夫在婺源境内及休宁溪口上下极为活跃。对此，稍后六月十三日的《会勘联详文》记载：

> ……溪河一道，自东北子鸦山、扶车岭、塔岭、浙岭等处发源而来，绕城之北门、东门，转湾至西门坝所，系水南流，复转而西，直达江西之德兴、乐平、鄱阳等处，兼通湖广，历来大小船只商贩转运，络绎不绝。……东路通舟之处，由县治至武口、鹄溪、词坑口、古箭、古坑等处，直达汪口五十里，大小船皆可通行。武口之北，有河一道，通大舟，经思口、思溪等处，至清华街五十里，起旱，挑夫运米过浙岭，至休邑之上溪口通运，计陆路九十里。……其运米至上溪口者，皆在休邑发卖……

此一详文还指出，“婺邑山多田少，居民全以贩运为生，通邑船只约有五六千只，而东北乡居大半”。由于到汪口、江湾等地后，需要由挑夫将货物起旱转运，故而有相当多的挑夫活跃在沿途各地。

根据民国时期的调查，九江开埠后，婺源绿茶曾北上九江，经由长江水道运往上海。不过，这条路线后因治安原因而受到重大影响，一些茶产开始转向屯溪汇集。当时东路一般“由船运至江湾，每担船力自五角至一元，由江湾肩挑至休宁龙湾，挑力每担自三元至五元，再由水道至屯溪，每担船力五角”；北路则“用船装

① 《道路月刊》第9卷第1号。

至清华街，每担船力六角，再由清华挑至休宁上溪口，挑力每担二元五角至四元六角，由上溪口改用船运至屯溪，每担船力九角”。[①] 将近十年前，一位年轻时当过18年挑夫、当时已80多岁的清华村民胡崇高回忆说：清华一地做过挑夫的人相当不少，挑夫一般是与商铺老板联系，按照商家的具体安排，负责挑货前往目的地。商家老板与屯溪商家事先都已经约好，凭对方的收条和发货单结算运费工钱。当时，从清华挑出的货物，主要是茶叶、土纸、油纸伞和京表纸等土特产品，而从屯溪担回来的则主要是布匹、煤油、食盐、白糖、糕点和电池等生活用品。运费工钱有时以稻米计算（到屯溪一个来回，给八九斗米），有时则付现钱（清华到屯溪的运费每100市斤12元，后增至14元）。从清华运茶叶到休宁上溪口，每担2.5至4.5元。吃住开销一切费用，则由挑夫自行处理（当时住一晚二角五分钱）。一个人一般挑150斤左右，年轻力气大的最多也只能挑210斤。另一位做过挑夫的清华人俞德辉也回忆说：自己20多岁就当挑夫，曾为清华杂货店、老鲍宇和、洪先生药店、胡永和食品店挑货，1949年以后则为合作社挑货。一般去（单程）要走5天，具体路线是从清华动身，走十堡，到石岭、溪口、小庄再到屯溪，在屯溪住两晚，回来又走5天，来回一共12天，单程200多华里。[②]

除了上述的路程之外，笔者此前曾在皖南发现一份晚清时期的佚名路程原件，由大通、青阳过羊栈岭，经黟县卢村、际村街、黟县城、渔亭再到上溪口的路程，全程三百数十里。正面上书“此上洋至大通，一路到上溪口路程”。还有一份《西省由余干至徽陆路程》，则由江西省城经余干、乐平，由镇头一带进入婺源，经清华街折而东北，过浙岭到溪口，再前往徽州府。[③]

正是因为上溪口为水陆要冲，故而来自婺源及江西各地的土特产品纷至沓来，而由新安江下游运来的浙盐，以及日用必需品，也在此处集散。在此背景下，数十乃至上百号商船往返于屯溪和溪口之间，在传统时代，行商坐贾纷至沓来，腿脚奔忙的挑夫更是川流不息。

① 傅宏镇：《皖浙新安江流域之茶业》，第32页。

② 胡兆保：《婺源古县治清华的宗族文化与传统经济》，卜永坚、毕新丁：《婺源的宗族、经济与民俗》上册第5章，第275页。

③ 王振忠：《徽州社会文化史探微——新发现的16～20世纪民间档案文书研究》，上海社会科学院出版社，2002年，第397～400页。

二、上溪口的商业

由于地处水陆要冲，由溪口东下，经由龙湾可至屯溪，再沿新安江顺流而下，便可抵达杭州。若由陆路，则可至婺源及江西浮梁、乐平等地。另外，上溪口一带西北近祁门、黟县和太平等县。因此处水陆交通条件优越，遂成为新安江上游的重要集镇。根据刘永华对婺源排日账的研究，婺源沱川乡上湾村“程允亨一家前往溪口，主要从事的活动有购买食盐、米粮、杂货、麻布袋、糕点、猪油、陶器等，出售灰蒻、葛粉、棋子、油麻等，挑担（“担茶箱”“担零扫【零碎】”），以及换洋钱、铜钱等”。[①] 可见，婺源一些地方的民众也前往上溪口购销日用必需品。在清代，上溪口设有汛防，现存有清道光十三年（1833）二月徽州分防上溪口汛总司严禁（休宁县）十三都一图坟山盗树木掘脑侵害坟茔的告示。[②]

溪口是新安江上游重要的水陆码头，道光《休宁县志》就记载有上溪口街，“县西五十里，长二里”。及至20世纪30年代中叶，据《中国经济志》记载：“上溪口居县境西南，为通婺源孔道，商业尚盛，约有商店六十余家，和村与上溪口密接，约有大小商店五十家。”另据汪顺生的调查，溪口民间有顺口溜称：“杂货店、绸布庄，米店、饭店、豆腐店，盐铺、药铺、典当铺，油坊、粮坊加染坊，茶馆、旅馆伴会馆。”此一顺口溜反映了昔日当地店铺鳞次栉比的盛况。对此，《徽州商业志》也有记载：民国时期，在170家店铺中，盐栈占了9家（即曹怡威、广丰、开泰、恒隆、裕大、祥和、鼎泰、广益和孙永生），南北货11家，酱园3家，布店7家，中药店6家，百货店5家，油漆店7家，黄烟店2家，首饰店3家，肉店6家，豆腐店7家，木匠店5家，成衣店4家，棕匠店5家，铁匠店2家，炉坊2家，酒坊1家，饭店11家，菜馆3家，船行4家，杂货店3家，茶号3家，染布坊2家，竹匠店7家。其他如轿行、马行、灯笼店、鞋店、裱画店、镶牙店、纸扎店、糖坊、蜡烛花爆店、丝线店、米店、旧衣店、书店和香店等达34家。此外，还有小摊贩，如花生瓜子摊、豆腐摊、油炸摊和馄饨摊等，从业人员达500多人（未含茶号季节工）。[③] 以盐业为例，1936年，休宁全县盐栈共有16家，屯溪6家，上溪口6家，龙湾4家，屯溪全年

---

① 刘永华：《从“排日账”看晚清徽州乡民的活动空间》，《历史研究》2014年第5期。

② 封越健：《中国社会科学院经济研究所藏徽州文书类编·散件文书》第4册，社会科学文献出版社，2017年，第131页。

③ 安徽省徽州行政公署商业局：《徽州商业志》，1987年前后，打印稿，第96页。

销售食盐为3000余引（一引380斤）。[①]当时，官方明确规定，婺源所食民盐皆由溪口供应，9家盐栈的供应量极大，持有盐票155张，每张票是30引，储藏供应吞吐量达176.7万斤。[②]

在清代的引岸制度下，徽州一府行销杭、绍二所引盐。其中，婺源县引盐由休宁县分销。徽州府共销16万余引，而休宁一县即分摊近8万引，约占全府引数的一半，其中有部分则分销至婺源。对此，光绪《婺源县志》记载："婺食盐于浙，然以贫无盐商，凡婺之窝引，皆休商行掣告销，虽休兼婺利，而盐止于休。婺民则挑负诸土物，逾岭零星贸易，价溢而劳瘁倍之，故穷僻村氓，多食淡者。"民国《重修婺源县志》卷42记载，汾水人吕宏信，前往休宁溪口挑盐，回程时捡到一个包裹，里面有二百两的银票，"守候半日，失者追寻，询其数符合，诘其人为代带银信者，悉还之，不受谢"。此一记录，说的便是从溪口挑盐回婺源的一般民众。

关于上溪口的盐业，清同治元年（1862）婺源县板桥乡（今休宁县板桥乡）洪氏的分家《阄书》提及，道光二十年（1840），洪钢等七兄弟的父亲与伯父在浙江遂安开设有兴典、永昌典等。及至咸丰七年（1857）太平军进攻衢县，典业停业后，曾在休宁上溪口租汪宅元号盐牌开张盐店。晚清时期，婺源汪姓商人将浙盐运往休宁、婺源等地销售。在他们留下的书信中曾提及："现溪口盐价大涨，想因盐卤昂贵之故。"当时，歙县朱家村开设有苏德泰总栈，老板是现代作家苏雪林的祖先苏成美。苏成美曾在歙县渔梁、深渡、街口、休宁屯溪、龙湾、上溪口、绩溪临溪和黟县渔亭等地开设了盐行分店。1928年，《申报》上有《地方通信·婺源·食盐来源有济》："徽属六邑食盐，向销浙岸，从无缺乏之虞，近年以来，叠告盐荒，且于缺货时，每帮到盐，多为就地商铺尽购，操纵居奇。本邑盐价，每百斤竟激涨至二十元，尤时难接济，致零食贫户，尽受淡食之苦。前经旅芜徽属同乡，吁请浙皖岸缉私局卡，设法维持，接济民食，月来龙湾、溪口各行，因河水涨溜，盐船时有到埠，市价较前见松。"[③]而在现存的徽州文献中，有1933年9月1日胡新荣赴上溪口购运食盐的单据。

除了盐业之外，上溪口的布业也有不少记载。汪顺生曾引用一份双狮商标，是上溪口正街双凤坊肇丰德的广告，"本号专运时令各货，均极齐备，价格特廉，各

① 安徽省徽州行政公署商业局：《徽州商业志》，1987年前后，打印稿，第18页。
② 安徽省徽州行政公署商业局：《徽州商业志》，1987年前后，打印稿，第19页。
③《申报》1928年7月10日。

界惠顾，竭诚欢迎。”从广告的内容来看，所卖布品包括绸缎、呢绒、洋货和布匹及其他物品。[①] 另外，刘伯山主编的《徽州文书》第7辑中，收录有一份合同议据：

立合同议据人舒作梅记、吴长易记、舒满记意同志合，舒作梅记出正本英洋四百员【元】，吴长易记出正本英洋四百员【元】，舒满记出正本英洋八百员【元】，共成英洋一千六百员【元】，在于休西上溪口正街替进卢福生布店，并内设源茂染坊货物傢伙，兹议更牌，合开福成布号，酌立成规，胪列于后。惟愿一秉至公，竭力经营，恪守条约，俾垂久远，自必丽水生金，昆冈产玉，蒸蒸新盛，实有厚望焉。立此同样合同三纸，各执一纸存据。

一、新创之始，羡亏难卜，在股者递年一草结，三年一总结，或羡或亏，公酌补存，以固根源；

一、正本递年作八厘息，次年清盘，息外有余，提出两成，酬同事诸君辛劳之勤；

一、正本运筹不敷，再议均加副本；

一、凡店中银洋、货物，以及同事增减出入，一切统归执事办理，以专责成；

一、在股者不得藉事移借、悬宕银洋，俾资转运而杜紊乱；

一、递年清盘，立正簿一册存本店，另誊盘单三纸，分致股中；

一、店规请执事者简明立章，实贴账房；

一、本店狭窄，染坊一业，由店议邀大成号对本，合创大盛染坊，另设一处，再立合同。该染坊之账，原归本店办理结盘。

光绪二十三年正月　日立合同议据人舒作梅记（押）

吴长易记（押）

舒满记（押）

经议执事卢振棠（押）

秉笔舒步青（押）

这份合同议据，是由“舒作梅记收执”。合同议据上注有：“福成顶进源茂染坊，

① 汪顺生：《溪口——新安江源第一埠》，合肥工业大学出版社，2014年，第34页。

后更天成染坊，于光绪三十一年凭公提出，另立合同开张，不入福成替店之事。批此存证。”另外还注明 ：“顶进福生店源茂坊傢伙等，原据一纸，公存舒满记处，遇事要用，即行交出，不得捎留。”从合同议据中提及的原业卢福生布店，[①] 以及当事人为舒姓、经议执事卢振棠来看，这个布店应当是黟县商人之间的交易。[②]

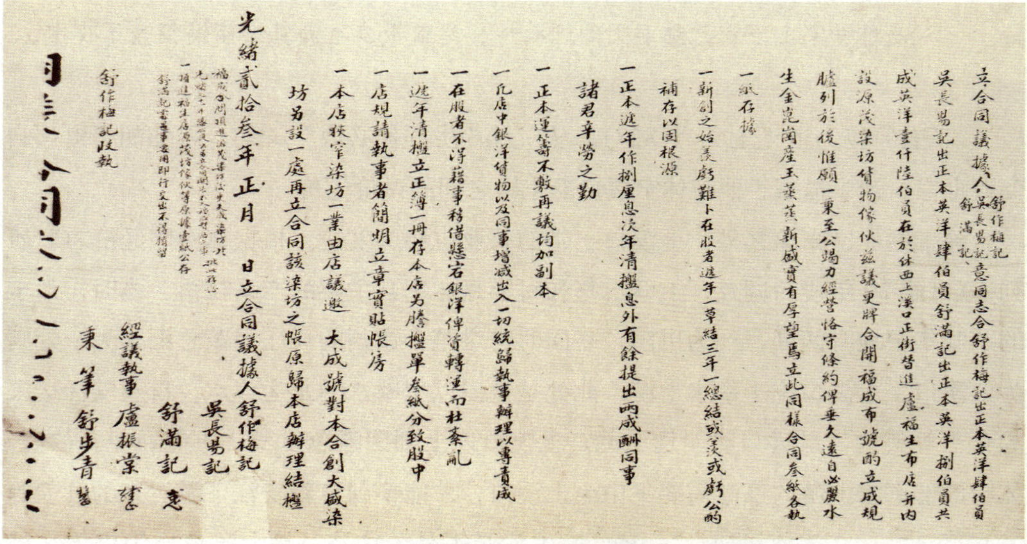
立合同議據人舒作梅記 吳長易記 舒滿記意同志合舒作梅記出正本英洋肆伯員
吳長易記出正本英洋肆伯員舒滿記出正本英洋捌伯員共
成英洋壹仟陸伯員在於休西上溪口正街借進盧福生布店弃內
設源茂染坊傢物傢伙茲議更牌合開福成布號酌立成規
臚列於後惟願一秉至公竭力經營恪守條約俾垂久遠自必囊水
生金崑崗產玉蒸蒸新盛賓有厚望焉立此同樣合同叁紙各執
一紙存據
一新創之始羨虧難卜在股者進年一草結三年一總結或羨或虧公酌
補存以固根源
一正本進年作捌厘息次年清擸息外有餘提出兩成酬同事
諸君辛勞之勤
一正本運籌不敷再議均加副本
一凡店中銀洋貨物以及同事增減出入一切統歸執事辦理以專責成
一在股者不得藉事移借懸宕銀洋俾資轉運而杜紊亂
一進年清擸立正簿一冊存本店另謄擸單叁紙分致股中
一店規請執事者簡明立章實貼帳房
一本店狹窄染坊一業由店議邀 大成號對本合創大盛染
坊另設一處再立合同該染坊之帳原歸本店辦理結擸
一頂進福生店源茂坊傢伙等原據壹紙公存舒滿記處遇事要用即行交出不得捎留
光緒貳拾叁年正月 日立合同議據人舒作梅記
吳長易記
舒滿記
經議執事盧振棠
秉筆舒步青
舒作梅記收執

光绪二十三年(1897)合同议据

除了坐贾之外，当地还活跃着一些走街串巷的行商小贩。例如，抄本《弄月嘲风》中收录有清代婺源商人胡得卿的作品，其中有不少就反映了他在休宁上溪口一带的活动。对此，海阳吴富堂就有《赠星江胡君卖布》诗 ：

> 肩挑夕照过村庄，红绿辉笼色更光。微唤娇娘惊阁梦，停针欲售意遑遑。
> 春闺远听唤娇娘，朵朵莲花艳画堂。一笑问君此物价，半争钱大半嗔郎。
> 售得神针倚碧棂，暗想美女梦初醒。弓鞋刺罢何盈握，两瓣莲花线几经。

“海阳”为休宁的别称，“星江”也就是婺源。诗中透露——胡得卿是个走村串巷，

---

① 笔者有一批黟县卢村卢静斋文书，其中提及堂叔卢心存，在休西上溪口德生布业务工经商。

② 此一合同，属“黟县十都塔川卢氏文书”，刘伯山：《徽州文书》第7辑第8册，广西师范大学出版社，2020年，第250页。

以零星贩卖布料、兜售针头线脑为生的小贩。对于此种商贩生涯，胡得卿自己也有《丁亥冬月日往溪口买货》的描述：

> 肩挑夕照路犹难，霜叶山红似瑚珊。继业生涯何必改，店中叙旧自悠闲。
> 征人已知是君家，笑问君家价若何。父所交游何问价，意君本是也争多。
> 低思吾家山万重，细君闺阁闷心忡。庭前散步生涯算，滴漏铜壶子夜中。

“丁亥”应为道光七年（1827），从“继业生涯何必改”一句，可知胡得卿出自商贩世家，诗中描摹了他与休宁溪口老主顾之间的讨价还价。

除了盐业、布业之外，上溪口一带的茶业也颇为发达。根据《中国经济志》所列 20 世纪 30 年代的调查，上溪口与和村都是休宁县主要的产茶村落。当时，休宁的茶叶集中地有两处，一为屯溪，它同时也是整个徽州的洋庄绿茶总汇，另一处则为上溪口。上溪口位于率水上游，此处是屯溪以上率水的水运终点，自新安江运来的食盐等货物，最远只能船运至此。上溪口以上则因滩急水浅，不能通船。故而，休宁西部率水上游的茶叶需要集中至上溪口，才能换到自新安江下游运来的食盐等生活必需品。这些，是上溪口成为屯溪之外另一个休宁茶叶集散地的原因所在。婺源茶商查启明在某年二十六日寄给江耀华的信中写道：“前日贵同事程松翁光临寒舍，委弟代办春茶，不料山价陡然提涨，行情似乎太高，不敢多买。今代办上十堡汪姓茶二十八袋，又汪坑源茶二十一袋，共计廿四担半。每担司码秤连皮一百廿二斤，发至溪口，交胡大顺行转运来前，至祈查收是幸。婺至屯溪茶力钱多少，托大顺行具信详报，该不误事。”此一信函，反映了婺源茶叶经上溪口转运至屯溪的情况。

永盛记访帖

盐、茶之外，溪口街上还有诸多行当，如百货店、杂货店、旅店、药店、馆子店（小饭店)、雨伞店、绸缎店、布店、豆腐店、纸扎店和油坊等。[①]关于杂货店，民国时人詹鸣铎所撰《我之小史》第 7 回写道 :“我那时由溪口回家，记得在溪口买甜酒归遗祖母，无物可盛，乃坐渡过河卖竹筒。时该店中有三位姑娘，桃花人面，娇艳天然，且单袷之衣，春光流露，至今犹忆之。”让詹氏印象深刻的购物店铺，应当是其时常见的杂货店。类似的杂货店有不少。以一份访帖为例,上溪口中街的永盛号 :

> 真正堆花 / 本号开设上溪口双凤坊，经理各种名酒，并及加窨选料虎骨、佛手、冰雪、玫瑰、加皮、陈腊、元陈、风气药酒，凡宴宾购赠礼品，尤为优美，倘蒙赐顾，请认本号招牌为记，庶不致误。

根据汪顺生的描述，溪口的双凤坊、东阁、田干口、下门等处，多经营南北杂货、绸缎布匹、金银首饰及日用食品等。[②]

三、上溪口的地位

据民国《重修婺源县志》所附“婺源疆域山川乡都总图”标示，浙源水源出浙岭，流经休宁上溪口。正因为地处交通要冲，故而溪口成为新安江流域的重要集镇，也是沟通徽州内外的主要据点之一。民国时人詹鸣铎所撰《我之小史》第 19 回提及，詹父在外埠去世，“数日之后，奉母亲命，信致环川，雇八人牛，到溪口运灵柩，先后运到，以父亲安厝仓边，三弟则葬诸忠勇亭外”。关于这一点，上海徽宁思恭堂历年的征信录中也多有记载。当时，根据死者所属县份及与上海距离之远近，分别定出了颇为明确的“足钱”(运送棺柩的价格)。譬如，上海董家渡口下船抬力是 840 文，至下溪口埠 7400 文，至上溪口埠 7800 文。后来，这些价格亦随着物价之高涨而有所调整。从上揭价目可见，经由新安江的干支流，自上海到徽州的一府六县各地，运送棺柩已形成了一个完善的网络。另据《思义堂征信录》记载，光绪十年至宣统二年(1884 ~ 1910)间，上溪口一带的信客计有胡天宝、叶汉章和汪峻甫三人，这说明上溪口与长江三角洲的来往关系极为密切。新安思安堂为黟县商人所建，1920 年第一刻的《新安思安堂征信录》中列有“民国七年戊午至己未腊月旅休乐输

① 汪顺生、余坚:《休宁徽商老字号名录》,黄山市徽州文化研究院:《徽州文化研究》第3辑,黄山书社,2005年。
② 汪顺生:《溪口——新安江源第一埠》,合肥工业大学出版社,2014年,第3页。

特别捐名”，其中涉及屯溪、瑶溪、闵口、龙湾、五城、下溪口、梅林、隆阜、新屯、万安街、休城、上溪口、黟县、渔亭、徽州府、江西景德镇、江西贵溪县、东亭、兰溪、淳安、遂安、港口、茶园、严州、桐庐、富阳、无锡和新市。当时，新安思安堂设有旅沪董事、旅休屯溪董事、屯埠锡业董事、休城董事、万安董事、龙湾董事、上溪口董事和瑶溪董事等。正是因为新安江沿岸的这种慈善网络，故而当时有一些人也在溪口一带从事慈善事业。如，晚清，婺源庐坑人詹喜铭，对于休宁溪口善堂，以及其他各处善举，总是不遗余力地捐输佽助。黟县桂林人程上进，集资在休宁县的上溪口创办登善集，收旅榇，代为安葬。程上进勉力维持登善集20余年，年过七旬还徒步跋涉，四处募款至数千金，而来往盘费皆出自个人。程上进于1918过世，弥留之际，他还念念不忘登善集，命其子将该集所收旅榇及一切财产移交溪口本处事务所接收，嘱咐要议订登善集规条，函请县公署立案。事务所董事汪颂荣和会长汪德光、副会长曹维屏函请休宁县知事，奖给“急公好义”四字匾额以旌其劳。①

由于溪口在新安江上游的重要地位，当地商品之行情涨落，也成了附近各地的贸易标准。例如，从明末崇祯年间直到20世纪30年代，以祭祀越国公汪华及其子九相公等为中心的祝圣会，一直相沿不断。在休宁县十三都三图一带，人们认为，“田禾丰熟，人丁茂盛，全仗神灵护佑，是以各村各乡立会敬神，祭祀巡游田间，邀神欢媚”。② 在乾隆二十三年（1758）的议墨中就提及，“谷价每年十月初一日为期，每砠照溪口米市价捌折扣算，系九七平会戥”。南京大学历史系藏有光绪三十年（1904）至1941年的《祝圣会簿》，其中提及，从明代以来，汪、吴祝圣神会供奉越国汪帝，为此所立的祝圣会，每年定期收取租谷，“照溪口市价售卖”。

此外，值得一提的还有上溪口之关帝庙。清人徐卓在《休宁碎事》中记载，“上溪口村北大坂桥关壮缪祠，神最著灵”。《我之小史》第8回也提及，詹鸣铎到溪口，看到关帝庙庙内廊下，“左有赤兔马，右有青龙偃月刀，颇为轩昂”。詹氏还饶有兴致地记录下溪口关帝庙的对子：“好语将军，千寻铁锁茫茫，笑吴国江山非旧；寄言丞相，百尺铜台冷冷，惟荆州草木常新。”

---

① 民国《黟县四志》卷7《人物志·尚义》，第91～92页。

② 《祝圣会簿》，原件藏南京大学历史系资料室。

上溪口关帝庙

在徽州，关帝庙通常位于村落的水口之处。有些大的村落，还有两个水口，一个水口若为关帝庙，另一水口则为五猖庙。在上溪口，与五猖庙相关的财神会颇为有名。外出务工经商之人，往往是从水口处走出村落，走向长江三角洲，乃至更为广阔的外部世界。康熙《休宁县志》提到有个叫汪鈆的上溪口人，“旅京口，同舍有遗金五百两，留还之，其人愿分其半，不受”。这是外出经商的溪口人。有的溪口人还由侨寓而渐趋土著，进而成为江南各地的著名士绅。例如，汪氏祖籍上溪口，至明万历年间，始迁祖汪康候迁居至江苏常州，清康熙五十八年（1719）卜居于青果巷之三锡堂，遂世为江苏常州府阳湖县人。晚清时人汪赞纶字作黼，一字砯砆，别号铜沙余叟，其人经营典业，卒于1921年，享年八十有三，卒后家人印行有《汪作黼同年哀輓录》一册。这些，都是出自上溪口的徽商闻人。

1958年，屯溪至休宁县上溪口水运航线尚有少数船只航行，航线缩短，上溯只到龙湾，1986年后全线停航。

第四节 万 安

一、大大万安镇

民国传钞本《安徽省志》对于皖南水系有如下的描述："新安江之水源有四：即扬之水、率水、白鹤水、五城水是也。……率水出自婺源县西北之率山，东流百四十里至龙湾，与五城水合；在下游六十里之屯溪，与白鹤水合；在浦口与扬之水合，诸流汇集称新安江。白鹤水自渔亭以下有舟运之便，而万安镇因便于泊船，地位优良，远驾休宁县城上，故论水运，应以万安及屯溪为中心。"所谓"远驾休宁县城上"，后人将之归纳为"小小休宁城，大大万安镇"之谚。

关于万安，早在明代，黄汴所编的《天下水陆路程》第37条"休宁县至杭州府水"云："休宁县，十里万安街。二十里梅林。十五里屯溪……"[①] 此一路程，在程春宇的《士商类要》和西陵憺漪子（汪淇）的《天下路程图引》中，被列为"徽州府由严州至

当代万安古镇

① 杨正泰校注：《天下水陆路程·天下路程图引·客商一览醒迷》，山西人民出版社，1992年，第240页。

杭州水路程”，并于最后附有《水程捷要歌》。三书所见地名大同小异，只是前者系以休宁县为起点，而后二者则始于徽州府（歙县）。《徽州下水路程歌》则综合各方的内容，更加详细地记录了沿途所经地点，并有不少对名胜风景及人文风俗的状摹：

> 休宁县 三里 文溪 三里
> 一掉【棹】依青峰，双桥锁练溪，
> 分明身入画，好迹自标题。
> 万安街 三里 古城岩 五里
> 抢食鱼翻浪，迎人鸟近船，
> 谁知安乐国，却在丛山边。
> ……

关于这条水路，清代道光三年（1823）“春甫氏”的《新安纪程》抄本中，有一段颇为细致的描述：“（三月）二十八日，晴……至万安镇。吴景帝时避讳，改休邑曰海阳，建治于此，今上下市，其故址也。镇有山曰万安，一名万寿，一名寿岁。山麓石立如门，有汪王古城碑，故一名古城岩。岩上有王故宫，后改为庙。庙之左有禅寺，寺前有还古书院，明万历间，休令祝公世禄所建。东南为观音岩，岩上建文峰塔七级，高峙云表，乔松修竹，苍翠满山。远望有黛色横于空中者，齐云岩也；俯视有长虹跨于水上者，万安桥也。休之渐水与歙之练水，同为新安巨川，水中巨鱼来往，不避舟楫，盖土人就渐水为放生池，其鱼亦与石桥之鱼相类，但较多耳。”此处提及的渐水“巨鱼”，可与前述之“抢食鱼翻浪”比照而观。

万安古码头

除了水路之外，万安也是徽州陆路交通的中枢之一。《士商类要》中记载：“杭州府。……四十五里至余杭县。起旱。……二里，北岸。二里，大佛。七里，蔡坞口。三里，章祁。十里，稠木岭。三里，七里头。七里，徽州府。二十里，岩镇铺。十里，茆田铺。二十里，万安街。十里，休宁县。”万安在休宁县城以东十里，在明代就以“万安街”而著名。及至清代，与街口镇、新馆镇、岩寺镇、屯溪镇、五城镇、三吴镇、高砂镇、闪上镇、柏溪镇、到【倒】湖镇、庙口镇、鱼亭镇、河东市、华阴【阳】镇、龙塘镇、镇头和临溪市一起，为徽州府的18个市镇。乾隆三十九年（1774）二月二十八日，藏书家吴骞“早发屯溪，午刻达万安街。古城岩在其东，越国公汪华故居也。清流碧嶂如罨画。自万安循陆南行五里，为休邑之东门”。与屯溪老街相比，如今的万安镇街显然要寂寞得多。然而，在明清时代，万安镇街商旅辐辏，其繁盛程度曾居休宁县境街衢前茅。1930年，地理学者钱兆隆曾指出：“（休宁）城南五里为万安街，临淅【浙】江右岸，以产日晷及指南针著，每年运销于沪、杭一带者，为数甚巨。住户近千家，商业之盛，本在屯溪之上，自洪杨乱后，屯溪代兴，商务遂为所夺矣。”此处说万安的繁盛程度甚至超过屯溪，这可能是比较夸张的说法。不过，由此也可从一个侧面反映万安商业发展的规模。

关于对万安镇的描述，休宁佚名商编路程抄本中有一份《路程歌》，其中写道：

> 东山咫尺谢家毗，石门亭过项家稀，溪阳桥惜无亭歇，上殿亭虚留古凄。
> 红泥岭上茶中伙，涨山铺接旧市基，万安街镇称热闹，牛头村买鞭炮嬉。

这是从休宁前往湖北汉口镇的路程歌，歌中将沿途的地名串联起来，以诗歌的形式加以呈现。诗中的“东山”在休宁老城东，而“谢家”则位于今横江路东。其中所涉交通，由休宁东郊经县城、岩脚、渔亭至祁门，再西行过历口，走榉根岭入池州府，到建德西郊上船，进入长江。于建德西郊或遇水涸，则继续走陆路，到东流入长江。但无论如何，都要途经万安街。

民国以后休屯公路兴修，其间共分5站，从休城北门到万安街，再到梅林、新潭，最后抵达屯溪，万安也是必经之地。

二、万安街上的商人与商业

万安镇地处歙休盆地的横江沿岸，在传统时代是徽州重要的水运码头。镇街长约五里，路面铺以石板，街道狭长，两侧皆为鳞次栉比的店铺。在清代，镇上的行商坐贾为数众多。迄今，万安中街仍有一块“重建五图船埠头水埠路亭”的收支碑。此碑镶嵌于船埠头水埠亭墙上，其内容则记录了清嘉庆二十一年（1816）重建水埠亭时诸多商号的捐款，共计83两6钱3分。个中提及舒源丰、程光裕、怡源号、益泰号、吴德昌、益盛号、益丰号、焦广生、双盛号、正大典、苏隆兴、杜元茂、隆盛号、德源馆、颐生堂、聚和号、源泰号和茶饭馆等18家商号。后因不敷开支，剩余缺口则由名列前茅的商家舒源丰和程光裕对半派出。另外，在万安下武洪附近的一幢民居院子之老墙上，亦镶嵌着一块《复办水龙碑志》。根据文献记载，当年万安镇有一惯例，每逢农历四月初十，各店家都要定期聚会，届时，要将水龙庙中的消防设备陈列于庙前空地检修，诸商家亦将自备的消防用品一并拿出，在河边试用，以应付不时之需。该碑立于光绪二年（1876），据说原来是竖立在万安下街的当铺巷内。碑刻提及，同治五年（1866），“古黟各号共捐洋一百四十七元，又收息洋十四元，共支洋一百三十一元”。此一记载反映，当时在万安一带，来自黟县一地的商号相当不少。及至光绪元年（1875），在为万安水龙庙捐款名单中，计有同兴典、鼎泰典、恒达酱园、裕大酱园和泰兴染坊等90余家商铺。[①] 由此可见，当年镇上的诸多商户，对于涉及公益的各类慈善事业，总是不遗余力地加以支持。该碑文中提及的“叶益隆号”，显然应是来自黟县的商号。

光绪二年(1876)的《复办水龙碑志》

1923年冬，由徽旅联合会印送的《屯溪南水卡裁撤案由》之“弁言”指出：“查屯溪厘金总局设在屯溪镇。屯溪两水会流，只有三路：自西来者，有西水卡；自北来者，有万安卡；自东来者，有东水卡……查万安分卡，水路曲折，相距屯镇计有

① 休宁县地方志编纂委员会：《休宁县志》下册，2012年，第1132～1133页。

万安老街

五十里之遥，万安以下，有油榨数座，所产桐油、皮油、子油、菜油，及此外尚有糕饼等货，既不运走万安，复不运走西水，且不运走东水出口，推原其故，该商以货物运至屯镇大硚以下等处起岸，有搬入屯镇店内，有搬至大硚南隔河之阳湖镇入店者，或转由旱挑，分销各处。”这说明万安一地曾设有关卡，征收附近各处的商税，它与下游的屯溪、阳湖等都有着密切的联系。

当时，在万安镇上，有不少开店的各类商人。根据民国《黟县四志》的记载，南屏人叶勋，“祖有业，初在休之万安街，后因兵乱，改贸江西之河口镇”，文中提及的祖业，可能就是设在万安的叶益隆号。关于叶益隆号，笔者曾看过该店号的来往书信，其中有一封这样写道：

> 滋儿知之：昨日旅渔，付原夫送上一信，谅已投到。午饭后，与汝弟登舟，至岩脚，将夜，夜饭后开行，约三更后抵万，仍就舟中，睡至黎明，起岸进店，均皆平安，勿念！原拟益店耽搁二三日来屯，因厚兄云，刻下屯溪往返船少，适遇船下，须搭船先行来屯，停四五日，再回万店故也……

这是某年九月十三父亲写给“滋儿”的一封信，其中提到他由渔亭乘船到岩脚，再抵达万安，所进入的“益店”，显然就是叶益隆号。

除了黟县人外，还有不少本地及其他各处前来开店的商人。清乾隆四十五年（1780）九月，休宁县汪崐源等曾立卖楼屋并分派价银合议墨。[①] 这是有关休宁当地

---

① 《清乾隆四十五年九月汪崐源等立卖楼屋并分派价银合议墨》，封越健主编《中国社会科学院经济研究所藏徽州文书类编·散件文书》第2册，社会科学文献出版社，2017年，第366～367页。

人在万安租房的契约。另外，还有其他各县之人也在万安设肆开店。例如，绩溪《庙子山王氏谱》中就提及，王兆明（? ~ 1929）“业农，兼擅铜业，设肆于休宁之万安街”。

正是由于五方杂处，万安镇的商业一度颇为繁盛。根据《中国经济志》所载 20 世纪 30 年代的调查报告，“休宁全县商店，约共一千二百余，屯溪占其半，为全县商业之枢纽，亦即徽州六邑之中心也。屯溪以外，次为城区、万安两处，一则商店约一百五十余家，一则百余家”。关于万安的商业，以下分类论述。

(一)罗盘

万安最为有名产业，首推罗盘制作，这一点，与明清以来徽人广泛的风水信仰密切相关。

徽商子弟金声，为明末崇祯元年（1628）进士，历任翰林院庶吉士、御史、监军。清军攻陷南京，金声同其门生江天一率众在故乡起兵抗清，以“杀虏者昌，降虏者亡”为号召，连克旌德、宁国、宣城和泾县等地。顺治二年（1645），他凭借丛山关险隘固守绩溪，终因遭人出卖而被捕。金声在痛斥清朝劝降使者洪承畴（进士同年）后，于南京通济门外从容赴义。临死前，他在寄给家人的信中写道：“……父母两柩未葬，万安街地未妥，可别寻。原厝处亦未知可葬与否？可请金正吾先生一共商之，可葬则葬，不可葬，且勿轻意。……若不如我言，是为不孝！”该信末署“十月初八日寓南京字”，这位抗清英雄于临终前仍挂念的是如何安葬先人尸骸。可见，徽人对葬地风水的重视。

徽州人讲究风水，“其民之弊，好委人事，泥葬陇卜窆，至择吉岁”。[1] 揆诸实际，自元代以后，中国风水文化的中心由江西赣州转移到了徽州。此后，在徽州民间，风水堪舆之学愈益盛行，一般人都相信宅基、坟茔的坐落，周遭山势、水流之走向，能够给住人或墓主一家带来吉凶祸福，故而人人都想寻觅“龙脉真穴”。以聚落为例，徽州人对门的朝向极其讲究。俗谚称“商家门不朝南，征家门不朝北”，这便是一种根深蒂固的门向禁忌。据说这是出自“五行”学说，即商属金，南属火，火能克金，故而不吉利；征属火，北属水，水克火，也不吉利。其实，无论是“商”还是“征”，都是徽州商人或移民之代称，这原本是一种附会，但其观念和习俗之形成，显然也与徽州高移民输出的历史现实息息相关。明清时期，“徽祭”相当著名，当地人讲究

---

① 淳熙《新安志》卷1《风俗》,《宋元方志丛刊》第8册，中华书局，1990年影印本，第7604页

风水，慎终追远，故而一度流传有民谚“生要生在苏州，死要死在徽州”“生在扬州，玩在杭州，死在徽州”“女人是扬州的美，风水是徽州的好”。

另外，在明清时代，休宁一带从事海外贸易的人也有一些，故而用于测定方位、看视风水的万安罗盘，也就应运而生，并进而成为一种地方名优产品。万安镇吴鲁衡等罗经店制作的罗盘尤负盛名，曾获 1915 年巴拿马万国博览会的金质奖章。近数百年来，罗盘曾随着徽商的足迹走向全国，走遍天涯海角。

(二)典当

明清时代，休宁乡镇中以屯溪、万安两地的典业最为发达。迄今，万安仍有一个当铺巷。而从历史文献来看，裕丰典是黟县西递胡氏开设在休宁万安的一个典铺。根据现藏于中国社会科学院的胡氏阄书记载，乾隆六十年（1795），该典的资本多达 47627 两。另外，黟县程鸿诏相关书信中也有与万安典铺相关的资料：“柏翁老兄先生大人阁下：……敬启者，敝世兄生意一节，二月初曾藉大力，属令门生李君作札，订以进典之期，迄今杳未见动静。昨弟著小儿到万安，托三爷至伊典内问讯，不料执事汪君不在典中，其管楼李某某出言怪诞，致三爷碰钉而回，令人闷闷！弟在师门受恩深重，先师兄弟四人，仅此一子，故欲代为就近安插，以便照应。如令门生典中不能安插，弟亦何强人所难？兹复强颜再求鼎言，与令门生一谈，其允与否，请即裁决，不必阳许阴违，故作迁延之计。倘蒙格外垂青，俯如所请，即求一札，与汪占一、汪永清二君，叨情在鼎兴典内习学，免受某某先生之气。其札烦阁下取来，面交火老庆和，著其于十九日赍送来舍，俾弟见信，即著世兄进典。如令门生不肯作札，即乞阁下复弟一信，以免悬望。匆匆奉恳，即请日安。如弟汪廷枢顿首。”这位汪廷枢系进士出身，曾主讲海阳书院。他在写给朋友“柏翁”的信函中，推荐自己老师的儿子前往万安之典铺从业。

(三)粮食业

宣统元年（1909），由王世勋起草的《休宁民情之习惯》提到：“若苏田米、临溪米、四都万安米，炊饭易熟，入口质软，他米多不及此。”[①] 可见，万安附近亦是徽州的产米之区。此外，因系水陆要冲，万安街当然也少不了粮食转输。早在康熙

---

① [清]刘汝骥：《陶甓公牍》卷12《法制科·休宁民情之习惯》，安徽师范大学出版社，2018年，第227页。

四十一年（1702）三月的一份休宁当契中，其末就有“其等合万安街米法”的字样。[①]而乾隆四十五年（1780）九月休宁县的另一份合议墨中，也有“兑银九百六十两整，平合万安米砝”。[②]这些都说明，万安镇粮食的度量衡曾是周遭一些地方约定俗成的计量标准。此外，信底《客光传墨》提及：“徽地自入霉无大雨，延至刻下，上苍虽似有雨，竟不能如愿，……屯地米价售九元左右。昨日万安叙昌、鼎丰两米店大闹，遭去米物。我夥福昌米店亦是比【此】样。如此情形，若天不雨，尤恐事多。我夥闻江西早米年岁颇好，刻下各处均往江西办米。”上引这封信，是一位叫程宏焘的人写给女婿“敬三”的信函。从中可见，万安街上有叙昌、鼎丰等米店，当时因米价高昂而引发纠纷。

（四）其他

万安街上还有不少其他的店铺。例如，笔者手头有庆成永的广告纸，这家庆成永开设于万安街渡船巷口，广告上写着：“绸缎布匹，华洋杂货，花色最新，价目最廉。”与此内容相同的广告计有不同颜色的两种，这可能说明布店开设有年。另外，还见有甡继布号包装纸，也反映了万安街上的布业经营。

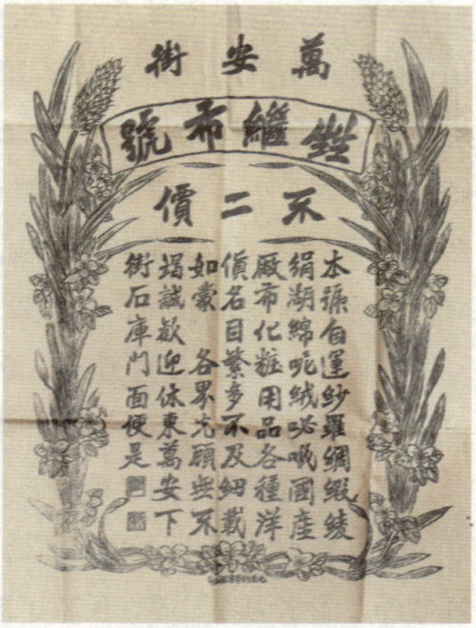

万安街甡继布号包装纸

另据新编《休宁志》记载：在20世纪30年代，休宁县县城、万安、溪口、蓝渡和龙湾各乡镇均设有轿夫行。其中的万安镇当时有三家轿夫行，该镇下街“三无馆”和县城东门“施太兴”轿夫行，都是既抬轿又送信。

1946年暮春，历史学家方豪在南京地摊上收集到一些徽州文献。二十多年后，寓居台湾的他以“战乱中所得资料简略整理报告”为题，在70年代台湾的《食货复刊》上陆续披露了这批文献。其中，有一册是光绪元年（1875）万安镇某家的《入泮贺

①《明嘉清二十年正月至清乾隆五十六年九月休宁县潜溪汪氏誊契簿》，封越健：《中国社会科学院经济研究所藏徽州文书类编·置产簿》第3册，社会科学文献出版社，2020年，第613页。

②《清乾隆四十五年九月汪岷源等立卖楼屋并分派价银合议墨》，封越健：《中国社会科学院经济研究所藏徽州文书类编·散件文书》第2册，社会科学文献出版社，2017年，第366～367页。

礼》。所谓入泮，就是童生小考获选的秀才。当时，入泮之家就在万安镇的“郑天成馆”大宴宾客，其菜肴如次：

廿五日，刺参七簋、八碟、二点三席；

廿六日，鱼翅七簋、十二碟、四点、四小簋一席；

廿七日，刺参七簋、八碟、二点乙【一】席。

从中可见，这爿“郑天成馆”应是一家徽菜馆。

清末以后，除了传统行当外，万安当地还出现了一些新兴的产业。对此，徽州知府刘汝骥在《陶甓公牍》中记录：“万安等处纱厂之亏折，棉纱价贵，出入难敷也。”关于万安纱厂，民国时人江克庵在《游古城观兑卦石》中写道：“朋友讲习丽泽宜，山川隐隐通情蕴。况复实业渐改良，纺织种植相投倡。文明远映岩中色，机中素丝墙下桑。”江克庵即汪友夔，系歙县人，清光绪二十八年（1902）乡试举人，历任歙县公立两等小学堂堂长、安徽省立第二师范示范班国文教师、歙县督学和县教育会会长等，著有《己未偶吟》诗稿。该诗注曰：“岩下万安街有织布厂，制布精莫【美】，对汉【河】有垦地公司，种桑颇茂。”正因为当地有纱厂，故而万安附近也分布有一些棉田：“……弟前过万安，见陆田所植之棉，成绩甚佳。”此一记载，见于晚清一位叫“秀安”的人写给哥哥“维嘉”的信。

三、水运码头上的世事百态

万安虽小，但见证了世事百态。迄今，有一些墙石上仍有“合墙”“杜姓墙界”“章姓墙外，滴水为界”等，反映了徽州人强烈的此疆彼界之契约意识。

根据章毅的研究，在元代，徽州的汪王行祠数量颇多，比较重要者分布于歙县的茆田、槐塘，休宁的万安、临溪，黟县的横冈，以及婺源的大畈。休宁万安山的汪王庙比较古老，南宋中叶即已设立，及至元代，仍是休宁县内重要的汪王行祠。③

由于地处交通要道，外来人口较多，万安一带的风气比周遭乡村显得更为开通。明万历二十年（1592），心学弟子祝世禄出任休宁知县，在万安古城岩创建了还古书院，

---

③ 章毅：《〈新安忠烈庙神纪实〉与宋元时期的汪王信仰》，载王振忠、刘道胜：《徽州文书与中国史研究》第1辑，中西书局，2019年。

万安镇古码头石阶

先后邀请了一些心学同道前来主讲。民国以后，安徽省将全省师范学校划分为六个学区，徽州一带原来隶属于第五区，遂设有安徽省立第五师范学校，后迁至休宁万安新棠村，改名为省立第二师范学校（简称“二师”），这是在皖南最具影响的中等师范学校。徽州文书抄本《联句集记》中有《师范毕业做戏联》：“师道有何常，从万安实习而来，铸美陶欧，毕竟前光叨及此；范围奚敢越，奈一级勉登未返，议班写戏，业经早定只如斯。”这是 1925 年的一副对联，应与省立二师有关。正是因为风气开通，万安当地也出现了一些著名人物。如 1921 年，前江苏教育司长、婺源江谦所撰的《吴念裕墓表》，其中就提及休宁万安人吴念裕，曾前往美国旧金山等地考察，坚决主张改良茶叶制作。

由于商人聚居，当地的慈善事业亦颇为繁盛。笔者手头有一册《永存集善录》，为光绪二十三年（1897）刊本，其跋曰：“永存善录者，原以劝人存善，永培根基也。海阳万安，设坛请乩。忆自客冬以来，神明显化，判方济世，每以格言下示，无非为人振纲饬纪，使天下后世人皆归于善。”这是徽州常见的因扶乩而成之善书，其后注明：“板藏海阳万安富来桥下老当铺巷内便是，好善君子请板印传，纸墨自备，善与人同”“善书板存万安三余堂”。另外，《司命宝训》刊本 1 册，为同治十二年（1873）新镌，扉页有：“板存休邑万安黄三余堂刻字店，如乐善印送者，每部工料洋肆分捌厘。”而《敬灶全书》，为光绪甲申（1884）仲秋重镌，“板存休宁万安致中和，乐善信士发心印送，工价竹纸每部洋七分，上料纸每部洋八分四厘”。这些都说明，除了黄三余堂这样的刻字店外，还有一些其他的乩堂。

在善书刊刻的同时，劝善的观念亦多付诸实践。清末徽州知府刘汝骥所编的《陶甓公牍》中有一处记载：“（休宁）阳湖登善集、万安停榇处，以暂安旅榇为目的。”据此可知，“万安停榇处”与“阳湖登善集”一样，都是“暂安旅榇”的场所。所谓登善集，典出《国语 · 周语》“从善如登”四字。明清时期，徽州一府六县的不少地方，皆分设暂置旅榇的场所，“一视同仁，统名登善”。“榇”也就是棺材，而“旅榇”

则是指旅外人士的棺材。在清代，在长江三角洲的苏、松、杭、嘉、湖、常各府务工经商的徽州人相当之多，每年都有人在外地死亡，这些地方的旅榇，总是要附载到杭州暂停一段时间，然后再经新安江运归故土。旅榇到达杭州时，当地的新安惟善堂等慈善组织，按照惯例核查其姓氏、里居及报人姓名，登记年、月、日，柩上注明给予限期一年，听有后、有力者随时认明，领回原籍，以全孝思。有时死者虽然有后，但其后代却是毫无经济能力的孩童，只要查明属实，就由惟善堂等资助其相关的水脚（运费），以便来年春秋水旺之时，自杭州雇船，运抵徽州各县口岸之登善集交卸。

关于休宁一带的登善集，未见有详细的记载。笔者仅在《九江新安笃谊堂征信录》中，看到旅榇运抵休宁时在万安一带的情形：

万安街酬劳行家照应，每棺钱叁百文。

万安街资送休东及歙之西北各乡，山路难行，每棺加给抬力钱叁百文。

万安街管行人照应，用帘遮盖，每棺给钱壹百文。

这是说旅榇运抵万安暂作停留时，万安当地对旅榇的一些资助。而从前引刘汝骥的记载来看，在休宁的阳湖（今属屯溪）就有一处登善集。此外，在万安则有“停槥处”（“槥”是小而薄的棺材）。对照登善集所的记载，万安停槥处的功能想来亦复相似。

万安停槥处

目前，万安镇下武洪尚存有两幢老房子，应即清代的“万安停榶处”。此一“万安停榶处”，与徽州民众的日常生活密切相关。活跃在各大商埠与桑梓故里之间的徽州信客，千里迢迢地将旅榇运归故里，停放在“万安停榶处”这样的场所。另外，根据当地人的指点，我们看到，“万安停榶处”正对的便是远处的古城塔，这应当不是偶然的巧合，而是在风水学上具有相当的讲究。明清以来，徽州当地素有“生在扬州，玩在杭州，死在徽州”的俗谚，所谓死在徽州，亦作“葬在徽州”，主要有两个方面的含义：一是指徽州是中国风水学的中心，徽州罗盘（史称“徽盘”）闻名遐迩；二是说在世人心目中，黄山白岳之间“理学文章山水幽”，林木荫翳，风水独好。万安是著名的罗盘之乡，在此处设立“停榶处”，反映了徽州人根深蒂固的风水观念，这也与徽州的丧葬习俗，以及“徽礼”之流行等密切相关。

第五节 岩 镇

岩寺古称岩镇，今属黄山市徽州区，地处新安江上游的丰乐河畔。此处位于歙县县城之西，系通往黄山风景区的东南大门。其南距离屯溪十数公里，皖赣铁路由此通过，芜屯、太岩公路在此交会，交通颇为便利。

一、“万家之市”的交通与沿革

在传统时代，“歙在万山之中，西乡特开平阳，周环百里，直接休宁，名乡巨室，棋布星罗，岩镇适当其中。”[①] 根据方志记载，最早是因镇南山岩有一寺庙，僧众数百，香火极盛，故称岩寺。唐朝大历元年（766）建立岩寺镇，南宋绍兴二年（1132）奉诏更名为岩镇。[②] 另据南宋淳熙《新安志》的记载，当时歙县设有三镇，即岩寺、新馆和街口，“今唯岩镇设官，收酒税之榷”。[③] 岩镇自设镇以后，“商旅每旬以三、八日会集贸易”。[④] 随着商业的发展，宋代在岩镇相继设立了巡检司和税课司。对此，

① [清]佘华瑞：《岩镇志草》元集《形势》，第16页。

② [清]佘华瑞：《岩镇志草》元集《原始》，第15页。

③ 淳熙《新安志》，《宋元方志丛刊》第8册，第7636页。

④ 弘治《徽州府志》卷3《食货二·财赋》，《天一阁藏明代方志选刊》本。

岩寺

日本学者斯波义信曾指出："宋代徽州的商业路线沿途已经出现许多集市和贸易点，并且已经有六个较大的市镇，其中以制造漆器的歙县岩寺镇较闻名……"①

及至明代，岩镇有了进一步的发展。明代在徽州共设有九员巡检，歙县一度设有黄山、街口、岩镇和深渡四司。特别是明代中叶以后，有关岩寺的记载日益增多。清雍正十二年（1734）佘华瑞编纂的《岩镇志草》，曾追溯明代岩镇的发展，他指出：

> 岩镇成、弘以前，地广人稀，大璞未雕，蕴石含渊，浑然醇古。②
>
> 岩镇自嘉、隆以来，巨室云集，百堵皆兴，比屋鳞次，无尺土之隙，谚所谓寸金地也。③
>
> 居六邑之都会，为九达之通逵，鳞次万家，规方十里，阛阓蝉联，百货辐辏，

①[日]斯波义信著，刘志伟译、叶显恩校：《宋代徽州商业的发展》，见刘淼辑译：《徽州社会经济史研究译文集》，黄山书社，1988年，第232页。

②[清]佘华瑞：《岩镇志草》贞集《迂谈》，第278页。

③[清]佘华瑞：《岩镇志草》卷首《志草发凡》，第10页。

则自明嘉、隆之际始也。[①]

上述这些史料都一再指出，岩镇发展的重要节点在于十六世纪的“嘉、隆之际”。对此，正德、嘉靖时人唐皋在《岩寺上街桥联》中曾描述：“六街灯火无双镇，十里笙歌第一桥。”[②] 与唐皋差相同时的潘旦在《竹山序》中则指出：“古歙岩镇，山川第宅，市廛之盛，甲于江南。”[③] 稍后的汪道昆在其《太函集》中亦指出：“夫以文献概吾乡，其著者称岩镇，岩镇盖万家之市。”[④] 他还说：“岩镇甲歙四境，其市万家，故多荐绅大夫，郡县籍博士者三之一。”[⑤] 及至万历年间，对于岩镇的描述有了更多的资料。例如，万历十七年（1589），《歙西岩镇百忍程氏本宗信谱》的编修者程弘宾撰有《始终居歙守业记》一文，状摹了岩镇的繁华盛景：“镇上有八景，有三街十八巷，有居人数万家，有氏族五十余，有挂名校黉者百余人，而青衿学子不预焉。闾阎盘亘，市廛布络于其中，衣冠揖逊之士，与服劳执业之人，杂然而塞途，若一都会通津然。登名仕版者，状元、尚书以下，继踵而至；挟资外贾者，治盐、开典而下，比屋而是。乃新安第一乡，胜于黄墩百倍者也。”此处提及岩镇有“三街十八巷”，在《歙西岩镇百忍程氏本宗信谱》中收录有一幅岩镇地图，反映了万历年间岩镇的主要街道。从中可见，主街分为东街和西街，街道两旁分布着众多的房屋和商铺。另有5幅《形胜图》，描绘了当时岩镇街巷的全貌。显然，当时的岩镇素有“新安第一乡”之称，应是名不虚传。

晚明时期，岩镇人方弘静著有《素园存稿》，对于当时徽州社会的变动有着细致入微的观察和描述，他在《谕里》一文中指出：“吾镇俗称醇厚，嘉靖中年以前，人耻非礼，虽富不及各乡，而贫者亦不至甚，由俗尚俭约、量入为出故也。迩年以来，颇效都会侈靡之习，虚而为盈，亡而为有，室或屡空，而宾筵未减，市鲜藏货，而阛阓孔华。”这里也是说岩镇风俗的变化，发生在嘉靖中叶以后。在当时，岩镇号称“万家巨聚，五里长街”。上述这段文字，与万历《歙志·风土考》的记载并无二致。

① [清]佘华瑞：《岩镇志草》元集《原始》，第15页。

② 舒育玲：《徽州楹联通览》，第75页。

③ 转引自陈平民：《〈万历大塘谢氏家谱〉辑存》，中国徽州文化博物馆、黄山市博物馆协会：《中国徽州文化博物馆论文集（2015年）》，合肥工业大学出版社，2016年，第108页。

④ [明]汪道昆：《太函集》卷32《方在宥传》，第702页。

⑤ [明]汪道昆：《太函集》卷34《潘汀州传》，第737页。

方弘静还指出，岩镇“当负郭之西游，据通衢之要会，栋宇森罗，绵亘十里，盖冠相望，郁若都市”。⑥

除了当地人的记述之外，外地途经岩镇的文人也有诸多描摹。万历二十六年(1598)，谢肇淛撰有《新安杂诗十首》，其中之一曰：“岩镇繁华地，深藏数万家。雪晴初见塔，雨涨忽沉沙。近市多驵侩，临溪半狭邪。渔人喧夜渡，招客趁枯槎。”岩镇是从歙县府城前往休宁的交通要冲，素称“万家之市”，镇上所住的居民有不少在外从商。谢肇淛此行的起点是在真州，当地便活跃着来自岩镇的徽州巨腹商贾。岩镇位于丰乐河畔，根据徽州的风水传统，凡是城镇所在皆有水口，而岩寺水口则号称凤山灵境，“雪晴初见塔”中的“塔”，即迄今尚存之凤山塔。当地人初建此塔时，是希望以塔为笔，寓含着岩镇文运昌盛之意。另外，嘉兴人李日华于万历三十八年(1610)九月和万历四十二年（1614）四月，两度前往徽州礼谒白岳，他曾途经岩市，但见“街术纵横，车毂凑击”，不禁感叹此处为“聚落之雄胜者”。

当时的岩镇，不仅商人聚居，而且也是徽州著名的红灯区。万历年间，秦淮名伎陈夜舒来歙，居襄成楼，与潘景升、黄玄龙、程尚之诸人大会于凤山台，极一时之胜。对此，万历十四年（1586)，徽州知府古之贤，曾发布告示《行六县禁革娼优》，其中提及：“近访得岩镇地方，盖造整齐店屋，召住艳丽名娼，包留善歌女戏，思欲比赛南京旧院规矩，以为美谈，遂至诱引富家子弟，昼夜歌舞，风俗荡败，奸盗悉从此生。”此告示被收入徽州珍稀文献《新安蠹状》稿本。当时，古之贤认为：徽州是“礼义纯朴之乡”，不应“召聚异省趁食之人，妖淫粉黛之流”，以免“浊乱风化，生事地方”。他下令歙县派遣巡捕官，将外来娼优悉行驱逐。

及至清代，《重修通济桥记》指出：岩镇“为六邑都会，往来之所辐辏，东达金陵、武林，西出楚、豫、闽、粤，咸必经此”，文中指出岩寺镇东边通向金陵（南京）、武林（杭州），其西则可到湖北、河南、福建和广东各地，可谓数省之通衢。

二、岩镇繁华地

清道光二年（1822)，岩镇重修水口文几塔，当时参与捐资的，有米、盐、酒、酱、杂货、药材、绸缎、人参、典当铺和换金店各商，这从一个侧面反映出岩镇的商业结构与繁盛程度。从中可见，岩镇商业除了满足普通人的日常生活之外，也还有一

⑥ [清]佘华瑞：《岩镇志草》利集《艺文上·岩镇水口神皋碑记》，第191页。

些高档的奢侈品消费。

除了当地繁盛的商业之外，岩镇还有不少人外出务工经商。对此，万历时人阎士选曾记述："新安富庶甲天下，歙邑岩镇富庶甲新安，故老相闻，有自来矣。其都士民历游四方，喜结宇内名流。"[①]《歙县鲍氏三族宗谱》中有一幅"岩镇图"，其中的图说写道：

> 岩镇距蜀源二十里，人物辐辏，世家阀阅，鳞次栉比。居仁公元孙昌孙公，由蜀源移家其地，自是司徒、司马后先辉映。由其地迁外郡者，又有铜城闸、维扬、仪征、宣城诸处。盖吾新安多无田以治生，故人往往弃本就末，糊口四方，久则聚庐而处。或祖父初出，子孙遂忘所由来；或身居富厚，置先人于不顾者，比比也。虽然，木有本，水有源，族分宗，合百世可知，是在后人念之矣。

这一段文字，既描摹了岩镇的繁荣，也指出有相当多的鲍氏成员由岩镇等地迁居江南各地。另外，根据笔者对万历《歙志》的研究统计，岩镇一镇外出经商的人占了《歙志》所载商人总数的近四分之一。[②]

上海博物馆藏董其昌墨迹《行书汪虹山墓志册》称，嘉靖、隆庆、万历时人汪虹山是唐代越国公汪华的苗裔，自歙县唐模迁居岩镇，因宋代家族中出了一个孝子，进而发展成为岩镇甲族。从此，以诗书孝友传家。其中提到的一个细节尤堪玩味：汪虹山的同父异母哥哥，在乡里靠放贷及外出经商主持家计，汪虹山的亲生母亲过意不去，所以在家庭会议上主动对"处士公"说：大儿子不是我生的，但他帮着父亲不辞辛苦地远出经商，我的儿子怎么能跟他比呢？将来分家析产时，应当将其中比较丰厚的部分分给他，以此来补偿他。对此，"处士公"却有不同的看法，他说：我们家先世所遗之业，端赖次子继承而让长子安心从业，形成"左儒右贾"的格局。况且说书生刻苦攻读，怎么不能与冒霜露、远服贾相提并论呢？……揆情度理，虹山之母的主动言说，未必不是以退为进。而听罢父亲的一段说辞，长子挺直上身两

① [明]阎士选：《明处士元珍谢公配孺人赵氏合墓志铭》，转引自陈平民辑选《〈万历大塘谢氏家谱〉辑存》，载中国徽州文化博物馆、黄山市博物馆协会：《中国徽州文化博物馆论文集（2015年）》，合肥工业大学出版社，2016年版，第114页。

② 王振忠：《万历〈歙志〉所见明代商人、商业与徽州社会》，《传统中国研究集刊》第5辑，第303页。

膝着地长跪称善，亦未必就是心服口服。而虹山之妻项孺人的“悒悒不自得”，则透露出家庭矛盾的蛛丝马迹。对此，汪虹山窥破其间的心曲隐微，故而在后来的分家析产中，仍然按照母亲的既定方针办，从而平息了家庭纠纷，也得到了周围人的赞叹。在《汪虹山墓志铭册》之末，署名作“前史官董其昌撰并书”，据推测应作于万历二十六年（1598）之后。此一墓志反映了十六世纪徽商崛起背景下徽人家庭的生存策略。在当时，徽商家庭内部，往往有一些分工，如果有两个儿子，一个从商，另一个业儒。稍早于董其昌的汪道昆就曾指出：“古者右儒而左贾，吾郡或右贾而左儒。”“吾乡左儒右贾，喜厚利而薄名高。”无独有偶，董其昌在《汪虹山墓志铭册》中也提到“左儒右贾”之说，这说明，到了16世纪晚期，徽商“贾而好儒”、“左儒右贾”的特色，已为江南士人所认同。

除了上述的记载，还见有不少出自岩镇的徽商事迹。例如，明人鲍应鳌所撰《迪功郎敬堂赵公行状》中提及，歙县岩镇人赵元值，“转徙齐、鲁、燕、卫间，久之，赢得过当。初，里人易公儒，不能工贾。公贾，顾以儒工。所过都会，必从天下贾客之凑，周诹五方万货良楛衰盛赢诎之数牍注之。又泛览陶朱、白圭、计然百家货殖诸说，度可施行者裒集焉。其书五策，曰：执此以往，以征贵贱，以调盈虚，以收奇羡，如睹白黑，而探囊取之也。以故公贾所向辄售，售又辄倍他贾”。此一行状讲述的是一位周游四方，经验丰富又饱读传统商书，并善于总结的商人，他根据自己编纂的商书经营，获得了巨大成功。另一个比较著名的例子是阮弼的事迹：嘉靖三十四年（1555），倭寇从浙江突袭徽州，将进犯芜湖，而芜湖原先未修城墙，守土者束手无策。当时，在芜湖经商的岩镇人阮弼，率领商人中“少年强有力者”与土著壮丁数千人盟誓守城。倭寇见状，只能悻悻然离开。类似于此的商人事迹，在《岩镇志草》等相关方志中还有其他的一些记载。

关于岩镇的商人，再行分类论述如下。

(一)盐商

早在明代，汪道昆就曾指出：歙西有的“主人中岁家食，跬步不出里门，坐收山林林木之利于其家，岁课江淮盐策之利于其子，不逐时而获，不握算而饶，其得之地者殊也”。[①] 此一史料，反映的是在两淮从事盐业的徽商家庭之生计与日常生活。关于

① [明]汪道昆：《太函集》卷14《谷口篇》，第296页。

这一点，清人李斗在《扬州画舫录》中记载，徽州望族吴氏分居于歙县的西溪南、南溪南、长林桥、北岸和岩镇诸处，他们后来迁居扬州，也就以其祖籍地缘“所居之村为派”。当时，在扬州、仪征从事盐业的岩镇人有不少。如，潘周南侨寓南京、扬州等地，是经营盐业的巨商，其人死后，为诔为挽为铭的东南名人多达数十人。岩镇人潘軏，先在景德镇经营陶器，采购瓷器皆精良，后来前往中原各地经商，又“用盐策贾淮南，致钜万，真州人号上贾矣”。① 明代潘仕，“以盐策贾江淮，质剂贾建业，粟贡越，(布)贾吴”。② 岩镇人闵世璋“走扬州，赤手为乡人掌计簿，以忠信见倚任。久之，自致千金，行盐策，累资巨万”。③ 另据《扬州画舫录》记载，歙县人闵麟嗣工诗，寓江都南城，其居曰南郭草堂，著有《庐游草》《悟雪草堂集》。而根据方志记载，明末清初闵麟嗣为岩镇人，工诗善书，于康熙十八年（1679）流寓扬州，刻有《黄山志定本》8卷等。此外，在《扬州画舫录》中，还见有闵华、闵宽、闵二官、闵廷揆、闵奕佐、闵奕佑、闵得官、闵廉夫和闵鲤翔等人，皆出自徽州。正是因为这一点，乾隆初年，徽人于河下街卖松毛包子，名徽包店，因仿岩镇街没骨鱼面，名其店曰合鲭，盖以鲭鱼为面也。仿之者有槐叶楼火腿面，合鲭复改为坡儿上之玉坡，遂以鱼面胜。

(二)放贷与典当

明清时代，徽商的财力如日中天。在这种背景下，徽州当地有不少流动资金可供外出务工经商者借贷，其中，岩寺正是一个重要的借贷中心。明嘉靖时人汪道昆在《太函集》中就曾指出：“近岁多子钱家，岩镇则其薮也。”④ 另外，岩寺的典当业也相当发达。明嘉、万年间岩镇人方用彬祖、父辈皆在淮扬一带经商，家业颇为昌盛。方用彬因屡试不第，遂弃儒从贾，与族人共同开有店铺和典肆，并经营墨、砚、香、笺等文化商品。根据王裕明的研究，该典铺为其父辈所开，初开的时间应在正德年间，不迟于嘉靖早年，主要经营抵押借贷、信用借贷和会票借贷。关于岩镇典当铺的数量，明末傅岩在《歙纪》中指出：“岩镇旧承八差，有三十余典，今消其半，仅十八典，而饷如故，所以屡与城典相讦。”⑤ 据此可知，由于赋税摊派不均，岩镇的典商与位

① [明]李维桢：《大泌山房集》卷87《处士潘君墓志铭》，《四库全书存目丛书》集部第152册，第532～533页。
② [明]汪道昆：《太函集》卷51《明故太学生潘次君暨配王氏合葬墓志铭》，第1084页。
③ 许承尧：《歙事闲谭》卷28“闵象南、吴幼符”条，第996页。
④ [明]汪道昆：《太函集》卷59《明故处士洪桥郑次公墓志铭》，第1240页。
⑤ [明]傅岩：《歙纪》卷9《纪谳语》，第165页。

于歙县县城之典当商人相互攻讦。清代黟县西递人、新中举人胡元熙也在岩镇开设恒裕典当，他曾为道光二年（1822）岩镇重修水口塔捐输了一千两白银。

(三)墨业

岩镇的墨业，在明代有相当著名的方于鲁和程君房，他们所制的徽墨多为顶级之墨，有不少是专门上供的御墨。此后，还有著名的曹素功。曹素功生于明万历三十三年（1605），卒于康熙二十八年（1689）。其人自幼酷爱收藏名墨，与程君房后裔为世好，藏程墨尤多。初习儒，后借休宁吴叔大“玄粟斋”墨名、墨模设店制墨。曹素功与汪近圣、汪节庵和胡开文，被后人并称为“清代制墨四大家”，著有《曹氏墨林》二卷传世，后其子曹永锡、孙曹定远承其墨业。现存的《十六家墨说》之末，就附有曹素功鉴定的《徽歙艺粟斋墨品》，迄今在市面上所见的散件亦相当不少。后来，曹素功在上海开有墨店。在江户时代，曹素功与位于日本奈良的古梅园墨铺松井元泰有过交往。迄今，江户时代传入日本的徽墨广告——徽歙曹素功墨广告仍有不少保存。一直到明治以后（晚清民国时期），东京银座二丁目的乐善堂书房，专门贩卖“吴吟轩精制各种湖笔”和“曹素功精选各种徽墨”。据该店发行的“乐善堂发售湖笔徽墨仿【访】帖”来看，“曹素功精选各种徽墨”达数十种。

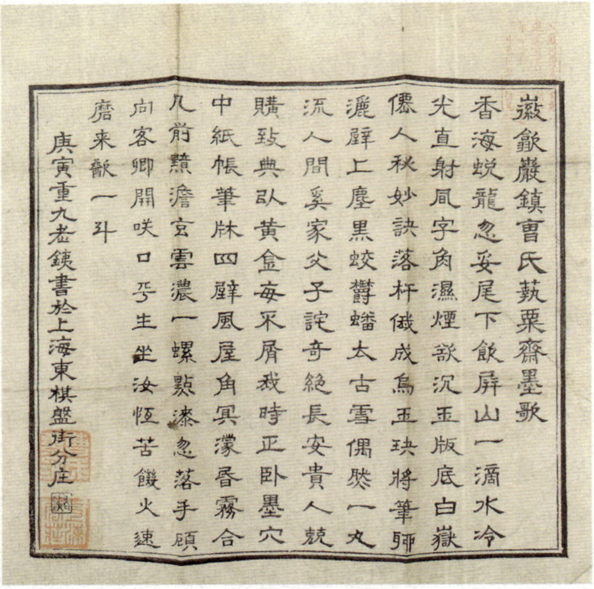
嶽歙巖鎮曹氏蓺粟齋墨歌
香海蜕龍忽妥尾下飲屏山一滴水冷
光直射風字角濕煙欲沉玉版底白嶽
僊人秋妙訣落杵儀成烏玉玦將筆師
灑辟上塵黑蛟鬱蟠太古雪偶然一丸
流人間奚家父子詑奇絕長安貴人競
購致典臥黃金每采屑栽時正臥墨穴
中紙帳筆牀四壁風屋角冥濛昏霧合
几前黯澹玄雲濃一螺點漆忽落手頤
向客卿開咲口丐生坐汝恆苦饑火速
磨來歙一斗
庚寅重九老鍊書於上海東棋盤街分庄

《岩镇曹氏艺粟斋墨歌》

此外，岩镇还有其他的商业。如粮食业，早在明末，《歙纪》“禁强粜”条就记载：歙县县令傅岩曾亲自前往岩镇“见买米人户百十成郡【群】，呼噪强买，甚有未交银钱张袋硬索，或执钱影射，希图混赖”。又如茶业，1938 年吴栋池的《特殊经营》抄本记载，岩寺与渔梁以及浙西之兰溪、杭州江干和上海的法租界等地，都有着密切的联系。

在当时，岩寺还是名医辈出之地。例如，嘉靖时人吴子玉的《大鄣山人集》卷41，就有岩镇人“汪大医”（济川）的行状。万历年间黄俅医案《生生录》中，有不少医案皆与岩镇有关。另外，附近甚至外县的不少名医也纷至沓来。例如，绩溪五都人冯志铉，“得异授疡医术”，侨寓岩镇，“求治者屦满户外，人号为半仙，通判靳治齐以‘元化在斯’奖之”。[①] 程文囿自乾隆五十年（1785）至岩镇行医，并在此治愈众多患者，其《医案》中的不少案例也是在岩镇记录而成。当时，因岩镇商业发达，商人聚集，名医于此有厚利可图，故许多人多在岩镇一展身手。

根据《徽州商业志》收集的资料显示，抗日战争之前，岩寺仍有工商户122家，资金135020元，从业人员285人，规模最大的当铺，资金5万元，次之百货业，资金也有3万元。[②]

三、“新安第一镇”的风俗文化

明人汪道昆在《太函副墨》中曾指出：“岩镇什七贾而什三儒。”该镇的显著特点一向引人瞩目。清乾隆时代所编的《新安名胜》，曾列举歙县境内的名胜古迹，其中有“岩镇松涛”一景：“横桥斜影漾溪流，野径虬枝响不休。叠嶂遥临连碧落，层台高处出松楸。春明柳浪遮红袖，风暖花飞映紫骝。万壑千岩称胜地，村村点染若丹丘。”该诗注曰：“郡之西镇，烟火十万家，古迹形胜，指不胜屈。路当孔道，水合诸源，溪桥深邃，亭榭幽闲，概【盖】新安第一镇也。”

在岩寺，最为醒目的标志之一是水口凤山塔。《岩镇水口即景六首》中，有《凤山塔》一诗：“神皋号文笔，卓立文几傍。绝顶望不极，但接清汉光。霞彩幻层空，飞腾摩天章。”[③] 此外，郑佐也有《题造水口台塔疏语》《水口塔上魁星告文》。岩镇水口在丰乐河畔，号称凤山灵境，凤山塔即与此有关。“神皋号文笔”，是指初建时以塔为笔，寓涵着岩镇文运昌盛之意。

“岩镇歙西冠盖之乡”，[④] 人们常以“万家之市”一词予以状摹。[⑤] 晚明文坛盟主李维桢曾指出：“岩镇大如一都会，富人比屋而居，以奢靡相尚，饮食、衣服、车骑，

① 道光《徽州府志》卷14之二《人物志·方技十六》。

② 安徽省徽州行政公署商业局：《徽州商业志》，第100页。

③ [清]程襄龙：《澂塘山房古文存稿》卷6《文几山台集》，第9页上。

④ [清]吴定：《紫石泉山房文集》卷11《权厝志圹志行略·亡友闵宛中权厝志》，光绪丁亥黟县李氏藏版，第1页上。

⑤ [清]吴定：《紫石山房文集》卷9《赠大夫程骙履先生传》，第5页上。

虽殊方偏国，非土所产，致之犹藩墙之物也。”[①] 因较高的生活水准，使得岁时伏腊的民俗活动极为频繁。早在16世纪，一些宗族就以乡约名义，将岩镇划分为十八管，在祭祀神明汪华的广惠祠内，由十八管轮流司灯，这一划分，对于岩寺社会有着重要的影响。明嘉靖二十三年（1544）歙县旱饥，多富商巨贾的岩镇发布了一份旨在稳定秩序的乡约，其中就提及：“一镇分为十八管，有纪有纲；每管各集数十人，一心一德。”根据岩镇乡约，该镇被分为十八个区，每一区域派出数十人武装起来，维护社会秩序。

关于灯会，笔者手头有一册歙县佚名尺牍活套中，就收录了多篇明末清初的书启，如《邀往岩镇看灯》：“偶闻岩镇华灯缀锦，剧管繁弦，遍满人耳，亦三五良宵，士女往来，济济如云，不欲往观，岂可得乎？特邀瞻视，勿吝玉趾。”对此，清代贡生程襄龙有《岩镇灯词五首》：“六街灯火旧来传，才向黄昏叠鼓喧，高兴邀灯灯四起，要翻新样赛新。……嬉灯夜夜过中宵，巷陌周遭几处招，东市喧阗西市接，一齐恰到市心桥。”[②] 上述的灯词，反映了新年期间岩镇喧闹的六街灯火。与之差相同

徽州的张巡、许远塑像

① [明]李维桢：《大泌山房集》卷72《潘长公家传》，《四库全书存目丛书》集部第152册，第243页。
② [清]程襄龙：《澂塘山房古文存稿》卷16《沙鸥二集》，《岩镇灯词五首》，第1页。

时的方士廛《新安竹枝词》有“岩镇迎神正月九”之说，在《歙事闲谭》中，许承尧于该词之后注曰：“七月二十五夜，岩市点荷花灯。”另外，乾隆时人吴梅颠《徽城竹枝词》亦曰：“上九七月二十五，岩镇游人多似麻。”关于上九，抄本《古歙乡音集证》相关条目说：“吾乡岩镇诸处，正月初七至初九，辇神游赛祈禳，俗曰嬉上九。初七、初八，亦曰上七、上八。古乐府‘初七及上九，嬉戏莫相忘。’则知上九之名，其来远矣。”直到20世纪，歙县西乡岩镇一带正月初九还有上九庙会，此一庙会即与张巡、许远有关。

岩镇的上九庙会，反映的是繁华市镇中与张睢阳信仰相关的庙会。根据民间传说，张巡、许远殉难于正月初九，而正月初九又是一年中的首个初九，故名“上九”。上九庙会为期三天，通常是于初八夜大王菩萨上阁，人们高举纸扎的张巡、许远神像，敲锣打鼓，燃放鞭炮，将神像送至岩镇下街大夫祠上阁歇夜。初九为游神正日，张巡、许远神像立于旱船之上，届时旌旗招展，观者如潮。庙会期间，众商云集，百货山积。岩镇里中有张睢阳公庙，祭祀张巡。每年七月二十五日迎神赛会，“夜游燃荷花灯，香满一市”。清人程襄龙在《谒张睢阳公庙》诗中写道：“厉鬼惊千古，须髯尚欲张，孤军无鼠雀，半壁有金汤，声与江淮远，光垂俎豆长，年年逢令节，拜手一登堂。”①奉祀张睢阳主要是为了驱疫，徽州人对于瘟神的信仰颇为盛行。张巡为唐邓州南阳人，安史之乱时，与睢阳太守许远在乱军围困下，坚守孤城数月，城破后壮烈捐躯。此后为人所奉祀，被视作驱鬼辟疫之神。不仅唐人被奉为瘟神，而且明代的当地人汪侃，也被视若神明。《澂塘山房古文存稿》附刻的《汪行人小传》，就讲述了生于明天顺丁丑（1457）的歙县岩镇人汪侃由普通人成神的过程。当时，平台、台阁奇艺以“金玉珠翠装成掌故人物”，备极华奢。尤其是在岩镇的“万家巨聚，五里长街，辏集簪珥珮环，构成一座楼观，如瑶池王母、画舫观音、诸葛风台、子胥渡马等事，又有唐文皇东征，而辽左凤凰城，乃析玉带以为雉堞，瑰玮极矣”。这些，都反映了岩镇人精心巧思、独步天下的匠心。岩镇的灯会，直到清末还相当繁盛。徽州知府刘汝骥曾作《禁赛灯示》指斥：“顷闻岩镇，定期赛灯，哄动愚民，啸聚飞腾。花钱惹祸，是可哀矜，恃众故违，尤属不应。”不过，尽管三令五申，但其效果似乎仍然相当有限。

---

① [清]程襄龙：《澂塘山房古文存稿》卷3《听秋集》，第4页下。

歙县岩镇的保安善会亦演戏极盛，“以大埠头始，以绣衣里止，年例然也，故谚谓之开门关门云”，所谓“开门保”“关门保”是指两村于保安善会之际，“酬神演戏”相继举行，歙县鲍鸿所编《龙山楹联汇稿》中载有诸多戏曲楹联，就反映了此类迎神赛会的盛况。

从各类文献来看，岩镇还有不少名优特产。乾隆《歙县志》曰：“邑有以地而名其器者，若东门之罗经，岩镇之锁，坤沙之鼓，路口之针，半沙之竹器，具见于时。”及至清末，当时的调查报告指出：“歙无大工厂，惟曹素功、胡开文之墨驰名中外。此外，如郡肆之日月晷、水旱罗经、罗绢，岩镇之剪彩花、嵌螺钿器、漆、墨砚盒皆精美。南乡之蜜枣，虹坑之空心挂面，托山之缸钵，半沙之竹器，亦自成一家，惟非大宗出品。”[①]另外，张云锦《新安竹枝词》指出：“岩镇潮糕味特粗，枉将诗句印模糊。不如买取酥糖吃，含弄雏孙尽足娱。”

在新安江流域市镇中，除了首屈一指的屯溪之外，岩寺受到了最多的关注。之所以如此，除了因为文献较为丰富之外，还与岩镇以一镇之地拥有21所宗祠的宗族共生景观有关。世纪之交，韩国学者朴元熇在《明清时代徽州的市镇与宗族——以歙县岩镇与柳山方氏环岩派为例》一文中指出：“徽州市镇与长江下游三角洲的市镇有所区别，与江南相比，歙县岩镇在一定程度上保持了聚族而居的形状，宗族制也依旧稳固。岩镇好像是个徽州乡村的缩影，并且不像江南市镇，它不太体现出商业、专业市镇的特点，反而具有强烈的人文、宗族色彩。”

第六节　渔　梁

清人胡源宪有一首《新安江》诗：“新安江水清，崄巇路何窄。波恬静如练，石利侔剑戟。错落据要津，棋布分黑白。鼓棹下渔梁，推篷望所适。回峰积万叠，惊滩历三百。乱流轰雷奔，洪涛倾玉液。片帆倒影绿，两岸插天碧。”[②]胡源宪为徽州

---

① [清]刘汝骥：《陶甓公牍》卷12《法制科·歙县民情之习惯》，第219页。
② 《遵义胡氏宗谱》卷14《文艺下》，第4页下。

绩溪人，此诗状摹了自渔梁坝出发，沿新安江下行，沿途三百六十滩之惊险。

明清时代，随着“贾而好儒”的徽商之崛起，吟咏渔梁坝的诗作日见其多。清代佚名撰写的《新安赋》，明显是仿照唐代骆宾王之《滕王阁序》所作，其中提及徽州山青水秀，人杰地灵，村落皆是聚族而居，各个宗族源远流长。因地狭人稠，人们不得不依依不舍地告别高年父母、弱质妻儿，外出务工经商，“下渔滩，过箬岭，淼淼兮烟波，苍苍兮云影”，这些徽州人从渔梁坝外出，经新安江前往长江三角洲，或从歙县北乡经箬岭而出，前往长江沿线，沿途烟波淼淼，云影苍苍，令人颇感悲壮。

一、渔梁坝与徽州

渔梁坝是新安江上游——练江的交通枢纽。所谓渔梁，原作“鱼梁”，得名于一种与鱼筒配合使用的捕鱼方法，这在不少先秦典籍中有记录。譬如，《夏小正》中有“虞人入梁”之语，《周礼》亦曰：“掌以时渔为梁。”另外，《诗经》中也有多处提及“鱼梁”。及至唐代，杜甫有诗“鸬鹚西日照，晒翅满鱼梁”；南宋陆游也写有“山路猎归收兔网，水滨农隙架鱼梁”之名句。事实上，在新安江沿岸，凡是带“梁”的地名，皆与鱼梁之捕鱼方式有关。譬如，歙县南乡小川与正口之间的洲头梁，也就因村前江滩上古有捕鱼梁而得名。

在新安江流域，渔梁之所以相当有名，是因为这里建有新安江上最大的石质滚水坝。徽人在龙井山下，“叠石成梁，横截练江，以潴迅流”。之所以如此作为，是因为从渔梁至浦口的练江水，为绩溪、歙县通往屯溪和浙江的水运要道。该条航道滩多水浅，礁石林立，通航条件相对较差。而新安江上源的扬之、丰乐、富资和布射诸水汇聚于此，其下则为铁索港、汪洋港和车轮港等，流水湍急，河道亦相当陡险，于此截流可以让江水减缓流速，以便舟楫得以较易上行，转输货物亦不至过于辛劳。诚如现代国画大师黄宾虹《渔梁》诗所述：“筑堰横江截石平，寒罾浅草浪花明，客装轻简犹劳理，盘过空舟好放行。”

渔梁坝南接龙井山，北依渔梁街，扬之、布射、富资和丰乐四水汇于练江，至此陡泻而下。历代王朝对渔梁坝皆极为重视，前后维修多达十数次。从渔梁坝的兴修历史来看，大致可以分成几个阶段：最早是“以木障水”，随后则是设栅“聚石为坝”，再接着的是“砌石为坝”。若专就明清时代而言，渔梁坝在明初已然废圮，直到弘治十二年（1499）才再度兴修，而此后的维修颇为频繁，这可能与徽商之大批外出息息相关。清康熙二十六年（1687），时任的徽州知府与侨寓扬州的歙县盐商

当代的渔梁坝

商议，得到了绅商许承家、吴苑等人的支持，他们慷慨捐输了万两白银，于翌年（1688）春开工，由歙县知县靳治荆及当地士绅吴菘、汪士鋐和吴瞻泰负责监督，此次兴作，历时四年而成。不过，随着时光的流逝，有半数仍遭圮毁。乾隆四十年（1775），在徽州知府和歙县知县的主持下再度兴修。此次兴修，由歙县西乡稠墅绅商汪氏出资，经过一年完工。由此可见，康熙二十六年、乾隆四十年的两度兴修，皆与徽商（特别是扬州盐商）有关。而光绪末年的再修，也与徽商巨擘程源铨密切相关。直到 21 世纪初，为增强防洪、抗洪能力，歙县县委、县政府再次发起重修渔梁坝的活动，投资数百万元，对渔梁坝加以全面检修。

在传统时代，渔梁坝是徽人外出务工经商的起点之一。早在清乾隆年间，徽州黟县人朱集球刊有《偃谷诗抄》，个中收录《新安竹枝词》四首，其一曰 ："问政山下春笋嫩，渔梁坝下鲫鱼肥，侬家独恨新安水，只载郎行不载归。" 这是以歙县的问政山和渔梁坝为背景，诉说徽商抛妻别子，外出务工经商 ；而留守桑梓的徽州女人，则因盼望夫君归来却迟迟未能如愿，故转而怨恨起渔梁坝下奔流不息的新安江。

渔梁，历来为徽州府对外水路交通之总枢纽。明代徽商程春宇选辑的《士商类要》和徽商西陵憺漪子（汪淇）编纂的《天下路程图引》中，皆有“徽州府由严州至杭州水路程”，提及由“本府梁下”搭船，顺流而下。此“本府”是指徽州府，而“梁下”亦即渔梁坝。此一水路从歙县渔梁坝出发，至浦口与浙江汇合，然后由新安江下行至杭州。正因为如此，渔梁坝也被今人称为“徽商之源”。

明清时代，在不少人心目中，渔梁坝是与府城乃至整个徽州性命攸关的标志性建筑，不仅是商业上的关系，而且还是重要的水口所在。晚清时期有一册《徽郡风水呈》刊本，专门讨论徽州府的风水，其中一则提及：“徽河水浅，无坝易涸。渔梁水口，旧有石坝，日久倾坏，修之则生方积水，民贫可救。太守从之，民渐殷阜。”民间相传“水厚则徽盛，水浅则徽耗”，这是说渔梁坝与徽州府之殷富与否息息相关。对此，乾隆年间歙县诗人吴梅颠在《徽歙竹枝词》中曾吟咏：“渔梁坝甃石层层，潴蓄奔流关替兴。横卧玉虹雷怒吼，倾颓修葺望谁能？”该诗自注曰：“水蓄则物阜民安，且无火灾，历考皆验，故老传言也。”在堪舆家眼中，徽州府六县之盛衰递嬗，与歙县乃至徽州的水口——渔梁之兴废密切相关。另外，清嘉庆时人江绍莲在《橙阳散志》中，收录了江村明经江本良的上书，其中提及：

> 先年坝沙浅则河底深，上游咸就安流，濒河田亩，亦收灌溉之利。自沙高河浅，坝塞不行，下流壅激，致上游旁啮，东山教场频遭冲决，迁徙靡宁。他如桂林、黄荆渡、尧苏、登第桥、东山营，水自扬之、登源来者，沙壅而田多淤塞；岑山、瑞里、江村、长湖、范村、前山坝、叶家巷、步廊巷，水自布射来者，沙壅而田庐屡没；万年桥东两岸，夏雨暴涨，水深丈许，人家俱成巨浸；富堨、沙溪、徐村、云塘、宋祁、汪仰村、新州，水自富资来者，沙壅而田多荒废；郑村、潭渡、百花台、古关、河西，水自丰乐来者，沙壅而河身日高，水发淹及庐舍；若城北及城南，皆水浅沙高，岸与河平，少则河塝日就崩塌。坝之为害已极，即以风水论，出水之处，犹咽喉也，咽喉梗噎，则上下关窍不通，身将重困。地势所关，应在人事。故自坝沙阻塞以后，数十村落近水居民，率多胀疾，历有明证。

文中的“胀疾”，此前有学者认为就是血吸虫病，此一论断显然尚需更多的史料旁证。不过，渔梁乃是控扼练江的咽喉之地，在此建造水坝，对于新安江之航运、农业灌溉和环境变迁等都有着显著的影响。渔梁坝泥沙淤塞，不仅导致水位上涨，溢出河道，而且因河流流速趋缓，极易滋生蚊虫传播疾病，从而对沿河居民身体健康产生一定影响，这也是可以想见的。

关于渔梁坝与周遭环境的关系，《重订潭滨杂志》中有“水灾”条，提及明清时期歙县西乡一带的水灾。编纂者黄吕就在该书中指出：“吾乡水灾，闻万历三十六年村中深七八尺，旧垣犹有志其处者。其后则康熙丙子，予所居水深四尺；至康熙戊戌六月二十日，予居去楼上仅三版耳。……室为淤池，人为鱼鳖，棺为蓬梗，不啻千百计……吾乡居山中，宜无水患，然万壑奔趋一溪，而渔梁束之，石梁东之南北二河水驶不能骤泄，逆流上涌，而成巨浸耳。”根据笔者三十多年前的调查，直到当代，歙县每年至夏日，仍然常有山洪骤至，特别是南乡一带，往往会淹没公路。渔梁坝附近的居民，一般要往更高处迁移，地势较低者甚至只能将木屋柱子等重要构件用绳子绑紧，将屋瓦揭下，搬移到高处，以免被洪水漂没。

由于渔梁坝的落差较大，河水流至此处飞流直下，形势极为壮观。清初张光祁有《渔梁观水》诗：“暴涨乘春急，奔涛下石梁。中流谁砥柱？极目望苍茫。石齿篙师熟，轻帆估客防。山城资设险，六水恃金汤。”张氏为歙县黄备人，清顺治四年(1647)进士，官至河南南阳府邓州知州。诗中的“轻帆估客防”，是指来往渔梁的商船贾客。当时，许多徽州人从渔梁出发，沿着新安江东下杭州，前往长江三角洲务工经商。此处既是徽州人外出的起点，也是不少人归乡的终点或中转站。康熙年间休宁人程瑞祊有一首《渔梁》诗曰：“半里通乡市，千山达邑城。喧喧灯火夜，渺渺故乡情。”这是状摹渔梁的市镇风情与旅人的微妙心理——从下游溯江而上至渔梁，油然而生近乡情怯之感。在一份两地书中，身在徽州的妻子也叮嘱旅外归乡的丈夫：“叫船须当赶快，不可沿途搭人，……平安到了梁下，千万不可步行，雇轿抬到家里，铺盖交与足人。”当时，逆新安江干流由浙江省进入徽州歙县，历经艰辛，由浦口一路溯练江好不容易到了“梁下”（渔梁）后，旅人的行李便可由过载行所雇之足人（信客）直送到家。关于过载行的作用，当时的不少人都曾谈及。例如，道光年间的《新安纪程》提及：“（渔）梁为徽郡诸水交汇之所，北岸铁牛一角，以镇蛟龙。旋登行装至姚尔旺船行，雇小驳船，十里驳至浦口。”民国时期，歙县呈坎人罗凌轩在写给孙媳汪宝瑜的信中也提到：“将来船抵梁下起岸，雇轿必要先嘱轿夫，由南门进城而出西门，约多一二里，万不可坐轿沿河直上至河西桥，盖沿河有路一段，内外皆空，最为危险。祖翁亲历其境，故不惮烦，切实言之也。”

二、渔梁街的商业

明代正德时人方远宜在《新安第一关记》中指出 ：“滨梁而处者千余家，廛市经通，食货所集。”这是描述渔梁一地人口和商业的状况。事实上，在徽杭公路尚未兴建之前，歙县当地输出的土特产品，以及经新安江中下游从外埠运进的各类商品，皆在渔梁集散。当时，渔梁坝上、坝下依赖舟楫载运，坝下船只顺流而下，沿新安江可以直达杭州，通达长江三角洲 ；而坝上小船则沿着丰乐河而上，西面可以抵达岩寺，北面则由富资水到达歙北之上丰，而东面则经扬之水前往绩溪临溪等处。根据已故老人吴正芳的讲述，在他的老家歙县白杨源，从前各家店号之进货渠道比较固定，主要的食盐、酱油以及日用百货和糕点皆来自“一店两码头”，即王村上店、深渡（码头）和渔梁（码头）。在传统时代，徽城和渔梁的市场除供应本县之外，尚有绩溪、旌德、太平和宁国等地的商号前来渔梁进货。

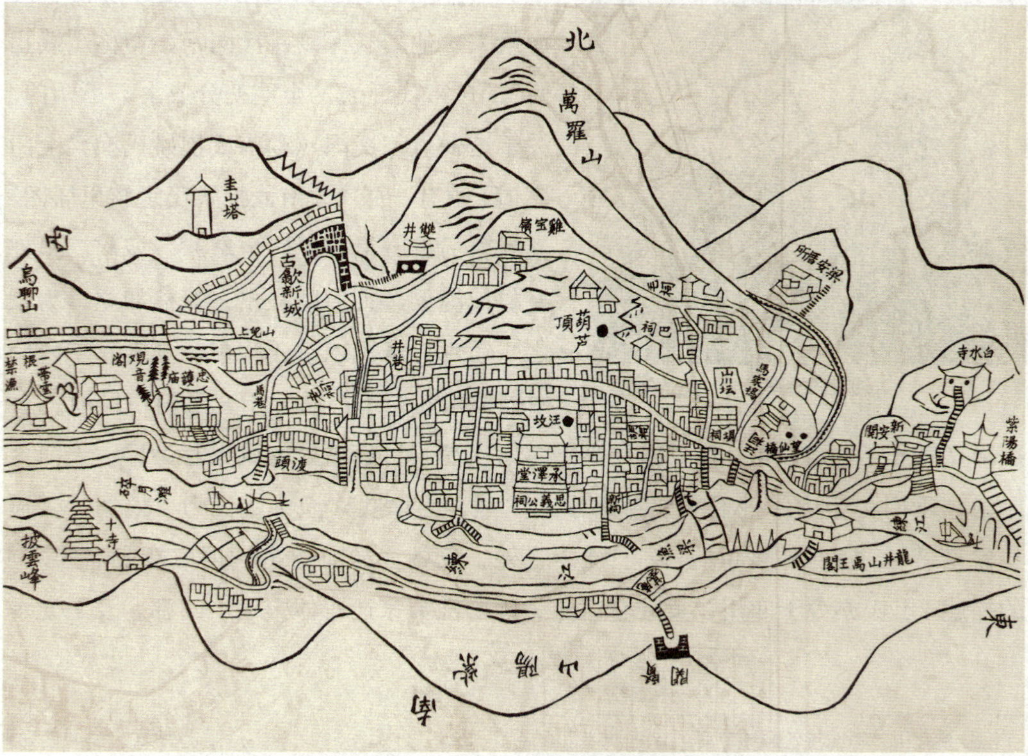

民国初年，渔梁全图（取自东南大学建筑系、歙县文物管理所 :《渔梁》，第4页）

渔梁坝北有一条渔梁街，路面铺鹅卵石，颇似鱼鳞，故别称为鱼鳞街。其实，鱼鳞街在新安江沿岸的各个渡口时常可见。之所以用鹅卵石铺成鱼鳞状，除了因鹅卵石就地取材方便易得外，路面以此铺成，可以增加脚底的摩擦力，不易打滑，便于码头工人搬运货物。另外，由于每块鹅卵石的面积较小，彼此之间形成天然的小沟，下雨之后能迅速排水。鱼鳞街的某些部分，有的还排列成铜钱状，极具美感。整个渔梁村状似鱼形，渔梁街仿佛是鱼的脊椎骨，而垂直延伸的巷子则如肋骨，一道道通向江岸，一级级石阶直达水边码头。歙县文史学者、渔梁人姚存山就指出："渔梁的房屋式样别具一格，左右两排错落有致的木架瓦房沿河倚山而建，每户的门面都是用长木板闩成，其楼上前后均有木栏花窗，楼下辟有店铺，并设有后门或边门。"[①]

渔梁的姚家巷

与下游的深渡一样，此处的居民也以姚姓为数最多。弘治《徽州府志》收录有一首《渔梁结屋》："石梁之上姚家庄，陆路指点云苍苍，飞楼杰阁说华第，翠竹老梅唯我堂。"诗作者姚琏为元末人，是土生土长的渔梁人。他们与深渡姚氏同宗，均称"武担姚"，自宋代迁入，至明初分成上、下两门。关于这一点，民国《歙南武担姚氏渔梁上门支谱》中有一张"歙南武担姚氏宗族里居图"，其卷首另有一篇《里居记略》："城南二里许，有村曰渔梁，人肩摩毂击，帆樯如立，为歙之一镇也。居民以姚氏为多，分上、下两门，中隔姚家巷，下门曰云山，上门曰凤池。"[②]这篇文章作于1931年，其中提及姚氏两门以渔梁村最高处的姚家巷为界，上门为凤池，下门称云山。他们主要从事水上生涯，当地戏称渔梁姚氏为"摇啊摇（摇与姚谐音），摇到外婆桥"。除了姚姓之外，巴姓亦颇有势力。据《新安名族志》的描述：巴氏亦源于四川，梁武帝末年，因避乱挈家迁居休宁二十四都。及至元季，

① 姚存山：《徽苑漫笔》，第77页。
② 卞利：《徽州聚落规划和建筑图录》，安徽人民出版社，2017年，第383～384页。

迁居渔梁坝下。明代以还，渔梁坝一支的巴氏因其与商业的关系，而为世人所知。现在的渔梁坝上，尚有巴慰祖故居和巴道复过塘行等。

巴道复运输过塘行

据《中国经济志》20世纪30年代的商业调查：歙县商店约1300家，家数之多，首推城区，约300家。次为深渡120家，岩寺85家，渔梁70家，街口65家，潜口54家。练江自朱家村至渔梁下，可通四五十担的小篷船。渔梁以上，沿西河（即丰乐水）至岩寺20里，沿北河（即富资水）至富堨20里，沿东河（即扬之水）至绩溪县临溪镇40里，均可通行30担左右的篷船。渔梁码头上开设有各类的店铺，颇为热闹繁华。据姚存山描述："由徽州府城外运的船只，以渔梁坝为集散地。其往来船只分为坝上船和坝下船，坝上船除分流岩寺、富堨两线的货物外，还分流桂林、临溪方向的货物。坝下船基本上是分流江浙与徽州的往来货物。在众多的坝下船中，又有'两头港''一头港''梁下划''街口船'等不同型号。其中的'两头港'船体较大，船型也很美观；'梁下划'船体较小，且两头略显尖凸。坝下船的载重量一般为15至20吨，坝上船则是3至4吨的小船，便于小河运行。还有一种船称为'长航船'，专运杭州、严州等地货物，这种船不能行至渔梁坝，只能停泊在朱家村。朱家村是古时新安江出口处的三角洲，屯溪和渔梁上游地区的货物，必须在这里分流和转装，尤其是来自山区的半成品圆木和板材，这里是主要的集合点”。①

正因为渔梁镇的商业地位，在清代，当地大规模的粮食交易过程中，出现了一种可以当钱使用的“梁票”。歙县中学教师许骥根据零星的账簿资料分析，认为在当时以“梁票”来支付大额粮款应是比较普遍的现象。另外，“梁票”还可以当钱借贷。据此，他推测：“‘梁票’最初可能是在粮食交易时，为了便于结算而产生的一种纸制凭证，后来发展成一种可以在市面流通的大面额纸币，它可能只在进行大宗或大额交易的时候才使用。”“梁票”之“梁”，指的就是渔梁。而许村流通的“梁票”，应当便是由渔梁店铺所发行。“梁票”的发行，显然反映了渔梁对于四乡农村的巨大辐射能力，同时也可见从渔梁到北乡许村，再经箬岭至宁国府之南陵县一带，的确形成了一个商品流通、交易的网络。

根据姚存山的回忆，渔梁街上有米店、布店、豆腐店、花炮店、纸香店、百货店以及茶行、盐行和过载行等。过载行又名船行，是替客商寄放货物、代办运输的存放点。从《中国经济志》所载20世纪30年代的调查可见，歙县全县共有14家过载行，其中有8家位于渔梁：

地址	牌号	备注
渔梁	姚利达	营业最大，以茶、杂货、布匹为主
	姚顺太	以板为主，茶次之，专做西乡生意
	道　复	开设最久，信用最著，以杂货、板、茶为生。按：应为巴道复
	姚元源	以板、茶为主，专做绩溪生意
	姚永盛	营业极微，信用较劣
	同兴泰	1932年开
	源　昌	1933年新开，专做富堨一带生意
	巴正康	1933年新开，营业极微

① 姚存山：《徽苑漫笔》，安徽人民出版社，2015年，第40页。

其中，以姚利达营业最佳，年达六七千元。其他各行，大者4000以下、1000以上，小者在千元以下，400元者亦有之。客商将货物交付船行后，由船行开具收条，交由船户，此后船户将货物运到目的地交付收受之商号，期间所需的运费，或由交运客商先行支付，或由船户向收受货物之商号讨取，船行则于运费内抽取手续费二分，船行对交货之客商负责，船户对船行负责，倘若发生意外损失，则要责令船户赔偿。据姚存山的回忆："渔梁过塘行，在绩溪的临溪、浙江的兰溪等地设有分行，境内在深渡亦有姚宝信行、姚景和行、姚日新行等。其业务往来主要是江浙一带，以及徽州的周边地区。当时的萧山闻堰转运业联营处、杭州安裕运输行、杭州复兴安转运行、常熟恒丰号、绍兴陈义泰号、宁国河力【沥】溪商行等都是'巴道复运输过塘行'的友行。"迄今，渔梁街上仍有巴道复过塘行的旧址，位于渔梁街87号，坐落整条长街的最高地段，对面出口处便是练江。巴道得过塘行创办于清末，前店后屋，形成较大的存货空间，商家可在此暂时存放货包，然后转运到周围城乡。巴道复转运过塘行的船票现在保留下来的也还有相当不少，譬如：

今代寄隆升号船户海祥装运
原信一封　粉丝　一袋
　　　　　清水　一担
　　　　　八觔纸　一担
送至深市交卸，计水脚 船过力洋 三钱六厘二分
宝 查收，转交
永祥宝号查收
丁巳年十月初二日渔梁船行（巴道复茶船行）

上述的船票中，巴道复转运过塘行被称为"巴道复茶船行"，而现在位于渔梁街上的遗址，也称作"巴道复茶行"，这显然是因为由渔梁坝外运的货物中，以茶叶为主，故而才会有上述的别称。船票中的"深市"，应指深渡，这反映了渔梁与深渡之间密切的经济联系。

根据今人的回忆，传统时代的渔梁民众，男性大多从事两种职业，一是撑船，二是搬运，而女性则留在家中看守店铺。其中，撑船和搬运皆与过载行有关。对此，《歙

南武担姚氏渔梁上门支谱》卷下有记载："渔梁为地瘠民贫之域，田园绝少，生计维艰，且居大河之滨，故多业船者。"道光以前，"梁上各河交通不便，转运客货咸以竹筏载之"。因获利甚微，加上人丁日增，于是，一位叫姚宏魁的人遂倡议改筏为舟，船业渐形发达。① 除了这些撑船者外，还有为数众多的搬运工人。对此，有一份"呈"提及："某都郡中梁下，向有盐店，有扛八条，有夫十六。……郡中埠头在梁下，夫出于梁下。"此处的"梁下"亦指渔梁，盐店的"扛"是指与店铺相关的搬运工人之股份。这一点，与全国各地通商码头的情形皆相类似。

根据姚存山的说法，"新安江水路运出的货物以茶叶、木材、蜜枣、毛竹、雪梨、中药材为主，运入的货物以粮食、食盐、布匹、日用百货为大宗。在运出的货物中，以茶叶、木材为主要货源，其中木材一般在渔梁乘小船运往朱家村，再由朱家村集装大船外运，而茶叶大多从渔梁和琳村两地直接装运。……茶叶的发运，一般由茶商委托渔梁过载行（即船行）由水道运往杭州，再由杭州转运公司运往各个目的地交货"。② 这一点，也在现存的徽州文书中得到印证。1938 年吴栋池的《特殊经营》抄本记载：

> （一）梁上每排装十篓，至岩寺，计价洋二元六角。由岩汪裕源过塘至渔梁。
> （一）岩寺由驳船至渔梁，所装十篓，计价洋八角。
> 中茶篓每只六角四分 重约七斤。
> 正泰隆兰溪过塘行。
> ……
> （一）杭州江干余锦洲、洪大房 方正章，渔梁江张茂出身
> ……

上述"梁上"，当即渔梁。由此处运出的货物，与兰溪、杭州等处皆有着密切的关系。承担此类货物运输者，除了前述的巴道复过载行外，还有其他的不少过载行。如姚利达过载行，就有一份文书，写在"歙县恒昌运输行用笺"上：

---

① 《歙南武担姚氏渔梁上门支谱》卷下《姚公魁公传》，第19页上，该谱藏歙县档案馆。
② 姚存山：《徽苑漫笔》，安徽人民出版社，2015年，第40页。

（本当早已驳梁，因无驳川【船】之故）

合成宝号鉴：

于本月十一日，由兰溪联益公司交陈茶兰川【船】装来你号，立轴一件，东席一捆，计20条，交渔梁姚殳友川【船】驳梁，寄存宋尼姑行内，请见信即来提取。素来请将朱村上下力一千元、料理劳和费二千元、信力八百元带来，交梁姚利达代收。并请通知许瑞广有立轴一札、草席两捆，一仝寄存宋尼姑处，计朱村上下力二千元、料理费三千，请带来交姚利达代收可也。今附上料理费收据两纸，请查是荷。此致

敬礼！

恒昌行（歙县朱家村恒昌运输行图章）启，四、十九。

地址：朱家村中街。

关于姚利达过载行，徽州书信抄本《雁过留痕》亦提及："所委荤油、腌肉、老油均已照办，寄何立本船带渔梁，由姚利达过塘行转交，遇便请着便友，向渔梁姚利达行取收。兰至渔梁船力付讫，兹附发票三纸，请取荤油店中售与徽州店家。在此非常时期，货色不敢多放，以防危险。"此外，笔者还见有吴宝源行之船票。关于吴宝源行，晚清盐商宋氏的《南旋日记》抄本提及，光绪二十五年（1899）十月二十四日："将暮抵渔梁，将行李起至吴宝源。"这与其他过塘行的角色基本相同。

从渔梁通过过载行运出的商品很多，以下，拟就一些重要的行当择要述之。

(一)粮食

徽州地狭人稠，粮食生产素来不足，需要从外地源源不断地输入粮食。浙西的金衢盆地及钱塘江下游、长江三角洲为产米之区，历来源源不断地接济徽州民食大多从此而来，而渔梁则是粮食输入徽州的咽喉要地。明末傅岩的《歙纪》中就曾指出，"徽之民食半藉外来"，"商贩粮食，聚集渔梁坝为市"。书中收录了崇祯十年（1637）的"米行勒石"，将禁约八条勒石渔梁坝，其中提及：第一，法【砝】马之制有"广平"与"苏平"之别，二者轻重不同。前任方知县设定"梁平"之后，仍然存在着"以轻马兑出，重马兑入"的情况。现在重申官定，不许私置。第二，十斗为一石，本是定制，但渔梁米每袋十二斗为一个，从前是为了省脚费、牙钱，但也因此而时常引发纷争。现在重新规定十斗为一袋加以统一，不许上下其手。第三，籴入与粜出，

银色一向皆要足色，如有插铅灌铜、银色低假者，依律追究。第四，量斛由各商公举一斛手，在官方登记在册，专听客便，毋许本行斛夫强霸，轻重其手，致有盈绌，违者以“把持行市律”追究。第五，埠头上下脚夫及大小船户，常常乘隙偷盗，以致亏折。今后若再出现此类情形，则当禀告官府，追赔枷示，并永远不许他们在渔梁坝从业。第六，当天时不常引发的粮食供应危机时，不法牙行若囤积居奇，高抬价格，以致市值腾涌，惑乱人心，酿患害民，将绳之以法。第七，凡外地和歙县米商将粮食运至渔梁发卖，必须诚实经营。第八，米商多来自歙县，每遇春夏旱涝需米之时，应当为桑梓故里着想，不得中途鬻卖，不将粮食运至渔梁，漠视乡里之急而不救。从金华府、衢州府而来的小米船，听其装载至渔梁坝，也不许诸人中途邀买，以塞商路。在“示米商”中，傅岩还规定：“凡米过梁下，每百石止买三十石，余悉听载往四乡。”他指出：“第今时寿昌、淳安、兰溪、油榨沟等处，新米渐出。又闻江西有米至祁门，亦有米到芜湖，……各商无论新旧，各携资本，往彼籴买，至梁发卖。”①

除了经由新安江输入粮食之外，据说也有部分辗转来自婺源等地。对此，清乾隆二十四年（1759）六月十三日的《会勘联详文》记载：从婺源江湾经休宁龙湾、“次经歙之篁敦、王村、岑山渡、浦口等处，转至渔梁发卖”。这一来自抄本《控毁婺坝卷帙》的资料，其中虽然提及渔梁，但因路途遥远，是否属实未能确证。不过，即使存在此一转输路线，其粮食供应在数量上应当也并不会占太大比例。

光绪二十六年（1900）的一份文书提及，有位在渔梁坝开设米行的许允衡，“并不代客买卖，专取行用，势同关卡，粮食经过，俱要抽厘”，为此引发了米行与贩客的纠纷。而在芳坑江氏文书中，也有一些与粮食贸易有关的书信，如一封江润之写给父亲江耀华的信函，其中提及：“徽地稻场四乡皆好，米价已松，刻日渔梁米价五元三角。我家自食之米，前因米价高昂，将谷舂之而食，未曾籴米。”② 另一封由汪静安寄给江耀华的信也写道：“承委办米二百斤，讵料风潮直上，满拟稍候转机，再为代购，方免辱命之愆，乃知望久，何复昂昂。”从中可见，江氏老家坑口一带的粮食，有的似乎也是由渔梁转输而来。

---

① [明]傅岩：《歙纪》卷8《纪条示·设法粜卖以安民心》，第69页。

② 歙县芳坑江氏文书，档号：434304–Q309–005–00050–007–(001)。

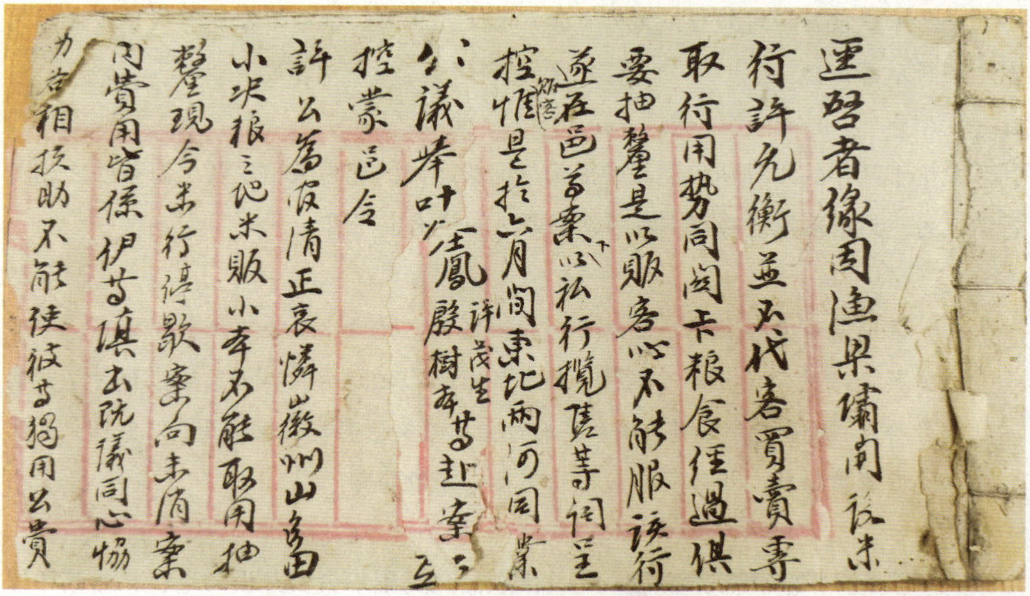

光绪年间，渔梁坝粮食贸易文书

（二）茶叶

歙县是产茶之区，茶之产地随处皆是。五口通商以后，上海成为重要的茶叶外销口岸，每年都有大批徽茶经由新安江源源东下，销往沪上，并转往海外。胡适之父胡铁花在《钝夫年谱》中就提到由绩溪运茶至上海的路线：清咸丰六年（1856）八月，胡铁花随父亲由绩溪登源河上船，运茶到歙县扬之水西岸的竦口，再登木筏至徽州府城南之渔梁坝换小船后，由练江经浦口进入新安江，顺流而下至杭州登岸。再从杭州黑桥换船，经京杭大运河和内河前往上海。绩溪上庄胡氏世以贩茶为业，胡适高祖时就在江苏川沙厅（今上海川沙）城内创设胡万和茶叶店，后来，胡适的祖父又在上海设一支店（瑞馨泰茶叶店）。他们每年春季都返乡收茶，并经由新安江将徽茶运往长江三角洲的上海等地。

在迄今尚存的芳坑江氏文书中，也有不少与茶叶贸易有关的资料。例如，有一封茶商程迎乐寄给江耀华的信函这样写道：

> 小号熙春业已先做就五十八箱，发往渔梁，候船载运。兹着敝伙三元趋前，望在尊号拨付规元一百两，付小号账上，收条俟弟到屯，即行补写不误。其规元祈代请引二十道五分，其余望代易洋，交来人带下。一切有劳清神，容当面谢。

松翁未识前月何时起程，宝号首帮熙春定然得彩。现在申江熙春大帮市面若何，均祈示悉为祷。

此信于某年的六月朔日，其中提及从渔梁运出的熙春茶，以及上海茶叶之相关行情。另一封信落款处钤有“姚顺泰书柬”的信函也写道：

谦顺昌茶宝号台电：兹恳者，今因柯彩之兄由小行运屯毛茶十五担，计船过力英洋二元二角五分，小行代垫。日前柯彩之兄至梁，云及委小行付字，向宝号给算，故敢特字趋前，烦恳将船过力如数交原船友带梁应用，以免日久讹错。如要归彩翁给算，祈赐回音。特此布奉，并请夏安！

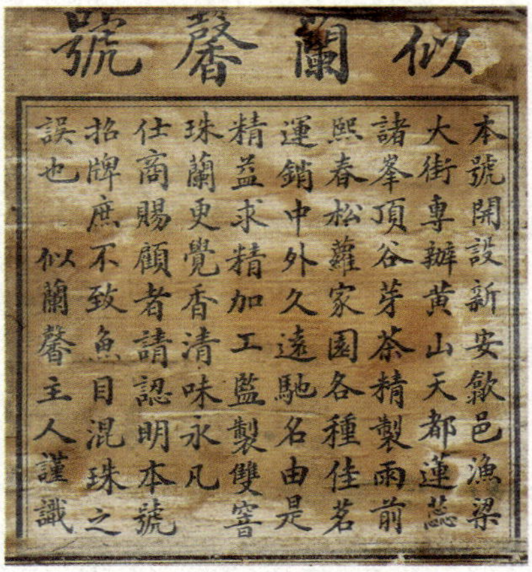
似蘭馨號
本號開設新安歙邑漁梁大街專辦黃山天都蓮蕊諸峯頂谷芽茶精製雨前熙春松蘿家園各種佳茗運銷中外久遠馳名由是精益求精加工監製雙窨珠蘭更覺香清味永凡仕商賜顧者請認明本號招牌庶不致魚目混珠之誤也 似蘭馨主人謹識

渔梁大街“似兰馨号”仿帖

谦顺昌是江耀华合资开设的茶行，而其中提及的柯彩之，应当来自歙县东乡的大谷运一带。歙县东乡也是徽州的产茶之区，根据已故文史学者柯灵权的讲述，1949 年以前里东乡有一些人在渔梁开设茶号，其中有一些茶商与江耀华有着密切的合作关系，他们都通过渔梁向外转输茶叶。

除了一般的茶叶之外，珠兰花茶更是歙县独特的品种。根据民国《歙县志》的记载：“邑产朱（珠）兰，……问政山、琳村、厚坞、山口一带土墙瓦舍鳞次栉比，出产地也。”而据《中国经济史》所载 20 世纪 30 年代的经济调查中，列有名号的重要本庄茶客所设茶庄 101 家，其中 44 家位于产花地琳村，而洋庄茶茶庄则散布于深渡、渔梁和街口等数地。在琳村一带窨制完成的茶叶，用竹篓包装，交由渔梁过载行经水道运往杭州，再由杭州转运往北方目的地。有一份“似兰馨号”的仿帖，就与珠兰花茶之贸易有关：

本号开设新安歙邑渔梁大街，专办黄山天都、莲蕊诸峰顶谷芽茶，精制雨前熙春、松萝，家园各种佳茗，运销中外，久远驰名。由是精益求精，加工监制双窨珠兰，更觉香清味永。凡仕商赐顾者，请认明本号招牌，庶不致鱼目混珠之误也。似兰馨主人谨识。

在渔梁，从前广泛流传着一个“黄冤妇”的传说，根据民国时人舒啸的《啸余漫墨》记载：“歙西竦塘黄朝宾女，适本邑渔梁，婿行商无定所。一夕归，早起于厕，忽忆来处有要务，宜急往。趋视原船，方解缆。见刈草者，寄信告妇，即登舟去。刈草者忘之。邻有闻其夫夕归，而朝失所，疑之。河内发见男尸，足有枝趾，与其夫同，遂以杀夫鸣官。诘之，无以对，酷刑诬服，按律凌迟。刈草者闻而奔救，头已断矣。官怒笞之，及夫归，始信其冤。时大旱，事闻，官及邻右坐罪有差，守令至墓，祭之而雨。后每岁由县丞致祭，著为令，此万历庚子清明前十日事。”在徽州民间，这个故事后来又叫《三戒碑》，其细节更为丰满：青年徽商周笙，受母命回歙县与黄秀英成婚。新婚之夜，周笙夜半外出，新娘在洞房内空等，却不见夫君归来。翌日婆婆不见儿影，万分焦急。此时，渔梁码头浮出一具无头男尸，经辨认，此男尸有着与周笙一样的六个脚趾特征，母亲便断定是媳妇黄秀英夜深杀害了丈夫，抛尸河中以灭迹，一纸告到徽州府衙。知府将黄秀英缉拿严审，黄氏大堂之上连呼：“冤枉！”知府见黄秀英不肯招供，便动用了酷刑，黄秀英痛得死去活来，最终受不住酷刑折磨，被迫招认杀死丈夫周笙。就在临刑这一天，当三声炮响、人头落地之时，周笙出现了，他抱着屈死的妻子痛哭不已。原来新婚之夜，周笙起来小解，偶遇朋友正装几船茶叶从渔梁发往杭州，朋友要周笙同行，一起去赚这笔可观的钱。周笙想回家告诉妻子一声，朋友说“来不及了，船已经起锚”。此时正好有割驴草的王二哥路过，周笙只好请王二哥转告妻子，自己便下杭州去了。谁知割驴草的王二哥是个马大哈，他在渔梁酒肆里几杯酒下肚，便将周笙托信之事忘得一干二净，由此酿成了一场凄惨悲剧。事情终因周笙重现而水落石出，王二哥受到了割去舌头的处罚，知府亦被革职。当时，人们十分同情黄冤妇，有人在其墓前竖了一块碑，上面写着：“重利忘义者戒，寄信误人者戒，酷刑枉杀者戒！”现在歙县民间还流传着一句俗语：“喂，你不要寄信割驴草啊！”意思是受托之事不可遗忘，以免酿成惨剧。[①] 此一民间传说，也是以渔梁的茶业贸易为其历史背景。

---

①《三戒碑的故事》，由歙县渔梁街吴秋萍讲述，见金涛：《徽州记忆》第4册，第88页。此一故事亦作“寄信割驴草”，由柯灵权根据方少求、江启尧搜集整理的故事编写，见歙县文化局编纂委员会：《歙县民间艺术》，安徽人民出版社，2006年，第590～592页。虽然讲述者及故事中的人名并不完全相同，但皆是以歙县渔梁为其重要背景。

(三)南北杂货行

渔梁镇上有不少杂货行。晚清民国时期，最负盛名的是江德茂南北杂货店。该店坐落于渔梁中街，系薛坑口芳坑人江润之、江佩之兄弟二人筹资开设，于清宣统二年（1910）开业，曾聘潜口人胡亦泉、朱家村人胡志生经理店务。现存的抄件《民国二十九年全年营业呈报表》，从中可见江德茂的经营状况：

民国二十九年(1940)全年营业呈报表

分类	内容	洋(元)
存	现国币	2646
	现角	29
	公会借垫来款	300
	储蓄票	700
	江颐瑞	531
	盘吉货	10332
该	家记股本	6000
	大记股本	4000
	余鸿	944
	江明奎代得意存款	60
	江明奎代天桂存款	50
	江寿记存款	300
	叶来荣存款	200
该	汪叶氏存款	700
	汪务本堂存款	150
	金升华存款	300
	衡记借款	800
	衡记息	76
共结该洋		13580
上年存货		10508

续表

	洋（元）
本年进货	57776
本年售货	69006
共支洋	10096元6角
净纯益	998

这份营业呈报表是1941年2月1日由渔梁江德茂大记杂货店负责人胡志生出具的，其中的支出部分包括杂用176元、营业税560元、印花28元3角、电灯费322元、门差554元、川【船】用73元1角、信力11元、伙食3062元、柴炭873元6角、起力27元、埠头税2元5角、房租11元、各户息260元、招纸麻线200元、账簿13元1角、用人倅水1123元和官利800元。

江德茂账本

江德茂杂货店主要销售猪油、菜油和煤油等，还自设工场加工糕点、蜡烛，其货源主要来自新安江中下游及杭、苏、沪等地。该店商品的销售区域颇广，除歙县四乡各零售商店来此批发之外，毗邻徽州各地的宁国、旌德和太平等县也从该店进货。据今人回忆，每天从旱路而来进货的骡、马就有二三十头之多，经营状况相当可观。此外，江德茂还从事汇兑业务，这在不少徽商书信中皆有所反映。例如，有一封信函就提及歙南许家坞人许嘉云，是在苏州经商的徽州商人，他从苏州娄门外写给老家妻子的，说自己寄龙洋15元，通过徽州渔梁镇的江德茂号寄给妻子，当月就能收到，收到后，除了还给“便人”（似乎是指信客）之外，多余的部分供家务开销。关于这一点，在另一封写给岳父的信中也提及：“前月由义礼猪油行划上银洋十元，到恳向渔梁镇江德茂号内一取为要……”上述书信中提及的两次汇兑，都是通过猪油行汇拨银圆。由于芳坑江氏曾在苏州开设有猪油行，故通过猪油行汇兑显然颇为便利。此种情形，在其他的一些书信中也有提及。如 1923 年和 1925 年，在歙县西溪人汪宝瑜的数百封来往书信中，也时常提及江德茂号之汇兑。而 1932 年 11 月旅苏徽商信底中，亦有数封谈到通过猪油行汇兑的情形。抗战爆发后，由于江南各地先后沦陷，交通梗阻，外来货源顿显紧张。当时，为了躲避日机轰炸，江德茂只得日间关门，每天要到午后四时方才开张营业。再加上其时苛捐杂税颇为繁重，生意遂举步维艰，终于在 1944 年黯然歇业。

(四)木业

木材是歙县的出产大宗，根据《中国经济志》的记载，在 20 世纪 30 年代，经营木材之木业可分板号和木号两种，板号全县约 20 余家，以城内程正大、渔梁汪震昌、德裕隆最大，“此种板号之设，专为出售己山所锯松板。……此种松板，产黄山源各山者，约占十分之四弱；产绩溪者，约占十分之四强；东乡暨南乡，合占十分之二。……均俟山洪暴涨时，编排顺水放下，远者须五六日，近者须二三日。先至渔梁，在渔梁起坝，交由过载行以小船驳运至朱家村。……因松板潮湿，质量较重，须在朱家村搁置一月之后，方可卸船下水。……自朱家村运杭，概装大八舱船运载，……春水七天可到，小水半月、一月不定，苟遇山洪之时，四天即可到达杭州。每船于水大时，可载一千余片，水小时仅二三百片。”

另据许骥等人的讲述，民国时期许村最大的木材商人是许士樾，因为许村周围童山濯濯，只有较偏僻的岩源尚有木材可以交易。要将木材运往茶坦，然后顺富资水运至许村，等着梅雨时节春水泛滥，再从汪村聘请专业的放簰师傅到许村，等山洪暴发之后开始放簰。木簰常常要绵延一里多长，先运到渔梁坝，再将木簰重新加以捆扎，然后经新安江运往杭州。除了歙县当地的木材外，绩溪的扬溪、磡头和伏岭等地也是木材外销的来源地，绩溪人在歙县渔梁和杭州江干等处开设木行，部分绩溪的木材就通过渔梁转运外销。

三、渔梁镇的社会文化

在徽州与外界的频繁交流中，渔梁是重要的要冲之地。作为一个码头，渔梁坝自然带有五方杂处的特征。明末傅岩在《歙纪》中就提到，徽州民间有“喇棍打行”，诸恶少设立红袴会、棒槌会和斧头会等，其中有“太保”“天罡”之类的称号，“凌虐武断，城市乡村皆受其害”。有的人纠集羽翼，“远则四乡，近则渔梁坝、河西桥、关厢等处，打诈害人”。还有的人“虎踞渔梁坝，私开牙行，硬骗船户朱万福等船税不赀，霸占乐户王龙并卷其衣物，以赌博霸奸汪黑之妻”，如此等等，不一而足。[①] 从当时的诸多诉讼案卷中，人们看到了码头上形形色色的黑恶势力及其作奸犯科的现象。但在另一方面，我们也见识了看似无序中的诸多运作规则，此类成文或不成文的规则，也确立了渔梁一地的社会秩序。因此，从不同侧面考察渔梁坝，可以展示民间社会复杂的多样性。

例如，《歙县乾裕号信底》抄本，收录了光绪二十九年至民国初年（1905 ~ 1913）的信件抄底68封。信底作者为歙县岔口人，读书人出身，1902年曾经在歙县深渡开设乾裕号南货店，后在浙江兰溪米店工作。该信底主要收录了他写给苏州吴秋舫、杭州裕隆茶行方树棠、苏州乾丰祥南货号本家声之、屯溪豫丰祥茶号吴瑞常和苏州集成酱园方季高等亲戚朋友的信稿。其中，有一封寄往苏州阊门外江太和号的《代与江绳武》，提及自己的亲戚、江太和号账席胡美义“旧病复发，医药罔效，忽于七月廿四日逝世”，“信到之次日，已专人至渔梁，嘱其子春皋奔丧回家，为其先父招魂上堂”。另一封寄往渔梁鲍泰源盐栈的《代与徐柏泉》，也谈到自己的父亲“在苏染病，服药罔效，遽于七月廿四日寿终旅舍”，也同样是要“遵制成礼，为先父

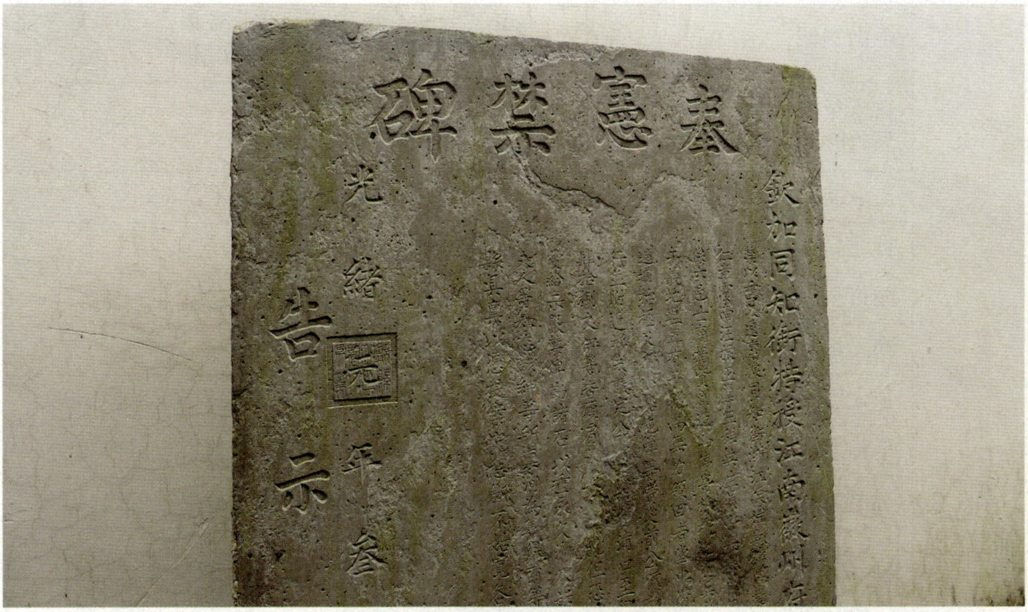

渔梁街上有关旅榇归乡的奉宪禁碑

① [明]傅岩：《歙纪》卷6《纪详议·申报打行》，黄山书社，2007年，第66～67页。

招魂上堂”。上述的两个例子说明，旅外徽人之善后是当时必须正视的一个社会问题。正是因为如此，道光八年（1828），旅外徽商花费白银1300余两在苏州阊门外桐泾浜购地，创办了诚善局，并根据旅榇运归徽州的路途远近，订立了盘费贴补标准。道光二十四年（1844），嘉兴翳荫堂司事萧国祥、程莩等人，在《呈为请禁埠头勒索得以永全义举事》中指出："徽郡六邑山多田少，十室九商，懋迁四方，身殁榇寄异乡，无力扶归故土者甚多。嘉庆初年，歙绅程光国暨子振甲，念切桑梓，独立捐资，于各处搜查停棺寄榇之力不能归者，悉代装载至徽，俾其家属就近领葬，不至暴弃异地，各项船费抬工，悉依价值，数十年具有章成。嗣同郡各邑善士共步遗风，相继捐资，在于浙江嘉兴府公立翳荫堂，收停旅榇，每逢春季，雇船汇载回徽。经过杭州埠坝，扛抬装卸等费，已在杭州请示定价刻碑，遵办在案。惟歙邑渔梁坝并各埠，举等照依程绅历来工值，每具过坝抬工予钱六十文。”当时规定的旅榇运输章程如下：

从嘉兴到徽州的旅榇运输章程

来源	名目	钱	备注
公议事宜	上山费钱	1000文	柩至徽州各埠，有委系极贫路远，雇抬无措者
	自禾至徽各埠，一应船只竹牌上下过坝抬力	每具盘费3500文	
	出厝装船抬力	每具另给500文	
	自北新关至江干徽塘	每具600文	
	浦口至渔梁坝驳船	每具100文	
	渔梁坝过坝抬力	每具60文	
	至太尉殿竹牌	每具560文	姚振之每具捐行用钱160文
	至临溪竹牌	每具400文	姚振之每具捐行用钱70文
	至灵山下竹牌	每具840文	姚振之每具捐行用钱140文
	灵山下进厝抬力	每具56文	
	深渡进厝抬力	每具84文	
	烟村进厝抬力	每具144文	
	屯溪镇进厝抬力	每具220文	

续表

来源	名目	钱	备注
续定规条	送柩之家,自行给发扛抬	每具400文	
	下河	每具240文	

太平天国以后，因兵燹战乱，许多规章制度需要重新确立。正是在士绅的努力下，渔梁镇的秩序得以维护。

新安江从浦口起，可分为两路，其中一路“由浦口七里进港至梁下，往城即徽州府”，也就是经练江到紫阳桥、渔梁坝、太平桥迄至县城河西。这一路直到歙县渔梁，水程才算是苦尽甘来，渐入佳境。盛清时代歙县人程之鵕的《渔梁》诗云：“微茫塔影带霞光，溪鸟知人话故乡，过尽滩程三百六，今朝才复到渔梁。”历经艰难困苦，远行的船只终于回到渔梁，随着心情舒畅，映着霞光的暮景显得格外动人，仿佛溪边的水鸟也能体会这返乡归来的愉悦。

“一滩高一滩，滩尽到天都”，渔梁在明代以来的商编路程书中，通常被称为“梁下”，历来为水路交通的总枢纽。《杭州上水路程歌》有“梁下康庄本府基，浮屠半断近河西”，说的便是此处。所谓“浮屠半断近河西”，是指这一带有诸多寺庙。根据记载，在歙县城西练江西岸，原有戒坛二十四院，后存者仅十，故名水西十寺。这些寺庙的发展，与徽商的兴盛呈同生共荣之势。渔梁街西端的白云禅院，始建于明万历四十六年（1618），内有小阁供奉观音，俗称观音阁，这是不少歙县人虔诚礼拜的场所。民国时人汪吉修致夫人信中就提及：“我曾为彼兄弟二人，心中许过小南海及梁下观音菩萨，可托姑太代他二人去拜菩萨还愿，并各挂旛一对，以答神佑为要。”

关于渔梁坝一带的民间信仰，乾隆时人吴梅颠曾有：“昂然戴角望中流，镇压渔梁铸钱牛。玉手纤纤好摩抚，新娘求子向中秋。”渔梁坝北小神庙门联为“崇报威依古，声灵振厥新”，横额“神威永镇”，附近还有千斤石猪、坝上井及如来石柱等。这一点，在徽州民间文献中也有反映。例如，抄本《请目下祝文》中，就有祭祀“渔梁坝头铁牛二大将军”。歙县渔梁坝的九相公庙（忠护庙），“沿新安江舟行浙江者必祀之”，显然是商旅、水手等祈祷路途平安之所。明清时代，徽州民间将九相公称为“菩萨”，与汪公相提并论，皆为保境安民的神明。现存的民间科仪中，有将九相公称为“衍正尚相公显佑王”“圣嗣山崇福衍正尚相公”等，列在汪公大帝之后，足见九相公在徽州民间信仰体系中的地位。

另据民国《歙县志》记载，“夏秋之际制造龙舟，装饰彩绘，磔牲酺食，号曰保安善会，崇其神曰太子，并奉张、许二公，会终之夜，燔其旗于所居之下游，名曰送圣。若郡城北街之献菜，南郭渔梁之灯船，其最著者东南各乡迎接观音，数年一举，靡费之巨，亦与是同。”上述这段记载中提及“渔梁之灯船”，清末民初有不少较为细致的描述。如《王振声日记》光绪三十二年（1906）九月初五日条就提及，“自是日起渔梁办会五天”。所谓渔梁办会，亦即渔梁亮船灯会，是歙县渔梁村保安会活动之一，系在渡船上盛置灯火，谓之亮船灯。对此，王振声有诗曰：“经旬鼍鼓哄鼕鼕，奔走街衢到处逢。造像绣金装鬼魅，游神灯火舞鱼龙。”其诗注曰：“府城闰年作年会，纸糊鬼神高丈余，饰以绸绫织绣金彩，晚舁寺庙神像供舟中，联数船结彩楼阁悬灯，并舞鱼龙灯彩，往来河上，谓之游神，四方男女乘舟来观追随，旋绕中流，箫鼓彻夜。”此处描述的后半段，显然指的便是渔梁灯船。随后的徽州知府刘汝骥在《陶甓公牍》中也提及“渔梁每赛灯船”。关于这一点，在芳坑江氏文书中，有一封姜崛其写给姻亲江耀华的信中提及：“渔梁保安会，择于菊月口五日起，首演戏老庆升，水陆灯火颇为热闹。郡城保安会班选元春和，初七起首，启店所设献彩，亦颇有趣。”

1919 年，歙人汪克庵有《渔梁观灯船有感》诗：“鱼龙飞舞练江滨，秋夜生辉却是春。蜡烛有心流热血，分明披示看灯人。……渔梁一水浙江连，物品轻输霸【坝】下船。私冀灯明无黑暗，流通国货永安然。”可见，渔梁灯会除了保护安宁之外，亦寄托着通商裕国的良好愿望。1942 年，歙县人拙厂氏（程晋徽）《旧俗竹枝词》第三十首《闰岁》：“新岁笙歌处处欢，九秋水陆更奇观。城中献彩争新景，梁下灯船赛碧澜。”根据今人的追忆，渔梁亮船会是在农历闰年的九十月，在练江上将木船联成一对，卸去船篷，以竹木制成架子，装饰而成亭台楼阁等，并在其中点上蜡烛。届时，笙簧齐奏，锣鼓喧天，亮船在渔梁坝上下游各游弋一夜。据说，此类的渔梁灯船活动一直延续到 20 世纪 50 年代方才彻底停止。

此外，渔梁坝上的“嬉钟馗”活动也相当著名。清人吴梅颠在《徽城竹枝词》中就吟咏：“儿童谁不喜端午，要带花花好包肚，雄黄涂脸跳钟馗，髻扎红绳摇玺虎。”渔梁的“嬉钟馗”，有五位扮作五毒（即蜈蚣、蜘蛛、蛇、癞蛤蟆和壁虎）的邪恶小鬼，于锣鼓声喧中登场。接着是面涂青绿、口带长髯的钟馗出现，其人头顶乌纱，足蹬草鞋，外罩紫红袍，右手持宝剑，前有蝙蝠引路，后有黄罗伞盖，旁有酒坛侍者亦步亦趋。但见钟馗口喷狼牙焰火，伴随着锣鼓节点，与周遭的五鬼激烈较量。最后，钟馗举剑将五鬼一一斩首。“嬉钟馗”的寓意是为民众驱秽纳吉，保障人丁平安。

正是因为有着丰富的商业文化和民俗内涵，2005年，渔梁被列为第二批中国历史文化名村。

第七节 临　溪

一、练江枢纽重镇

新安江的来源有二：一是主源渐江，一是练江。二者在浦口汇合后，始称新安江。丰乐水、富资水、布射水和扬之水，又构成练江之四大来源。其前三条皆发源于黄山，而扬之水则源自绩溪。扬之水的正源，为来自龙耸山的龙耸源，其西源出自大会山（叫大源），东源出自大鄣山逍遥岩（即登源）。三源于临溪汇合，入歙县境后，至竦口纳双竦河，经桂林、殷家村和吴山铺等地，在渔梁坝附近与布射、富资、丰乐等水汇合，再注入练江。北宋《太平寰宇记》有“扬之水”条，提及：“北从绩溪县东南流六十里至临溪馆，入歙县界，至郡城西，与四水合流，东南入新安江，即今睦州界。”民国时人吴日法在《徽商便览》一书中指出：绩溪“扬之水，亦惟县城过临溪至歙之练水可通小舟，近年虽河道稍浚，可通扬溪，然无如渔梁一坝横截下流，绩邑之由江、浙运载货物者，皆须由梁下为之转运，于交通之道不无遗憾”。临溪的民船俗称“坝上船”，此名称应当与渔梁坝之转运贸易有关。民国时期，渔梁以上至绩溪临溪，每担货品收船金一角五分，

临溪老街

下水则打八折。

临溪镇紧靠扬之河东岸，登源河从南面汇入，因其地高于河床十数丈，有居高临下之势，昔人遂取北宋欧阳修《醉翁亭记》中的名句“临溪而渔，溪深而鱼肥”，将之命名为“临溪”。明代曾在此处设置临溪铺，后逐渐形成市镇，为绩溪水陆要冲，是来往货物吞吐的重要码头。道光年间“春甫氏”的《新安纪程》记载：“至临溪，两水交流，溪阔数十余丈，有石桥跨其上，曰殷翁桥。”而清末的《绩溪地理图说》一书，对其“交通”也有颇为细致的描述：从陆路来看，徽宁、新岭驿道与徽杭（登源）古道交会于临溪村西。此处不仅可以通达绩溪县内的几个都，而且与歙县白杨、深渡等地也都有着密切的联系。东至歙县南乡，北到宁国、宣城，西往旌德、泾县，都有驿道及骡马车运。而从水路来看，临溪码头位于扬之、登源和大源三水的合流处，临溪以下，河床渐宽且深，临溪至歙之练江可通小舟，运往江浙的货物，皆须由渔梁坝为之转运。揆诸实际，绩溪人外出多由临溪上船，再往歙县深渡，沿新安江顺水而下。1935 年之前，从临溪至渔梁坝，船只可载 3 吨，大约需要半天时间。[①] 过坝后顺新安江而下，可至浙西严州府、衢州府和金华府诸县，更远的可以抵达杭州。而溯新安江而上，则可前往屯溪、溪口和渔亭等地。

二、小小绩溪县，大大临溪镇

道光《徽州府志》列有一府六县的主要市镇，包括街口镇、新馆镇、岩寺镇、屯溪镇、万安镇、五城镇、三吴镇、高砂镇、闪上镇、柏溪镇、到【倒】湖镇、庙口镇、鱼亭镇、河东市、华阴【阳】镇、龙塘镇、镇头和临溪市共 18 个市镇。关于临溪市镇，《绩溪县乡土地理教科书》第 31 课《临渔间之航路》记载：“自临溪至渔梁水程四十余里，今往来临、渔间之船只凡百数十号，每年运费三万余金，出口货以米为大宗。因绩北、旌德、宁国皆产米，米贩以临为销场也。绩溪进口商货，皆由船运至临溪，临溪以上，只有牲畜装运而已。”临溪以南只能通行小船，吃水 2 尺，载重 20 担，所载货物出口以柴、炭、茶、枣为大宗，进口则以盐、粮、布匹和杂货为大宗。

对于传统时代临溪之商况市景，民国时期的《绩溪一瞥》描述：“境内商业，向以临溪、绩城、扬溪、上庄生意最盛。临溪货物，由水道自沪、杭运来，各处商店

① 绩溪地方志编纂委员会：《绩溪县志》，黄山书社，1998年，第320页。

多以骡马往载，售与居民。”2020年6月，方静曾在临溪村做过口述访谈，当地一位85岁的农民赵正中说：“临溪村人口最多时有一千好几百人，村头有个大码头，车来船往，过去很热闹也很繁荣。码头之上，有条商业老街，一直到现在的镇政府、镇卫生院一带。老街有600米左右，街道两边有近百家店铺。我十几岁（民国）记事时，这里的商业已经不行了。临溪老街上都是门板店铺，望街楼，二层，前店后坊，都是外地人来开的，有浙江、湖北、江西的。当地茶叶、红枣、干笋土特产品通过这里中转。湖北人卖杂货，江西人开木匠店（雕刻），江西景德镇人开碗店，周边泾县、旌德、宁国是粮食加工。粮食大部分是旌德运过来的，在临溪加工。因此，临溪附近周边村庄建有许多加工水碓，还有饭店、旅馆、澡堂、妓院、乌烟馆、油坊、酱坊、糕饼坊、漕【糟】坊。规模最大、生意最好的店铺叫‘苏德源’，经营南北杂货批发，还有蜡烛、爆竹、腊肉、锡箔加工和水碓，……还有灯笼店在我家前面，我家上代有人做灯笼卖灯笼的。临溪老街上原来有三家药店，都是岭北乡人来开的。

练江水很深，船都是歙县来的，走水运，半自动的，也有人划桨，也有人工背纤的，来来去去，主要靠水运。我们下船搬货才去，下的货是咸盐、百货、海产、干果等。上的货好多，大多是山区的土特产，如大米、干笋、茶叶、爆竹等，街头路口有许多从旌德、宁国、本地推独轮车运货到临溪码头的人，独轮车咯咯响，推车的都是外地人。岭北的货也是从这里走，都是马驴骡队货运。临溪没有特产，做农的少，主要围绕码头做生意生存。我记事时，歙县来的船一天上下有四五趟，全部满载。我家祖上是在码头上负责上下货，就是搞货物搬运的。我这屋是大朝（曾祖父）手上做的，他是‘驮埠头’，就是码头搬运总负责。当时码头上有个组织叫‘驮埠头’，有四五十人，基本上是我家赵姓一族。其他姓插不进来。我家上祖是荆州那边来的，到我们这一代有许多代了。……临溪码头上的船是歙县人的，临溪人没船，不是船老板。临溪人是搬运工，做苦力。”①

扬之河发源于尚田乡中降山北麓，流经庙山、扬溪、郎家溪、县城东郊、灵山、雄路，至临溪汇登源河。另外，发源于上金山南麓的大源河，流经余川、上庄和孔灵等处，至蒲川汇入扬之河。从登源河、扬之河和大源河的流向来看，临溪一镇的

① 方静：《口述徽商资料》之一《临溪码头的商业场景》，《徽学》第14辑，社会科学文献出版社，2020年，第289～291页。

腹地包含了绩溪县境的大部分地区。根据清末的描述，绩溪四都分为上四都和下四都，“下四都之进货由临溪，上四都之进货则由临溪、绩溪县”。除了上、下四都外，“六都之商货，其杂货由临溪而进，其京货、布匹等则由屯溪、徽州府而进”，这些都是从县境以外输入的商品。“绩溪全境各户，家用品之制造，实赖荆州各项工匠之劳力。至荆州各商店，贩卖货物之来源，均购运自绩溪之临溪”。[①]

至于境内外运的商品，清末的《绩溪地理图说》也指出：“按十三都乡村以纹川、胡村、石尶、许村、北村为大，而事多聚石尶，以地居十三都各大村适中，距纹川、胡村、许村、北村皆五里故也。石尶有冶铸锅，用簰运售。大鄣产茶笋，大鄣之银场坦产银。”石尶是登源河水道运输的终点码头。在传统时代，登源河一带的水客从杭州、金华、兰溪及淳安、歙县等地所购的货物，以小木船或竹排从临溪进入登源河，至石尶杨林潭的终点大码头。在石尶上游的伏岭、胡家、磡头、大石门、扬溪、逍遥、大障及歙县南乡一带的民众，往往都到石尶码头肩挑，或骡驴运货。因此，当时石尶有一里长的商业街道，道光年间计有店面83家，主要有米店32家，其他的则有杂货店、百货布店、药店、当铺、客栈、糖坊、糕点坊、糟坊和酱油坊等作坊和服务业，人口达3000余人。由于此处是登源一带的商品集散地之一，当地有骡马行十余户。[②] 关于这一点，清末宣统年间，绩溪植基学堂教材《算术问难》中，恰好有一道算术题与此相关：

> 筏夫自石川运锅往临溪，言明每锅运费银二角六分，若破坏一锅，除不给费外，尚须赔银七角，今共运一百二十四锅，只收运费十五元九角二分，问途中破坏几锅。答：十七只。

题中的“石川”，应即石尶之雅化地名。据说，乾隆十年（1745），石尶人洪钟泰就在歙县渔梁镇开办冶炼铸造作坊。其后，湖村人章静明又从歙县渔梁聘请师父数人前来石尶，专业冶炼铸造尶锅、尶铫和犁尖等产品，以期运销皖南及江、浙、江西等地。[③] 这些铸锅，皆通过临溪外运销售。由此可见，临溪为水陆要冲，是绩

---

①《绩溪县各公团上内政部呈文》，台湾《重印绩溪县志》第三编《附录》，第651～665页。
② 中共石尶村地支部委员会、石尶村村民委员会、洪竹胜：《石尶村志》，第5页。
③ 中共石尶村地支部委员会、石尶村村民委员会、洪竹胜：《石尶村志》，第5页、第40页。

溪县境内外货物交流的重要节点，一度甚至有“小小绩溪县，大大临溪镇”之说。[①]而临溪所在的十都，《绩溪地理图说》一书曾这样描述：“十都临溪为绩溪全境商货出入之总汇，扬之水至此通船，临溪以下用船运货，临溪以上皆用牲畜运货。”当时，临溪以下是指通往渔梁坝一带的航路，而临溪以上则多是旱路，所以“皆用牲畜运货”。清末曾在临溪码头抽捐，据庚戌（即宣统二年，1910）年度《绩溪县学务报告》“劝学所出入决算”记载：“收临溪托来旧岁牲口驼货捐洋十元零六分三厘；……收临溪米麦下河捐洋五十元；收县署发来（驼货下河）捐项下洋二百零七元四角五分九厘。”这里的“驼货”，显然也就是指“牲畜运货”。

关于进出临溪的物品，以下分别论述。

(一)粮食业

徽州山多田少，粮食供给长年不足。以绩溪县为例，主要的产米区在二都，“二都地邻旌德，山多梯田，弥望皆是，水利饶沃，农人佃种辄数十亩，乃绩溪产米最多之区也。惟田皆一获，产麦甚少”。[②]此外，毗邻绩溪的旌德，亦素有“粮仓”之称。除了满足本地消费之外，旌德所产粮食还经由临溪、扬溪等地转销徽州府境的其他地方。

就现有的记载来看，早在明代，这一带就活跃着一些粮食商人。例如，明代中叶歙城万年米行老板曹显应，为绩溪县旺川人。当时，宣城、南陵、泾县、旌德等产米地之粮食由青弋江水系运入徽州，先经绩溪陆路旱运，至临溪复由船载，水运至歙县县城。嘉靖三十七年（1558），曹显应去世，他的两个儿子仍一如既往地从事粮食贸易，他们相继在歙县深渡、街口，浙江的淳安县城、威坪镇和昌化等地设立了万年米行分号。具体说来，曹显应等主要是从旌德、南陵、泾县三县收购稻谷，先是运至旺川，利用本村人力和水碓将稻谷加工，再驮往临溪，装船运至歙城米行外销。出于经商等方面的需要，曹氏还出资铺设了从旌德西乡至绩溪县临溪码头的石板路。歙县北门外练江上横跨着的万年桥，也与他的捐资兴建有关。

关于临溪在粮食转运贸易中的作用，清末徽州知府王振声日记中也有一些涉及。例如，光绪三十二年（1906）四月二十七日条：“午后，传到米商唐玉泰、方义源、汪源隆三家查讯，令平米价，仍推诿，即交经历暨礼房分别看管，限定米价，饬令

① 黄山市社会科学界联合会、汪炜：《中国徽州古街》，华艺出版社，2010年，第245页。

② 清末《绩溪地理图说（续）》，见王振忠：《徽州民间珍稀文献集成》第22册，复旦大学出版社，2018年，第233页。

平减，俟米价平复，再行省释。晚据差查获私运米石，即传船行讯究，供系南乡米商往绩邑临溪办来之米，查有临溪行票可据，应令放行。”翌日“午后，尹经历来见，云米商现已邀出绩绅李某通知二十四家米商公议平价办法，俟有章程，再回明候谕遵办。晚发船行谕示禁米出境，昨查南乡办来临溪之米即放行。”可见，当时的一些粮食是由临溪转运至歙县。

根据《中国经济志》的调查，“歙县食粮不敷，尚须仰给邻封。……米之来源，可分二路，凡接近浙境如街口等处，则由浙江金华、兰溪输入，城区、深渡等处，则由绩溪临溪一带输入；面粉则由沪、杭水道输入”。除了稻米之外，临溪面粉也相当著名。在歙县东乡的一批书信中，便时常提及临溪的面粉。如有一封民国时期的信函提及：“临溪麦粉闻已跌，因洋麦粉价贱故耳。据说绩溪麦熟，刻下裕隆收进麦价每把越五元六角，面粉售出，临溪货（要至临溪去购）大都七元五六角耳。”另一封相关的信函也谈道：“临溪一带痢症伤人已有数十，府上购存临溪面粉，竟无人肯敢去挑，虑其传染。”这些，都说明临溪面粉曾销往歙县东乡等地。

当年，河滩码头最繁忙时，每日停泊往返于临溪至歙县之间的载货帆船，少则三四十艘，多则上百艘，还有 8 家水碓傍河日夜加工粮食，镇上有米行 10 家。晚清民国时期，“临溪熟米”在皖南和浙西皆颇为著名，这应当是指在临溪集散的粮食。不仅徽州歙县、屯溪米市皆为“临溪熟米”所垄断，浙江威坪、淳安、严州、桐庐等城镇也都食用“临溪熟米”。[①]

(二)盐业

晚清时期，朱家村开设有苏德泰总栈，老板苏成美在歙县渔梁、深渡、街口、休宁屯溪、龙湾、上溪口、绩溪临溪以及黟县渔亭等地，开设了盐行分店，在临溪的分店为德和盐栈。不过，据《申报》1926 年 6 月 5 日《徽宁同乡会致绩溪县代电·为盐商克扣盐斤事》一文的报道：“徽宁同乡会日前接绩溪县五法团来函，声称临溪镇盐行历扣盐斤，每担常被私克七斤以上。盐为日用所需，关系民食，为此群起呼吁。该会接据来由，当发代电致绩溪县长云，顷接县商会、农会、教育会等法团函，称临溪镇苏隆泰、鲍永斯等盐行历扣盐斤，短少官秤，业经商会会董章和轩证实无讹，似此弁髦盐法，损商病民，除电各当局从严惩办，并依法向县起诉外，特函请援助，

① 绩溪地方志编纂委员会：《绩溪县志》，黄山书社，1998年，第416页。

等情，到会。当经敝会职员讨论，佥以兹事关系民食，亟应彻底查究，用敢据情电请贵县长务希秉公办理，以平众愤。真相何若，并希见示，曷胜公感。”[①]据此可知，当时临溪镇上有苏隆泰、鲍永斯等盐行，压扣盐斤，短少官秤。而从现存的歙县烟村渡谢衡度、王村苏丽天寄给临溪苏复生的信函中可见，民国时期开在临溪的为苏德隆盐栈。三个不同名盐栈之间的关系究竟如何，有待于今后的进一步研究。

在传统时代，盐商与酱商二位一体。从明代中叶开始，绩溪西关章氏即涉足盐业。乾嘉时期，西关章氏凭借雄厚资金投资酱业，曾在临溪码头经营盐库和章鼎鑫酱园。

(三)蜜枣业

清末《绩溪地理图说》记载："按十都临溪为绩溪全境商货出入之总汇，扬之水至此通船，临溪以下用船运货，临溪以上皆用牲畜运货。十都上游出草纸，临溪出蜜枣。又各村皆产六月豆。"这里提到了临溪之蜜枣。众所周知，明清以来，徽州和浙西皆以出产蜜枣闻名遐迩，而在徽州，歙县深渡是蜜枣生产的中心之一。临溪因水路联通深渡，受此影响，故亦以出产蜜枣闻名遐迩。

此外，绩溪茶产不多，茶叶分为本庄和洋庄。据1934年的调查，绩溪茶叶“东南路集中临溪，多为洋庄毛茶；北路集中扬溪铺，多为本庄烘青。两路茶叶，循扬

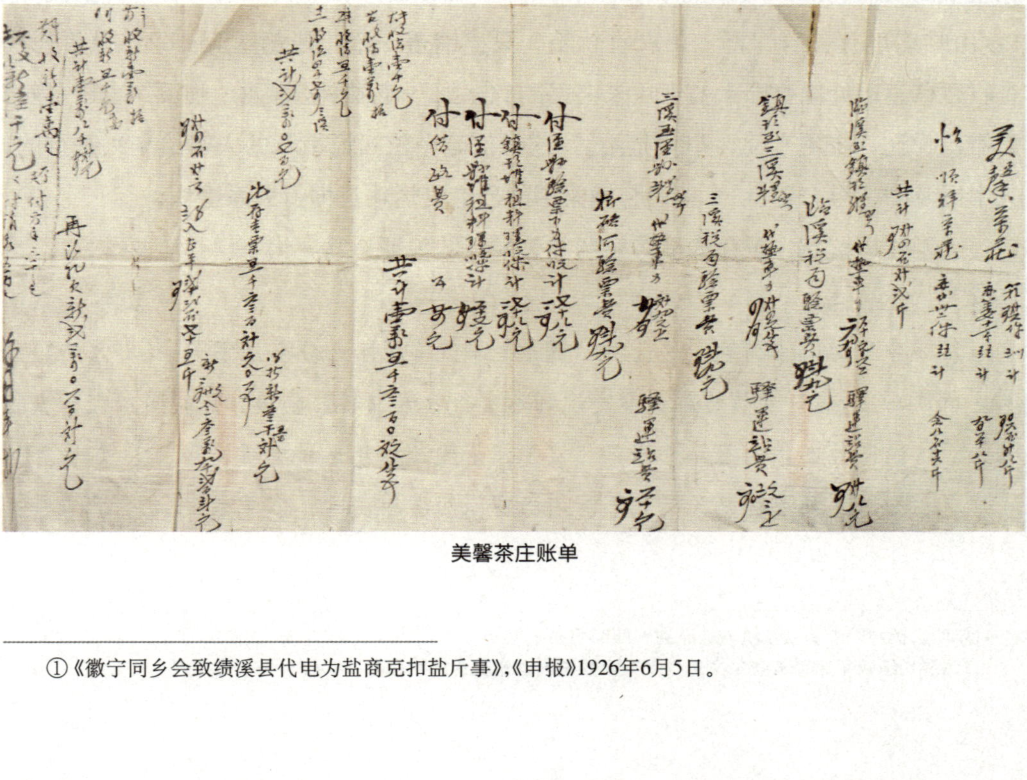

美馨茶庄账单

①《徽宁同乡会致绩溪县代电为盐商克扣盐斤事》，《申报》1926年6月5日。

之水西南行至歙县，或至屯溪。两地销售至歙至屯，本不一定，均视该地市价为转移，毛茶每担船力，至歙约二角，至屯约五角”。[①] 此一调查，基本上反映了晚清民国时期的状况，亦即绩溪境内新安江流域的茶叶多制成毛茶，先是集中于临溪，然后沿着水路运至歙县或屯溪，经过精制之后，再运往外地行销。

在档案文书中，还记载有临溪的其他一些贸易活动。例如，根据安徽省图书馆所藏《绩溪捐助宾兴盘费记》记载，道光年间绩溪全县开有 54 家典当，其中的余正和、程豫顺两家典当行就位于临溪。又如，安徽中国徽州博物馆藏有一份呈文及批文，提及清光绪四年（1878），绩溪县张经畲在十都临溪开设聚诚花炮店，五月初一日去屯溪买货，初五日夜间，有盗贼进入店中盗窃物品。张经畲上禀呈词以及失货清单，还附有同年绩溪县正堂派差役赴临溪调查的禀票。[②] 另外，在晚清时期，临溪商埠除了传统商业之外，又增加了一些新的行当。尤其是“五洋”商品（即洋油、洋火、洋布、洋蜡烛和洋肥皂）的大量涌入，这些，显然都是经由新安江下游源源不断地输入。

三、转输贸易与临溪码头

临溪镇经济最大的特征便是转运贸易。据渔梁人姚存山的回忆 ：“渔梁过塘行，在绩溪的临溪、浙江的兰溪等地设有分行”。在歙县芳坑江氏文书中有一封信提及 ：“兹由临溪巴有美行，寄上弟衣裳竹箱一只、铺盖一个、账箱网篮一只，至祈托代查收暂存。尊处候弟即于初十边来屯，亲自告领，一切费神，容谢。临溪至屯川【船】大概已付讫，屯溪上河，望代垫给。”这封信是一位叫汪衔章的人写给集兴茶行的，其中提及的“巴有美行”，应当与渔梁街的巴道复运输过塘行关系密切。

关于转运贸易，现存的诸多船票便是最好的佐证。其一为 ：

> 今寄船户王荣生，装上元大药材一件，（姚有源船驳力存账）（川【船】力付讫），送浦口专【转】渔梁交姚利达宝行收专【转】临溪，交胡同仁宝号查收。
>
> 民国廿四年七月二十四日，杭州江干鲍茂林转运过塘行发票。
>
> 如有上漏下湿以及交数不清，当留原船理值。

---

① 傅宏镇：《皖浙新安江流域之茶业》，第33页。

② 《清光绪四年店铺被盗呈文及批文》，安徽中国徽州文化博物馆藏，档号3640−2−2。

这是杭州江干的鲍茂林转运过塘行通过渔梁姚利达行转交临溪胡同仁药店的运输发票。鲍茂林转运过塘行位于江干海月桥上首，发票上粘有“国民政府印花税票一分”。此类“发票”有时亦作“通知书”。

<table>
<tr><th>时间</th><th>船户</th><th>货物</th><th>运输路线</th><th>发件方</th><th>转运方</th><th>收件方</th></tr>
<tr><td>1932.12.14</td><td>汪月启</td><td>恒丰药材13袋,1箱、1篮</td><td rowspan="9">浦口—渔梁—临溪</td><td rowspan="8">鲍茂林转运过塘行</td><td rowspan="9">姚利达行</td><td rowspan="9">胡同仁号</td></tr>
<tr><td>1933.3.4</td><td>汪玉寿
(姚有源船)</td><td>恒丰药材一袋</td></tr>
<tr><td>1933.4.13</td><td>方爱顺</td><td>中西货一件</td></tr>
<tr><td>1933.6.14</td><td>胡佛奎</td><td>中西货一蒲件</td></tr>
<tr><td>1933.7.24</td><td>方桂发</td><td>章孟如铁条八支,计一包</td></tr>
<tr><td>1933.8.2</td><td>吴炳辉</td><td>恒丰药材二件</td></tr>
<tr><td>1933.8.2</td><td>汪雨祥</td><td>中法药货一小箱</td></tr>
<tr><td>1935.7.24</td><td>王荣生</td><td>元大药材一件</td></tr>
<tr><td>1938.4.26</td><td>许以度</td><td>洋油50听,洋烛50枝</td><td>不详</td></tr>
</table>

上述提及的“恒丰”，是位于杭州的一家商行。同时收集到的，还有鲍茂林转运过塘行与商家的结账账单：“胡同仁宝号台核（住江干海月桥），尊账自十二月十六止，结该洋十四元六角一厘三。民国二十四年元月五日杭州鲍茂林行。”从中可见，其药材系由杭州运往浦口转渔梁，交渔梁街上的姚利达过塘行，再转绩溪的临溪镇交胡同仁号收。绩溪是药商辈出之地，据方志记载，绩溪人在浙江的淳安、兰溪、杭州，江苏的扬州、溧阳，安徽的芜湖、宣城、泾县、旌德、宁国、屯溪、休宁和歙县等地经营国药业。此种营生大概始于清代，比较著名的药号，如同治十年（1871）在淳安威坪镇创设的胡咸春药堂，同治十三年（1874）胡光墉在杭州创立的胡庆余堂国药号，光绪二十九年（1903）在遂安县狮城镇开设的长春堂等。及至民国时期，县内外的国药号尚有 37 家，胡同仁号应即其中之一。上述有关鲍茂林转运过塘行的通知书，最值得关注的是转运过塘行与药号之间的按节结账，这反映了彼此之间长期的合作关系。货品是交由渔梁街上的姚利达过塘行转送绩溪临溪镇交胡同仁号

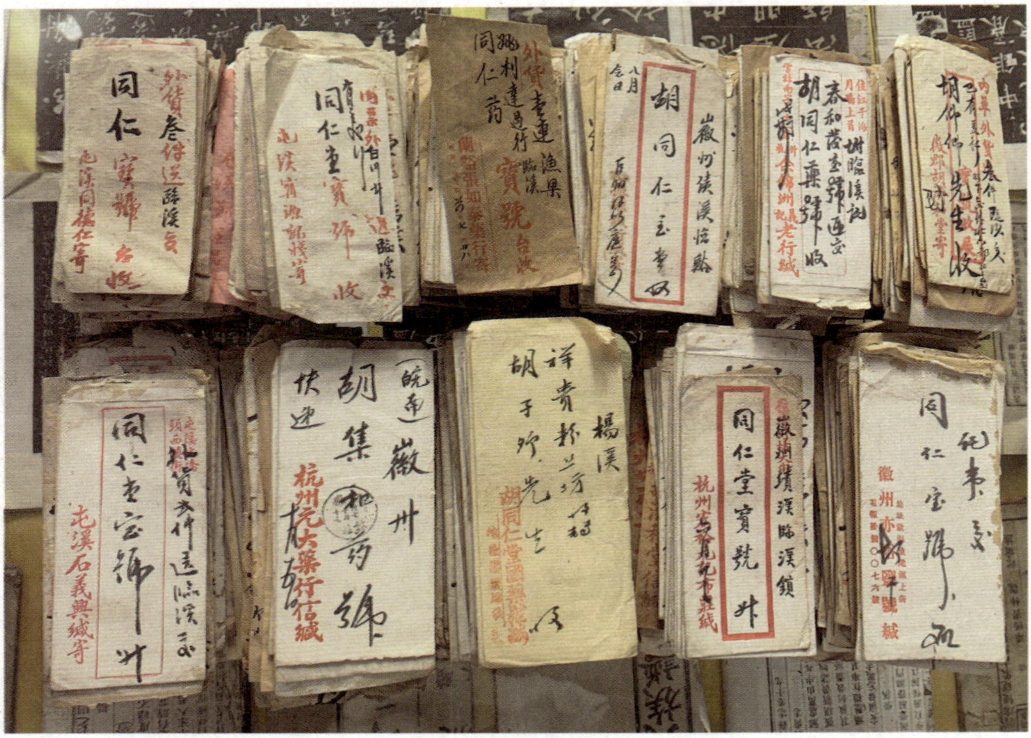

胡同仁来往信函

收。关于姚利达转运过塘行，笔者手头即有 1938 年 4 月 26 日该行的另一份《通知书》：

> 今发来许以度号船户装来附原信一封、洋油五十听、洋烛五十木，船力洋四元五钱八厘三，送至临市交卸，付水脚，胡同仁宝号查收、转交。

《通知书》中的“临市”，应指徽州绩溪的临溪。从上述那份《通知书》的内容来看，客商是将书信以及洋油、洋烛等杂物，由渔梁坝盘运至临溪，再交由胡同仁商店查收。关于姚利达转运过塘行，还见有《兰溪姚利达行通知书》，其上贴有国民政府印花税票，时间为 1938 年 11 月 3 日，落款为“姚利达老行办事处”，其内容则是从兰溪运往浦口转临溪。

除了货物转输之外，临溪也是绩溪旅榇转运的中枢。道光年间，绩溪县在临溪镇设立了义厝，承接杭州新安惟善堂运送回乡的棺柩，这些旅榇需由渔梁抬柩过坝。当时，绩溪士绅与渔梁船行及附近埠夫商定了价格，并订立有相关的章程，呈请歙县知县勒碑在案。及至光绪元年（1875），绩溪士绅又与渔梁船行及埠夫重新订立价格。当时规定，从浦口用小船运棺柩到渔梁，每棺给钱200文，自渔梁过坝并运篛至临溪，每棺给钱348文。这些约定，当时曾呈请歙县知县立有《奉宪禁碑》，竖立于市镇的通衢大道。除了杭州的新安惟善堂外，上海的徽宁思恭堂也同样对旅榇归乡予以钱文补贴。当时，徽宁思恭堂根据死者所属县份及与上海距离之远近，分别定出极为明确的“足钱”（运送棺柩的价格）。譬如，上海至渔梁桥7200文，至绩溪临溪埠8000文。在歙县渔梁的长青路北有梁安厝所（南朝梁曾析歙县华阳镇置良安县，亦作梁安），是专为客死异乡的绩溪人盖的临时停柩处。徽柩从新安江自浦口转至渔梁，再由渔梁抬柩过坝，并运篛至绩溪临溪的义厝。

20世纪30年代以后，因练江河砂淤积加剧，常年失于疏浚，仅在春夏之际通小木船，在此背景下，临溪镇日渐衰落。

第八节　薛坑口

一、新安江畔的水陆重镇

新安江穿行于皖南与浙西之间，沿途滩多流急，素有“一滩高一滩，一滩高一丈，三百六十滩，新安在天上”的俗谚。民间宗教科仪抄本《泰山召帅科文》中，就具体提及新安江沿线的滩名，其中包括佘景滩、森村滩、余岸滩、叶干滩、梅口滩、松村滩、义程［成］滩、朱家村、梅口滩、南源口、麦滩、金滩、姚村滩、薛坑口、张【漳】潭滩、绵潭滩、深渡和九沙滩等。其中的“薛坑口”，地处新安江沿途的要冲。

关于薛坑口，在明代文献中亦写作“薛川口”。对此，明隆庆年间黄汴的《天下水陆路程》中，就有“休宁县至杭州府水”；西陵憺漪子（汪淇）的《天下路程图引》中，也有“徽州府由严州至杭州水路程”。这些路程都指出：从徽州府城出发，经渔梁坝搭船顺流而下，便可前往钱塘江滨的杭州，其间需途经薛坑口。及至清初，“薛坑口为歙南名镇，水陆所辏，盖孔道也”。[1] 康熙五十七年（1718），祖籍歙县的扬州盐商

[1]《建瑶坑石桥序》，[清]张习孔：《诒清堂集》卷1《补遗》。

程庭返乡展墓，他在随后撰写的《春帆纪程》中记载，返程时自己从老家岑山渡出发，经雄村、义城村、朱家村到薛坑口、张潭，当日行110里，晚宿街口，又80里至淳安，然后再由遂安港口、严州府城过钓台，最后抵达钱塘江畔的杭州，经由运河北上回到扬州。此一回程所走的路线，与通常所见的“徽州府至杭州府水程歌”完全相同。

薛坑口现在位于歙县县城东南约11公里处的坑口乡，是徽商进出徽州的交通要冲。在徽州，“坑”也就是水的意思，故不少地名后来一般被雅化作“源”“溪”，或“川”。如薛坑口附近的芳坑又称“芳溪”，而薛坑亦名“薛源”“薛川”。另外，在一些徽州文献中，薛坑口也被写作“雪坑口”。在晚清时期，“歙邑水南乡薛坑口镇，为地方要道，上至休邑、屯溪，下至深渡、街口，往来行旅所必经”。[1] 民国时期，署名为“风尘余生”的人曾发表《新安江之观感》一文，其中提及“新安江要邑”23个，其中包括薛坑口。

二、牙行、商业与商人

薛坑口一带为水、陆交通枢纽，附近分布着许姓、黄姓和江姓（江姓又包括济

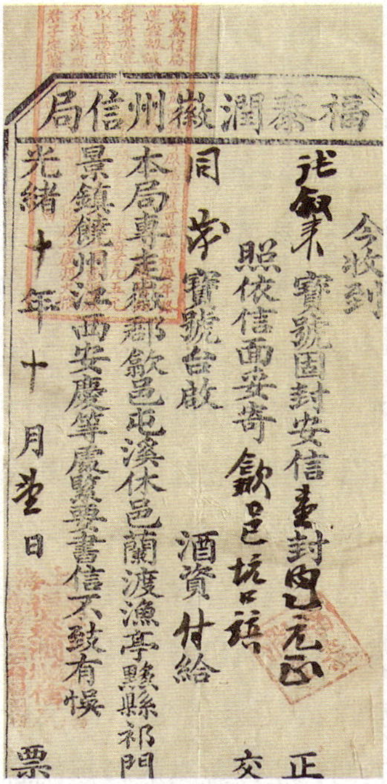

福泰润徽州信局送往薛坑口的银信

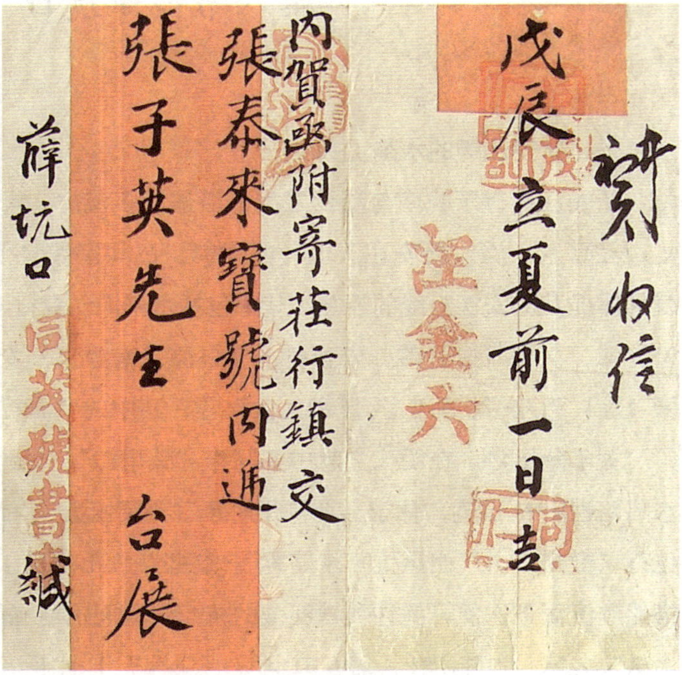

手递封所见薛坑口的信客

① 《薛镇修路缘谱》，见晚清文书抄本《契文摘要》。

阳江氏和萧江江氏）等。由于濒临新安江，交通比较便利，人群流动亦颇为频繁。

当地有不少人外出务工经商。清嘉庆十八年（1813）冬，在江苏南汇新场镇（今属上海）东南三十六图，徽州人捐建思义堂安徽公所，举凡徽人在此死亡、自身又无力运棺返乡者，思义堂代为埋葬；倘若家庭有能力运棺返乡者，就暂时寄停堂中，以待回籍搬迁。当时，在浦东的安徽人多达数万，其中绝大多数应当来自徽州。咸丰十一年（1861）冬，该堂因兵燹战乱而遭毁圮。同治元年（1862），徽州同乡踊跃捐赀重建。根据宣统三年（1911）刊刻的《思义堂征信录》记载：晚清时期，有6个信客专门跑歙县薛坑口、浦口、渔梁和小川一线。从信客的人数可以推测，当时薛坑口一带外出经商之人应当不少。例如，《思义堂征信录》中就收录了一份“具领”文书：

> 具领江瑞贵，保领胡信泰
>
> 领寄堂江姓旅榇一具，由信客许华元带回薛坑口埠，当给盘费钱十千零七十文，另助本家葬费钱一千四百文。

这位叫许华元的信客，负责携带江姓旅榇返归薛坑口。文书中的江瑞贵以及死者江氏，皆出自薛坑口一带的大姓。除了江姓之外，其他的数姓也都有外出务工经商的记录。例如，晚清名医毕体仁的长兄16岁时，前往常州府江阴县东乡南闸镇，在蒋万源医园当学徒。其三弟则在16岁时赴北京城内，在张永广茶叶铺从业。光绪二十一年（1895）十月，侄子毕炳镛在衢州从事贸易活动。1927年《旅京歙县同乡录》中，也记载了两位侨寓北京右安门的薛坑口茶商黄体元和黄体方。除了前往全国各地，在歙县当地的一些市镇中，也多见有薛坑口一带的人活跃其间。例如，渔梁镇上的江德茂南北货店，就是由薛坑口芳坑人江润之、江佩之兄弟二人筹资开设，该店坐落于渔梁中街，于清宣统二年（1910）开业，直到1944年方才停业。

除了乡人外出经商外，薛坑口一带的商业也颇为繁盛。现存的一些徽州商标，其中就有不少反映薛坑口商业的资料。这批清末民初的商标，涉及食品杂货、枣业等诸多行当，可以作为当地商业发展的一个注脚。另外，在一些契约中，则涉及薛坑口一带的店屋交易，这些房屋以及频繁的交易换主，与清代薛坑口商业的发展密切相关。

另外，《新旧碎锦杂录》抄本两种中，有一些反映薛坑口商业的契约文书。例如，《合伙开店合同式》中就有多份墨据议单：

> 立墨据合同人△△、△△，缘因予等于薛坑口△△与△姓合伙，顶来△△字号杂货粮食铺业，予等三股得一，而三股一之中，系予二人对聘，每人派出英洋△△元，二共洋蚨△△元，合在铺内，以作一股店本开张生理。但予等一股，与△姓所立聘伙合同，原系△姓出名，今△与△姓均系二人对派，各无反悔异言。倘有见利忘义，一经盘出，不但将聘股之本作罚，抑且凭公理论。后首设要添本，那时二人嘀配，不得偏见擅专。惟愿慎始敬终，祗循忠信为本；光前裕后，自然物利维新。共订同心，各无异议，恐口无凭，立此兴隆合同一样两纸，各执一纸，永远骏发存照。

这是在薛坑口合伙经营杂货粮食铺业的契约，墨据中规定了股份的构成，以及各人的相应权益。另一份《议单式》，也提及薛坑口一家粮食杂货店，因原东家决定收歇生意，其他人则依托中人将其顶下继续开张。为此，议单之后列有相关的章程。综合上述的两份文书，都是有关粮食杂货店的契约合同。对于资金不足的徽商来说，合伙经商是常见的选择方式。为避免日后出现矛盾，签订合同很有必要，以防见利忘义，确保"忠信为本"。当然，合伙经商也是规避商业风险的一种方式。另外，上述这些文书，也折射出明清时期经由新安江源源而来的粮食及其他杂货，对于徽州市镇繁荣的重要影响。这种情况由来已久，早在明代，从长三角运粮的米船，有一些就在沿途的严州、街口、薛坑口等处就地售卖，故而薛坑口一带应有一些粮食贸易。上述章程中提及的"各乡店户"，则反映了薛坑口与周遭乡镇的经济关系。

除了粮食杂货之外，薛坑口一带还是茶叶贸易的中心。民国传钞本《安徽省志》第 7《徽州府之农林》："徽州府之农产应特为表出者即茶是也，茶生于山地，徽州之茶乃歙县、休宁、黟县、婺源、祁门、绩溪黄沙等处之产，其制茶地方之最有名者为屯溪、深渡、薛坑口、许村等地。"《中国经济志》所列 20 世纪 30 年代的调查报告中，记录了县内分区的茶产数据，歙县第五区（篁墩、王村、朱祁、程田、汪坑、富岱、石耳、瀹潭、薛坑和漳潭）产茶亩数为 20000 亩，产茶数量则为 10000 担，仅次于第七区（金竹山、佛堂、昌溪、车田、唐坑、深渡、正口、大洲源、小洲源和街源等处）。另外，书中还提及当地部分重要洋庄茶号之牌号和地址，共计61家，而在薛坑口者就有裕兴、裕泰昶和福兴隆三家。这种情况显然由来已久，咸丰元年（1851）的一份官府告示这样写道：

> 署江南徽州府歙县正堂加十级纪录十次钟，为出示募补事。据三十六都三图地保张春妹具禀，图内江振大茶行故绝无人，行屋牙帖均被贼毁，呈结禀恳详销募补，等情。据此，除批示并汇案详报外，合行出示召募补充。为此，示仰该处附近诸民人等知悉，尔等如有殷实良民、情愿开行者，准照新章捐请部帖补充，并邮具互甘各结，族邻切结，禀请加结给文，前赴牙厘局缴捐充饷，领给示照开张。俟部帖到日，再行换给。倘银数猝难措齐，准其先缴一半，给予开张告示。余准限缴，尔等务各凛遵毋违，特示！

告示上最后有“仰薛坑口地方江振大茶行实帖”的字样，显然，这是反映薛坑口江振大茶行的相关告示——以上是开设茶行的文书。另外，有关薛坑口一带徽茶的外运，在芳坑江氏文书中有相当不少的记载。例如，张芝源号将茶箱1058件，交由汪天魁等船十六只，装运至义桥（位于今杭州市萧山区）交卸。此一“挂找票”在其前后分别钤有“歙水南薛坑口／官牙部帖张衡记行”的红字，从一个侧面反映了茶行与茶号的关系。可见，当年薛坑口一带的茶叶曾源源不断地沿着新安江运往义桥，然而转输到宁波等地。

此外，迄今尚存的一些船契，也反映了薛坑口一带茶叶的外运。例如，有一份同治十年（1871）六月初八日的《奉宪船契》：“今据本府歙、休县囗船户汪天魁，今自己船，在于歙县囗囗囗薛坑口埠头，凭行揽到茶箱一千零七十三件样茶箱一件，已装送至义桥埠头交卸……”此一船契为“部帖官牙张衡记船票”，其上另有“一路顺风，福星载道”之吉祥语。类似的还有翌年的一份《奉宪船契》，船契末尾所署年月为“同治十一年六月十一日”。两份船契，反映的都是运往义桥的茶叶。

在茶叶贸易繁盛的背景下，薛坑口一带从事茶叶经营的牙行颇多。《薛坑口茶行屋业本末暨粤难避乱实迹附叙生平碎事》稿本，为光绪二十三年（1897）歙县毕体仁（树忠）所作。该书备述道光以来薛坑口茶行屋业始末根由，其中涉及家世、生平、生计、茶市、乡俗及民事纠纷等。根据该书的记载，毕体仁为新安医学世家，其先世原居歙县县城东关上路，后迁居绵潭，悬壶济世，至其曾祖时率同四子徙居薛坑口，或以贸易营生，或仍业岐黄。祖父毕钜道与柔川张立铣合开和泰杂货店。经历数年，亏折颇多，因此将合开杂货店业收歇，即在本屋前进独开益元堂药铺。毕体仁之父也以从医为生，他于道光十五年（1835）在薛坑口上岸末坑口开设茶行，捐有“毕恒盛”上则茶行牙帖，租与张永大号，设做京庄篓茶。所谓京庄，也就是内销茶。道光十八年（1838）父亲去世后，毕体仁兄弟三人主要倚靠此茶行出息生活。毕体仁幼读医书，也多次参加科举考试。道光二十五年（1845），在茶行旁余基地兴造包厢楼屋，添做洋庄箱茶。咸丰二年（1852），他们又改造了行屋。张永大号后另设永盛茶号，即租行内，亦照设做京、洋两庄。其三弟即在张永盛分号帮伙。当时，毕体仁业医，日事应酬，茶行诸事，归三弟经理，时常押茶前往上海。太平天国末期，“上洋售茶，风色颇佳，茶号每多获利”。同治二年（1863）冬十一月，毕体仁承租埠头下首医寓，挈家属移进芳川后，即将医寓添租隔壁楼屋一间，改装店面，与他人先后合开春和药材、大生药材，兼带杂货小本店业。后又添设恒大茶栈茶市，代客买茶。

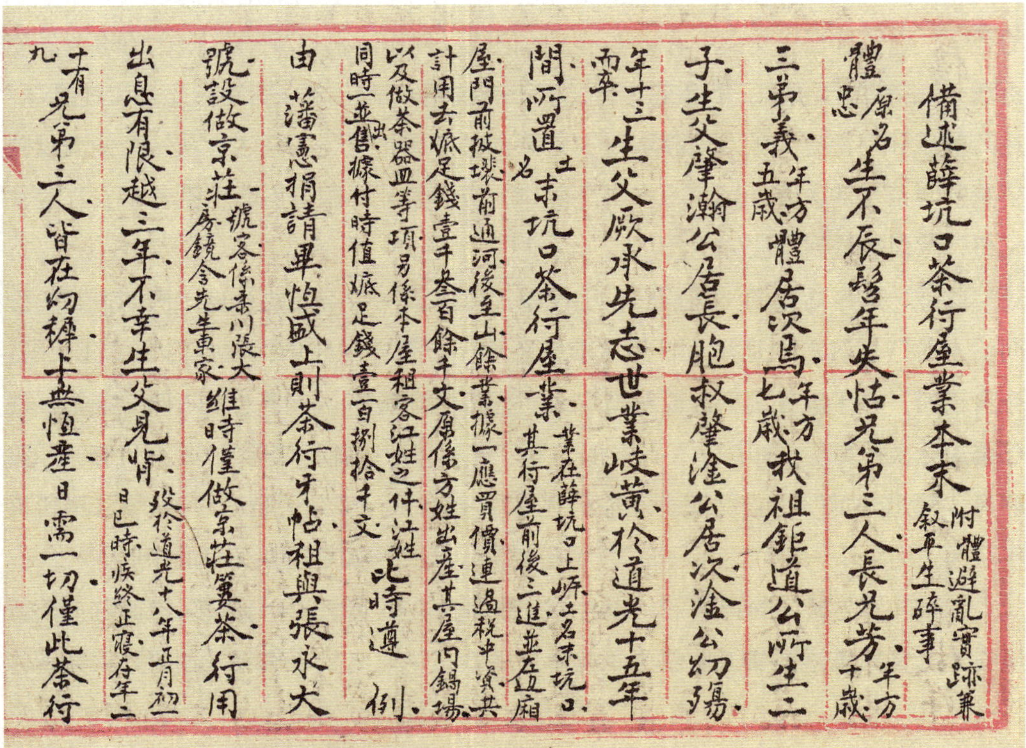
備述薛坑口茶行屋業本末 [附體避亂實跡兼敘平生碎事]
體忠 [原名] 生不辰髫年失怙兄弟三人長兄芳 [年方十歲]
三弟義 [年方五歲] 體居次焉 [年方七歲] 我祖鉅道公所生二
子生父肇瀚公居長胞叔肇淦公居次淦公幼殤
[年十三雨傘] 生父厥承先志世業岐黃於道光十五年
間所置 [土名] 末坑口茶行屋業 [業在薛坑口上岸土名末坑口 其行屋前後三進並左邊廂]
屋門前披堘前通河後至山餘業據一應買價連過稅中資共計用去紋足錢壹千叁百餘千文原係方姓出產其屋內鍋場
以及做茶器皿等項另係本屋租客江姓之什 [江姓] 比時遵例 同時一並出售據付時值紋足錢壹百捌拾千文
由藩憲捐請畢恒盛上則茶行牙帖祖與張永大
號設做京莊 [號客係柔川張大房鏡含先生東家] 維時僅做京莊簍茶行用
出息有限越三年不幸生父見背 [殁於道光十八年正月初 日巳時疾終正寢存年二]
[九] 十有 兄弟三人皆在幼穉 無恒產日需一切僅此茶行

抄本《备述薛坑口茶行屋业本末（附体避乱实迹，兼叙平生碎事）》

在晚清时期，薛坑口一带市镇的繁荣，与上海茶叶之外销等有着密切的关系。另外，屯溪、深渡等地也到薛坑口一带采办茶叶。有一封光绪十三年（1887）春日江倬云自薛坑口寄往屯溪，交福生和茶宝号内江耀华收的信函，封面提及有“茶末三袋，茶朴二袋，茶杆一袋，共大小六件”。这封信是写在“一品加封”的信封上的，而内里写于“甲午吉祥栈恒记发票”上的信函，则是江倬云于光绪二十年（1894）六月十二日寄给江耀华的信函，其中提及：由薛坑口吉祥栈交船友装上茶末 3 袋、茶朴 2 袋和茶杆 1 袋，分别皆为 20 两，一共 6 件，希望江耀华代其脱售。

当时，从薛坑口运出的茶叶，有不少运到了上海。在此背景下，上海茶业贸易之畅滞，与薛坑口市镇的旺衰密切相关。芳坑江氏文书中，保留有不少亲戚朋友与江耀华的通信，其中有一些提及薛坑口一带的商业。例如，有一封某年元月八日表侄毕霞轩寄给江耀华信函中就提到：“薛地各店旧岁薄利，如何想当皆得平稳也。”[①]在薛坑口一带，除了江氏之外，毕氏也从事茶叶贸易。毕体仁曾道：“此后上洋市面渐次不佳，各号生意减色，做数较前渐减，行家出息亦微，大势局面如此。”

除了洋庄外，薛坑口一带也办有京庄。坑口著名茶商江耀华有《京庄收支洋总》，其中记载有“丙子管季”，也就是光绪二年（1876）的账册记录。

此外，薛坑口一带还有其他的货物交流。如某年元月十八日的一张《发票》，反映的是茶商江耀华从杭州寄船户王观友洋油一听零，送至薛坑口交吉祥栈查收，并转交江耀华的发票，从中可见新安江—钱塘江流域各地的商品流通。

薛坑口作为一个濒江的聚落，在经济方面与南乡腹地的诸多村落都有着密切的联系。在传统时代，薛坑口附近出现过一些著名的商人。其中，自然首推芳坑江氏商人。

从薛坑口向西南山坞间行进数里便到了芳坑。据明末清初西陵憺漪子（汪淇）的《天下路程图引》卷 1“徽州府由严州至杭州水路程”，从薛坑口到绵潭有 10 里路，从薛坑口到江氏茶商所在的坑口大约为五里路。据《歙县都图地名及各图字号》，三十六都三图下，包括岭下、宋家坞、薛坑口、方坑、瀹潭、汪坑、冲岭下和城岭下。可见，芳坑原名“方坑”，最早因方姓聚居而得名，后因外姓迁入，遂雅化而作“芳坑”。薛坑口附近的芳坑，明清时代出现过著名的江氏茶商，该家族自明代中后期起就开始外出经商，清乾隆时代曾往辽东运销茶叶。此后，长年贩茶入粤，转销外洋。太

---

① 歙县芳坑江氏文书，档号：434304-Q309-005-00094-004-(003)。

平天国兵燹战乱之后，转运茶叶至上海，直到晚清，随着国际市场上中国茶叶渐失优势，江氏茶商才日趋衰落。其中，晚清民国的江耀华，名明恒，以字行，歙县芳坑人。世代业茶，自幼随父习商，成年后接管祖业苏州恒大有茶行，据说因得贵人两江总督李鸿章之助，商业规模越做越大。

当时，江耀华除了在外地各埠经商之外，也曾与他人合资经营薛坑口杂货店。例如，有一份 1913 年的合墨就记载："立合墨人张履安、张蕊题、张以文、张挺生、张执之、毕成甫、江倬云、江艮斋、江耀华、张嗣徽、张济刚，今因宣统二年二月集股合鼎之薛坑口吉祥店杂货一业，开张至今，墨据未立，不足以昭信守。兹将订定正式合同，所有股份多寡及公仝议定各条开列于左。"以上合墨，各位股东各执一纸，诸人提交的股洋多寡不一，各股合计共洋 3300 圆。该份合墨之后，还列有数条相关章程，其中规定：该店开张时，虽议定店号仍用吉祥原牌，但要另加"益记"二字，以示新旧有别。另外，各位股东手上的合墨，不能用以向他处抵押银钱。以后如果有不愿继续合作者，应将其股份首先转让与其他股东，只有在其他股东不愿接手时，才可以转让给他人。此外还规定，每年官利一分计息，由总理于每年正月初五按股分交各股东，不得预先支取；每年正月初五，总理人必须盘结清楚，交出红帐，由各股东共同查阅，以昭信实；店中进出人手，都归总理人决定，其他各股东皆不得干预，以一事权而专责任；各股东不得向店中挪移银钱，即使是起折赊欠担货，也必须于每年的年底结清，倘若不能结清，则将该份股本按数扣除。

三、民间信仰与社会生活

歙县芳坑江氏徽商文书中，有一些反映当地民间信仰的文书。例如，抄件《芳川大社做戏文》有曰："初五初十闹纷纷，诸君亲戚请来看。来来往往无数人，毫【豪】富做寿班不到。批到统村当戏金，早来亲戚看台去。迟来诸君莫怪村，戏关成到初十止。难道初十不进村，过了初十作废纸。有礼无诉莫处伸，何人做出大声闻，封他一个戏祖宗。"上述打油诗的年代不详，不过，芳坑江氏文书中另有一份戏关：

> 立戏关人芳川大社，今写到新万春贵班演唱神戏四本十出，其戏准接柔川下首八月十八日起，至二十日为期终。有过期者，戏价减半，不得有误。其戏金面议价洋二十六元，所有胭脂、花粉、脸油纸、烟火一切等项在内，内外台烛茶钱亦在内，并无分花。三面言定，恐口无凭，立此戏关存照。

民国十年八月　日，立戏关人芳川大社江桂喜、江蓉舫、江德顺、江沐楠、张叙伦堂等。

柔川，又名柔岭下，与芳坑颇为接近，当地为张姓聚居之地。毕体仁曾指出："其帝君暨张巡公诸尊圣象，原系柔川张姓香火。""帝君"是指关圣帝君，庙中同时有关羽、周仓和关平三尊圣像。管见所及，《新旧碎锦杂录》有两种抄本，其中之一中尚有数份有关关帝信仰的联匾，尤其值得注意的是"关夫子开光批捐缘谱式"："伏以圣德昭彰，曰仁曰义，神威显赫，至大志【至】刚。过关斩将，威风凛凛犹存；伐魏征吴，英勇堂堂如在。恭惟奋武拔文，名传当世，御灾捍患，灵感于今。因我里向供奉关圣帝君，自开相以来，不觉七年余矣。兹择良辰，聿新圣像，谨遵古制，预序批捐。伏愿同心乐助，协力轮将，遂见庙貌重光，神威丕显。自此年丰人寿，共沐新恩，物阜民安，同治旧泽，谨此以闻。"关于关公，有"敕封三界伏魔大帝口威远镇天尊关圣帝君（敕封东平忠靖护国显佑真君）"的对联。此外，还有观音、玄帝、七（相）公、八相公（崇惠衍庆侯）、九相公（崇福衍正侯）、龙虎玄坛赵大元帅、威灵王【三？】太子等的相关对联，这些，都反映了薛坑口一带多元的民间信仰。另外，从《新旧碎锦杂录》的两种抄本来看，当时在晚清时期薛坑口一带民间的戏剧演出颇为频繁。在书中，有不少同治、光绪年间的对联，包括猖台联、福泽庙神前联、外碓戏台联、神台联、瀹潭接观音戏台用联匾等，皆与民间的戏剧演出有关。

在徽州民间，前往九华山和齐云山，形成朝山进香的一个整体，称为"华云进香"，其相关的活动及会组织，又称华云会，或华云胜会。关于华云进香，有一份《华云进香焰口素纸式》这样写道："婆娑世界南赡洲，今据大清国江南徽州府歙县孝女乡仁寿里众姓大社，现寓水南薛坑口管居住奉佛华云进香集福焰口延生信士香首×××暨通合会出财人等名下，三宝主盟，万灵洞鉴，涓今×月×夜，烦僧修设华云进香焰口法事一会，祈保众等家家清吉，户户安康，四时无灾，八节有庆，一切所求，万般美利，以闻谨款。时唯大清光绪×年×月吉日　和南上进。"这是新安江畔薛坑口民众前往九华山、齐云山进香时的一份文书，内容是有关放焰口的小型佛事活动。届时，通常是由一位法师率领，众僧分列两侧，敲击法器，焚香礼忏，口诵《焰口饿鬼经》，以超度死者，祈祷保佑善男信女阖家平安。关于薛坑口民众的朝山进香，笔者还拍摄有相关的实物，如香袋、旗帜等，现存有歙县薛坑口"齐云进香”的多种旗帜。华云进香，是新安江上下游共通的民间习俗。

薛坑口与新安江上下游都有着密切的联系。芳坑江氏文书中，有“计开石板价目，装至薛坑埠，交给茶商江耀华”，规定“一尺，洋六角五分；一寸，洋七角；一尺二寸，洋七角五六分。如要各石斜装，至府面议”。这些石板，可能来自新安江中游淳安县的茶园镇。1958年，因兴建新安江水库，薛坑口的一些居民迁往歙县北乡的许村，入迁的主要姓氏为杨、曹两姓，大多居住于高阳。水库的兴建，也给薛坑口当地带来了重要的影响。例如，坑口原是徽商由屯溪前往杭州的重要水旱码头，来往商旅、货船众多，在传统时代，经营食品糕点的商人创制了一种便于携带的饼形食品——薛坑口芝麻饼。此一食品在南来北往的商贾中广为流传，争相食用，并以之作为特产送亲赠友。直到1949年之前，在薛坑口一带，仍有江瑞茂、荣泰、新裕和公利四家商号加工制售，公私合营以后，坑口供销社也曾有过销售。后因50年代末新安江水位上升，交通状况发生变化，芝麻饼名存实亡。[①] 另外，应当提及的是，薛坑口镇原在仁寿庙附近，后因此地属新安江水库区拆迁范围，遂将之迁往大源村，仍以坑口镇为名。

第九节 深 渡

民国时人何莲塘所集《随笔应酬》中有一批歙县地名诗，其中的《深渡》一诗曰：“侦探难将手段夸，三番告白说何邪？水滨开席方才半，弃了巾儿又自嗟。”这是供人猜测的字谜，其谜底是“深渡”二字。另据民间文艺调查，新安江上另有一首“上徽州号子”，是传统时代船工纤夫撑船拉纤时喊的号子：“新安江，长又长，顺风了，开大船。树起桅，扬起帆，顶逆流，上险滩。纤要直，身要弯，步要稳，心莫慌。到深渡，上渔梁，莫叹息，路还长。天当被，地当床，冬去了，夏又还。”[②] 从中可见，深渡与渔梁一样，是新安江上最为重要的码头之一。

① 金涛：《徽州记忆》第5册《歙县》，第302页。
② 金涛主编：《徽州记忆》第4册《歙县》，第320页。

一、山市成村傍水涯

深渡是歙县南乡新安江畔的重要水运码头，据说原是因村前深潭渡口而得名。北宋初年乐史的《太平寰宇记》记载：深渡在歙县东110里，与睦州分界，“从新安江上，崇山峻岭，爽秀尤异，欲到州界，峰峦掩映，状若云屏，实百城之襟带”。在清代，此地另有深溪、深川之雅称。从文献记载来看，深渡之名，早在唐朝大历年间就已出现，当时的江南诗人朱长文有《宿新安江深渡馆寄郑州王使君》，诗云：“霜飞十月中，摇落众山空。孤馆闭寒水，大江生夜风……”这首诗见于《全唐诗》，全诗对新安江畔的深秋风景加以描述，寄托了作者对远方才子的赞颂。诗中的“孤馆”“寒水”“夜风”等，虽然是诗人心境的一种反映，但似乎也透露出深渡一地早年的荒凉。及至宋代，朝廷在此地设立深渡寨。明清以后，则时常设置巡检司。由于地处要冲，由水路进出徽州之人皆要途经此地，故有不少人都留下了咏叹深渡的诗歌。清乾隆时代，礼学家凌廷堪所著的《校礼堂文集》中就有一首《深渡》诗：

客子溪头晚放船，缓摇双桨下长川。
一湾流水清见底，两岸乱峰高刺天。
饷妇携筐回蒨袖，村翁赛社敛青钱。
香醪莫惜频沽满，今夜篷窗趁醉眠。

凌廷堪为歙县沙溪村人，生于淮盐中枢海州板浦。此人系乾隆五十五年（1790）进士，曾授宁国府教授。诗歌状摹了深渡周遭的青山绿水，以及作为水运码头之船只来往。另外，他还提及深渡附近乡村的赛社活动等日常生活，颇具浓郁的田园诗风味。

与凌廷堪差相同时的江南藏书家吴骞，是祖籍徽州的海盐人，他在嘉庆五年(1800)返乡寻根，于三月十五日途经深渡。为此，吴骞在日记体的《可怀续录》中写道：此处“溪山绝胜，自西来云峰万叠，至此皆折而南趋。罗鄂州《新安志》云：‘从此而上，穹山峻流，秀爽尤异，峰峦掩映，有若云屏，实百城之襟带。’非虚言也！”文中的“罗鄂州”，即歙县呈坎人罗愿，其所著的淳熙《新安志》，为徽州现存最早的一部完整方志。此处所引，原文实出自北宋初年乐史的《太平寰宇记》，而罗愿将之系于“深渡水”之下，主要反映的还是深渡附近新安江沿岸的山水胜景。

深渡为徽州人进出徽州的水路要冲，汪之谦《新安江竹枝词》有："深渡围屏路几程，磷磷石齿喷雷声，篙师半日无休歇，煞羡来船放溜行。"深渡、围屏，"皆江边地名"。而晚清的《南旋日记》抄本亦载："晡后过深渡，至此后两岸青山垦而种麦，高山仰止，颠如铺绿茵，参差可爱。"与前述抄本的年代差相同时，祖籍徽州的丹徒人戴启文曾赴皖南督察盐务。他于公务余暇，格外留意桑梓故里之风土民情，著有《新安游草》，其中有一首《深渡》诗："小泊江舟傍水涯，溪山深处聚大家。长流如带随湾转，叠嶂为屏隔岸遮。犹见衣冠风尚古，料无灯火市声哗。漫劳津吏来相问，不是浮梁客贩茶。"[①] 该诗刻画了深渡一地的山水胜景及人文风俗，也点出了此处作为茶叶贸易中转站的特征。

清末民国诗人许承尧撰有《新安江杂诗五首》，其中有《深渡》一诗："去岁曾来听雨声，今宵华月照波明，疏疏灯火围苍翠，一段幽奇画不成。"[②] 与许氏相交莫逆的国画大师黄宾虹，也有一首同名诗："山市成村傍水涯，通津编竹路犹赊，平林一抹烟横阁，曲岸闻香午焙茶。"[③] 对比两首诗，许氏的诗歌主要是对个人心境的刻画，而黄宾虹的《深渡》诗，则更具有写实色彩，他点出了此处的"山市成村"，以及日间焙茶时散发出的浓郁香味。

1920 年，因皖南山洪暴发，深渡一带的屋宇被冲，沿街商铺遭受到严重损失。1930 年，根据地理学者钱兆隆的观察："深渡为浙江上流之一大镇，居户约千家，市况颇盛，居民殷实，朱门大厦，比比皆是。土产以米糟饺子为著，街巷交错，宛似县治，设有电灯厂、茶税局及三等邮局，歙县之电报局，亦设于此。"1933 年，随着徽杭公路的开通，昔日繁盛的水运事业日渐衰退。1942 年，深渡再度遭受特大洪水之冲击，全镇几乎被淹没，街衢巷陌之间一片狼藉。不过，尽管灾害频仍，但因深渡在交通上仍然具有一些优势，而周遭的产业亦未遭受完全破坏，故而历次灾后都能很快得以恢复。今人在追忆深渡旧时生活时曾这样描述："正月吃三朝，等着吃元宵。元宵有三席，再望二月二日接土地。土地舞一舞，再望端午。端午一丢，再望中秋。中秋咂一咂，再望社火接菩萨。菩萨吃得昏沉沉，再望腊月二十四谢财神。财神吃得昏昏醉，再望三十夜分岁。分岁已毕，来年再吃。"这些，都反映了深渡

① [清]戴启文：《新安游草》卷上，第6页下。
② 许承尧：《疑庵诗》，第200页。
③ 上海书画出版社、浙江省博物馆：《黄宾虹文集·诗词编》，上海书画出版社，1999年，第120页。

一带日常生活的一些侧面。

二、深渡渡船深渡渡

从历史文献记载来看，从深渡至歙县渔梁和街口的距离皆是50里。作为交通要冲，在明代以来的商编路程图记中，就屡屡出现“深渡”这一地名。例如，西陵憺漪子（汪淇）的《天下路程图引》中，就有“徽州府由严州至杭州水路程”，其中提及由本府梁下（歙县渔梁坝）搭船，十里至浦口，七里至梅口，然后经狼源口、瀹潭、薛坑口、庄潭、绵潭、蓬寨、九里潭，再五里至深渡。”而经折本《杭州上水路程歌》中亦曰：“大川境口蓼花橙，白石磷磷傍岸行，深渡碧渡无可数，寒潭九里午风清。”及至同治十二年（1873），在上海经商的婺源理坑人余岱雯，经由新安江辗转回到老家，写下了《徽浙水程诗》二十首，对沿途地名作了详细的描述，其中一句作“深渡清波鱼可数”。

深渡依山傍水，街市及周遭村落民居鳞次栉比，与歙县的另一水运码头渔梁一样，以姚姓占多数，故有“十里姚”之称。传说姚姓祖先始迁于成都西北武担山，故名“武担姚”。他们于宋代迁居于此，及至明清成为此处首屈一指的大姓。十数年前，笔者曾至深渡实地考察，见到当时尚存的姚氏宗祠，虽然其前半部已完全毁损，但从残存的部分来看，仍可见当年雄伟的气势。其后，获读道光《徽州府志》卷4的一条史料：“姚元雷置租，设造长生渡船。”[①]一般说来，能够独立置产维持长生渡船者，通常是财力较为雄厚的个人或家族。从这一点看，姚氏在当地应当颇具财力，也有着一定的影响力。除了姚姓老户之外，深渡一地的著姓，还有詹、鲍、余、吴、胡等。

明清以还，因转输贸易的兴盛，深渡一带店铺林立，船行众多，这些船行主要都是姚姓所开。根据民国时期的调查，歙县全县共计有过载行（又名船行，即旧式之运货公司）14家，主要分布于渔梁和深渡两处。其中，渔梁有8家，深渡有5家，即姚日新、姚宝和、姚宝信、姚泰和与姚景和。[②]所以在歙县，一向就有“郡（按：指徽州府）中埠头在梁下，南乡埠头在深渡”的说法。从现存的徽州文书来看，这些过载行的历史至少可以上溯至清代。光绪年间，歙县北岸乡方村生员方启训的一

① 道光《徽州府志》卷4之3《营建志·桥梁九》。

②《中国经济志》第2册《安徽省·歙县、休宁》，第448～449页。

册“信底”——《鱼雁留痕》[1]中，就提及深渡的姚宝信行：

……弟之行李，直至前月十四日到埠，因弟不能至深（渡）检点行李，即交行李单，着寿叔代点清淅【晰】。岂知失去四件，形迹毫无。并着行将船锁住查究，从中先慈首饰悉行失去。讵料姚宝信行将船户释放，据云首饰与均分……

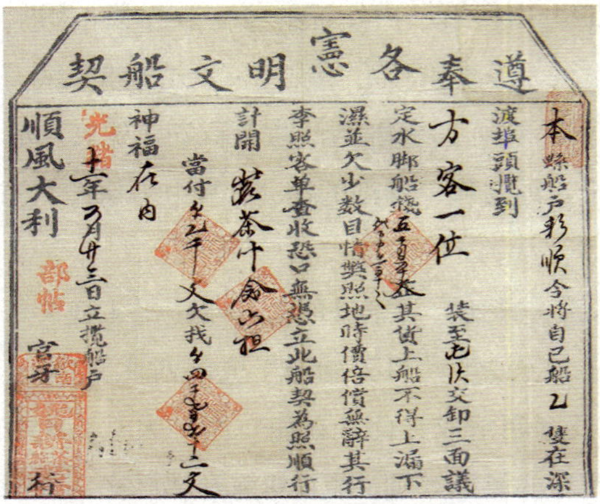
遵奉各憲明文船契

本縣船戶彩順今將自己船乙隻在深渡埠頭攬到方客一位裝至屯溪交卸三面議定水脚船錢其貨上船不得上漏下濕並欠少數目情弊照地時價倍償無辭其行李照客單查收恐口無憑立此船契為照順行

計開 裝茶廿四担

神福在内

光緒十一年五月廿三日立攬船戶

順風大利

部帖

光绪十一年(1885)遵奉各宪明文船契

这是一桩乘客与船行及船户之间发生纠纷的案例，从中可见，在新安江的旅行中，徽州人通过姚宝信过塘行属下的船户托运行李。正是因为其时的船行（过载行）多是姚姓所开，而当地的不少姚姓也以水上生涯的船工为主，故而民间俗有“深渡渡船深渡渡，姚来姚去两边姚”之谣，“姚”谐音“摇”。

民国时期，歙县人何莲塘在抄本《随笔应酬》中指出：“深渡一镇，新安要冲，上以达江西，由太平之旱而来，必经此道；下以抵江、浙，从沪渎之水而至，不背斯途。”这段描述，出自他于1930年所写的《庚午年王乃臧撰句赠姚冠英寿赞》。稍后出版的《中国经济志》也认为：“歙县在公路未通前，商业市场均在河道两岸，如深渡、街口、渔梁、篁墩、岩寺、上丰、富堨等处是也，就中以深渡为最发达。”

作为歙南重要的水运码头，深渡与县内外各地商埠都有着广泛的联系。清咸丰十一年（1861），太平军攻占徽州，在各交通要隘设置哨卡，民众往返，皆需持统一发放的“路凭”为证。1985年，在深渡一处姚姓宅屋内发现的一份《太平天国告示》曰：

天福大人有令，绩溪官兵齐听：本爵恭奉王次兄金谕，驻扎深渡，安民设关，征收课税，以便商贾通行。该处尔等正月搬粮过起，已有一月有零，又兼大队

①抄本两册，私人收藏。

过境，目下民不聊生，子民百般寒苦，至今何日安宁？所有绩溪兄弟，明早即行归城，倘再任意驻扎，查出，军令施行。为其办公至此，须呈路票为凭。急宜凛之慎之，勿怪本爵无情。太平天国辛酉十一年□月□日。①

反映了深渡是徽州人外出经商的交通要冲，即使是在咸同兵燹期间亦不例外。②

根据《中国经济志》的记载："新安江为境内大河，自休宁来，至篁墩入境，经水南王村、烟村渡、朱家村、棉潭、漳潭、深渡至街口出境，经流境内者，约长一百三十里，可航大篷船，每日篷船往来江内者，不下数百号。"关于这一点，迄今尚存的不少船运发票，皆反映了深渡昔日的运输盛况。譬如，"故纸收藏网"上曾登载过一张《船契》：

立承揽歙县船户孙灶金，今将自置民船，凭口载在浙杭江口，揽到徽州府歙县吴口海朝奉二位名下行李不计件，照客单查收，一路水脚并大小打滩、贴纤、神福，一应俱在杭付讫，……倘有透支以及偷窃、借贷等情，即在于沿途鸣保，即留原船赔偿理值。原船送至深渡顶埠交卸，此照。水酒一百三十六坛，纸脚十五件，行李五十口。光绪九年拾月廿八余锦洲……船票。

承揽船户　孙灶全

杭江掘傤钱书顺

走官坝　付讫

贴米滩。

一路福星，顺风快利。

上揭"深渡顶埠"中的"顶埠"，意思应为"终点码头"之意。这是由杭州江干余锦洲转运过塘行出具的船契。船契中的"余锦洲"，为清代著名的转运过塘行。上引船契是清光绪年间徽州歙县吴姓等两位商人，通过余锦洲转运过塘行与歙县船户孙灶金订立的合同。交运的东西，除了个人行李外，还有水酒和纸脚等货品。类

① 黄山市地方志编纂委员会：《黄山市志(　~2006)》下册，黄山书社，2010年，第1695页。
② 周琴：《歙县博物馆藏太平天国时期文物考释》，《中国徽州文化博物馆论文集(2014年)》。

似于此的余锦洲转运过塘行合同，尚有不少存世。揆诸实际，船契有的也写作发票，或船票，这在徽州发现的民间文献中颇有所见。

除了起始或终到的货物流通以外，深渡还是过往商品之集散地，1937 后的一张《民运车船通行证》就记载："屯溪怡怡茶号，雇民船一只装运茶叶，经过朱家村、深渡到达杭州。这份由呈，经本部核准，特许通行。"这一落款署名为"第三战区司令长官蒋介石和顾祝同"的通行证，下令"凡本区以内各部队不得拦阻扣留，妨碍运输"，显然是抗战时期签发给徽州茶商的特别通行证，其中也提及经由深渡。此外，20 世纪 40 年代由深渡商会开具的《证明书》，也反映了深渡与新安江流域各地的交流。其中一张是 1944 年 2 月 7 日前往办货的证明文件，另一张则为 1945 年深渡前往遂安的《证明书》：

安徽省歙县深渡镇商会

发给证明书事。兹有裕康商号派店员潘承沐，前往浙江遂安采办货物。查该员确系正当商人，合行给书证明，希沿途军警机关查验放行，至纫公谊。此证，

右给潘承沐收执。

理事长曾雨亭。

中华民国三十四年三月十六日填发。

《证明书》末尾上盖方形"歙县深渡镇商会图章"。附记有四条："一、本证明书限本会会员使用，限 34 年 4 月 16 日缴销。二、凡持本证明书者，不得携带违禁物品。三、凡持本证明书者，不得有偷漏关税情事。四、凡持本证明书者，不得购买敌货。"这显然也是抗日战争时期商会开具的证明书，其中规定了持证者的权利和义务。

在以舟楫为主要运输工具的年代，徽州府不少地方的货物皆从深渡转运，特别是深渡周边的昌源、华源、大洲源、小洲源和街源一带民众的山林土产及日用货物，也大都在此采买。例如，有一封从浙江金华启源南货油行寄来的信件，除书信外，还包括物包一个、火腿一只，信封上写着："深渡姚景和宝行，祈即发绩溪县章泰生宝号周铁如君查收。"并附有一信："铁如贤甥青启：兹由便川【船】带上火腿一只，物包一件，由深渡姚景和宝行发绩，至望查收。金至深川资付讫，深至绩担力，祈照给乃荷。"深川与深溪一样，也都是深渡的雅化地名。

由于深渡是外埠进入徽州的一个大码头，此处也成为徽州人慈善设施分布的首选地之一。在清代，歙人程光国“念里人客死江浙，柩不得归，买舟载归。子孙力能葬者，听葬；不能者，于南乡深渡买地为广阡高原，标碣以志”。[①] 民国时期，歙县旅沪同乡会又出资在深渡建造首安堂，专门办理自上海运柩回歙及寄厝、掩埋等事，还就近设置田产，以田产的收入，支付办理自沪运柩回歙及寄厝掩埋等事的费用。[②] 近年来在歙县安梅村发现的一个清代厝屋，就与此有关。

三、歙南巨镇的街市与商业

根据1928年《徽侨月刊》的报道：“深渡为歙之巨镇，水陆交通，商务繁盛。”[③] 民国年间的商业调查表明：歙县商店约1300家，家数之多，首推城区（约300家），其次则为深渡，计120家，街道分岭上、里街、外街和横街四条。其时，货物全靠人挑马驮，歙县水南、旱南及绩溪等县的货物运输，水路皆在此处由民船装运，特别是徽州的茶叶、竹木、土特产品，都在此处集散，并由新安江源源不断地运往长江三角洲。与此同时，来自外埠的食盐、煤油、百货、布匹及海鲜南北货等日用商品，也经由此地输入徽州。在此背景下，深渡成为徽州水上运输的重要码头。例如，根据歙县《北岸村志》的描述，1949年前，村中只有两三家商店，货物都是雇人从深渡码头肩挑或毛驴驮来的，而到年底买年货、衣料之类，人们必须步行到深渡去买并用肩挑回来。1949年后，村内除了一些商店之外，吴氏宗祠里还设有供销社，其物资同样也是用毛驴或双轮车到大阜或深渡去运来的，因为当时北岸村还没有机动运输车进村的道路，只得靠人力或畜力。另据吴正芳等人的讲述，由于歙南缺米，有来自北方的米贩，途经的米商亦经常会在白杨源逗留，然后前往深渡。往南去的主要货物有茶叶、猪肉和酒，在深渡、王村、渔梁坝买下来的江浙盐巴、煤油、布匹、纸张等日用百货，经此运往北方。白杨人还到绩溪、旌德、宁国等地挑谷回来磨碾成米，然后再挑往昌溪、深渡等地出售，以此赚取差价。当地商号大宗的货源，则靠骡马行与独轮车队。有的也从事些长途贩运生意，如闲时（或春季茶叶上市，秋季大米应市）驮些大米、枯饼、茶叶、猪肉、白酒等到深渡出售，然后在深渡购入江、浙、沪运来的食盐、煤油、布匹、纸张等，再驮往绩溪、旌德、宁国等地贩卖。

---

① 道光《徽州府志》卷12之5《人物志·义行五十》。

② 民国《歙县志》卷3《恤政志·优老（义田义冢附）》，第139页。

③ 少谈：《常倚门前欲待谁》，《徽侨月刊》第10期《桑梓新闻》。

从现有资料来看，深渡经济中最为重要的是茶市和枣市。

(一)茶市

民国传钞本《安徽省志》记载："深渡镇：在小昌溪入新安江之河口，距徽州府城六十里，距屯溪一百二十里，住民三百五十户，商业兴盛，产茶极多，有大茶行五家，产额在十万元以上。"关于深渡镇上及周遭农村的茶叶贸易，该书接着指出：歙县"山户者即以种茶为业之人民也，普通山户据有数山，大山户常拥有数十处之山地，虽小者亦有一二山地从事植茶。如歙县深渡地方亘数十里皆系茶山山户，每年当摘茶时极其忙碌，举家从事于此，甚至雇数十人为佐助。摘茶例用女工，制茶则男女合作，惯习如此也。凡小山户皆自家粗制之后，即售之于大户，或托大户代为运送，大户将购诸小户之粗制茶售之于山内之贩户。贩户者即俗所呼螺司，将所收集之茶运至城中售于茶行或茶号，或者由山户直接售之于茶行、茶号。又山户多以栽培米、豆、麦、黍等为副业，盖彼等惟当茶季事忙，其余闲暇正多也"。

据说，清乾隆年间，歙县江某（一说琳村萧某）从闽中罢官归里，将珠兰花作为观赏花木带回故里。珠兰花、白兰花主要产于琳村、问政山、山斗、鲍家庄、稠木岭和承旧岭等地。白兰花产地与珠兰花略同，而茉莉花的种植则稍晚，集中产于深渡、北岸、呈村降、棉溪等乡镇。[①] 而据《中国经济志》所列 20 世纪 30 年代的经济调查，洋庄茶茶庄散布于深渡、渔梁和街口等数处。

晚清以来，深渡与屯溪、许村和薛坑口等地，是徽州最为重要的制茶中心。清人毕体仁所撰《备述薛坑口茶行屋业本末》中指出："每届新茶上市，本镇字号，以及休之屯溪、歙之深渡等处茶号，其有出庄来薛镇买茶，皆要争先，且有沿途至漳村湾买者。"关于深渡的茶叶贸易，抄本《歙县乾裕号信底》中有不少描述。该书收录了光绪二十九年（1903）至 1913 年的信件抄底 68 封，信底作者姓名不详，但其人曾于 1902 年在深渡开设乾裕号南货店，内中主要收录他写给苏州吴秋舫、杭州裕德茶行方树棠、苏州乾丰祥南货号本家声之、屯溪豫丰祥茶号吴瑞常和苏州集成酱园方季高等亲戚朋友的信稿。其中，就有一封反映深渡茶商与外界交往的书信。这封信的标题是"代与吴庭槐"，是由深渡的商人"寄屯溪吴本立茶号"，个中提及：

① 歙县地方志编纂委员会：《歙县志(　~2005)》，黄山书社，2010年，第312～313页。

……闻深渡各茶号，已于是月初七悬秤办货，价目扯廿元左右，户家以此价低，俱不愿售，货亦不甚蜂涌，号家亦不肯恣办。日上此间门庄尚未开办，亦无市面。兹我号拟于明日开秤，惟户家皆已售出十有七八，缘贩子担囊，沿门罗购者，如蝇之附羶，价均在廿元外，第不识将来大局究竟若何耳！屯溪乃茶叶总汇之区，而足下又系个中人，其市面之升降，销货之俏钝，以及申江、汉口茶务之信息，较此间极为灵捷，仍望多多赐教，消息常通，则受益良深，感激无既矣。

此信可能作于光绪三十年（1904）四月初九日，反映了深渡与屯溪乃至上海、汉口各地的茶业运销。当时，许多歙县茶商都有类似的情况。例如，晚清以来，歙县昌溪出现了一位茶商吴炽甫，他就委托各地水客帮助自己采购茶叶。从现存的徽州文书来看，不少水客皆根据要求，依照订单采办经过初制的毛茶，将之运往深渡茶栈中转，并在当地装船，由新安江发往杭州，然后再经杭州，将需要窨制的茶叶南运往福州，或直接北运天津、营口等地出售。另一位茶商江耀华，也十分关注深渡一带的茶市。他的表侄有一封信中提到："……去岁申地市面各业皆尚平稳，而洋茶颇为得利，旧茶存底皆已售罄，今庚必又有一番争胜也。然而乃属高庄活消，如深渡一带之货，不甚见俏。"这是某年元月八日写的信，写信者是毕霞轩，当时寓居上海西门外武陵坊十一号，[①]信中反映了深渡一带茶叶的销售行情。

除了文书之外，口述资料中也有相关的内容。根据白杨人吴正芳的描述，太平天国之前，白杨村人吴树荣开设有吴裕记杂货店，后又设裕记茶号，当时有炒茶锅360只，制茶工50余人，拣筛工约300人，年产茶叶二三千担，在深渡堪称首富。他以经营所得，在方祈建了三间大房，还捐赀铺砌了从白杨至后岭长达五华里的石道。后因茶市衰落而亏空甚巨，茶号和杂货店才告歇业。汪村人潘律和在深渡开设胜和成，坚守诚信经营理念。第一次世界大战期间，茶叶出口受战事影响，市场一度疲软，大多数收购商停秤，不再收购毛茶，以致茶农和茶贩求售无门。只有潘律和仍开秤收购，将所收茶叶经过精加工，运往上海出口。

从晚清到民国时期，深渡一带的茶庄与上海等地的茶商关系密切，每年固定

① 歙县芳坑江氏文书，档号：434304–Q309–005–00094–004。

时节，上海茶商会预先前来深渡发放制茶加工的贷款，而一般茶庄就利用这批贷款，先向上海进货，运回之后，一边销售一边支付贷款，其生意范围遍及附近的昌溪、大洲源、小洲源、老竹铺以及绩溪等百余里的范围。安徽黄山学院马勇虎等人曾介绍吴炽甫运茶开支簿6册，其中有《吴大昌茶庄光绪壬寅吉立运货便登》，记载介号京茶庄将所购茶叶从屯溪运至深渡、深渡运至杭州、杭州运至宁波、宁波运至福州、福州运至营口和天津等地的税费、运费及其他开支等。[①]

在当时，深渡虽非产茶区，但华源、昌源、街源、大洲源，以及小洲源水路一带，年产茶叶颇为丰富，这些茶叶大多聚集在深渡一地运销。有一份徽州诉讼抄件《冤帖》[②]中就提及："……缘生居家儒业，惜无生涯，承蒙亲友念生素向以来信实为本，各借本银与生做买茶叶，觅利养家。同治七年二月，生雇下磻溪现居屯镇方日辉代生运售茶业，因其交账不清，生坚辞不用。旧夏生做茶叶，怡和茶号共计五百十一箱，共成茶本银八千三百两有零。生在深渡姚源泰行内茶箱装船，屯溪益泰亨钱庄李殿扬仝生托汪瑞吉带运上洋，起存江裕昌茶栈……"这是同治七年（1868）歙县南乡监生方承木所具的"冤帖"，其中就提及磻溪人将茶叶由深渡外运上海的事实。关于茶叶之外运，黄山学院孙承平收藏有一份《遵奉各宪明文船契》：

□县船户罗永高，今在深渡埠头，揽到吕客名下袋茶货，装至杭州交卸，面议水脚银七千文正，当付一千八百七十七，欠找五千一百廿三，其货上船小心照管，不致欠少数目，倘有此情，照地时价赔偿无异，此照。

计开袋茶五十担，如多一担，加钱二钱；如少一担，除钱二钱。

客五位，行李照单，送至

江干交卸。

嘉庆十三年又五月廿二日立揽船户罗永高。

神福例给。

顺风大吉，官牙姚复盛行。

---

① 马勇虎、马路：《清末民初徽州京庄茶商经营实态研究——以吴炽甫京茶庄商业账簿为中心》，《安徽大学学报》2020年第2期。

② 抄件1份，私人收藏。

另一份同治元年八月初七日的《奉宪明文船契》也提及：船户陈来嫂、陈元宝在深渡埠头揽到王裕茂号袋茶七十三，送至屯溪交卸。上述两份船契提及的袋茶，一是运往杭州，一是送往屯溪。

1919年，吴景超曾撰写过一篇徽州洋庄绿茶的调查报告，文中提及："谈徽州之物产者，必言茶叶，徽茶之名，几于中外皆知矣。业此者共分二种，曰店庄，曰洋庄。销于国内者曰店庄，销于国外者曰洋庄。店庄国人多知，兹无论矣。洋庄绿茶制法，与店庄大异……徽州之茶号，约计二百余家，欧战之前尚不止此，欧战之后银根吃紧，航路阻碍，洋庄不甚行销，故茶号亦因之而减少。茶号最多之处，在休宁则推屯溪，在歙则推深渡、岔口等处云。……可由新安江运往杭州，茶叶抵杭，可由行家代运往沪，杭州江头有行数十家，皆代客运货者，如洪大房、曹泰来，其最著者也。"报告中提到的洪大房、曹泰来，与前述的余锦洲一样，都是著名的过载行（亦作转运过塘行）。而在深渡，也有多家转运过塘行：

深渡转运过塘行一览表

地名	行名	经营项目
深渡	姚日新	专以茶为主,杂货次之
	姚宝和	专以茶为主,杂货次之
	姚宝信	专以茶为主,杂货次之
	姚泰和	专以茶为主,杂货次之
	姚景和	专以茶为主,杂货次之

根据当时的调查，"过载行又名船行，即旧式之运货公司也。歙县过载行，概集于渔梁、深渡两处，渔梁计有八家，深渡计有五家，南源口亦有一家。全县共计十四家"。在深渡的这些转运过塘行，就是以茶业转运为主。

(二)枣市

除了茶市外，在深渡镇最为重要还有枣市。根据民间传说，从前歙县白杨小阜坑有一妇女，贤惠而聪明，其夫在江苏苏州经商，她将自产的鲜枣煮熟焙干以后，托人带给丈夫吃。丈夫回话说："枣子虽好，可惜不甜。"次年，她在煮枣子时放入蜜糖，焙干以后带给丈夫，丈夫回话说："今年的比去年的甜，只是甜在外面。"第三年，她把枣子切了许多缝，再用糖煮，焙干后又托人带去，丈夫这才满意。这种加蜜糖煮熟、焙干的枣子，既香甜，又耐贮，称为“徽枣”，又称“金丝琥珀蜜枣”。明末清初，传入宣城县白马山等地，发展成宣城蜜枣。后来又传到苏、浙一带。苏、杭等地所产蜜枣，一部分青枣由歙县供应，制枣师傅也从歙县聘请。金丝琥珀蜜枣产于歙县杞梓里、三阳、英坑一带。1911 年，茶漆业元泰号店中吴竹三（歙县南乡金村人），见兰溪乡间出产大青枣，且货源充裕，质优价廉，便从歙县故里引入“新安琥珀蜜枣”制作技术，在兰溪设厂，制作销售，成为兰溪著名的“新安琥珀金丝蜜枣”的创始人。1949 年以后，兰溪“新安蜜枣”仍然行销全国各地。有一册徽州商业书抄本上，有“蜜枣”条：“出于徽州府歙县南乡深渡城、休城等。”这说明深渡蜜枣在徽州最为有名。在《歙县乾裕号信底》一书中，有一封《与家声之兄》，是“寄苏阊乾丰祥南货号”的信函：“……在苏与兄面谈，合办蜜枣运苏之事。兹探深渡各号，俱已脱售大半，价俱昂贵，而舍亲裕美号今庚未做。且闻苏地市面顿踿，疲滞不销，故未举办，以免受亏也。”此一信函，反映了深渡一带的蜜枣，曾销往苏州一带。民国《歙县志》记载：“咸同以后，其制为蜜枣，有京庄、天香、贡枣诸目，武阳、深渡人工制之。”①

在当时，每年茶市过后，枣市接踵而来。因水利交通便利，相距 50 里以外的农民，也赶到深渡镇出售生枣，因此，深渡成为歙南枣行的集中地。根据民国时人的观察，每年茶、枣登场之际，茶枣工人约有 6000 人聚集于深渡，当时全镇大小工商户有 100 余家，从业人员 600 余人，资金约 20 万元。对此，《申报》1927 年 3 月 8 日上有佚名所作的《徽州之蜜枣》一文，指出：蜜枣的出产区域，除浙江兰溪、金华之外，主要就是徽州深渡。“枣于成熟时摘下阴干，复用清水一浸，用刀切成条痕，腌以白糖，乃用蒸法蒸之，制法颇属简约，不甚繁重。惟业此者，辄谓制蜜枣有精粗之别，精则有光泽而可口，粗则入口无味”。深渡出产的蜜枣，每年多达数万担，“东运严、杭或西运川、汉，销路之最广区当推北京。……十年以来，运来上海不在少数”。另外，1940 年皖新社通讯《徽州的枣市——深渡》也报道：

熙熙攘攘的茶市过去了，跟着茶市而来的是枣市，茶市和枣市造成了新安

① 民国《歙县志》卷3《食货志·物产》，第101页。

江畔深渡镇的热闹与繁荣。……深渡镇是一个枣行的集中地，虽然他的附近并不出产鲜枣，但是靠着水路交通的便利，毕竟给枣行老板看中了。每天上午，街上挤满了自四五十里以外而来的农夫挑着半边红半边青黄的生枣，赶到深渡来出售，每担生枣只能卖十三四块钱。生枣进枣行后，就被拣生枣的工人分为头号、二号、三号三种，头号最大，是要给刀法最好的工人切的。……切枣的工人是很苦的，切一篮枣只有五分钱，每篮枣重七斤左右，最快的工人一天也只能切十篮……做蜜枣手续是相当麻烦的，……深渡的蜜枣，每年出产达数十万，盛销于沪、杭一带，因为徽州的蜜枣切工好，煮工好，又大又美丽，所以到处欢迎，尊为珍品……

当时，徽州蜜枣有“琥珀蜜枣”之称，极受世人欢迎。根据了解，杞梓里村在1949年以前最兴旺时期，年产千担。开始是将生枣收购后运往深渡加工，或从新安江转运至浙江、苏州加工蜜枣。关于蜜枣的产销，在一些商标中也有反映。如裕康字号“本号开设徽州歙南深渡中街，坐西朝东门面，自行加工，精制金丝琥珀蜜枣，各种茶食”。当时，徽州蜜枣主要行销于江南的上海、苏州、嘉兴等地，以及海外的部分地区。

(三)其他

除了茶市和枣市之外，深渡还有不少其他的行市。徐松如在《抗战时期徽州基层社会权力关系探析——以歙县为例》一文中，根据安徽省档案馆馆藏档案，列举出1944 ~ 1945年“歙县深渡商会呈报停歇业商号名单”，其中提及肉、油、杂货、烟、菜馆、酒、百货、浴业、药、炉各业。从他的分析可知，当时上文请求停歇的商号数量较大，大约占深渡商号总数量的23.9%。以其中的杂货业为例，《歙县乾裕号信底》中有一封《与吴萃英》，是寄往街口潘玉和号的信函：

……兹有恳者，家三弟闾如，向在兰江米业营生。连年以来，未得蔗境，旧冬因抱呕红之恙，请假在家调治。新正忽接该行来函，谓旧岁粮食生意，大受亏损，只得汰省人员，所以家三弟目下兔守家园，尚乏一枝之借，欲于深溪、街口一带，改图杂货行业，弟义在同胞，焉能漠置？曾央二三知己四处吹荐，迄今未得端倪，转思街口生意市面，不亚深溪。而足下又值扬镳得意之秋，故不揣冒昧，特具寸楮于台前，务祈口角春风，吹植一枝，勿论行业之卑微，薪水之优劣，遇有配合之处，即鼎力为之介绍。

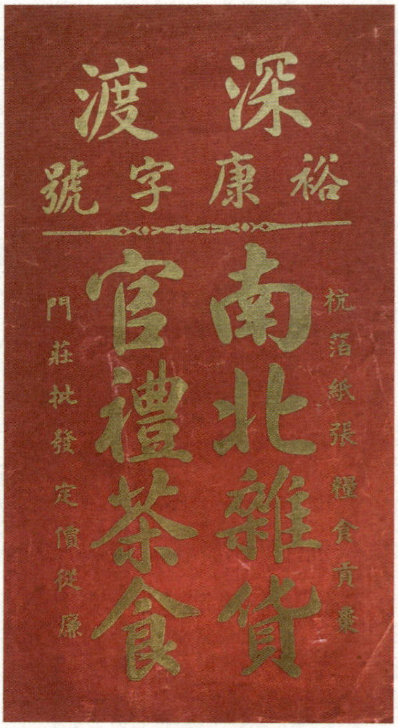

深渡裕康字号商标

此信是光绪三十一年（1905）所写，收信人吴萃英是写信者的妹丈，其中提及深渡、街口一带的商况市景，特别是杂货行业的情况。另一封《与汪彩堂妹倩》，是寄往上海三牌楼源复春茶号，并由后者转寄营口某茶栈。该信作于光绪三十三年（1907），收信人汪彩堂是作者的妹丈。从信函内容来看，其人当时“业设申江，商行营口”，又“分设苏庄茶栈”，生意似乎如日中天。而写信人则因深渡南货铺行情不佳，只得辞职，并请妹丈为他在外谋得一枝之栖。另外，民国时期的《应酬杂记》[1] 中，也有一封深渡福记杂货店寄往宁波江北岸万象春药材号的书信，其中提及：“某某仁兄阁下：自别回里，两月于兹矣，想客怀如意为慰。启者，弟在家，现办有药材京元十余担，又有生晒三四担，未知此刻宁地市面何如，望见字，即烦顶【鼎？】力探听一番，将京元、生晒之价钱，随即具字寄上。如可合，立即将货寄下，托兄代售可也。如此刻市面弟不高，只好开春亲自带下，再与吾兄计议也。是否，均望速付回示为要。”该信末署“癸丑”，亦即 1913 年。书信中的“某某”，反映的并不是通常意义上的书信活套，而是真实的商店名称，只是在日用类书中隐去其名。此信反映了深渡福记杂货店的药材经营，亦折射了宁波与徽州在中医药材方面的贸易流通。

关于深渡的杂货业，有现存的不少仿帖可以为证。如两张“阜康字号”仿帖，其中一张比较简单：“南北杂货，官礼茶食。”该号主要经营“杭箔纸张，粮食贡枣”，经营方式是“门庄批发，定价从廉”。另外一张则较为详细：“加料麻酥／本号开设徽州歙南深渡中街，坐西朝东门面，自行加工，精制金丝琥珀蜜枣，各种茶食。自

① 抄本封面除书名外，题作“张源庆书”，私人收藏。

运南北杂货，苏松布匹，粮食油烛，杭箔纸张发兑。凡蒙光顾者，请认明本号招牌嘉禾商标为记，庶不致误。本号主人披露。”这是开设在深渡中街的一爿杂货店。从仿帖来看，还有一“德生昌”也是经营“南北杂货，中西佳点”。

在晚清、民国时期，深渡中街、岭上有多家布庄、布号。如协昌布庄就开设在深渡中街，“专运纱罗绸缎，呢绒哔叽，中外布匹，各色鞋帽，京广洋货”。丰泰则开设于深渡中市的石库门内，“专售国产布匹、呢绒哔叽、绸缎丝葛、云纱夏布、名厂棉毛织品，零趸批发，兼售华洋百货、日用物品、衣帽玩品、套鞋跑鞋、被单线袜等，应有尽有，品质精良，定价低廉”。方裕大布庄开设里街上岭石库门面，“专办中外绸缎、纱罗绨葛、云纱粤拷、江西夏布、呢绒布匹、顾绣妆奁、化妆物品、十番响器，花色繁多，不及细载”。此外，还见有1939年益新布庄、华丰布庄瑞丰棉布号和泰丰祥绸布庄的发票。直到20世纪50年代，尚见有开设于深渡中街的“大纶号棉布百货”店，专营“国产棉布，华洋百货”。

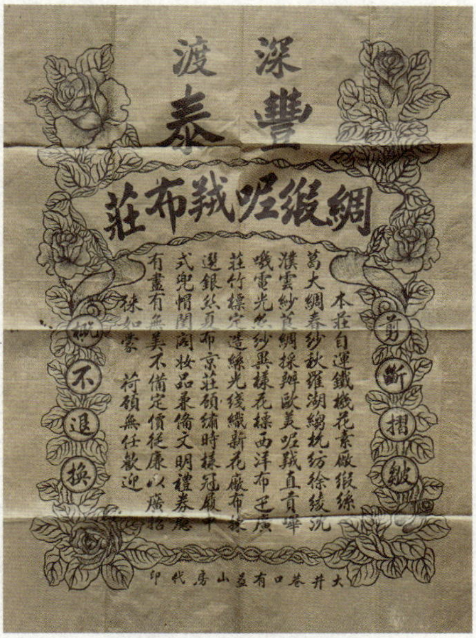

深渡丰泰绸缎呢绒布庄访帖

关于布业，《歙县乾裕号信底》中有一封《代与邵启泰贺新年》，是寄往沪北正元祥茶栈的信函：“……屯溪、深渡各帮生意，旧岁钱业、布业亦称获利，惟南货业盈歉不一。”此信之末有“甲 元月廿三日”的落款，可能是光绪三十年（1904）的信函，其中提及深渡一带的钱业、布业和南货业的经营状况。《酬世汇编》提及歙县人王景铭传，1946年以前，“本邑深渡镇布庄，敦请接充经理数年”。

除了上述诸业外，深渡是歙县境内浙盐销售的集散地之一。晚清时期，朱家村开设有苏德泰总栈，老板苏成美还在歙县渔梁、深渡、街口、休宁屯溪、龙湾、上溪口、绩溪临溪以及黟县渔亭等地，开设了盐行分店。当时，在深渡的是撷记盐栈。另外，由于开设酱园的主要原料是盐，故而盐业与酱业通常是二位一体。现存的1936年之《永祥甡和记合同》，就反映了深渡的酱园经营，其中提及方迪人、鲍霖生、吴圣功、泰隆号、方鸿泉、黄鸿志、鲍良生、胡桂舲和余锡庭，“志同道合，各愿投资”，合伙在深渡里街开设南货酱园，营业牌号为“永祥甡和记”，共集 8 股，每股计国币 1000 元。其中，泰隆号认定两股，方迪人认定一股，鲍良生认定一股，鲍霖生认定一股，方鸿泉认定一股，胡桂舲认定半股，吴圣功认定半股，黄鸿志认定半股，余锡庭认定半股。综计股本基金 8000 元正，其股本统于成立之日一并收足，议举方鸿泉为经理，鲍良生、吴圣功为协理，“所有财政、人手去留、店中各事，概归经理人秉公主持，设有要事，当与协理人参商办理”。其后，还列有公议条规八款。这份 1936 年的商业合同为红纸书写，贴有印花税票。其中，认定一股者及见议人皆用印，而认定半股者和遵书人则书押。

除此之外，深渡市面上还有诸多生意。如现存的《珠玑》《昔时》《应急》《百家姓》《千字文》《四言杂字》等启蒙读物，都题作“深渡永兴椿梓”。可见，此处也是歙县南乡启蒙读物刊发、销售的中心之一。

此外，深渡还是粮食的集散地之一。由于歙县各地长年缺米，来自本省宁国府以及江浙一带的粮食，往往要途经此地输入。早在明末，傅岩《歙纪》就指出：“新安米谷向藉外来，目今青黄不接，有等奸恶牙行铺户，高抬价值，惑乱人心。……其水路船只自街口、深渡、坑口直至渔梁，陆路自冷水以达休宁，不许中途牙店阻截，及率众争买打夺，有坊【妨】城市。”当时，有位叫姚虹溪的米商“贩米至徽，于严陵雇梭船十只，至深渡点视，则已损折多米，盖长年自分，至休宁沿途窃贸也”。清道光年间，“春甫氏”所著《新安纪程》的作者指出：“深渡烟火数千家，市肆环列，徽人具斗米，上水七日，下水八日告罄，皆以深渡米价为准。”笔者手头有一册咸丰年间的信底，其中一封提及：“现在徽地粟以【已】收成，扯来六七分之数。深渡米全不行消【销】，行情起号四千，至四千四百看顶。兰溪米价前日到信稍提，造【糙】尖三元七角至三元九角、白米四元四角至四元七角，亦因天时久晴，出货稀少之故”。另一封信也谈道：“日内米价因各处皆通，已回贱，二百一担，兼之屯溪、深渡等处到货稍旺，消【销】路不多，徽邦一时可无虑矣”。① 根据《王振声日记》的记载：光绪三十二年（1906），“深渡有抢米店事”，后来“米店集议购米平粜，盐店亦减价二文”“深渡米商已赴兰溪购办米石”。由于各地粮食经由此处，故深渡一带也有不少米店从事粮食贸易。郑德昭《暴吴士和秽行（仿骆宾王檄)》中，有“恶

① 抄本1册，私人收藏。

吞深渡镇各铺户捐米”的指控。[1]《中国经济志》所列20世纪30年代调查报告指出：“米之来源，可分二路，凡接近浙境如街口等处，则由浙江金华、兰溪输入；城区、深渡等处，则由绩溪、临溪一带输入；面粉则由沪杭水道输入。”

另外，深渡还是歙县木材交易的场所。抄本《鱼雁存书》中有一封信提及：“所询徽河水势，刻下春间山水正发动之时，时常天降大雨，现在各板客，以及木行扎牌【排】放水，已有多数，诚恐再不早预备放水，尤恐河内挤港，难放到深渡，仰祈早日动身，来徽布置矣，迄今未得知来徽开公司可能实行开办否？如实开办，亦要早尽来徽，摆布一切事情，而不知择选何日起程来徽矣。”此信谈及春季雨水充沛时，木商忙于放排的情形。根据吴正芳的描述，乾嘉年间白杨人吴承醰发家致富后，改做木材生意，曾以深渡与街口为木材集结地，扬言要“收尽南源木”。后因一夜桃花汛，冲走了他在深渡、街口的全部木材而彻底破产。在迄今所见的徽州文书中，偶尔亦可见南乡人前往深渡购置木料的记载。有一份文书，是道光七年（1827）十月徽州某村“来龙山拼批缴回存公匣”，其中提及“缘中下门将来龙出拼深渡姚客支下，不愿。但拼批交凭中劝处，本祠将举院山松木等计，并桥会存项，计洋七十元，兑付拼客，方将此拼批缴回”。另外，绩溪人通过放筏将要卖的竹木运到深渡一带。

除了上述较为详细的论述外，深渡还有一些行当，笔者只能简单地概括述及。道光三十年（1850）八月的一份“遗嘱合议据”，提及徽州歙县深渡附近开设的道生油坊榨场。[2]《深渡招商旅馆对联》有：“招徕远近良朋，停骖暂驻；商集高低好友，息足安身。”[3]这是深渡一地的旅馆业。目前尚存的辛酉年（1921）同裕典当票，反映出深渡当地亦有典当铺的存在。清末民初，徽商李跃庭在歙县深渡镇创办协和

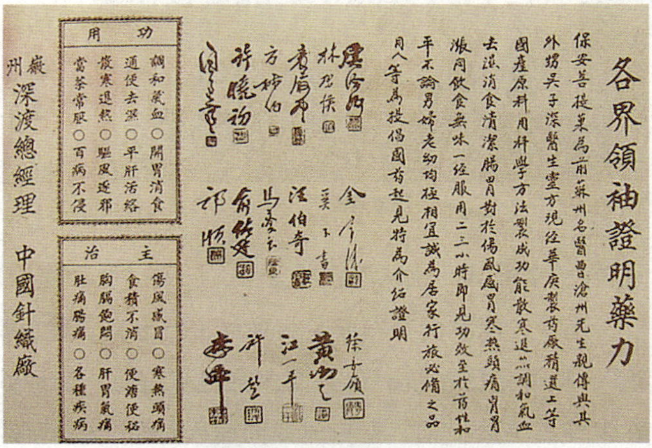

民国时期，深渡的药品广告

① 《芳义明录》，抄本1册，私人收藏。
② 抄本1册，私人收藏。
③ 吕绍常文书之一《对联便读》，抄本1册，私人收藏。

公司，专营煤油、矿烛、肥皂、火柴、白糖、砂糖等民生用品之批发生意，该公司通过新安江水道，从苏州、上海、杭州购进大量的名牌洋货，如鹰牌和亚细亚牌煤油、僧帽牌矿烛、祥茂牌肥皂、茶花牌火柴，以及国产苏州名酒、天津红枣、闽广台糖等，加以批发销售。协和公司开张后，深渡镇周围百里，乃至徽州各地的不少零售商，皆来此处批量进货，再返销至广大农村。①

此外，《徽州楹联通览》中有一份《深渡镇路亭联》："深渡渡船渡深渡，高山山顶山南山。"② 及至20世纪，水运亦发生了一些变化。根据《中国经济志》，20世纪30年代，出现了一种定时航船——快船，为12舱大篷船，航行于屯溪、深渡之间的，称为浙江快船公司，一共有4艘，下水一天，上水需一天半至两天不定，每日上下水各一班，沿途各大村庄皆可停靠、上下。另外，自深渡至淳安、严州之间，则有深严利行公司，计有快船8艘，下水至淳安一天，上水需两天，每天上下水各一班，沿途各埠，均可停靠、上下。

因公路的兴建，新安江流域的交通形势有所改变，从而在一定程度上影响了整个流域的商业地理格局。根据《中国经济志》的记载，30年代歙县货运渠道的情况，"经售商品，多由浙江杭州输入，前均由水道循新安江至深渡、朱家村上陆，今则除笨重各货仍由水道运输外，轻便各货，悉由杭徽公路汽车运入，商业市场因之呈一变化"。不过，民国时期，深渡的商业在歙县仍然占有重要的地位，"全歙县商业以深渡居首位，城梁（城区渔梁）次之，岩寺、三阳坑又次之"。

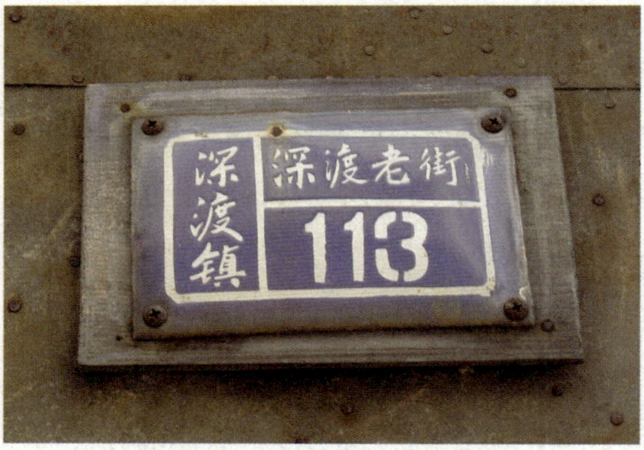

深渡老街

迄今，深渡尚有一段老街犹存。当地有一种小吃形如老布包袱，称曰"深渡包袱"。据说是因传统时代徽商多背包袱旅行，当地饮食摊主遂仿其形，创制出一种在馄饨皮上放上馅，卷包成如同商人背负之包袱形状的小吃，此种小吃原汁原汤，

① 安徽五福文化产业发展有限公司：《徽商大典》，上海书店出版社，2013年，第283页。
② 舒育玲：《徽州楹联通览》，黄山书社，2013年，第154页。

食之颇感鲜嫩、香美，广受欢迎，遂流传至今。这与徽商外出所携的行李铺盖相映成趣，想来是别有深意存焉。《深渡》民谣有 :“走到深渡，丢塌（掉）家务 ；到了杭州，万事一丢。”当时，歙县的深渡、街口和浙西桐庐县的七里泷，都是徽州人外出具有地标意义的地点。这大概是留守故乡的亲人，想方设法地希望远去的游子，千万要记住桑梓故里的眷属。

1950 年代后期，新安江大坝建成，深渡虽然没有沉下湖底，但随着水位的上涨，不少古街仍遭淹没，只有里街尚存五分之一。迄至今日，深渡为深渡镇政府所在地。此处仍是水陆交通枢纽，相距徽城镇约 25 公里，公路每天都有来自屯溪、黄山和旌德等地的客车经停，而从歙县县城至深渡亦有多趟班车往返，其水路则有开往排岭、街口等地的客轮班次。

当代的深渡港

第十节 街 口

一、皖浙交界的水上门户

在歙县南乡，“街口进街源，只见青山不见田。蓑衣当被盖，辣椒作咸盐”的俗谚，脍炙人口。街源，即街源河，原名陔源，或长陔源。在新安江流域的许多地方，“源”就是小河。街源出自歙县石门之南的大连岭，长约 40 公里，流经南源口、长标口、胡埠口、璜田、小桥头、巨川，迄至街口，最后注入新安江，其沿途接纳了长陔源、长标源、茶源、胡埠源、仙源、饮浆源、璜蔚源和巨源等水流，这一带河床的大多岩石裸露。由于地势较高，生存条件颇为艰难，人们开门见山，以种植玉米、水稻和黄豆等为主，作物产量偏低。前述俗谣亦作 :“街口进街源，只见青山不见田。春茶采到夏茶青，穿的还是麻布筋。糠菜抵粮食，辣椒算咸盐。”另外，当地还有

街口今景

一首哭嫁词唱道："青山盈盈，露水灵灵，只见青山不见人；听不见家鸡叫，只听见野鸡啼，只听见貂灵啃树皮……"，貂灵也就是松鼠。这段哭嫁词，与前述的俗谚可以比照而观，全都是反映街口一带恶劣的生存环境。

街口也写作界口，或陔口，后者是因其地处街源（陔源）河口而得名。现代国画大师黄宾虹有《陔口》诗曰："山入长陔涧路盘，分程官驿接临安，岭边细激东流水，绕出澄江又几湾。"[①] 早在明末清初，西陵憺漪子（汪淇）所编的《天下路程图引》中，就有数条反映徽人外出的水路程，其中大多经过街口。而在晚清民国时期的抄本《歙县都图字号册》中，则有专门的"街口至杭州江头水路程"：

> 街口，五里；王家潭，三里；滚滩，二里；常潭，三里；和尚岭，三里；威坪滩，十里；竹节淇，五里；云头滩，五里；锅行滩，五里；老人窗，十里；潼梓源口，十里；响山潭，十里……

① 上海书画出版社、浙江省博物馆：《黄宾虹文集·诗词编》，上海书画出版社，1999年，第120页。

因街口位于皖、浙交界处，地处交通要冲，清雍正时人李培在《灰画集》中指出："休宁屯溪至梅口六十里，至上昧滩，历绵潭、深渡至府，至街口各滩，达遂安河口，由浙严州下桐庐……"[①] 在《灰画集》中，李培将街口视为"徽州府冲要"之一。乾隆三十九年（1774）二月，祖籍徽州的海宁人吴骞曾返归故土休宁展墓，他在《可怀录》中写道："南行二十里，入街口，为江南歙县境。江面尽轮囷丑石，或出或没，星罗棋布，长年之巧者，能舒篙宛转以避之。杜诗云：'欹帆侧舵入波涛，撇漩捎濆无险阻。'于此益信。"对此，徽州人所编的《徽歙南浦口至杭路程竹枝词》中也有："奇峰追怪石，一气两江通。到此分疆界，山川自不同。"

由于沿途随处皆是奇峰怪石，故而乾隆时人吴梅颠的《徽城竹枝词》中，有"浦口上船出街口，经过梅口及坑口。三潭以下更多滩，辛苦篙工忙着手。"这首竹枝词状摹的是沿新安江顺流而下的水路程。作者在街口之后注曰："徽州歙南界接严州淳安。"而最末一句则是说：经行此处，行船的篙工需要有高超的技巧。祖籍休宁的邵嗣宗撰有《旧乡纪行》，记录了其人于乾隆八年（1743）返乡展谒祖墓的历程。之后，他由屯溪顺流而下，于日记中写道："发屯溪，春水灌河，舟行若鹜，峰回路转，倏忽变态，晚至街口。"而在另一方面，若是从杭州到徽州，这一段水道则是逆流上滩，极为艰难，故素有"一滩复一滩，一滩高十丈，三百六十滩，新安在天上"的说法。

由于上滩的艰难，沿途的不少河道都需要纤夫拉纤，由此也发生过不少纠纷。例如，嘉庆五年（1800），徽州黟县商人余锦文、休宁商人潘湘浦和青阳县商人曹心田、宁祥麟等曾联合具禀，词称："徽河水流江浙，舟楫络绎，通商大川，沿途从无阻挡。惟舟行宪治水南米滩即尾滩地河，近有无籍之徒，势籍【藉】地利，纠众盘踞，用强邀截客船，不容邦【帮？】牵【纤】上滩，霸纤把持，专取其利，任意勒诈，不令商民酌量给力，硬索钱文，稍不遂欲，持刀断纤，并掷石击舟，且百般凌虐。若不用彼纤，即阻舟不许放行。往来行人，既虑长途日暮，难以羁程，受此荼毒，苦莫言状！至今嗟叹载道，视为畏途。"为此，商人们呼吁必须严肃整治，来往舟楫情愿雇纤者，应照前规：在距街口10里之尾滩和15里的天钻滩，每名各给力钱16文；在横石滩，每名给钱8文。另外，不准老幼、残疾之人挽揽霸纤。这一呼吁，得到了官府的首肯和大力支持。嘉庆五年（1800）八月初六日，徽州府歙县正堂出示禁碑，

① 训练总监编辑局编刊，第3册卷5《南直》，第303～304页。

由黟县西递人唐恭镌刻，分别在新安江上游沿途的街口、尾滩、横石滩和屯溪镇四处，立碑广为告示。

街口地处皖、浙二省之交界，为歙县新安江的水上门户，大批货物于此集散。晚清时人潘钟瑞在《歙行日记》中，就详细描摹了其人进出徽州时上水与下水的两次经历，其中的上水行程是这样描述的："……舟上米滩，进寸退尺，一步一顿，滩声汹怒，胆怯者往往就界口陆行，非特欲速也。"在上文中，街口也就写作"界口"。对此，有一首路程歌写道："界口西来近八郎，淳安古歙各分疆。山多田少民勤俭，岭顶层层种黍梁。"根据现代的调查数据，街口一地海拔 110 米，是歙县境内的最低点，与最高点天目山脉清凉峰相对高差 1600 多米。1930 年，地理学者钱兆隆途经此处，根据他的观察，街口市况不及淳安威坪之盛，但"自街口至深渡五十里间，民多山居，舟中望之，住房点点，吹【炊】烟袅袅，酷似火山喷烟，景致殊佳，土人多植黍、粟、橘、茶之属于山上"，这与《杭州上水路程歌》中所描述的情形极为相近。

除了水路之外，街口一带也是歙南浙西陆路交汇之处。屯溪至威坪和王村经长陔至街口的两条古道在此相交，然后经街口古渡与正口至威坪之古道相连。其中，屯溪至浙江威坪的古道，是徽州休宁、屯溪、王村等地商旅至淳安的要道，它从屯溪东行至草市，入歙县境，经篁墩、王村、森村、黄备和小洲等地折向东南，至皖、浙交界处的街口，再前行至浙江淳安县威坪，全程近 200 里，基本上都是石板路面。在传统时代，由淳安至屯溪，虽有新安江水路，但不少河段因滩多流急，船行滞缓，故在有的河段之水上航行还不如陆路行走来得便捷。例如，明朝万历年间，街口一度舟楫不通，行旅皆由陆路自威坪而上。

明清时期，在一般民众的心理上，街口也是徽人外出的一个重要分界。明正德四年（1509）田川昌所撰《新安山水赋》曰："街口、浦口、铁索、渔梁兮，销新安之秀气。"清代歙县学者汪洪度有《次街口》诗："万山落飞瀑，竞向清溪会。……家乡送别人，已隔青山外。"在当年，有相当多的人途经此地，他们都留下了吟咏街口的诗句。万历时人方承训有《舟归拟郡界宿》："淛水来徽远未千，迢迢六百婺当川，五日泛舟途过半，十人鼓棹道趋先。飘浮汹汹洪流涨，邻郡频频乡梦牵，此日拟航依界宿，故山松竹晚笼烟。"此处的"郡界"，明显指的就是街口一带。另外，明末歙县县令傅岩有《舟行至街口》诗："比屋沿流耸，雄关扼巇临。"这里的"雄关"，也是指街口。及至清代，道光年间钱塘人夏之盛曾经此处，他的《界口》诗曰：

“才入徽州界，川回路折旋。地高难胜水，山逼不容田。累塔石雄峙，打篙滩接连。半生惭瓮伏，胸境拓今年。”[①] 此外，《南旋日记》是由祖籍歙县许村的扬州盐商所著，其中也有《街口道中》：“青山绿水凭悠悠，不管离情只管愁。色嫩枝柔三月暮，和烟和火送轻舟。”光绪元年（1875）十月二十一日，作者“早开行过街口，即至歙水南乡，两岸青山，半皆种粟”。从徽州各地至此，诸多旅人大概皆是别有一番滋味在心头。徽州民谣有：“前世不修，生在徽州，十三四岁，往外一丢”，就是形容当地人因生存环境之缺陷而不得不外出谋生。与此同时，另外的一句俗谚：“出了徽州界，不管家中老太太”，则是说一些出门务工经商的人离了徽州，便忘记了家中的老人。而无论是“往外一丢”的内外界线，还是“徽州界”的“界”，指的其实都是这里的“界口”（街口）。

二、街口巡检司的功能

早在晚明商编路程中，就收录有一首《水程捷要歌》，其中有“一自渔梁坝，百里至街口”。因地处要冲，街口成了皖浙交界处新安江畔的重要市镇，明清时期于此设有巡检司。根据弘治《徽州府志》记载，街口巡检司设在歙县（东）南一百里处。巡检司之设置，首先是出于军事上的需要。对此，明末傅岩在《歙纪》卷5中指出：“县境四塞，东南水陆路通浙省，有街口、王干两巡司扼其要，严督弓兵巡缉查比，各有责成。”及至清代，康熙《徽州府志·兵防志》讨论了一府六县的“兵制”“兵署”“军官”“阨塞”“义兵”“足食”和“武功”七个方面，其中的“阨塞”部分写道：“歙县城墉四面依山，颇称峻绝，……南一百里有街口巡司，……关寇之由睦来者，先歙街口、昱岭为正道，连岭、危峰岭为间道。”除了军事意义之外，街口巡检司的设置，还与转输贸易有着密切的关系。根据弘治《徽州府志》的记载，明代最早是在歙县三十都置梅口批验茶引所。成化十四年（1478），徽州知府周正奉旨奏革，命街口巡检司代管，买引一道纳钱1000文，可卖茶100斤，由商人交纳，沿途皆有批验所查验，并加盖批验茶引所关防放行。

徽州商编路程书《摽船规戒》中，有徽州至杭州府的《河滩名》，其中提及“街滩，街口巡检司（用米一升打引）”。此一记载反映的时段或许较早，“用米一升打引”，可能是指船户需用一升米以换取外出的船引。在明代，巡检司的职责是盘查

① [清]夏之盛：《新安纪行草》。

无引及面生可疑之人。当时，居民外出，必须持有路引（或船引）以证明其个人的身份。及至清代，反映过客眼中的街口巡检司之记载仍然相当不少。例如，道光年间“春甫氏”所著《新安纪程》就记载："……又五里，街口镇。休邑浙江来会于此，水中巨石尤多。有平如席者，有立如门者，舟穿石罅，挂囗倒下，以退为进，邪许之声不绝。其地旧设巡司，专司茶税，往来例皆盘查。过街口，则出徽州，交严州淳安界矣。”光绪九年（1883），侨寓苏州的歙县大阜人潘介福，在其《癸未省墓日记》八月初四日条中写道："巳正，过和尚岭、常潭、滚滩、王家潭，抵界口，是为皖、浙交界处。有巡司分卡，遣仆持帖至署，请拨纤夫八名，送过尾滩。”潘介福因有职衔，故要求街口巡检司派拨纤夫护送过滩。

光绪二十三年（1897），歙县知县何润生在《徽属茶务条陈》中详尽陈述了徽州茶商沿途需缴纳名目繁多的捐税："至内销，如茶朴、茶梗、茶子、茶末等，不完落地税，惟逢卡抽厘，屯溪、街口每百斤各抽钱百文，浙之威坪抽三百文，严东馆抽百五十余文，杭属厘卡抽钱三百余文，嘉属抽钱五十余文，此内销本地茶抽收厘金之定章也。”[①] 由于在街口设卡，榷关胥吏与过往商贾之矛盾此起彼伏。早在光绪十八年（1892），以屯溪震茂茶号领衔的30余家茶商，就分别向皖南茶厘总局、徽州知府状告街口巡检司收取陋规一事："光绪十七年详奉制宪刘、抚宪沈批，查街口巡检所收箱茶，每引规费钱十五文，及每船挂号钱一百六十八文，仰候札行藩司转饬，以本年为始，永远裁革，不得再有前项名目。倘敢仍前需索，定行撤参。至每引之十五文，饬即拨归公济善局举办保婴在案。兹届徽茶开运之期，前月有屯号公泰和、源源福等箱茶运至街口，被现任巡检张派差将茶船扣留，仍前需索……”[②] 经皖南茶厘总局和徽州知府再次查禁，将街口巡检司在当年四月之后所收陋规钱查明，如数追出，拨归屯溪公济局。

正是在这样的背景下，当代的《淳安县志》中收录有一个“撤关卡”的故事，应是在新安江流域流传已久的故事。此一故事发生的地点，就以街口一带为背景：早先，新安江上游，徽州和浙江交界的街口，设有水上关卡。关卡上的公差专门敲人竹杠，凡是过往船只和客商，有银子送就放行，没银子送就百般刁难，扣船抓人。

---

① [清]何润生：《徽属茶务条陈》，见《皇朝经世文统编》卷61《理财部六·茶务》。
② 李琳琦、梁仁志：《徽商会馆公所征信录汇编》下册，人民出版社，2016年，第909页。

为此，船民和过往客商都被害得叫苦连天。有一年，朱熹奉皇旨到浙江巡视，顺便乘船回婺源老家探亲。在船上，他听到船民和客商的叹苦声，经询问，原来是街口水上关卡之公差敲诈勒索。他想，这班公差把持水上关卡，欺压良民，我何不借用手中的圣旨，撤掉这个关卡，遣散公差，减轻家乡百姓的疾苦？主意一定，就雇了一只大船，船上装了几十只大大小小的木箱，箱里都装满石头，外面贴上封条，然后开船溯新安江而上。船到街口，关卡上的公差一见，连忙喝令停船检查！朱熹身穿便衣站在船头上，叫船老大只管开船，不用理睬。那班公差见船不停，连忙驾着小船赶来，边赶连问："来的什么船？"朱熹答："铁打木头船！""船上什么货？""金银和珠宝！"见钱眼开的公差一听是金银珠宝，就一哄而上。一看真有几十箱，就像苍蝇见狗屎一样围着箱子转。一个公差对朱熹喝道："船从哪里来？""京城临安来！""做什么生意？""做珠宝生意！""打开箱子检查！"朱熹说："里面都是金银珠宝，免查了吧！"那公差一听，喝道："箱里一定有违禁物品，非查不可！来人哪！"朱熹两手一拦："谁敢！这是押解的皇粮国税，你们不怕杀头吗？"那公差不信，说："不要听他瞎说，他刚才说是做珠宝生意的，全是金银珠宝，这下又讲是皇粮国税了。动手！将这些金银抬上关卡没收。"众公差一齐动手，抬的抬，背的背，将船上几十只箱统统搬到关卡里去了。第二天朱熹穿起官衣官帽，怀揣圣旨，带领几个亲随，大摇大摆地走进关卡。那关差头子一见，忙问："哪里来的官？"朱熹说："京城来的官！""到此有何事？""奉旨撤关卡！""何故撤关卡？""尔等没王法！""怎么没王法？""哄抢国税银两！"那公差头子这才明白是为了几十箱金银珠宝的事，一时慌了，忙说："既是皇粮国税，那我们仍旧把它抬上船去好了。"朱熹故意说："既然奉还，那就打开箱子看看。"那公差头子不知是计，就撕封条，撬开木箱，一看，惊呆了，箱内全是满满的石头！这时朱熹正色道："你们这班强盗，竟敢偷天换日，将国税银换成石头！"他命令随从将所有箱子打开，里面都是石头。朱熹故意大声叫道："反了！反了！你们太无法无天了。"他边说边拿出圣旨宣读："查得街口水卡借检查为名，行敲诈勒索之实，盗窃皇粮银子，罪不容诛！着令朱熹宣旨撤销水卡，所有差役，尽行发配岭南充军！"这时，那班为非作歹的公差像泄了气的皮球，个个瘪塌了。从此，新安江上的来往船只和客商，都可以顺畅地到兰溪、杭州等地去做生意了。

这个故事明显是徽州人，或淳安人编的，徽商在各处遭关卡刁难的事例，在全国许多地方都曾发生过，但以街口为故事展开的背景，显然与该镇地处皖浙交界的重要地位有关。

除了管理来往货品之外，街口巡检司也负责附近的治安，收受告状。在明清文献中，街口巡检司亦简作街口司。抄本《联句集记》中，就抄录了一副街口司春联："职备司巡随事常存敬畏，椒壶献瑞与斯民同乐韶光。"根据黄忠鑫提供的资料，乾隆十六年（1751）前后，歙县木瓜坦烟户因分保引发主仆纠纷，要求街口司查报。另有一份清代乾隆三十四年（1769）的契约，内容是有关歙县三十都四图人潘学恺"为盗砍未休，叩恩拘凶剿贼事"，其中提及自己将鸭子坑园地，出租与潘起圣蓄养松杉19载，木大成林，但被"匪棍"潘学益、潘云晨和潘学安等盗去顶大松、杉二木110余株。为此，他请求街口司主"追赃除贼"，以保护自己的合法权益。据《歙县都图全载》记载，三十都四图下辖有滩头、山人街、横石、山茶源、长庄坞、念六亩、山港、结胡坑、西波汰和沙湾各村。光绪年间，北岸乡方村的一位生员抄录的《鱼雁留痕》一书提及："少纯叔于街口祖墓，彼张姓毁断旗杆，比即街口司出为挑解，罚彼代竖旗杆。"①这些，都是街口巡检司处理民事纠纷的例子。

除了巡检司之外，街口还设有其他的机构。例如，光绪十一年（1885）九月初一日的一份租约，是由街口厘局所出具，厘局租到张士荣名下坐西朝东店面楼屋及后进厨房，每月租金大钱五千文。及至民国时期，《申报》1919年10月28日记载，"徽河拟设警察专署。歙县街口镇为徽州各处之咽喉，亦皖省东南之门户，原有警察不敷分布，警务处长现拟扩充组织徽河水上警察专署，现已饬令休宁县集绅筹办矣"。上述无论是厘局，还是警察专署，都与街口一带的税收及治安密切相关。

三、街口镇的经济与社会

因地处交通要道，街口及其周边地区的商业气氛较为浓厚。早在南宋时期，淳熙《新安志》就记载，歙县当地旧设有镇三个，即岩寺、新馆和街口，到淳熙年间，只有岩镇设官，"收酒税之榷，而新馆、街口不为镇，然市井如故"。由此可见，街口镇的历史由来已久。直到20世纪30年代，《中国经济志》记载："歙县在公路未通前，商业市场均在河道两岸，如深渡、街口、渔梁、篁墩、岩寺、上丰、富堨等处是也。"

清代民国时期，街口与深渡、渔梁一样，都是洋庄茶散布的重要地点。街口

---

① 抄本，第62～63页，第119函，私人收藏。

附近的璜蔚，甚至有“水南第一茶市”之称。道光二十五年（1845），歙县芳坑江氏茶商在《乙巳年经办茶总》抄本中提及春庄：“收街口庄茶五千一百斤，广秤，结用洋八百九十八元。”另一份《顺风大吉》抄件中，也有“支钱四百文，街口过秤酒钱”的记录。

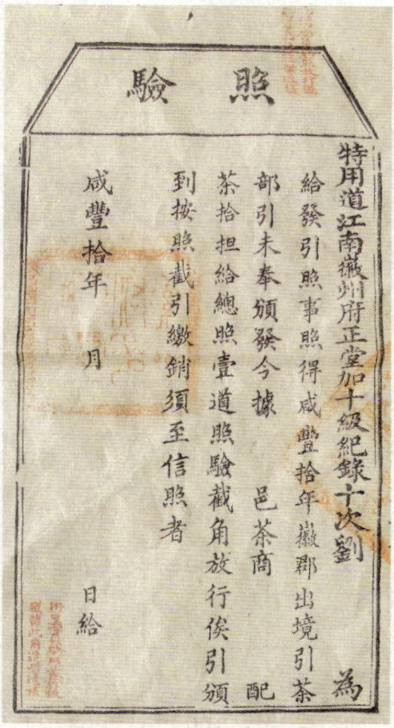
照驗
特用道江南徽州府正堂加十級紀錄十次劉為
給發引照事照得咸豐拾年徽郡出境引茶
部引未奉頒發今據 邑茶商 配
茶拾担給總照壹道照驗截角放行俟引頒
到按照截引繳銷須至信照者
咸豐拾年 月 日給

清咸丰十年(1860)的茶商照验

街口为皖浙接壤的边界重镇，当地所设的巡检司，负责征收茶税，往来例皆盘查。关于这一点，现存有一份咸丰十年（1860）的《照验》，其上文字提及：“特用道江南徽州府正堂加十级纪录十次刘，为给发引照事。照得咸丰十年徽郡出境引茶，部引未奉颁发，今据 邑茶商 配茶一担，给照一张，照验裁角放行，俟引颁到，按照截引缴销，须至印照者。”此一《照验》之上钤有红印，左下和右上皆有“街口委员验照放行，复截留此角，造册送核”字样。

另外，同治七年（1868）的一份执照，亦与茶业有关：“督办安徽皖南牙厘总局为给发执照事。今据歙县（水南乡街口）行户张泰和完纳同治（七）年（春）季分（中）则（茶栈）行牙税银（三钱七分五厘），除照收解充军饷外，合行给照，须至执照者。右照给行户（张泰和）收执。”原执照为制式化的印刷品，上引括号内为另行填写的文字，这显然是街口一带茶栈交纳牙税之真实写照。

光绪十八年（1892）前后，浙江杭州的新安惟善堂派人驻守街口抽收箱茶堆金，这在光绪二十九年（1903）刊印的《新安惟善堂征信全录》中有详细的记录。兹将“光绪十八年街口经收各号箱茶堆金”列表如下：

光绪十八年街口经收各号箱茶堆金一览表

茶号	数量(箱)	茶号	数量(箱)	茶号	数量(箱)	茶号	数量(箱)
仁和	1854	正源	749	瑞芳	2406	源源福	2039

续表

茶号	数量(箱)	茶号	数量(箱)	茶号	数量(箱)	茶号	数量(箱)
裕昌馨	2436	义隆	548	瑞隆	496	公泰和	2104
馨馨	3844	恒隆	803	萃茂昌	2004	春甡荣	1452
永达	3694	永茂昌	1782	林茂昌	700	馨记	588
大有	500	方殿记	200	和茂祥	683	永福春	800
益大	800	福生和	600	裕生	500	德发	390
致中和	1300	森盛	200	裕盛	100	洪裕生	840
瑞泰隆	433	亿中祥	800	馨芽	1056	广生	1751
公大昌	1070	怡达	968	厚记春	635	宝和	800
森元	600	义隆祥	571	朱新记	1769	裕隆	200
天泰	400	萃昌	1119	隆泰昌	400	怡大	600
恒大隆	790	裕馨	600	鼎兴	368	同复亨	400
同日新	100	生记	200	益珍和	300	永昌福	959
益芳	642	义昌	412	晋昌祥	800	永隆祥	1100
怡馨祥	1400	萃美昌	802	春茂	202	冠芳	883
来宜	474	福诚	400	李祥记	1222	永春	800
德茂	200	祥泰	280	孙怡大	1322	馥馨祥	200
瑞荣	200	震茂	400	怡昌祥	871	永和祥	672
亿中和	1200	广生宝	672	义祥隆	736	仪隆	200
永茂	200	大有、瑞隆	600	怡和	800	谦吉祥	100
同泰	100	馨馨祥	770	鼎源泰	67	正记	100
宋广胜	100	远馨、洪利	200	益馨昌	303	萃香	100
裕大	200	吴永馨	145				

当时规定，每箱抽收 6 文，该年经过街口一地的箱茶统共 72246 箱，共收堆金钱 433476 文，堆金洋 361 元 1 角 3 分。[①] 翌年，经过街口一地的箱茶计有 71375 箱，

① 李琳琦、梁仁志：《徽商会馆公所征信录汇编》下册，人民出版社，2016年，第663～664页。

共收堆金钱 428250 文，堆金洋 356 元 8 角 7 分 5 厘。[1] 在《新安惟善堂征信全录》中，街口的统计数字仅见这两年。此外年份的数字，则皆系由屯溪代收的茶商堆金。

关于通过街口的徽茶，歙县芳坑江氏徽商文书中就有：“永盛怡，出关洋茶一千零八十八件，合三百六十六引，茶引相符，并无遗漏。”文书上有街口分司查验的方章。另外，宣统元年（1909）的《顺风快利》抄本中则有更为详细的记载：

> 支钱六百，街口茶卡；
> 支洋一元，又私费；
> 支钱廿元，又打船票二张；
> 午刻，支钱二百四十，街口司挂号二百；
> 申刻，支二八宝一只，五十两，九三扣库，四六五钱。

上述这些，都反映了清末江氏茶商途经街口时具体的活动细节。此后，在 1940 年抗日战争时期，安徽省茶叶管理处发布的茶字第二号布告，则反映了特殊形势下的茶叶贸易：“本处为严防内销茶区茶叶走私资敌，特于广宁区之柏垫、宣芜区之新河庄、耶溪区之梅渚、至东区之阳湖碑、歙绩区之街口及三阳坑等扼要地点，各设检查所一处，并分别选员前往组织成立，遵照本处检查所检查规则实施检查。”规定此后运茶出境，必须先将运茶许可证及其他准运证件，经过检查所查验后，方准起运，违者当移送法办，严惩不贷。

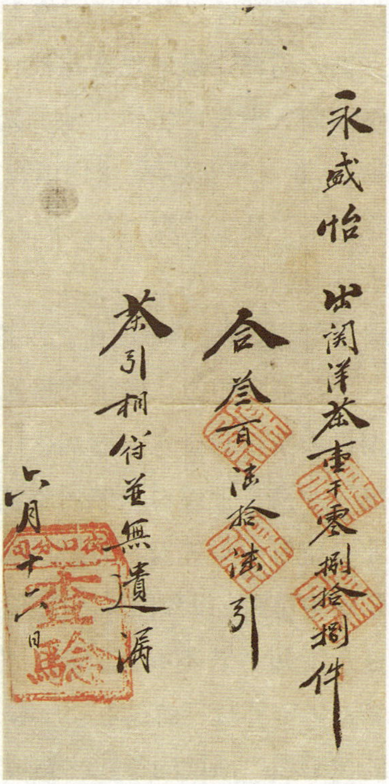
永盛怡 出関洋茶壹千零捌拾捌件
合叁百陸拾陸引
茶引相符並無遺漏
六月十二日
查驗

街口查验茶引文书，歙县芳坑江氏文书

另外，1944 年 11 月 10 日《复兴日报》上刊载祝玉琴的《闲话徽州》一文，其中提及：“徽州茶叶是全国皆知的特产，普通一般人只知道有黄山毛茶。其实南乡‘街口’‘茶园’一带产量最丰，

① 李琳琦、梁仁志：《徽商会馆公所征信录汇编》下册，人民出版社，2016年，第674页。

民国时期街口姚氏宗谱谱箱

占全县出产量在百分之五十以上，品质较黄山料次，据过去一班茶商的估计，全县每年茶叶的产量约在二万担（每担百斤）以上。”这是1944年以前的茶叶产销状况。其中，街口附近之茶产，也正是通过街口运往江浙各地。关于这一点，直到1950年，仍有相关的资料。例如，街口王同泰船行通知书中就提及："今交凌集正船户曹贵记篓茶四件，……送至杭州交卸姚大来宝行收下，转交曹永客查收。如有上湿下漏及少数等项，扣船议罚。”这份通知书为1950年3月12日，上钤“街口王同泰行便章”椭圆形红章，也是有关茶叶贸易的资料。

除了茶叶之外，街口位于皖浙交界，此处系外地粮食经由新安江输入徽州的第一站，因此，当地也有与粮食贸易相关的店铺。明嘉靖三十七年（1558），84岁的绩溪商人曹显应去世，他的两个儿子子承父业，生意经久不衰，相继在歙县深渡、街口、浙江淳安县城、威坪镇和昌化等地开设了万年米行分号。明末傅岩在《歙纪》中，也记录了外来米船“有至街口、薛坑口即疑畏不前，就地售卖者”，为此，官府派人“星火前赴街口、淳安、遂安、严州等处沿途水次，凡有米船，速行催儹前来，径抵渔梁坝”，允诺“照依时价，现银公平粜买，必不亏短”。①

与粮食相似，徽州所需的食盐也是由浙东运进，而街口则是必经要地。晚清时期，朱家村开设有苏德泰总栈，其老板苏成美还在歙县渔梁、深渡、街口、休宁屯溪、龙湾、上溪口、绩溪临溪，以及黟县渔亭等地，开设盐行分店。《歙县全体盐业合议章程》提及："歙地全体盐栈十三家，共计一百三十五票，缘歙地磨销，旧章废弛已久，以致团体不能巩固，营业损失颇多。近则政府改用市秤，不但税率增加，盐斤尤短，若不共谋补救，势难支持。兹集合全体盐栈同人，公同集议，重订埠章，以资补救，而谋巩固所有。”为此，苏德泰栈、临溪恒达栈、渔梁泰源遐记盐栈、鲍恒泰栈、渔梁同德栈、鲍恒源栈、鼎隆栈和深泰撷记盐栈共同商议，制订章程18

① [明]傅岩：《歙纪》卷8《纪条示·儹客贩米船公平发粜》，第101页。

条，其中的第 16 条曰 :“街口一埠，公推苏栈经销，统年共销盐数若干，每老引包盈余洋三元，归一百三十五票公摊。街口所销之盐，不归过盐进出计算。各栈经过街口之盐，及苏栈经销之盐，由鲍栈公派一人，常驻街口巡船内监视，造表报告公会。至于派人薪水、伙食，每月规定二十元笔墨、纸张、邮费，实支实报。此项公费，亦归一百三十五票公摊。”类似的资料,还见有 1936 年一份反映歙县盐业经营的《合同租约》，其中提到“鲍深泰原有三阳坑与街口公栈股份，照票均摊”。①

在新安江流域，昌化、分水、淳安、遂安、寿昌、开化、马金、常山、龙游、溪口、龙泉、遂昌、休宁、屯溪和街口等处，皆为木植之渊薮，每年砍伐下来的树木为数可观。其中，街口附近也是徽州木材输出的产地。抄本《日平常》就出自街口附近的璜蔚，当地早在元代就出现过一些木商。及至清康熙年间，村人胡义椿在杭州开设“椿字木行”，雇工数百人，经营木竹之业。据说，他在黄山、渔梁、街口，以及浙江的威坪、严州等处，设有购销分行，收益颇丰，家中同时开有杂货店。此外，他还立庙建亭，修桥补路，也乐于赞助，是街源一带的木材巨商。② 迄至今日，其后代胡国良仍珍藏有木材税票等票据及契约文书。乾嘉时代，歙县白杨源吴承醰原以扒狗屎积肥务农为生，后靠勤俭治业发了家，于是，他先置田 700 亩，后到深渡经营官盐，发迹后又改做木材生意。其人以深渡与街口为木材集结地，扬言要“收尽南源木”。后因一夜桃花汛，冲走了深渡和街口两个木材集散地内的全部木材而彻底破产。

光绪十五年（1889），徽州茶商在屯溪创设公济局，施医施药，施棺掩骸。光绪十八年（1892），公济局雇乳育养所收婴孩，放种牛痘，其经费除众茶商及其他善士按年输捐外，并先后经官府批准，每年于茶厘、货厘两项下，分别拨款给领济用。后因经费不足,规定自光绪二十三年（1897）正月为始,“六邑木簰悉由街口经过，通照厘卡点数报捐，完捐洋一元外，抽助善捐洋三分。……由厘局汇收，给发公济局联票为凭。”《屯溪公济局征信录》中列有与之相关的木商之名，包括洪汝庚、潘焕成、吴宪章、程瑞卿、宋敬敷、巴让堂（名树谦）、江似芬（名昌谷）、许黼廷（名钺）、江复兴（名幸余）、吴焕馨、王赞周（名藩）、臧利祥、詹礼慎和程华如，计有 14 人，共捐洋 290 元 6 角 8 分 5 厘。

---

① 鲍传江等 :《故纸堆》乙册，北京图书馆出版社，2003年，第80～81页。
② 朱祝新 :《徽州古村落——璜蔚志》，第74页。

关于民国时期街口一带木材的转输贸易，在一些书信中也有反映。例如，有一份书信原件上写着："德松族弟阁下 ：九月初一二三四五，发正木一千五百五十根，统事出清，杭城收数。九月初五屯溪致祥钱庄借洋五百元，托行里代收，要紧！要紧！街口王老四先不要相会。八月初六开船，并无回信，通知托写回信，要紧！要紧！春水货码一百两之数，家中之事，放心！放心！杭州之货，照行事出买，要紧！后发树码八十于【余？】两，家里价钱、成本，改日寄信通知。约致九月初八街口开榫，榫船景付，要付洋十元之数。九月初六，族兄徐开芳寄。"信函讲述了从街口运出的木排在杭州的交易状况。

街口与新安江沿岸各商埠有着密切而频繁的交流。清咸丰十一年（1861），太平军占领徽州，在各交通要隘设置哨卡，往返需持统一发放的"路凭"为证。歙县所藏的木板印刷之太平天国路凭，内容就涉及深渡乡民姚社有前往街口一带的买货贸易，① 这反映出即使是兵燹战乱时期，街口一带的交通仍然颇为通畅。

太平天国之后，街口一带的商业来往更趋繁忙。《歙县乾裕号信底》抄本 1 册，其中有一封乙巳二月十六日《与吴萃英》的信函，是"寄街口潘玉和号"的，提及自家三弟闾如失业在家，想到深渡、街口一带从事杂货行业。乙巳，即光绪三十一年（1905）。其中提及的深溪，即深渡。该信在推荐家人前往街口经商时，比较了深渡与街口之商况市景，认为"街口生意市面，不亚深溪"。

及至民国时期，街口一带的商业活动仍有一些具体反映。曹士升本《日平常》抄本封皮为一张牛皮纸，反面上印有一些暗红色的精美文字，主要有"街口镇""颜料化妆""价实"和"概囗【不？】退换"等等。这些也是反映街口商业的史料。而比较明确、细致的记录，则是吴正芳所著《白杨源》一书中的"民国时期白杨籍人在外经商任店铺老板经理一览表"，表中提及在街口活动的白杨人，计有汪亮太、汪芳安、吴日和和吴惟善等人，他们分别来自新桥和上祈，或是经营杂货店，或是开设茶行或茶叶店。当时，歙县商会在街口设有分事务所，上祈村人吴日和开设有协大茶行，曾并任街口商会会长。此外，吴正芳还指出，白杨的砖瓦制作业及销售业，在徽州影响较大。民国时期，吴循理建有屯溪货栈、深渡货栈和街口货栈，几乎包揽了整个徽州地区的砖瓦制品市场和砖瓦及鳌鱼、花头、滴水、鸡母兽和方斗等高

① 周琴：《歙县博物馆藏太平天国时期文物考释》，《中国徽州文化博物馆论文集（2014年）》。

档建筑材料市场，他拥有一支庞大的砖瓦制品销售队伍，这些人垄断了屯溪、绩溪、休宁和整个歙县旱南与水南的砖瓦制品销售市场。

商人活动的频繁，也使得街口的民间信仰带有浓厚的商业色彩。关于这一点，徽州府歙县风水书抄本就提及，“徽州府龙”从福建而来，最后会聚于街口。从清初以来，街口就被视作整个徽州府的水口。康熙三十八年（1699）十月初十日，婺源生员詹元相从溪口搭船前往屯溪，再雇船至杭州、苏州至江宁省城参加乡试。他在所撰的《畏斋日记》中指出 ：“界口以上属徽州，山势环包，一滩一潭，□□峻嶒，仅通一舟，此水口之密，所以殷富，而好讼之俗，或亦在此。界口以下属严州，□□开阔，清和秀润，又一境界也)。”此处的“界口”，亦即街口。在民间文献中，抄本《姚寿山诵溪内祝语（人)》中有每年三月初三日溪内神前谢六神祝语，有“上至休宁，下至街口，里至源头，外至水口”的字样。此外，还有“里至源头，外至水口，四围保界巡司土地”。可见，徽州人是将街口视作整个徽州府的一个水口。

在迄今所见的徽州文书中，有不少都提到街口的土地神。例如，反映歙南孝女乡一带的佚名宗教科仪书中有《犒猖和合赦》,其中提及“街口管下土地之神”。甚至到 1951 年的《请十庙科文》抄本中，也还有“再炷真香，拜请街口上下二庙坛主众神，巡检司衙福德正神，梯古岭管界土地、保界之神”的字样。“巡检司衙福德正神”，又叫“保界巡司土地之神”。《请目下祝文》中有“街口把界土地之神”。街口巡检司衙的福德正神，甚至被列入祀典。

街口财神形象

在徽州，在水口处通常要祭祀财神，街口亦不例外。曾见有一枚印章，其上图案是一位财神打扮的人，拿着一份“徽歙南街口”的条幅。

在徽州，许多地方都有财神庙会。笔者手头有一册民间文书抄本，封面题作“三姓财神会／民国三拾五年春王月吉日成立／股分组织系统”，是 1946 年有关财神庙会的文书。该书在《立倡五福财神会序》之后，还列举了经过公议的五福财神会会章。会章对于迎神赛会有着颇为详细的记录，其中拟定每年元月初五日恭迎财神菩萨出庙游神。届时，归“做年头者出为邀集举行”，每年都照依拈阄先后为序，接财神首事人计有 12 人，挨次轮流。对此，《三姓财神会》做了详细的记录，如“接菩萨供献”所办之物包括三牲全副（不拘大小)、巨【衢】香二刀、香三子、单炮十个、红烛一斤、汤紫一刀（长钱用）和财神衣帽一身等。而轮首之人需要准备的祭菜，则包括金鸡、塘鱼、蹄尖、海参、鱼肚、干贝、鲜蟹、猪肝、猪腰、腿腕、肉松、牛肉、蒸菜、百合、地珠、冬笋、木耳、香蕈、青丝、粉丝、米食、腐衣、腐干和芡实等。此外，还有橘子、青饼、荸荠、甘蔗、栗子、桃肉、瓜子、花生、桂元、红枣、荔枝、莲子、香糕、玉条、香元、榧子、葡萄干、甜菊、蜜菊、雪枣、北枣、白果、酥糖和洋糖等果品。稍早于《三姓财神会》，1939 年的《大财神》抄本中，还记录了与财神相关的戏文：

> 众白：五路财神参见皇公金母。
> 生白：诸位财神莫非庆祝而来？
> 众白：正是。吾等愿护拥道。
> 生白：护从们。（有！）驾起祥云，往积庆堂去者。
> （大开门）众白：来此积庆堂，请皇公金母祝赞者。
> 生白：占了。
> （小四部）维贤维善，宜爵宜昌。
> （夫白）克康克宁，日盛日文。
> （众）仝上莲台。
> （大开门）生曰：遥望吉星来也。
> （急急风，箭部）小仙白：皇公金母在上，小星稽首。
> （生曰）莲台打坐。
> （小仙白）领法旨。
> （五部）生曰：积庆堂前庆千秋。
> （众对曰）叙会仙翁神女游。
> （众旦曰）手捧蟠桃来献果。
> （众仝白）须知海屋庆添筹。

在这段戏文之后，还有“报台”、“跳魁星”等节目。除了财神外，街口一带还有街口祖殿九相公之神。民间传说汪公大帝（汪华）计有 9 子，其中一二三太子无祭祀，四五六诸侯祭祀少，七八九相公祭祀较多。例如，离街口五里处有八郎庙，滩势险急，较前益甚。在传统时代，新安江沿岸各地所祭祀的神明各不相同，如渔梁坝和街口皆供奉九相公，而歙县鲍家庄则供奉八相公等，其间是否存在着相互间的分工与联系，目前尚不清楚。另外，正是因为迎神赛会频繁，故而街口璜蔚一带，出现了不少戏剧人才，一度有“无街不成班”之说。

在各方面，街口与新安江上下游各地都有着密切的联系。当地人说 ：“云上徽州，满街一溜 ；云下淳安，固直（尽管）上山。”这是说云下淳安，有雨也不长，可以上山做活。从中可见，街口一带与淳安关系密切。抄本《酬世汇编》中有一篇《捐资申冤公启》，其中提及，“吾徽六邑多习经商”，街口市聚丰号曾遣伙计带洋百圆，前往淳安经营。

20 世纪 50 年代，新安江水库建成，虽然库区的大部分位于淳安县境内，但因水位的上升，对街口一带也有较大的影响。十多年前，我曾在街口看到当地唯一可见的昔日老房子——张林福宅。这座被列入安徽省级重点文物保护单位的明代古建，为两进三开间，因原址位于新安江水库淹没区，故于 1959 年移迁至最高水位 105 米的山岗上。新安江水库的兴建，淹没了无数张林福宅这样的老房子，也改变了新安江流域许多人的传统生活方式。

第二章　新安江中下游城镇

第一节　威　坪

1848年10月31日夜晚，英国植物学家罗伯特·福琼抵达威坪，他在后来出版的书中写道：

> ……威坪镇建在新安江江边的高岸上。在火把和灯笼的照耀下，我们可以看到其中的一个城门，从这个城门到河边有一条路——其实就是一个斜斜的坡面，我们从船上可以看到这条路。
>
> ……夜晚非常安静，只有水碓发出的叮当声不断传来。这儿的水碓类似我曾描述过的那种，有那么几架就立在城镇对岸的险滩上。夜幕中，这座古老城镇的城墙与城楼若隐若现，黑乎乎的，像座监狱一样。一切都很安静，似乎都沉入到了梦乡之中。
>
> ……太阳这时候刚刚升起，晨曦照耀在威坪那古老的城墙与门楼上，阳光下的威坪老城看起来与夜晚多么不同啊，……它就像是一座古老的城市，清澈美丽的江水从旁流过，四周环以小山，多么浪漫美丽的风景，又有年深日久的城墙在旁拱卫。①

威坪镇濒临新安江，当地为了防备洪涛撞击，沿岸修筑了高高石堤。来自杭州、金华、衢州等地的商品运往皖南必经此处，而源自徽州的山林土产经由新安江转输长江三角洲，此处亦为交通要冲。当时，凡途经威坪水埠码头者，对于岸边的水碓无不印象深刻。早在光绪七年（1881），祖籍歙县大阜的苏州人潘钟瑞，在其《歙行日记》中就曾记载："又上一滩，合四舟并力，午刻抵威坪卡，泊良久乃放行。上威坪滩，仍三舟合帮，申初过和尚岭，申正过常潭。至是山多层叠，水多纡曲。酉初

---

① [英]罗伯特·福琼：《两访中国茶乡》，江苏人民出版社，2016年，第243～246页。

上滚滩，真有飞花滚雪之观。其左峭崖直逼，岚翠森森，下有水碓，声若沸羹。近日所见水碓不一，威坪堡下排列十数具，尤为聒耳。”此处也提及威坪堡下排列的十多个水碓，亦即利用水力旋转的舂米设施。诚如《徽州下水路程歌》所述：“水碓凭船架，无人也自舂。”作为新安江流域常见的河畔景观，水碓在当地经济生活中占有颇为重要的地位。也正因为如此，威坪城边的诸多水碓，给过往商旅留下了深刻印象。

1950年代的威坪

一、从威平到威坪

威坪，原作“威平”，为浙西通往徽州歙县、屯溪等地的水陆要冲，历来就是新安江流域的战略重镇，也是淳安建县立郡之原点。[①]

早在东汉献帝建安十三年（208），孙权派威武中郎将贺齐平定黟、歙山越。当时，歙县金奇、毛甘和黟县陈仆等人率众屯踞安勤山、乌聊山和林历山等处。贺齐设计攻破上述诸山，斩首数千级，并于此地设立始新县，这是淳安具有县级建制之始。始新县至隋开皇九年（589）易名为新安县，大业三年（607）又改为雉山县，县治

① 关于威坪的总体性描述，可参见徐树林：《淳安建县立郡肇始地——威坪》，浙江人民出版社，2008年。

迁至雉山岗下。始新为淳安建县之始，又称万年镇。唐永徽四年（653），万年镇西南的梓桐源一带爆发了反唐起义——陈硕真自称“文佳皇帝”，并曾建万年楼、天子基等。稍后，起义被镇压，万年镇改名为永平。北宋宣和二年（1120），淳安方腊率众于此镇帮源洞一带揭竿起事，自号圣公，建元永乐，一度攻占了六州五十二县。翌年，方腊造反失败，睦州被改为严州，青溪县则易名为淳化县。及至南宋绍兴元年（1131），淳化改名为淳安，以示朝廷安抚之意。当时，又将万年镇改为威平，后又以“平”“坪”同音，遂以“威坪”之名行世。

威坪地当咽喉要冲，因其重要性，1911年一度曾有“严州同知请移威坪”之动议：“浙江淳安县属威坪镇，为浙、皖水道必经之所，商货云集，帆樯如林，向例设有厘捐总局，派驻知府。近来荒歉频仍，匪盗蜂起，自绿营奉裁，益无顾忌。现由卡员吴世钦太守通禀上峰，拟请将严州同知移驻该镇，添设水陆巡防等情，当经中丞批饬，藩司核议。”① 此一动议见于《北洋官报》所录《时报》，结果虽未如愿，② 从中亦可窥见威坪的重要地位。

二、威坪镇的交通

临江傍水的威坪距离淳安数十里，因濒临新安江而天然形成市镇，是浙西通往徽州的重要水埠港口。宋人方勺记载，此处“民物繁多，有漆、楮、松、杉之饶，商贾辐辏”。③ 及至明代，“威坪镇乃徽、严、衢路之要冲，……买卖者经营不绝，往来者络绎无停”。④ 这些“买卖者”，有相当多的人应来自徽州。对此，一些商编路程中有不少记载。例如，抄件《杭州上水路程歌》就提及：“云头竹节水连天，才泊威坪于岸联。”《杭州上水路程歌》为经折装，版幅6厘米×12厘米，前后封面为枣红色硬皮，中有烫金长方框，其正面为《杭州上水路程歌》，反面则为《徽州下水路程歌》，从中可见，由街口沿新安江东下，沿途险滩众多，急湍迭见，从此进入浙江的第一个较大市镇便是威坪。晚清婺源理坑人余岱雯在随身携带的路程《一帆风顺》抄件中，对于这一段水路也有描摹：“锡行渡口问渔樵，指点云头五里遥。竹节淇滩难上下，威坪一到兴方饶。”新安江自徽州顺流而下，经桐江、富春江和

---

① 《北洋官报》第2753期，1911年。

② 《申报》辛亥三月初四日《严州同知请移威坪之结果》。

③ [宋]方勺：《青溪寇轨》。

④ [明]徐鉴：《虹桥施茶榜文》，载淳安县茶文化研究会：《淳安历代咏茶诗词选》，第41页。

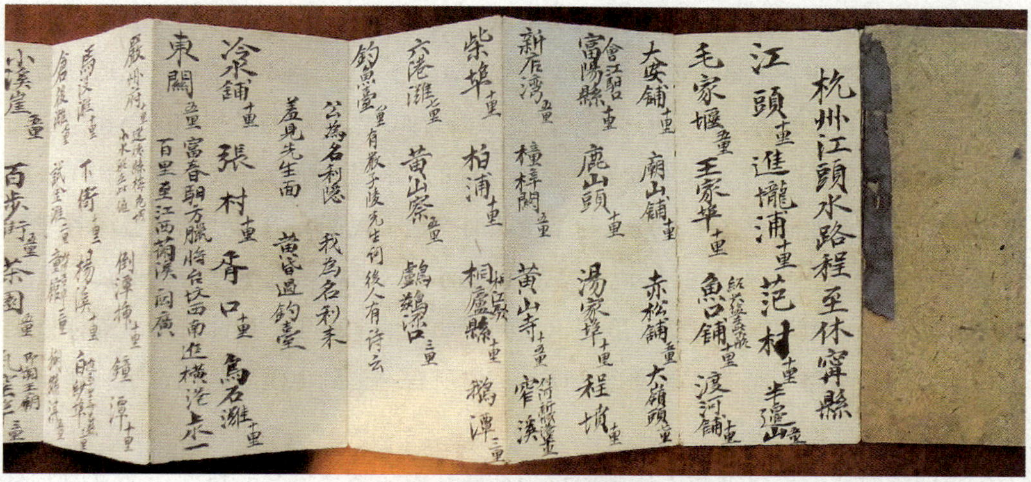

清代新安江商编路程手折

钱塘江可以直达杭州。其间，与兰江会合之后，可以转往兰溪、金华等处。而由歙县至淳安，经过黄江潭后，江面渐显宽广，及至威坪，更有豁然开朗之感。

威坪位于新安江中游，除了是水上要冲之外，此处还是陆路上的重要枢纽。屯威古道，亦称休淳古道，系由屯溪或休宁县城出发，进入歙县境内之后，途经篁墩、王村、森村、黄备、小洲和小川，继而折向东南行至街口，再越过皖、浙交界处，经由威坪抵达淳安县城，全程数十公里。据今人调查，此一陆路大部分为石板路面，历来就是徽州人前往淳安的陆上要道。在传统时代，经由此一古道进出徽州者颇为频繁。个中的一个主要原因是——自休宁至淳安虽有新安江水路，但因其沿途险滩较多，河流湍急，船行颇为滞缓，不少河段的行旅漂流，其速度还远不如陆上行走来得便捷。嘉庆六年（1801）稿本《磻溪纪事》卷上提及，“万历中，街口舟楫不通，行旅皆由陆地，自威坪入始新源，抵坝岭以进”。此一记载指出，皖、浙交界处的新安江段一度断航，旅人只能由陆路通行。歙县磻溪人方子亮就在“屯威古道”上建亭立殿，方便过往行人，故而受到官民的褒扬。

民国以后，因威坪适当浙、皖接壤处，自屯溪至兰溪的汽车皆在此处衔接与换车，当地的交通运输相当繁忙。1940 年，周起凤在《各地风光：从屯溪到上饶》① 一文中指出：“从屯溪到威坪的公路，是沿徽港（新安江）建筑的，而徽港两岸都是绵延

①《大美周报》第45期，1940年。

不断的高山，所以这条公路完全是依山傍水，险峻而秀丽。车行其上，看看一边是壁立千仞的怪石峻谷，另一边则是清可见底的徽江干流。”当年，威坪之交通颇为便利，这条公路上通屯溪，下行可达杭州。也正因为如此，威坪与徽州的关系相当密切。民国传钞本《安徽省志》记录有新安江至钱塘江的“水程及航行日数”，其中指出：“屯溪为新安江上游水运业之中心地，与下游四时交通大民船，故与钱塘江流域各地及杭州常有商业上之往来。”一般说来，从屯溪而下，也可以直接称为新安江。根据粗略的估算，自屯溪至威坪为170里，而到严州则为390里。由此看来，威坪位于自屯溪至严州水路一半左右的位置，诚如俗谚所言“上到屯溪看黄山，下到严州严东关，就我威坪顶中央”。①

在传统时代，许多徽州人皆由威坪前往长江三角洲。歙县芳坑江氏文书中，有一封某年荷月（即六月）十二日外甥姚禹三写给著名茶商江耀华的书信原件，其中写道：

> 敬启者，尔日揖别后，于四鸣钟才得开行。因天雨，至章家塝即停宿矣。次日停泊朱家村，昨日至深渡已六点钟，随即照票过卡。今日抵威坪，亦有五句钟光景耳。一切已报关如式，大约明早开船。途次幸各平安，请可放心，祈勿锦注！再启者，所有永华公委带之茶箱船，渠因等待不及，昨日曾已先开行矣，其引票亦交渠押帮者带去。据云渠亦要往杭城耳，其船今晚亦在威坪歇。途中亦皆平顺，便望致意一声为祷……

此信汇报了自己从歙县出发前往杭州、途经威坪的经过。民国时人吕士范《书信留底》抄本中亦有一信，是写给其父的信函：“敬禀者，自上月念五日拜别之后，当晚至小垱止宿，于廿六到屯（溪）。在屯耽搁一天，廿八日始解缆长行，晚至涨家塝，廿九日至界口，卅日至威坪，初一日至桐庐，初二日抵杭州，初三日下午到申，当日即进店，途中一切均托福平安，请勿动念。”这是一个叫“能型”的伙计，由新安江经威坪前往杭州、上海后寄出的家信。信中的“涨家塝”应即前文的“章家塝”，皆在歙县境内。上述二信，都较为详细地描述了由歙县前往威坪的旅途经历。

① 徐树林：《淳安建县立郡肇始地——威坪》，浙江人民出版社，2008年，第13页。

三、商业与威坪社会

道光时人“春甫氏”所撰的《新安纪程》中，有：“威平滩，隔壁【峭壁？】嶙峋，松枥蔚然，乃淳安一大聚落也。”不过，1928 年，蒋维乔曾经此地，在他眼里，威坪“市面甚小”，这当然是比较新安江上下游的诸多市镇而言。而在实际上，在 1930 年，威坪镇绵延约有二里，属于新安江上较大的市镇之一。1944 年《淳安兵要地志》记载：“威坪镇，1535 户，8025 人，有市房、店室、祠庙、汽车站等建筑物，商店约 100 余家，商业颇称繁盛。”① 根据当代人的追忆：

> 威坪古镇市井坊巷纵横，布局有序，分前街、后街、横街、下街四条街道，街贯巷连，有叶家、方家、毕家、胡家等巷。市井街道建筑独有特色，街道正中全部用茶园青石铺就，街道下面是排水道，街道铺垫，别出心裁，每块青石斜对角故意留有微小间隙不填实，行走时发出“叮当、叮当”声响。夜间如有官兵盗匪进镇骚扰，街道的声响似发出快速报警。而正中茶园青石铺就的主街道两侧，则用大小均等的鹅卵石罗列成图案花纹，格外别致。民居和商铺建筑一般都是两层，街巷采光亮堂，带有徽派风格的粉墙黛瓦、马头墙翘檐高昂，有一种明快淡雅的美感。街面商铺接踵，店号匾额，招牌广告，古色盎然，茶楼酒肆，商帘招摇，满街摊贩，琳琅满目，宛如屯溪老街。店家临街都是一式木排门，夜间打烊，一片木板上门声，格外清脆悦耳，有一种小城古镇的特有风情。②

正如当代人的一些回忆那样，威坪镇的两条主街皆铺砌茶园青石，房屋则清一色的为粉墙瓦黛之二层楼房，从威坪老照片来看，当地的建筑风貌与新安江上游的徽州极为相似。

有关传统时代威坪的商业活动，现存的文献资料并不太多，将近十年前编纂的《徽商大典》中收录了一份珍贵的契约文书图片，是光绪二十年（1894）所立的“出顶大昌店业文”。其中提及，徐灶金、徐明经等人之父，曾在威坪前街与他人合伙

① 转引自淳安县志编纂委员会：《淳安县志》，第24页。

② 徐树林、王兢：《淳安都文化》，中国文化艺术出版社，2012年，第54～55页。

开设大昌店，后因历年生意清淡，屡屡亏本。有鉴于此，他们决定“将父手店内一概进出账目，均照分派，自愿承值。再将店内现货立有盘存一览，并门面各项生财、器皿，俱有抵账，一概尽行凭中，立此出顶与胡凤岐先生名下，另改招牌，开张生意”。[①] 上述的“出顶文”还提及一个细节说“因两家均是书业为本，无暇开设生意”，这显然说明徐灶金、徐明经应是“贾而好儒”的商人，一时没有精力继续从事贸易。关于这一点，笔者手头恰有两份与之相关的诉讼文书抄件，从中可知，徐灶金为淳西蜀川附生；而与之合股经营者之一胡士周，则是歙县南乡街源璜田的附贡生。

关于徽人在威坪一带的商业活动，还见有一些契约活套。如抄本《急用杂事》中有一合议：“立合议文人△等，今因伙计开张店铺，当凭中见，各出本银　两正，将本求利，以为渊源之计。自议之后，店中各样事务，俱要和气嘀量，不得有始鲜终，更不得徇私肥己。如有等情，察出，罚银　两正，断不徇情。恐口无凭，立此合议二纸存照。”[②] 文中的“嘀量”，明显是徽人的习惯用语。而契约中的“△”及银两前之空格，则反映出此为不时套用的契约活套。而这一民间日用类书就来自威坪附近，从一个侧面反映了当年的商业活动。

关于传统时代威坪一带具体的贸易活动，以下分类论述：

(一)茶业

威坪毗邻徽州歙县，与皖南各地的地貌类似，附近崇山峻岭连亘不绝，高山多雾，土壤呈酸性，非常适宜于种植茶树，为淳安县重要的产茶区域。早在唐代，产于威坪附近的鸠坑茶因其质量上佳，遂成贡品御茶。关于这一点，唐代茶圣陆羽在《茶经》中就曾提及“睦州鸠坑茶”，而稍后的李肇在《唐国史补》中亦有记载：“风俗贵茶，……睦州有鸠坑。”及至北宋初年，《太平寰宇记》提到：“睦州土产鸠坑团茶。”可见，唐代之后鸠坑茶虽已不再列为贡品，但仍不失为一方名茶。对此，北宋文豪范仲淹有《鸠坑茶诗》，曰：“潇洒桐庐郡，春山半是茶，新雷还好事，惊起雨前芽。”范仲淹曾任睦州知州，他非常喜欢当地的风光，遂写有十首五言绝句加以赞美，其每首诗之起句皆为“潇洒桐庐郡”五字，后人遂以“桐庐郡”作为睦州之别名。揆诸史实，睦州始设于隋仁寿三年（603），治新安县（今淳安威坪），其辖境相当于

---

① 安徽五福文化产业发展有限公司：《徽商大典》，上海书店出版社，2013年，第297页。

② 戴元枝：《清至民国徽州杂字文献集刊》第8册，广西师范大学出版社，2020年，第149页。

今浙江建德、淳安和桐庐等市县地，地处淳安西部之鸠坑，自然也属于范氏所述的“桐庐郡”境内。鸠坑亦名鸠坑源，茶树种植较多，质量上乘。[1] 由于鸠坑茶区距离威坪不过二三十里，故而当地的茶市也就集中在威坪镇上。清代以来，在威坪镇经济中，相当大的部分就是与制茶、运茶和销售茶叶有关。

关于茶叶经营，清末民国时期的一份书信活套写道："△△老亲翁大人台照：今来无别，为摘茶一事，拜托老翁，请接三四位摘茶叶人，于本月△日与△△舅兄并请归去。”另一份书信活套则曰："△△贤侄英畏清览：近接来函，展知乏人，即向村中邻舍请聘佳手。无奈壮者糊口四方未归，妇女亦方麦熟将近，请来请去，一无所应，故特飞纸来前，以免守株待兔之讥，临喝【渴】掘井之讥诮。余言不尽，草草，不宣。耑此布达，并请近安。眷生△△字具。”以上活套见于一册在徽州发现的抄本。而在淳安，对照当地人的讲述，旧时每年到了茶季，威坪镇上的不少人都忙着收茶、炒茶、拣茶、装笼（外运包装）和卖茶。尤其是女人，纷纷前往茶号做工，以挣些小钱贴补家用。[2] 一番劳作之后，这些腿脚奔忙之人都要与雇佣者结算工钱。关于这一点，有一份“讨账票式”这样写道：

> △△老兄大人足下：今来字无别，兹因客岁弟△△名到贵宅摘茶叶一事，该弟工钱△百△十文，又该茶叶△十斤，面议每斤△文，一斤照算，一概未收。故托人走字来前，惟望兄速速办出，付来人带回，以便应用。余言不尽，耑此布达，并请近安！△△△△△字具。

茶叶制成以后，便要运往各地。除了威坪盛产的茶叶之外，因当地位于新安江中游，徽州茶叶运销杭州，也需经由此处。“威坪税所，地居皖、浙交界，徽茶外运，系属必由冲要”。[3] 民国时期，歙县大洲源日用类书抄本中，有一篇《卖方茶寄家信俚言》，其中提及："开船到威坪（正口茶叶下船到威），船破茶叶湿（威坪村头滩上，船只譬如撞破了，茶叶又受潮了），廿七到杭州（廿七上午九点钟到杭，茶叶未起行了），三篓看不的（方茶开篓出样，大打样时连开七篓，开篓茶叶受潮，三篓茶

① 关于威坪的茶业，可参见曹孔皓：《威坪茶区鸟瞰》一文，《浙茶通讯》1940年11月21日第3版。
② 此据淳安县茶文化研究会编《一叶知千岛》一书第59页的描述。
③《查明呈复文》，《财政月刊》第12卷第138期，1925年。

受潮最重的……）。”可见，徽州有一些方茶，途经威坪运销杭州。

晚清民国时期在威坪的茶商，有一些与大茶商江耀华有着频繁的联系。歙县芳坑江氏文书中保留有江耀华的几种通讯录，其中有一种便记载：

> 威坪胡三泰：胡静波，江素心，胡品三，汪盛滋，汪东达。
>
> 公估人胡树经看宝，系威坪本地人。

这些，应当还不是江耀华在威坪联系人的全部。在这批书信中，有一封由威坪“三祥”写给江耀华的信函，提及从歙县梅口到淳安威坪的旅途经历，其中谈到牛坑、深渡、街口、威坪交税的数目，以及茶商与关卡讨价还价的情形：“威坪茶子报捐，明过秤二百十斤，再又讨让，并报一百八十斤，共洋二九零四五，二八宝平四九八五，二共交洋七十四元一角四分。”此外，另一封“三祥”写给江耀华的信函，则主要涉及沿途的行程，最后说：“本日四句钟光景抵城，即速报捐过卡，大约在此缩【宿】夜，明日再行。”信中及落款处的威坪，皆写作“城”。

除了这位叫“三祥”的商人之外，歙县芳坑江氏文书中还保留有不少其他商人的资料。例如，光绪十八年（1892），威坪俞尊五就曾写信到阳湖，与那里谦顺昌茶号的江耀华联系。又如，光绪二十九年（1903），茶商胡树金提及：“兹在荷月初四日，代就茶子六十袋，并厘在内，共洋一百十七元零厘，当收尊号洋四十元，仍代垫出洋十七元零厘。兹交船友带奉草函来前关照，但后与妥便，祈请代寄为恳。”上述这封信，使用的信封上写有“威坪胡德新行书柬”的字样。再如，某年三月初九胡修栋在写给岳父江耀华的信中提及：“合办之茶朴，大小共三十九篓，屯包装至杭，水脚洋九元，街口、威坪沿途捐厘使用等项，婿亦立有账摺一本，交时来兄逐项登记，合至申江几多成本，售出多少洋数，亦着伊一一注上，想必清楚结账无讹。”1919 年，徽州茶商王赞周等指控威坪统捐局违章勒税，说道：“以徽茶入境，向有箱与篓袋之分，箱茶运行外洋，篓袋运行内地。顷有商人用箱装运珠兰花茶，声称运往山东，销售俄国。”[①] 根据文献记载，前述威坪镇上的“胡德新”茶行，就与徽州珠兰花茶

①《呈省长为呈复徽州茶商代表王赞周等具控威坪统捐局违章勒税一案已令局查复转请鉴核文》，见《浙江财政月刊》公文。

之运销有关。

1928年5月6日的《申报》上，有一篇《浙严茶业之新发展》："遂安、淳安为浙省产茶区之一，遂属之港口、淳属之威坪等处，业制洋庄茶号颇多，年有产额约计万余箱，且质属低庄，颇合白头庄价廉销胃。其地近杭垣，运输便捷，每年珍眉箱茶运沪，较屯、婺为早，得盘最先。前、旧两载珍眉头盘售价，均有九十余两不等，营业殊不恶。查该路茶产不多，庄号亦少，山价人工开销，俱比婺、屯见减，惟近该地商人，以茶叶结束尚佳，新组茶号亦渐众。威坪接连徽歙深渡，为淳安茶市所集中，驻歙茶栈支庄，均派人至该地放汇。"由此可见，民国时期的威坪茶业仍有相当的发展，当地与上海有着密切的关系。

1931年6月20日《申报》上有一份《威坪万有甡紧要声明》，其中提及：

> 缘因歙人汪余庆与敝经理汪云辉谊属同族，去冬十月赴衢，道经敝号，面允代假款洋二千元，订定今年六月底期归还，其款由杭州元泰庄于旧冬十一月廿日期，汇付上海锦泰义、新埭泰顺达、杭州协泰昶、许衡卿四处，嗣即缮有借券一纸，并五百元三联票根，计万字九三、九四、九五、九六号四张，直寄常山余仁丰号转交汪余庆收。（有邮局号单回执可凭）不料汪余庆藏匿借券票根不介，致令四处收款人届期脱空，统将汇票根借券又不寄还，形迹可疑，情同诱骗，未免发生意外纠葛。敝号除呈县政府立案外，并登报声明，倘日后发现敝号上项票券，作为废纸，不生效力，特此通告。

在《申报》中，这份标明"威坪万有甡号启"的声明仅刊登了三天，其商务纠纷的具体结果如何无从了解。但声明中提到了徽商在威坪的活动，以及他们与杭州、衢州、新埭、上海和常山等地商号之银钱往来，从一个侧面反映民国时期威坪与外埠的商业网络。

(二)木业

明清以来，徽州出产的木材，自新安江东下运往杭州江干，有不少都要在威坪停靠。清乾隆年间，婺源商人江扬言在杭州候潮门外创设徽商木业公所（亦称"徽国文公祠"）。此后，其子又于江干购置沙地，上至闸口，下至秋涛宫，共3690余亩。木业公所收支由公所董事负责，每年于5月下旬，挑选木商中数名善书善算者共同核查，并将结果誊清，刊刻征信录公之于众。太平天国兵燹战乱期间，徽商木业公所惨遭焚毁。及至20世纪初，徽商木业公所才得以重建。为此，宣统元年（1909）刊刻有《徽商公所征信录》，其中的“凡例”提及，“威坪、严州董事每年于五月下旬，先将各账交明公所，以便誊清”。另外，书中收录有《威坪加捐东关免验告示》，个中提及，徽州木材运销杭州江干，原本只在淳安县威坪抽收起捐，及至光绪前后，又在严州东关和杭州闻堰两地设卡抽捐，这显然加重了徽州木商的负担。对此，徽商木业公所多次与相关方面交涉，但东关厘局仍坚持收捐。双方缠讼不休，官司一直打到浙江厘捐总局。最后，徽州木商同意于威坪适当加捐，换取厘局同意在威坪局发给徽商免验单，东关、闻堰从此不得再行加抽。

值得注意的是，《威坪改捐东关免验告示》中提及“威坪以下淳、遂所产之木”和“威坪以上尚有本山木植”，这些都说明，淳安附近也是木材产地。关于这一点，来自威坪一带的抄本《急用杂字》中有一拼文：

> 立拼文人△△，今有杉木一宗一处，土名△△，系云字千百十号，计山税△亩△分，本身合得分法，自愿出拼与△边造作，面议木价银△两正。其银当日收明，其木定凭住【往】杭抽分发卖，木尽还山。如有亲外争论，俱身之当，不扰客边之事，恐口难凭，立此拼文存照。[①]

这是在威坪一带从事木业经营相关的契约文书，而从事此类经营的木商，除了一些当地人之外，也有不少是来自徽州的商人。例如，清康熙年间，在杭州开设木行的歙县璜蔚木商胡义椿，就在黄山、渔梁、街口、威坪和严州等处设有购销分行，经营竹木贸易，手下雇工多达数百人，收益颇丰。

(三)粮食业

前文提及，新安江畔的威坪镇外水碓众多，这可以从一个侧面反映当地粮食加工业之兴盛。清嘉庆八、九年（1803～1804）和光绪二十四年（1898），淳安县威坪关卡借口浙江荒旱，两度拦截米商运粮船只，导致徽州陷入严重的缺粮险境，为此，徽州绅商分别在安徽和浙江两地奔走呼号，请求浙江方面放行。关于遏籴事件，道

---

① 戴元枝：《清至民国徽州杂字文献集刊》第8册，广西师范大学出版社，2020年，第147～148页。

光《徽州府志》收录有历史档案，详细记录了嘉庆九年兰溪、淳安两县阻截歙县运米商船的相关细节。

至于光绪年间的阻截案，安徽省图书馆庋藏的《歙地少请通浙米案呈稿》，也是与运米纠纷相关的文书。据该呈稿提及：“徽属田少山多，尤多峻岭，江广之水隔于岭，惟赖通浙一水，经由淳邑以运粮。徽产之粮，丰年只敷三月，余皆仰活于外，此天下所周知。况当屡歉之余，一日闭粜，即一日乏食。徽属歙、休、绩多赖此水挽运，而此外别无生路，则歙为尤甚。今严州府淳安县忽出告示，谓奉浙江抚宪密札，以杭、嘉、湖三府水患，严禁运米赴徽，遂于淳安之威坪镇等处，当徽咽喉，设立水卡，截阻徽人已运在途之粮，并不论贩自己省、贩自他省，皆陷之于河间。其未运之粮，则陷于所贩之地，而无粮得入徽河。徽属良民，旋有嗷嗷立毙之惨。”上述呈稿谈到——光绪二十四年（1898），淳安县威坪关卡借口浙江荒旱，拦截徽州米商运粮船。为此，徽州绅商提起控诉，要求浙江方面放行。当时的浙江巡抚虽已批示放行，但在实际执行上仍加阻拦。其后，徽州绅商继续上控，浙江方面则声称其时本省缺米，徽商人数众多，无法加以通融。光绪二十五年（1899）正月，最后受两江总督刘坤一干预，浙江方面才予以彻底放行。此次事件，以徽州绅商控诉成功为结果。而在这两次危机中，威坪始终是来往交通的关键所在。

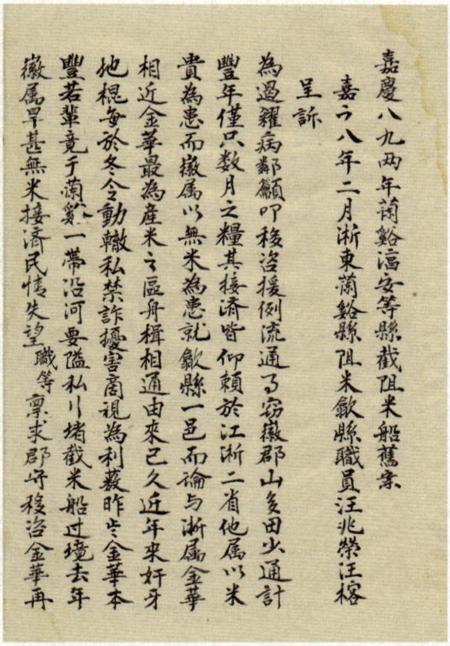
嘉慶八九两年蘭谿淳安等縣截阻米船舊案
嘉慶八年二月浙東蘭谿縣阻米歙縣職員汪兆榮汪榕
呈訴
為遏糴病鄰籲叩移咨援例流通事竊徽郡山多田少通計
豐年僅只數月之糧其接濟皆仰賴於江浙二省他屬以米
貴為患而徽屬以無米為患就歙縣一邑而論與浙屬金華
相近金華最為產米之區舟楫相通由來已久近年來奸牙
地棍每於冬令動輙私禁詐擾害商視為利藪昨歲金華本
豐若輩竟于蘭谿一帶沿河要隘私行堵截米船過境去年
徽屬旱甚無米接濟民情失望職等稟求郡守移咨金華再

《嘉庆八、九两年兰溪、淳安等县截阻米船旧案》

(四)其他

作为新安江畔的水埠码头，除了茶、木、粮食之外，威坪镇上当然还有不少其他的商业活动。比较著名的如，镇上有一些药店自制膏丸中成药，颇具特色。据载，同治十年（1871），绩溪城内人在淳安威坪镇后街创设的胡咸春药堂，历经三代，生意兴隆，一直活跃到 1956 年公私合营。又如，威坪镇上的食品加工业享誉四方，出现了不少独特风味的糕点。民国时期，歙县许村人许士樾就在当地开设了“许恒泰糖饼号”，该号亦涉足酿造业和南北杂货经营。目前留下的商品包装纸亦有：

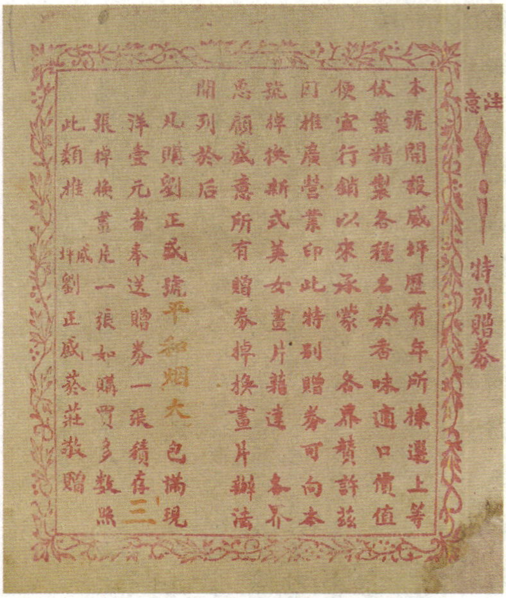

注意

特别赠券

本號開設威坪歷有年所揀選上等佳葉精製各種名菸香味適口價值便宜行銷以來承蒙各界贊許茲因推廣營業印此特別贈券可向本號掉換新式美女畫片藉達各界惠顧盛意所有贈券掉換畫片辦法開列於后

凡購劉正盛號平和烟大包滿現洋壹元者奉送贈券一張積存三張掉換畫片一張如購買多數照此類推

威坪劉正盛菸莊敬贈

威坪刘正盛烟庄特别赠券

“威坪／前街上市／石库门内／泰丰恒号／应时茶食。”在食品加工业中，特别是蜜饯制作尤为著名。《申报》1927年3月8日曾刊载佚名所撰的《徽州之蜜枣》，其中提及：“蜜枣之出产区域，除浙江兰溪、金华外，要以徽州深渡为蜜枣之源薮。浙江威坪、淳安虽亦有之，但不甚称”。金丝琥珀蜜枣是鲜枣经过加工的一种蜜饯，色泽金黄如琥珀，晶莹剔透，肉厚核小，甜蜜之余，保留着天然枣香。威坪蜜枣的产量、质量虽不能与徽州所产相提并论，但它以当地青枣加工而成的金丝琥珀蜜枣，也曾一度远销各埠。此外，还见有“威坪刘正盛烟庄”的仿帖和特别赠券等。这些，都反映了威坪镇上昔日的商业。

除了当地商品之外，还有不少是过境的货物。威坪地处新安江中游，上接徽州，下至严州，从上游屯溪运下来的大量商品都在威坪停靠，而沪、杭转输而来的不少货物也有在此卸货者，与此同时，将本地的一些土特产品装运外输。以《捐厘新章》刊本为例，书中有“上下水起验卡局”，其中就有多处涉及威平（亦即威坪）。另外，《徽州文书档案》一书中收录有一张行商执照，是光绪十二年（1886）三月初三日浙江通省厘捐总局威坪厘局颁发的护票，其主要内容是贩运荤油八十斤，到局照章完纳厘金钱一百二十八文后颁发的凭证。当时规定，商人收执此票，“如过关津卡口给照，盖戳放行，毋得阻延”。

由于威坪地当要冲，徽州人穿梭往来，因税收问题，徽商与当地的厘卡时常发生冲突。清末的《庚戌袖珍日记》中有《沿途便记》，详细记录了所过各关卡之税捐，计有闻家堰、东关嘴、东关、严州、威坪和王家潭六处税捐。1923年，由徽旅联合会印送的《屯溪南水卡裁撤案由》也指出：“我徽僻处万山中，交通不便，外贸者恒三年一归，归时，沿途受厘卡之留难，税捐之繁重，每令人有行路难之叹。盖自杭州溯江而上，计程仅七百里，而厘卡有九，若闸口，若闻家堰，若东关，若严州，若威坪，若王家潭，若界口，若牛坑（即屯溪东水卡），若南水卡，处处阻留，在在需费。”①

正是因为关卡众多，在威坪曾发生过不少纠纷事件。除了前述的木材之外，再以茶叶为例。茶叶是来往货物之大宗，在运销过程中，抽捐纳税亦属应有之义。光绪二十三年（1897），歙县知县何润生在《徽属茶务条陈》中，曾详尽论述了徽州茶商所缴纳的捐税：“歙、休、黟之茶，均由新安江运浙境之威坪首卡，每引抽厘捐二钱。光绪二十一年加抽八分，又另抽关税银一钱，杭引课银三分四厘。再由威坪运绍兴达宁波，逢卡验票，不复重抽。在宁波新关，每百斤预完出口全税银二两五钱。设运至杭州过塘，由嘉兴至上海，每引须纳浙江塘工捐银五钱。……至内销，如茶朴、茶梗、茶子、茶末等，不完落地税，惟逢卡抽厘，屯溪、街口每百斤各抽钱百文，浙之威坪抽三百文，严东馆抽百五十余文，杭属厘卡抽钱三百余文，嘉属抽钱五十余文，此内销本地茶抽收厘金之定章也。”②关于沿途逢关必抽之层层盘剥，在一些民间文书中也多有反映。例如，在歙县芳坑江氏文书中，某年榴月（即五月）二十八日，江润之在写给父亲江耀华的信中提到：“李开顺至威坪，当即纳税。但茶引每三角九分四厘，另加小学堂费每引一分。”当时，江润之从徽州经威坪前往杭州江干，再从那转往苏州，并在苏州给江耀华写信报告近况。另有一封某年九月二十二汪停波写给江耀华的信，则提及沿新安江逆流而上途经威坪的情况：“赴徽之货，闻家堰起验，比时清收，东关查补，威坪起验，比时清收。若照旧章，商贾吃亏，一验之清，生意之人，将本求利而反求忧，如之奈何？”③对于沿途的苛捐杂税，过往的徽商有时也奋起反抗。例如，有一份由屯溪镇茶号、茶行共同起草的信函就提到：“……刻因浙境威坪卡截阻茶箱，勒加捐银，留难措滞，不能畅通”，为此，屯溪各号邀集同业，在华山公议解决办法。④

除了茶叶之外，另据《徽河零货捐小史》记载，清咸丰四年（1854），徽河（即新安江）各局卡员挖空心思，想出“徽零货”的名目，规定凡有船只到卡，查出货物，即令报捐。如无大宗货物，即以各搭客名下之零星货物总共计之，照章估本报捐，

① 徽旅联合会：《屯溪南水卡裁撤案由·弁言》，癸亥（1923）冬月，第1页。
② [清]何润生：《徽属茶务条陈》，见《皇朝经世文统编》卷61《理财部六·茶务》。
③ 歙县芳坑江氏文书，档号：434304-Q309-005-00002-022-(001)。
④ 歙县芳坑江氏文书，档号：434304-Q309-005-00094-003。

其捐额为每担四百文。此一规则实施后，经由新安江往来的徽商，有不少随身行李皆被当作零货抽捐，这成了过往行商旅客的沉重负担。光绪二十一年（1895）六月，徽商奋起抗争，由具有功名职衔的一些绅商牵头，向兰溪、严州厘局呈递禀文，痛陈苛捐病商，并动用各类关系全力寻求官场奥援。经过多方活动，此事受到浙江牙厘总局的重视。光绪二十三年（1897）三月，浙江全省牙厘总局颁布告示，规定革除信货、零货等名目，将货物抽捐正常化，明令对行李不得抽捐，徽商的大部分诉求得到基本满足。不过，及至1922年夏天，某司员个人承包了浙江威坪厘局黄家潭分卡，对过境徽商船只勒索盖印费，其他局卡亦趁火打劫，苛捐杂税死灰复燃。徽商被迫再起抗争，当时，由旅苏徽州同乡会出面组织发动，歙县茶商吴世美茶号经理汪巨川、苏州顺康钱庄老板洪玉麟等领衔，通电反对。

由于传统上的历史渊源，威坪与徽州一向存在着天然的联系。根据《新安名族志》的说法，方氏祖先方纮，于汉哀帝时拜丹阳令，后因王莽篡乱，累征不起，遂家于歙之东乡。① 想来是因方纮曾任丹阳令，故后代有的方氏族谱就称为“丹阳谱”。例如，笔者手头就有一册抄本，其中的《丹阳谱小序》提及方氏祖先于新莽时期“征公不就，避于歙之东乡，因家焉，即今淳安威坪街”。另据已故的江怡秱讲述，歙县坑口乡方姓大多聚族而居于瀹坑、瀹潭一带，其中，方汝霖三子四一之孙桂元，生五子，皆迁浙西淳安威坪。此外，《越国汪公墓祠志》中提及的汪氏分迁各派，其中的建公派就有淳安县威坪一脉。这些，都从移民的角度反映了皖南与浙西之天然渊源。

除了移民之外，在传统时代，更有不少徽商活跃于威坪一带。1937年的一册启蒙读物《三言杂字》中，就列有“生意类”一门：“收水客，船上坐，从威坪，到淳安，往茶园，下严州，出杭州……”该册抄本属于皖浙交界处的歙县里东山文书之一种，反映了从歙县东下浙西，首先抵达的重要市镇就是威坪。此外，另一种《急用杂字》抄本亦记载：“……严州六县，建德、淳安、桐庐、分水、寿昌、遂安，青溪四镇，港口、茶园、进贤渡、威坪，兰溪、歙邑、吕埠、小溪、早河、界首、桐桥，毗连徽州，街口、岩市、屯溪、旌得【德】、休宁、祈【祁】门、婺源、黟县、石埭、青阳、绩溪……”② 这册启蒙读物之后还有威坪“本地”的一些小地名。另外，在该书卷首，

① [明]戴廷明、程尚宽等撰：《新安名族志》前卷，第99页。
② 戴元枝：《清至民国徽州杂字文献集刊》第8册，第142页。

又列有一年十二个月的生活节奏，其中的“十二腊月”条这样写道：

> 小寒大寒，煎糖炒米，胖发佛豆，胶麻糖，买油盐，香纸锡箔，杀猪羊，做年，谢神还福，备斋供，做汤饭，上坟祭祖，办年节，换包子，着亲眷，出威坪，买鞋面夹里，粗布、细布褡帽，办果子，买火炮，写春联，贴利市，挂真容，分岁。①

上述文字，历数了新年之前日常生活的一些细节。“出威坪”三字，正好反映了它是以威坪为中心编纂的启蒙读物。

在传统时代，与新安江中下游沿线的其他主要市镇一样，徽州人在威坪镇的商业亦相当活跃。早在明嘉靖三十七年（1558），绩溪人曹显应之子就相继在歙县深渡、街口、淳安县城、威坪镇和昌化等地开设了万年米行分号。清代歙县牌头人江腾祥妻徐氏，寓居威坪。“乾隆甲子，水灾，氏命子煮粥赈饥，全活甚众”。② 从徐氏乐善好施的举动来看，她应当出自侨寓威坪的徽商之家。另据光绪《淳安县志》记载：“胡嘉瑜，字霞远，威平人，新安其祖籍也。为人倜傥，有才略，然诺不苟，遇贫乏者辄周恤之。里中有义举，慷慨无吝色，尝捐资倡建宗祠，父子兄弟间，油油然有万石君家风……”在威坪，胡姓繁衍颇盛，在威坪后街脚建造了宽大恢宏的胡氏宗祠。③ 根据文献记载，胡氏族人乐善好施，捐资兴建了威坪镇沿新安江的石堤、石围墙，并出钱铺设了街道石板等。从诸多史料来看，在威坪务工经商的徽州人相当不少。对此，今人邵国榔曾追忆：

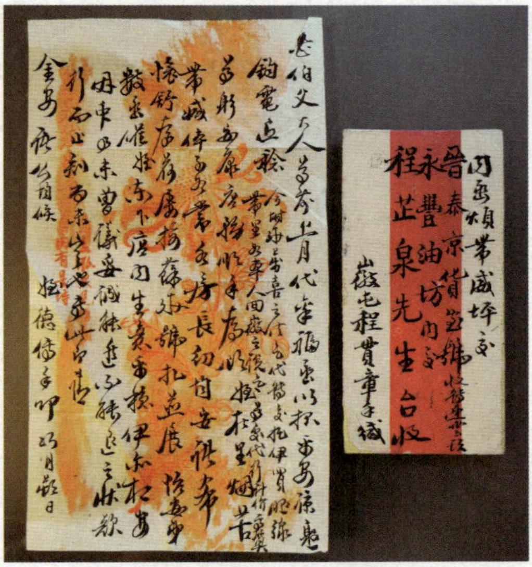

从屯溪寄往威坪的徽商信函

① 戴元枝：《清至民国徽州杂字文献集刊》第8册，第116页。
② 道光《徽州府志》卷13之1《人物志》。
③ 徐树林：《淳安建县立郡肇始地——威坪》，第68页。

浙江省淳安县威坪镇，地处新安江边，……是淳安西乡的重要水运码头和商贸中心，商务覆盖面占原淳安县四分之一的地域和三分之一的人口。在有公路以前，往来兰溪、杭州的徽州船队，也必在这儿停泊。它的鼎盛时期，曾有八千余常住人口，有呈H形的前、后、横3条街，店铺并肩、商号相望。平日里，头戴草帽、脚穿草鞋、单挑扁担的乡下人攘来熙往，还夹杂着光着脚板、袒胸露背的纤夫、舵手，一幅热闹景象。但在这热闹的背后，却是那些可霭可亲、轻声细语的老板、伙计们。他们大多是徽州人，店面上都挂着金字招牌，有的人还是在四乡八里颇有名气的老商号，已在这儿开店经商几代人了。①

此一描述，反映了威坪与徽州的关系极为密切。在传统时代，除了在威坪镇上，徽州人的影响还深入到周边的村落。例如，明崇祯二年（1629）四月至乾隆八年（1743）十一月的歙县胡氏总契底卷首所记之“契底目录”载：

黄蔚本处：村头、源头；

鸠坑源：大演坦、（张家村）、麻平、（方村坞），光山脚、（张家堪）、崩石、（曹家坂）；

梓桐源：墩头坂、中州坂、慈溪、良家坂、富城坂、后州坂、葛家潭；

七都源：黄金里、飞坑源；

（威坪园地）、（航头）②

文中的“黄蔚”也就是歙南的璜蔚，此处位于新安江即将流入浙江的街口一带，其村中的大姓即为胡姓。而从《总契底》的记录者胡氏三兄弟来看，此一抄本的确应属于璜蔚胡姓所有，故目录中有“黄蔚本处”的记录。当年，从皖浙交界的街口顺流而下，便进入严州府的淳安一带，“鸠坑源”、“梓桐源”、“七都源”和“威平【坪】”也都在淳安县。上述目录中括号的部分为笔者所加，在原件中则被涂改，应是原来在该处一度置有产业，后发生产权变动，已不属于胡姓所有。光绪年间，歙

① 邵国榔：《徽商以诚信在威坪镇立足》，载《徽州文化研究》第3辑。

② 封越健：《中国社会科学院经济研究所藏徽州文书类编·置产簿》第1册，社会科学文献出版社，2020年，第452页。

县璜田一带的民间日用类书《简要抵式》中，收录有一份会书，其中明确提及：“其洋照威坪方钱而作。”

璜田与前述的璜蔚颇相接近，上述两个例子说明无论是璜田还是璜蔚，都与浙西的威坪关系密切，彼此之间的相互影响时常可见。对此，朱祝新主编的《璜蔚志》指出：在1949年以前，璜蔚各自然村的饮食习惯相同，主食玉米、面粉和大米，其水田总面积仅百十亩，且只能一季种植，耕田以旱地为主，旱地则多以玉米、小麦、黄豆套种或间种，单产不高，总产只占粮食总量的60%左右。当地粮食的不足部分，多是前往绩溪、旌德以及淳安威坪等地购进。民国时期村内的吴华祝杂货店，是威坪人租用胡跃民屋所开。居住高山的雷氏，配有九匹马运载货物农资，平常就往返于街口和淳安鸠坑、威坪一带。村中还有胡有四药店，兼作邮政代办所，有邮班往返街口、淳安威坪投递邮件。另外，歙南璜蔚一带银庄发兑的换银筹码，其使用的范围包括整个街源、街口、深渡、威坪、淳安和遂安。这些，都反映了新安江流域上中游的相互影响。

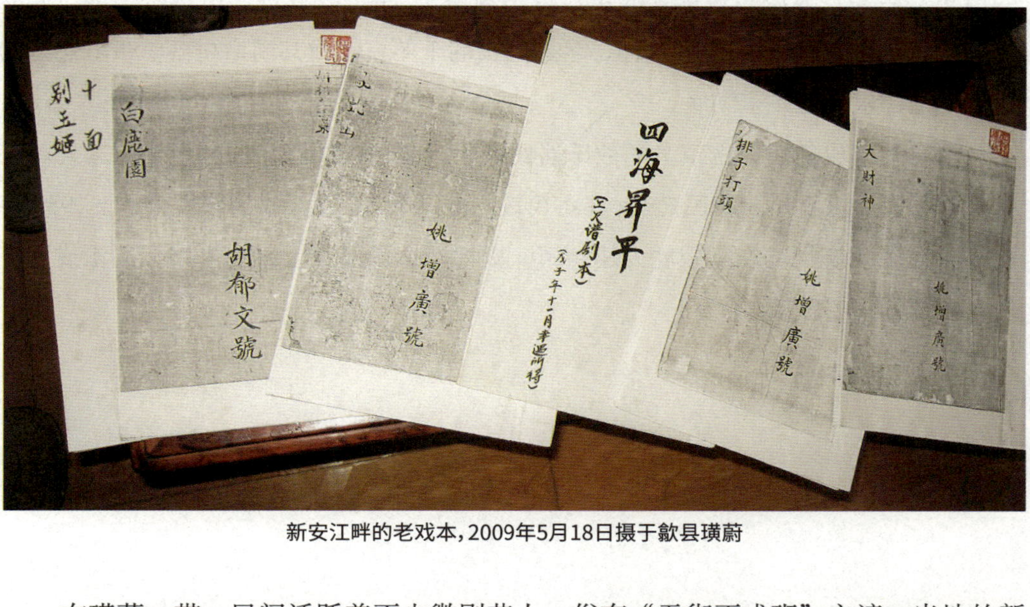

新安江畔的老戏本，2009年5月18日摄于歙县璜蔚

在璜蔚一带，民间活跃着不少徽剧艺人，俗有“无街不成班”之谚。当地的新庆班，擅长演出《五子夺魁》、《水淹七军》、《昭君出塞》、《贵妃醉酒》、《十面埋伏》、《定军山》、《白蛇传》、《泗州城》和《蝴蝶梦》等100余出戏目，其戏班则常年在歙县、淳安和遂安等地演出。该班曾赴浙西威坪唱对台戏，载誉而归，为此而在新安江流

域蜚声远近。关于威坪一带的戏剧演出，有一册清末民国时期的日用类书中，就收录有“包戏文书款式”：

立戏关六都三图河村徐△△、△△等，今因批到阳春班演唱神戏一台，三昼四夜，面批计英洋一百六十元正，准此众议接箱进门，其戏不得了【潦】草，如有了【潦】草，定凭众议叩除戏金，两无异言。恐口难凭，笔则有据，故立此戏关存照。

戏关中的“河村”位于威坪附近，俗有“六都六条源，第一是河村，九桥十三碓，有女儿嫁河村都不悔”之谣，可见该村是当地较大的村落。文书中的“阳春班”，也是在新安江流域颇为活跃的戏班。

1959 年，新安江水电站建成，威坪古镇遭水淹没。屈指算来，自公元 208 年贺齐平定山越至 1959 年新安江水库形成、威坪沉入千岛湖底，威坪一镇计有 1752 年的历史。后人在《游船过威坪故乡》诗中写道 ：“路指故乡过，情悬游子多。起立船头望，老村隐碧河。”[①] 就这样，名副其实的千年古镇及其周遭村落，带着悠远的历史记忆，永远沉入了湖底……

水电站建成前后，古镇上的数千居民，除了迁往皖、赣、闽各地乡村之外，还有部分移民后靠昋川。移民之后，在昋川设立威坪管理区，后改为威坪公社。1982 年，浙江省人民政府批准恢复威坪为建制镇，威坪新镇历经数十年的发展，逐渐成为淳安县西区的中心城镇。

第二节　贺　城(淳安)

一、淳安的交通

淳安是新安江上的交通要冲，此处上溯屯溪，下达杭州，为进出皖南的必经之

① 该诗为胡树淼撰，转引自徐树林著 :《淳安建县立郡肇始地——威坪》，第8页。

地。清代中叶徽州启蒙读物《通用杂字》中有："严州六县，建德寿昌，桐庐分水，遂安淳安，上达徽歙，下通苏杭。"而在歙县南乡的新安江畔，有一首"下淳安号子"这样喊道："新安江，长又长，涨水了，开大船。树起桅，扬起帆，过急流，闯险滩。掌稳舵，顶住杆，船要稳，心莫慌。赴威坪，下淳安，莫泄气，路还长。披星星，戴月亮，春去了，秋又还。"

在传统时代，无数来往于新安江上的过客，曾留下诸多脍炙人口的诗句，描述他们眼中的浙西风情。明万历年间，著名文人李日华作有《溪行竹枝词》六首，其中之一曰："五百溪程十日回，郎行妇送小塘限，翠青箬里鸳鸯鲜，换得淳安白酒来。"揆诸实际，李日华此行是前往休宁的齐云山朝山进香，其间途经淳安，故诗中提及当地的土特产品。而在更多的徽州人眼中，淳安县境之狭小、未建城墙以及民风的淳朴，给人留下了深刻印象。清代徽人程之鵕的《新安江地名杂咏十首》，就对徽港沿岸的铁索港、洲头梁、老人窗、淳安县、七里泷、钓台、鸬鹚源、程坟、半边山和范村共十处地名作了细致的描述。其中，淳安县诗即曰："山县无城一水斜，俗还淳朴薄纷华，米公遗爱浮桥满，崖谷春深觅锦沙。"该诗自注："淳安县，县有锦沙村。"故此处有"崖谷春深觅锦沙"一句。程之鵕祖籍歙县岑山渡，著有《练江诗钞》。关于诗中的"无城"，在不少人的诗文中皆有描摹。例如，清人程瑞祊《槐江诗钞》卷 2 中有《夜宿威坪》、《淳安县》二首，其中的《淳安县》曰：

百里农桑地，青山抱县门，民淳无雉堞，地僻自乾坤。
梅柳山头翠，帆樯水驿喧，欲寻名胜里，谁是锦沙村。

而在徽商所编的路程图记中，淳安县也被如此定位："县小民淳朴，无城竟自偏。"光绪七年（1881），寓居苏州、返乡展墓的潘钟瑞，在其所著的《歙行日记》中解释说："县治无城，于民舍比栉处，辟路作圜门，有似城门，亦颜曰'澄清'。"也就是说，淳安县衙门设在民居之中，外面做个像城门样子的圜门，叫作澄清门。

德国地质地理学家费迪南德·冯·李希霍芬，于 1868 年至 1872 年间对中国做过七次地质考察，其足迹遍及当时的十三个省。他曾途经淳安，在后来的旅行日记中写道："今天船行处的景色比昨天变化多。陡峭的山峰间可以看见窄窄的山谷，两条不小的河流在此处汇入新安江。淳安县下游汇入的这条河使得河水变得湍急，之后一直很急……淳安县在太平天国时期受到重创，这是我见过的唯一一座没有城墙的县城，尽管如此，四个方位上还各有一个城门，似乎在护卫这座城市的尊严。”① 及至晚清民国时期，徽州乡土史家许承尧在《泊淳安》一诗中写道："雨声如耳语，细碎枕边轻，老去心情澹，无妨彻夜听。”② 这首诗写得细腻、生动，微妙地刻画了新安江上旅人的感觉。

除了官僚、学者等之外，往来新安江上的，更多的还是外出务工经商的学徒。譬如，有一封写在“淳安章成泰号信笺”上的书信这样写道：

秉文二哥大鉴：自徽城揖别，于下午申刻抵官滩，是夜泐奉一函，谅邀尊鉴矣。近维旅祺安燕，冬祉呈祥为颂。敬启者，弟于十三日清早搭便船东下，该船开至深渡之上数里路地方，由碓磨船堨边下滩，该船被石一撞，在头窗安桅杆边撞破一个洞，比时见水上涌，头窗已往下澄【沉】，所幸该处不深，只有尺余水之谱。比即用衣寨【塞】洞，一面用水桶甩水，然后陇【拢】岸修之，终算十二分托福，于今日上午平安到店，祈勿念耳。……昨日由街口寄奉明片，谅早投呈台鉴。因弟上船时匆匆忙忙，尚有阳伞一把未及带下，系放在宝坊中柜台门后高椅边，祈代为收存，遇有妥船，再祈寄下应用为恳。八月寄下单鞋一双，照收无讹，祈去念。时届冬寒，务宜保重贵体为荷。余容续告，专此奉布，敬请冬安。

万丰宝坊、泽甫先生均此候候。愚三弟吴企平顿首。

古十一月十五日灯下。

“官滩”在淳安港口附近。这封信讲述的是乘船由新安江东下浙西，途中遇险后的一些情节，其中谈到不少新安江沿岸的日常琐事。与此相关的另一封，则是徽州书信中最为常见的平安信之一，其内容是外出务工经商者向父母报告自己已平安到达目的地。

民国以后，新安江上有定时航船（亦称快船，为十二舱大篷船），根据《中国经济志》的记载，自深渡下水至淳安需要费时一天，而上水则须两天，每天上、下

① [德]费迪南德·冯·李希霍芬：《李希霍芬中国旅行日记》，第278页。
② 许承尧：《疑庵诗》，第231页。

水各一班，沿途各埠，皆可停靠上下。某年旧历二月十五日，有一封写给一位叫“中秋”的人的信中，开列有“来淳路程”：“屯溪至徽州府五十里，深渡六十里，威坪七十里，淳安六十里，桥西三里半，梅口五十五里。到桥西周威生号，可以宿夜休息一日无妨，旅费约每人四百元足矣。”此一信函，显然是为沿着新安江东下淳安所开具的水路程。

除了水路之外，从屯溪前往淳安，经篁墩到王村，开始分为两路：一路经黄备、小洲、小川至街口，然后到淳安；另一路由岭口、长陔、胡埠口、巨川再到街口，然后下淳安。若逆流而上，由于淳安至屯溪的新安江航路滩多流急，许多情况下船行滞缓，远不及陆路便捷，故而有不少人舍舟陆行。

二、徽商与淳安

(一)淳城

旧淳安县城简称“淳城”。东汉建安十四年（209），威武中郎将贺齐筑有县城，故淳安县城亦称“贺城”。淳城地处新安江与东源港汇合处，城郭北连冈阜，南枕新安江，有内城、外城之分。及至元末，县治毁于兵燹，城隳而不复修筑。明洪武二年（1369），复建县治于旧址。进入民国以后，旧城屡有展拓。1929年，县长冯世范辟建后街，全部用茶园石板横盖其上，县民称便，称之为“冯公街”。嗣后，又陆续兴筑了县前街，拓展了西门街。1931年，淳安县完成乡村基层政权建立工作，县城行政建置名称为淳城镇。至1949年前夕，城区计有县前街、县后街、上下冯公街、上下官贤巷、上下直街、东门街、横街和湖滨路等街道。路面宽4至8米，大都中铺石板，旁砌卵石，颇具特色。根据当代《淳安县志》的描述：“城内房屋多两层，少有三层，都以木柱为骨架，外砌砖墙到顶，砌有天井、小鱼池。门楣、梁柱上镶有以戏剧人物为主要题材的木雕，形象生动，栩栩如生；窗棂有方、圆或菱形，图案美观。古街的规划布局、建筑形式具有徽派特色。整个古街马头粉墙与青灰小瓦相映，石板古道同彩雕拱楣争辉。”①

1928年8月，著名佛学家蒋维乔一行五人，从自上海乘轮船至安徽大通登岸，先游览九华山，再前往黄山、白岳，然后溯新安江入桐江，登严子陵钓台，由钱塘江至杭州，乘火车回沪。在饱览了皖南如画美景之后，蒋维乔又以其生花妙笔，写下了数篇游记。其中，《黄山纪游》全文一万多字，记录了其人游览黄山和徽州的所

---

①《淳安县志》(1986～2005)编纂委员会：《淳安县志》(1986～2005)，第73页。

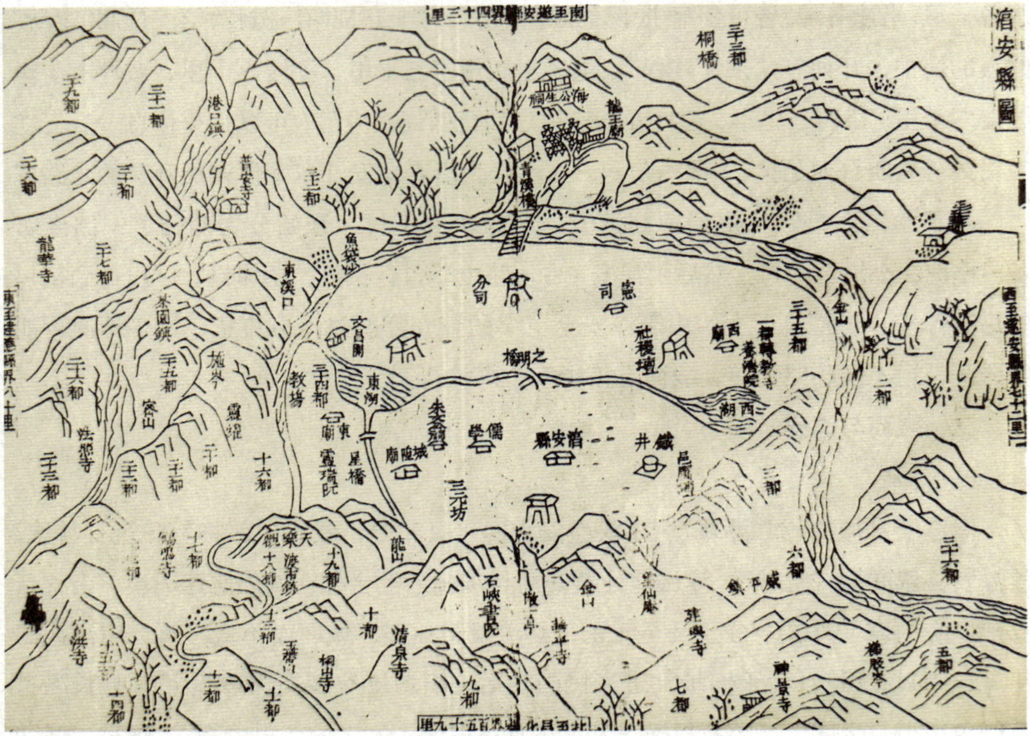

淳安县图

见所闻。当时，他沿新安江东下，沿途所经市镇颇多，其中亦提及淳安，“县小无城郭，市街亦不繁盛”。正是由于淳安县的特色，许多人经由此处，都会留下深刻的印象。1930 年，途经淳安的钱兆隆指出：“（淳安）据江右，无城郭，惟浙江萦绕，无异天然保障，居民鲜少，商业萧条，盖一小县也。对岸有明海瑞庙，顶礼者颇不乏人。随近产玉蜀黍甚多，且粗而大，惟质较粳耳。自淳安以上，河床趋高，水力充足，土人多知利用水力，遍设水磨或水车于江岸，以砧粟黍麦焉。水磨之法至简，仅在舟之两旁，悬木轮各一，中横以轴，水流趋之，木轮则逆水而动，旋转自如，其用虽广，而其法至陋，若能用以发电，则其效用当不止此也。”在这里，钱氏不仅观察到淳安之县小无城，而且还注意到附近盛产的玉米（亦即徽州人所谓的苞芦）。另外，他还提及新安江上的水碓和船磨，并敏感地指出，由于上下河流的落差极大，当地具有建设水电站之巨大潜能。

(二)皖南徽州与浙西淳安

淳安与徽州的关系相当密切。早在东汉建安十三年（208），就分歙县东之叶乡置始新县，又于此处置新都郡，为郡治。西晋太康元年（280），改郡名为新安。新安郡即歙州之前身，而后者的辖境范围，即相当于明清时代的徽州府。万历《歙志·风土考》对四乡有过细致的观察："……考其风俗，则东、西、南、北四乡，西乡为独盛矣，虽广袤相连，而山川隔阂，敻然不同：东近昌化、绩溪，其土瘠而粗；其北近太平，其土硗而确；南近淳安、遂安，其土疏而斥。大都其境阨塞，其人木强无文，然近则稍趋靡矣。"这是说歙县南乡与淳安、遂安的关系极为密切。迄至今日，歙县南乡仍有俗谚称："云上徽州，雨伞一丢；云下淳安，雨伞要担。"这是看云识天气，人们通过观察徽州、淳安两地的云朵飘忽，来判定本地是否下雨。另外，歙县西乡人又说："云往绩溪，落雨淅淅；云往淳安，天晴昂昂。"这些，明的是讲天气，其实也反映了歙县、绩溪与淳安三地的密切关系。

在徽州，汪、程二姓是最大的两个著姓，"邑中各姓，以程、汪为最古，族亦最繁，忠壮、越国之遗泽长矣"。① 在《光绪十八年绩邑登源唐金山汪氏迁祖司马墓暨戴国公墓盗葬案各族输费收支清账》一书中，参与捐输的汪氏，计有歙县城厢、东乡、南乡、西乡、北乡、休宁县、婺源县、黟县、祁门县、绩溪县、泾旌（德）太（平）三县、淳安县、余姚县和全椒县180余派。② 这种宗族分枝散叶的状况由来已久，也正是在这种背景下，明万历二十二年（1594），歙县人汪道昆身后就受宗人推举，其木主被奉送往淳安越国公祠配享忠烈。另外，清代前期歙县潭渡人黄琯所撰的《篁墩辩》指出，歙县黄墩本名姚家墩，东晋时黄元集来守新安，卒葬斯地，子孙因家焉。其后黄氏开枝散叶，逐渐迁往各地，这些地方包括徽州的一府六县，饶州府的鄱阳、乐平、浮梁和德兴，以及严州府之淳安等地。类似于此的宗族还有相当不少，这在《新安名族志》中有着诸多描述。

除了宗族分支之移徙外，当然更多的则是商业移民。早在晚明，方承训所著《复初集》就曾记载，歙县人方廷贵"长贾淳安，淳安长者俱与公交"。③ 康熙年间侨寓扬州的徽商后裔程庭，在返乡展墓时途经淳安，他看到该县没有城郭，"水潆山抱，

---

① 民国《歙县志》卷1《风土》，第41页。

② 题作"司总歙邑堨田族具"，1册。《汪氏登原藏稿》4册（光绪丙申秋月仿聚珍板印于东作门敦叙祠），也有类似的记录（见《汪司马墓案稿》"光绪十八年盗葬案"页48下～59上）。另，可参考《越国汪公祠墓续刊》（民国十七年），以上3种刻本均为私人收藏。

③ [明]方承训：《复初集》卷27《从伯寿官廷贵公二孺人合葬墓志铭》，第140页。

直吾歙之一大村落耳”。此一观感,似乎并非绝无仅有。盛清时代著名诗人袁枚在《随园诗话》中亦曾提及:“乙酉乡试,徽州汪秀才廷昉以诗受业,《路过淳安》云:‘扁舟一叶枕江滨,邑小如村俗尚淳。’”所引诗歌的状摹者,与程庭之说法可以比照而观。准情度理,之所以说淳安像是歙县的一大村落,大概有两层含义:一是说淳安县城之规模很小,二是说淳安县城内外徽派建筑相当之多,以致让人产生错觉。在传统时代,淳安附水依山,与徽州同属新安江流域,从皖南经新安江一水直下即到淳安,当地有许多徽州人在此定居、营生,淳安的建筑及风俗均与徽州颇为相近,所以程庭等人才会有淳安像是歙县一大村落的感觉。

而从各类历史文献来看,淳安与徽州的确相当密切。明人田汝成撰有《义仆阿寄传》,其中就讲述了这样一个故事:阿寄是淳安徐氏的仆人,徐氏兄弟几人分家,老大分得一匹马,老二分到一头牛,老三的寡妇得到仆人阿寄,当时他已五十多岁了。看到这种结局,寡妇就哭着说:马可以拿来骑,牛可以用来耕田,而像你这样踉踉跄跄的老仆,只是浪费我家的饭菜而已。听了这番话,阿寄感叹道:主人是嫌我力气不如牛、马吗?于是,他便谈了自己赚钱谋生的办法。听罢,寡妇就将其首饰等换银十二两交给阿寄,让他入山贩漆。过了一年,赚得的利润多达三倍。阿寄就对寡妇说:主人不必担心,您很快就可以发财致富了!果然,过了二十年,寡妇家的财产增殖到数万两白银。于是,寡妇嫁了三个女儿,两个儿子也成了家,聘礼都花了上千两的白银。接着,寡妇又延请塾师教授两个儿子,后来又通过捐纳,让二子成了太学生。寡妇囊丰箧盈,俨然成为该县首富。不久,阿寄病重将死,他对寡妇说:老奴马牛之报尽矣!接着,他交出枕中二纸,其中将主人家的财产巨细无遗地均分,并说:将这留给两郎君,可以世代相守。说罢,阿寄就撒手人寰了……徐氏诸孙有的怀疑阿寄可能私蓄了财产,于是就偷偷打开其人的箱子,结果发现,其中根本没有寸丝粒粟之储,阿寄的妻子和儿子,也只是敝缊掩体而已……淳安隶属明清时代的严州府,“徽严生漆”自古迄今一直就相当有名,《义仆阿寄传》中提及阿寄贩漆为主人致富,显然有着确切的地域背景,这也从一个侧面说明该则故事反映的佃仆经营,的确有其一定的真实性,这与新安江上游徽州的情形亦颇相类似。

在现存的文书中,可以看出两地的相互影响。例如,清雍正七年(1729)所立的《总契底》,陆续抄录了明崇祯二年(1629)四月至清乾隆八年(1743)十一月歙县胡氏的契约底稿。该书首页的“契底目录”，就叙及歙县黄（璜）蔚人在淳安置产的情况。另外，徽州日用类书抄本《简要抵式》中记有一契：“立笔据人 Δ Δ，滥交匪类，兹有淳邑 Δ 都 Δ 图 Δ 姓 Δ 名，无端不法，同族公议送官取治，该身自无主章，现放囗走，众口难言，日后倘约暗害某（Δ）姓，本家承治。身等自愿立据，出与族长 Δ 姓 Δ 名等，自系两相情愿，并无威逼等情，立此笔据存照。”文中的“淳邑”之“淳”旁作“Δ”，可见，这一文书抄自淳安，反映了新安江流域上下游的相互影响。此外，笔者收藏有一批契约书信，内容是晚清民国时期黟县商人在淳安开设的天和、福元商号从创立至收歇的整个过程，这当然只是昔日大批徽商活跃在淳安的一个例子而已。

在淳安县城，有不少徽州商人。如晚清时期绩溪盘川的王元奎，“生而明敏过人，遇事善谋能断，尤精会计。幼即偕其兄元烛，随父经商于浙之淳安”。[①]在淳安，从商的绩溪瀛洲人也不在少数。根据章亚光引证的《章晓甫先生六旬晋二行述》记载：“先生年十四，遂辍学，来我淳渡市同益充学徒，师里人章瑞斋习计然术，举隅知反，勤勉有加。学成，司柜守者八年，遂佐其先君创章怡丰粮食杂货肆于淳城水门上，经营擘画，煞费周章，渐以尺赀谋丈利，计赢蒸蒸日上。”其父逝世后，章晓甫又“购广场，构大厦，筑三楼于横街水戽门之右，更请牒置引，跻位盐商。新张之日，贺客填堙，即今之淳城章怡丰盐栈也。至是先生誉益隆，名益噪，而地方公益事，亦往往藉先生之力，日进而益萃矣！”另一篇《章渭鹏先生行述》也指出：“……旋之婺习经商，学成，转肆淳（安）、遂（安）有年。嗣受诸商托，之杭垣江干坐贾，代营转毂，信誉鹊起。”根据章亚光的讲述，他有位未出五服的堂伯章本流，一直在淳安县城开店，先是开“衡昌发”，经营猪肉、南北杂货。1948 年又改开“章义记”，除经营南北杂货外，还专营“老刀牌”、“顺风牌”和“金钟牌”香烟，既批发又零售，生意兴隆。直到 20 世纪 50 年代公私合营时期，才最后改换了照牌。[②]2020 年 7 月 4 日，绩溪学者方静在该县伏岭镇湖村做访谈，根据他的记录，嘉道时人章凤麟三十六岁时在淳安进贤渡方卓如的店里做事，一直做水客生意。积攒了一些资金后，于道光十三年（1833）在淳安桥西镇开了

---

① 绩溪《盘川王氏宗谱》卷3《元奎公家传》。

② 以上参见章亚光：《瀛洲村之传统经济、宗族与民俗文化》，卞利：《明清以来的绩溪社会》，合肥：安徽大学出版社，2017年版。

一家玉茂号店铺，主要卖杂货，后又包括茶叶、棉布等。店后有作坊，开了油坊、染坊，规模在桥西镇最大，被时人称为“章百万”。另外，根据78岁的章华嗣回忆，20世纪40年代，“染坊有十几人，柜台上有四五个，账房有三个人，两个学徒。晚上学徒搭铺睡觉并看门。店还有个油坊，当时做楮子油，是做蜡烛用的。还有一个布庄，最兴旺时，还买纱来织布……店铺在桥西街面上，靠西边进口，前店后坊，除油坊，因油榨是用水牛推大石碾的，光养水牛的就有两个人，油坊一共有十几个人”。

在传统时代，徽州的不少地方都与淳安有着密切的联系。1998年版的《绩溪县志》列有当地信客的几条主要线路，其中之一就是绩溪——深渡——淳安——金华——兰溪，其信客来自绩溪城内。另据对绩溪十一都在外经商概况的调查，当地赴外埠经商的路线有三条，其中重要的一条便是前往淳安等地的新安江水路，而人们在淳安主要从事的便是南货业和粮食业。[①]此外，太平天国前后绩溪仁里的一批书信也提及：“家叔现在严州，仍通帮均在淳安办茶。”根据绩溪《石尴村志》的记载，石尴一带有石淳路，即由石尴经北村、坑口、瀛村、孔雀坑到歙县黄村、郑坑店、定潭至深渡，陆行四十多里路，然后再乘船，沿新安江而下至淳安县。早在明末清初，登源河一带的水客，就从杭州、金华、兰溪、淳安和歙县等地购入货物，以小木船或竹排从临溪进入登源河，运至石尴杨林潭的终点码头。康熙年间，石尴水客将从附近收购来的茶叶等土特产品，经由水路运至淳安、杭州、金华和兰溪等地，换取杂货、布类、食盐、食品和洋油等，然后沿途销售货物，并由水道运到石尴。咸同年间当地人程本辉从小就与仁里周家潭人赴淳安一家布匹杂货店管账，后又在淳安开设“永隆”杂货店、木榨油坊。他娶有三妻，既开杂货店又拥有渡船运输货物。据说，永隆商店内计有十八杆秤，生意兴隆。其后妻张有珠，还在淳安购置了300多亩农田，在石尴建造了三幢大屋。类似于此在淳安购田置产的徽商尚有不少。

此外，在徽州文书及相关史料中，有不少反映徽商在淳安经营各行各业的资料，以下择要分别论述。

---

① 郑示言：《民国七年屯溪商业状况调查》，政协屯溪区文史资料研究委员会：《屯溪文史》第4辑，1993年版，第39页注4。

（一）木材业

淳安是盛产木材的地区，根据方志记载，严州府淳安、遂昌二县，“山多耸挺，奇异岿然，环峙峻立，所产皆材木，杉、楠之类，大可为栋梁榱桷，小可为薪蒸器用，各有分业，采取岁供，斯民便利之出于山者无穷”。① 早在明正统八年（1443），户部侍郎焦宏就曾指出：永乐年间徽州、处州等府与江南地区的木植贩运一直兴盛不衰，官军所需防倭船只及相应设施的用木，如果抽分木植不敷使用，往往通过向民间征取以完事。天顺三年（1459）严州府淳安县重修大成殿急需巨木，正好有徽商贩木经过，他们有感于县令的德政，遂“乐助善材百株”，官员也随之捐俸鸠工，工程得以告成。②

及至晚清、民国时期，淳安一带仍活跃着一些木商。例如，叶青黎所抄《纹契式》中，就有一份《结票式》：

> 立结票人叶维新，今因急用，自情愿将杉木结与汪云龙客边为货，三面言定，时值结价杉木十贯，围量柏木十二贯三元，尺围量，当日即付大洋十元正，其树来年古历正月低河沿交数，听凭客边发卖，此系两愿，并无翻悔异言，恐口难凭，立此结票为据。
>
> △年△月△日立结票人△△
>
> 凭中人△△
>
> 依书人△△

这是1929年前后的一个抄本，契约提及的“汪云龙”显然是位徽商。与他相关的另一份拚批曰：

> 立拚批人叶维祺，今因正用无办，自情愿将祖遗民山一处，土名光坦湾阴面，其四至上至降，下至坑，里自界，外至维丰湾直下为界。四至之内，在山杉木，尽行出拚与汪云龙客边为货，三面议定，时值拚价五贯半，又尖木每百二元正。

---

① [明]姚鸣鸾：《重修山镇关防记》，嘉靖《淳安县志》卷2《山镇》，第6页，《天一阁明代方志选刊》第16册。

② [明]商辂：《重建大成殿记》，光绪《严州府志》卷31《艺文·遂安县》，《中国地方志集成·浙江府县志辑》第8册，第743页。

> 当日付洋二十元，其契洋当即两相交明，其杉木听凭客边择吉登山砍伐，做成客木，听凭客边运杭发卖。倘有内外人争论，自身承当，不累客边之事。自拼之后，此系两相情愿，并无翻悔异言，恐口难信，立此拼批为证。

因木材大小不同，可分为白木、四花木和尖木等。其中的尖木，是指围量较小的杉木，论根计价，因其既带皮又留梢，故称为尖木。而运杭发卖的这些客木，也叫“杭货”。此种“杭货”，在不少徽州文书中皆有记载。例如，有一份《包柴做式》就提到民国己未（1919）七月廿七日有位叫吴步高的人，“包到叶西泽兄边松树杂木，做成杭货”。

当时，在淳安一带拼木的商人大多来自歙县。例如，《契据文约》抄本中就有一份拼批：

> 立拼批人△△，今因便用，自愿将△△字内计土名△处山场一业，其四至：上至△△界，下至△△界，里至△△界，外至△△界。四至之内，立此拼批，尽行出拼与徽州歙南△△处，家住△都，几都△△地名△姓△△名下为业，开田掘泥。三面言定，时值拼价洋几元正，其洋当即收足，其业听凭开劉爬泥，其业内一并杂色花息，听凭掘毁，泥尽交还。自拼之后，两无翻悔，恐口无凭，立此拼批为据。

此一拼批，是反映民国前期徽人在淳安活动的契约文书。当时，歙县南乡人在淳安拼木，这些木材显然也是运往杭州销售的。1925 年《木板市价之回涨》的报道指出：“江干各木行，以近来江水干浅，各路之货，均不能运杭，兼之销场畅旺，存底不丰，故公议将售价增高一贯另。现在行盘，严州木十三贯另，淳安木十五贯零，小隶木十二贯，徽州木十八贯零，江山木二十二贯，下江松板每方三元四五角，徽州松板四元二三角，据云尚须涨云。”可见，淳安木与严州木、徽州木等都运往钱塘江滨的江干出售。

（二）茶业

淳安与徽州一样，都是新安江流域主要的产茶区。与歙县类似，淳安当地也制作烘青、大方，其内销茶产量也居于洋庄茶之上。淳安亦产大方茶，这是一种扁形的炒青绿茶，清人曾将其源头上溯至五代后梁乾化五年（915）两浙所进的大方茶。此外，当地的“淳安毛尖”亦颇为著名。对此，徽商吴益大茶号的注册商标自称该茶号始创上海，位于老西门外大街，坐北朝南门面，并标榜“天然佳产，饮料妙品”，其主要经营的茶品包括：

> 龙井旗枪茶产在中国浙江之西湖龙井山，其间山明水秀，天气清和，为全国名胜之冠，天产佳种，山河壮色。此茶叶碧味清香幽质秀，历来中外精究。饮茶士夫，推龙井茶为无上上。本号即于是山设立茶庄，凡是处种之佳者，广为采集。又经名师精良焙制而成，故能其色耐久不变，其香久存不散。此外于福建之武彝茶，新安之松萝茶，宁州之乌龙茶，淳安之毛尖茶，以及各种花茶，于珠兰、茉莉、玳玳、桂花、玫瑰等熏制而成。其茶香、其味厚者，与市上所售，一经品评，实不可同日而语也。光顾诸君，认明本号商标，以仿【防】假冒而重卫生，则甚幸焉。本主人谨启。

可见，在当时，淳安毛尖与福建武夷茶、徽州松萝茶等骈肩称雄。1930年《浙江省政府公报》中有一份训令称：“淳安山多田少，地瘠民贫，全凭茶叶推销以维生计。”据20世纪30年代中叶傅宏镇等人的调查，歙县、绩溪二县，茶叶摘工多来自淳安、遂安及本省旌德、太平县；而休宁、黟县的茶叶摘工，则以安庆六邑人居多。在祁门红茶区，其采摘工人以妇女居多。除一部分由茶农自己充任外，大半雇自他县，如江西乐平、铅山、鄱阳，浙江遂安、淳安，以及安徽安庆六县。多年前，笔者曾在歙县里东山一带考察，据当地人讲述，此处翻过山岭即是淳安，两边都到对方去收茶叶、山核桃，看哪一边价格高，再决定运往何处销售。而根据已故文史学者柯灵权之调查，民国时期歙县东乡大谷运一带，一个整劳力只能负担一担干茶采制任务，山里以茶为生，多数人家茶多劳力少，需向歙南及淳安倩人帮工。

在淳安当地收购茶叶的，有不少是徽商巨贾。在歙县芳坑江氏文书中，保留有一份某年九月十四日朱兆福写给江耀华的信函，其中提到：“兆已另函致露兄，托于郡城代汇元一千两、五百两，期在三月半为规，与舍亲携往淳、遂收茶。”可见，当时的确有一些徽商前往淳安、遂安一带收购茶叶。此外，在清末民初著名茶商吴炽甫的相关书信、账册中，也有类似的一些记载。

除了木业和茶业之外，还有其他一些商人活动的记录。例如，明嘉靖三十七年(1558)，绩溪曹显应之子子承父业，相继在歙县深渡、街口、浙江淳安县城、威坪镇和昌化等地开设了万年米行分号。明末傅岩曾指出："第今时寿昌、淳安、兰溪、油榨沟等处，新米渐出……各商无论新旧，各携资本，往彼籴买。至梁发卖，价照时值，断不平减。"[①] 可见，淳安也是产米之地，这些粮食有不少是运往歙县渔梁坝等地出售的。及至清代，根据道光《徽州府志》的记载："歙、休、绩三县之民，恃此一线河流运米济食，盖终岁泛舟不绝也。其运米自金、衢也，径严州淳安，其运本省江北三河之米于浙属长安镇也，亦必取径严州淳安，无能飞度。"现存的《嘉庆八、九两年兰溪、淳安等县截阻米船旧案》和《光绪二十四五年淳安县阻米成案》等，都反映了淳安与新安江流域粮食贸易的关系。

另外，徽商在淳安还有不少其他的商业活动。康熙年间抄本《联墅方氏族谱》，就提到此一家族因经商有道，家业日饶，其中有人"于淳安县东郭街北开质库"。[②] 另有一份"恒复馨"访帖提及："本号开设淳城南门下首石库门面，从南朝北，自制嘉湖细点、南北杂货、粮食布疋，并酿各色名酒糟坊，一应俱全，荷蒙各界诸君赐顾，请认明本号招牌，庶不致误。"此一访帖发现于徽州，应反映了徽商在淳安开设的南北杂货等业。

正是因为有相当多的徽商活跃在淳安，故而在当地也建有一些同乡会组织。如淳安的绩溪同乡会就建于清光绪年间，馆址设在淳安县城下直街胡咸春药堂。晚清民国时人胡抝吉祖孙四代先后继任会长，并支付了大部分的活动经费。胡搊吉为绩溪城内人，曾赴休宁万安胡松茂药店当学徒，后前往淳安威坪镇创设胡咸春药号。数年后，又在淳安城内开办

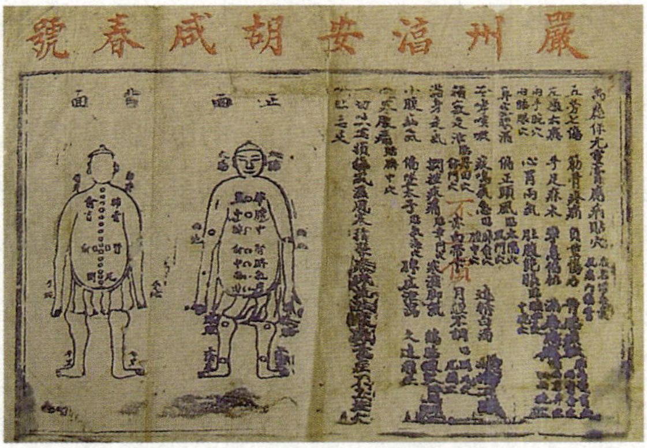

严州淳安胡咸春号广告，鲍传江等主编《故纸堆》壬册，第49页

① [明]傅岩：《歙纪》卷8《设法粜卖以安民心》，第94页。
② 方逢义：《联墅方氏族谱》，康熙间钞本，页11上。

了第二爿胡咸春药店。两店聘请经理主持，自揽经营财务权，讲求信誉，薄利多销，声名远播，生意兴隆。光绪二十四年（1898），胡执吉捐资数千元创办淳安县商会并建会馆，并当选为商会总理。他还捐资创办同济育婴堂，收养弃婴，并义务办理淳安全县的邮政业务。[①]

三、城镇社会

著名地理学家张其昀曾指出：安徽省的天然区域，明显可分为三区：北部属于淮水流域，中部属于大江流域，东南一小部分，属于浙江上流的徽港流域。地形、水利、气候各不相同，生计亦迥然有异，如“安徽之东南部，山多田少，生计艰难，故壮者多行役四方，徽州商人，到处有之”。他并且认为，“徽州之徽港，与浙江之婺港、衢港，同为浙水之上源，分隶二省，非通论也。吾人研究地理，要当注意天然形势，应分则分，应合则合，观其会通，而明其大纲，庶不至有重复割裂之烦，与源委不清之弊也！”[②]揆诸实际，皖南的徽州与浙江的淳安等地，不仅同属新安江流域，而且人群、方言和建筑等均大同小异。可见，张其昀的说法的确颇有见地。

前文述及，东汉献帝建安十三年（208），割据江东的孙权派遣威武中郎将贺齐讨伐丹阳郡黟、歙等地，后来设立的新都郡，以贺齐为太守，郡治设在始新县治新定里。翌年，贺齐另筑郡城，将郡治由新定里迁入，故淳安县城又被后人称为“贺城”。贺齐为会稽山阴县（今浙江绍兴）人，为东吴名将。作为首任淳安知县，以及他对淳安城兴建的贡献，贺齐历来受到淳安人的奉祀。根据当代方志的描述，民国时期，淳城东庙、西庙虔诚供奉贺齐，民众尊称他为贺老爷。正月十二，为贺老爷的出巡日。是日，四乡数以万计的居民赶往县城与会。届时，淳城东、西二庙的贺齐塑像，分别由16人抬着出巡，先至县前街，接受知县及县衙属员的焚香迎接，随后再行绕城一圈，其间，有诸多民间的杂戏表演，煞是热闹。出巡复位后，还有十天的酬神戏剧上演，整个仪式颇为隆重。

淳安也有周宣灵王庙，但其信仰内涵与淳安港口一带稍有不同。在淳安，周王是医神，与歙县的关系更为密切。据说，周王行医多年，不求回报。某日，有感恩者至周王之桑梓故里——歙县义成酬答神庥，未遇他人而知其庙之所在，义成遂渐

---

① 绩溪县地方志编纂委员会：《绩溪县志》，1998年，第456、880页。

②《中国区域志》甲编《导言》，第63页。

形成庙会。在当时，庙会参与者上至休宁，下至淳安，因新安江水运发达，庙会之时，义成码头停满了船只，异常热闹。在新安江流域，不少小孩寄名的对象，多为周王菩萨。

除了贺老爷和周宣灵王之外，淳安还有其他一些与徽州关系密切的神明崇拜。对此，清初汪洪度《新安女史征》中有《淳安县重建烈妇祠碑》，其中提到：歙县洪志达之妻叶氏，顺治二年（1645），因当时歙县四郊并不安宁，叶氏跟随洪志达避乱前来邻邑淳安梓桐源，侨居于石岭对河的郑家村。翌年，因清军南下，洪志达被杀，叶氏亦被俘获，后者誓死不从，跳入万丈深渊而死。“嗣后，每月明风定，行人见叶衣腓衣，飘飘若神仙，数往来崖畔。又惊叹以为神，里有水旱、疾病、灾祲悉祷之，屡著灵异”，所以有人倡议建祠，并为文勒石崖侧。之所以出现这样的烈妇祠，显然也与众多徽歙人在淳安的频繁活动密切相关。

此外，在新安江流域的民间故事中，也时常可见两地的互动。在淳安，民间故事中有一段吃盐豆的故事，内容大意是说：某日，财主、工匠和农民三人打盐豆拼伙。盐豆炒好，那个财主想多吃几粒，便规定说：吃一粒盐豆，至少得说一个成语，而且，每个成语中还一定得带个“龙”字，倘若说不出，就不能夹盐豆吃。宣布好游戏规则后，他就率先以筷子夹了一粒盐豆，说：“二龙戏珠。”说完就吃一粒。工匠看在眼里，想在心里，说了一声“五龙下海”，就将筷子一放，用手抓起一把盐豆放入口中。见此，那位农民哈哈一笑，呷了一口酒说：“十龙倒海，海底朝天！”遂将大半碗盐豆全都倒进自己的衣袋。这个故事，反映了淳安一带民众对盐豆之偏好。而在新安江上游，徽州人更是喜吃盐豆，他们以油炒熟黄豆，并撒上盐，便成了香喷喷的盐豆。不过，当地有一句俗谚称：“家有千钟粟，不吃盐豆和粥”——意思是说即使家境富裕，也不用油炒黄豆作为下稀饭之菜。据说，其原因在于一碗油炒黄豆的量，可以做成很多豆腐；而且，盐豆香脆可口，很快吃光，倘若做成豆腐则可以佐餐数顿。传说曾有做客苏州的徽州人，自制盐豆放于瓶中，而用筷子钳取，每顿自限不得超过九粒。某日，有人告诉他说：“令郎在某处大嫖”。其人勃然大怒，把瓶中一把豆全都倒了出来，嚷道：“我也不做人家了！”这一则形容“徽州人多吝啬”的笑话，近数百年来在江南一带广泛流传。清人褚人获在《坚瓠乙集》卷1《各省地讳》说：“各省皆有地讳，……浙及徽州曰盐豆。”此一记载，就反映了新安江上、中游人群共通的生活习惯。

徽州人迁居金、衢、严后，往往在侨寓地入籍考试。由于徽州的许多人是读书种子，加之较为富裕的家庭背景，这使得他们在侨寓地的科举竞争中往往能占上风，这自然引发了当地人的极大不满。迄今流行的一些民间故事，就从一个侧面反映了有关各方的焦虑。譬如，淳安当地即流传着一个《两省解元》故事：某年，各省举行乡试。淳安人商辂正在徽州坐馆教书，他去参加乡试，居然中了解元。不过，主考官查核后发现他是浙江人，遂不予录取。商辂极感愤怒，当即提出抗议。对此，主考官解释说："根据科举考试的规定，浙江人应该回到浙江参加乡试。这样吧，倘若你在浙江也能考取头名，那么，安徽就可以将解元匾送还给你！"听罢这番言论，无奈的商辂只得匆忙赶回浙江。由于生怕耽误了考期，他行色匆匆，披星戴月地往回赶路。途中，因忙中出乱，不意撞倒了路边的一位老人。商辂见状连忙将他扶起，赶紧赔礼道歉，并说了自己赶考的事情。那位老人相当通情达理，他说：既然如此，也怪你不得。但你既是举子，那我出个对子考考你——上联是"八刀分米粉"。商辂赶路心切，哪有心思应答，半晌无从对上。那老人见他为人厚道，就告诉他，下联应当是："千里重金钟。"说罢，老人便不知了去向，来不及多想的商辂赶紧接着赶路。等他赶到考场，大门已关。怎么办呢？他急中生智，不管三七二十一，上前敲起门前的大钟。这下子，惊动了里面的主考官："考场重地，何人竟敢在此敲钟？"商辂高声回答："解元前来考解元。"主考见此狂生好大的口气，便存心要考他一考，遂题一对曰："酒壶洒酒，清在前，浑在后。"商辂应声而答："团拜播米，糠在前，米在后。"主考官又出一对："千里重金钟。"商辂陡然想起先前路边老者的指点，马上回答："八刀分米粉。"主考官见商辂才华横溢，遂破格让他参加考试。结果，商辂在浙江又考上了解元。发榜后，安徽亦不得不将解元的匾额送到了浙江。后来，商辂又赴京师参考，独占鳌头，成了头名状元。皇帝见他如此博学多才，遂提笔题写"状元丞相朝朝有，两省解元代代无"的对联。

这故事只是民间传说，其中的一些情节未必经得起仔细推敲。商辂为明代前、中期淳安县人，宣德十年（1435）乡试、正统十年（1445）会试、以至殿试，皆第一。其人历仕英宗、代宗和宪宗三朝，累官至内阁大学士，曾上疏陈勤学、纳谏、储将、防边等八事，深为皇帝嘉纳。后人为纪念这位一代名臣，在北京、杭州、严州等地都建有三元坊，并在淳安县城和严州府城各建"三元宰相"石牌楼一座。明代地理学家王士性曾指出："淳安小邑，其扁于学宫对云：三元及第，九世同居。即繁剧佳丽之邑，无能胜之者。"所谓"三元及第"，指的便是三元宰相商辂公。此故事从一个侧面反映了新安江流域侨寓与土著对于科举考试的强烈关注。

在传统时代，徽州素有“健讼”的特色。随着徽州人迁居各地，这种特色也为四方所瞩目。在绩溪，流传着清朝嘉道年间伏岭下人邵老四为人打官司的诸多故事，其中有一些就涉及浙西淳安等地。例如，有一个“惩治商霸”的故事就提及：邵老四某年从歙县深渡乘船赴浙江淳安访友。船只准备起航时，来了一位肥头大耳、衣着光鲜的商人，其后跟脚夫挑着木桶同上船来。船家随口问他挑了什么？商人神气十足回答说：是“漆！”接着反问：“两个人船钱多少？”“三两七。”船家作答。商人一听暗自高兴：到淳安只收“三两漆”，实在是太便宜了！等快到了淳安城，船家便开始向乘客收船钱，轮到漆商，他不屑一顾地说：“拿只碗来，倒三两漆！”船家连忙解释：“船钱是三两七钱银子，不是三两漆。”“上船不是说好了是三两漆吗？怎么又改口反悔了！”商人接着说：“告诉你，船钱三两漆拿碗来倒；不然上了岸，连三两漆也休想！”邵老四见漆商蛮不讲理，便起身劝解。漆商大为恼火，气汹汹地叫旁人休管闲事，否则到淳安城一起收拾。邵老四心想：此人定系淳安一霸，任他如此胡作非为那还了得！遂让船家拿来纸笔，迅速写了几行字交给后者，并悄悄叮嘱一番。下了船，邵老四陪同船家扭着漆商去县衙评理。县令升堂，船家呈上状纸，陈述了大致经过。县令打开状纸，但见其上写着：

船费银子三两七，漆商偏说三两漆。
字虽同音事两码，岂可昧心图利益。
如果船钱一串七，就得收他一船漆。
商霸如此欺良民，还望老爷明冤屈。

在绩溪方言中，“串”“船”谐音。县令到任不久，对此一商人此前欺行霸市之劣迹已有所耳闻。今日见有人告他，状纸又写得有理有据，遂厉声斥责：“大胆商霸！竟敢讹诈良民，将船钱银子三两七说是三两漆；如果船家只收钱‘一串漆’，你就得给‘一船漆’啦！如此霸行，岂能容忍，给我责打二十大板，以儆效尤！”漆商挨了打，乖乖付给船钱。船家出了冤气，欲谢写状的先生，而邵老四却早已扬长而去了。[①]

① 程尚远：《绩溪乡情民俗》，团结出版社，2018年，第196～197页。

淳城向为浙西重镇，为新安江的交通枢纽和物资集散地。抗日战争爆发以后，因侵华日军并未进入此处，淳安遂成为战时江南各地官、商活动的重要据点，一度呈现出畸形的繁荣景象。此后，淳城的商业仍在持续发展。根据2014年出版的《淳安县志》透露，1949年以后，淳城有工商户332户，主要经营中药、百杂货、棉布、糖烟酒、粮油、旅馆和饮食等行业。1956年，全镇共有居民1453户、6732人，其中非农业人口4238人，有街巷36条，总长达4.13千米，各类房屋5096间。[①]1958年，因建造新安江水库，遂安县被并入淳安，成立了新的淳安县，县城迁建排岭，淳城居民相继随迁。1959年9月，新安江截流蓄水。1960年初，历经1751年的淳城最终沉于水底。1965年设排岭镇，“依山傍水筑新城，绘地修天出丈瀛。绿树丛中藏闹市，清波怀里显峥嵘”。[②]1991年，又改排岭镇为千岛湖镇，其后逐渐发展，迄今形成了“一城山色半城湖”的独特风光。

第三节　狮　城(遂安)[③]

1947年，有位叫王兆槐的人，写了一篇回忆文章《谈谈我的故乡——遂安》，其中指出：“我的故乡遂安，位居浙西，地势西北高于东南，境内多山，以荡碣山为总脉。县治设于峰岚所结的狮形山前，故又名狮城，城廓未除，依然古色古香。因地处偏僻，素少兵燹之灾，即在抗战期间，亦未为敌寇所陷，邻县目为仙乡乐土。言交通，水路有武强溪，陆路有淳衢公路，尚称便捷。”[④]

① 《淳安县志(1986～2005)》编纂委员会：《淳安县志(1986～2005)》，浙江人民出版社，2014年，第73～74页。

② 《淳安县志(1986～2005)》编纂委员会：《淳安县志(1986～2005)》，浙江人民出版社，2014年，第2033页。

③ 浙江省博物馆虽然藏有近2000件的遂安文书，但从目前披露的情况来看，仍以土地契约占绝大多数。倪毅：《浙江省博物馆藏遂安古文书及其他》，孙竟昊、鲍永军：《传承与创新——浙江地方历史与文化学术研讨会论集》，浙江大学出版社，2014年，第227～241页。因此，本节在充分吸收前人研究成果的基础上，重点利用徽州文书勾勒狮城旧貌。

④ 《警务月刊》第1卷第3期，1947年。

遂安县图

一、交通与城镇

东汉献帝建安十三年（208），孙权派部将贺齐平定黟、歙山越。当此之时，歙县金奇率万户屯踞安勤山，毛甘统率万户屯踞乌聊山，黟县陈仆、祖山统率两万户屯踞林历山。根据史书记载，贺齐设计攻破各山，斩首七千余级，并分歙县为始新、新定、黎阳、休阳，并黟、歙共六县，从丹阳郡分出，另置新都郡，隶属扬州（郡治设于始新）。晋武帝太康元年（208），晋灭吴，新都郡更名为新安郡。梁武帝普通三年（522），新安郡领有始新、遂安、寿昌、黟、歙和海宁六县。大同元年（535），还一度析歙县华阳镇置为良安县。梁元帝承圣二年（553），分出海宁、黟、歙，增置黎阳，共四县，置新宁郡（治海宁），与原新安郡（领始新、遂安和寿昌三县）并属扬州。此种政区上的添设省废，反映了孙吴和萧梁政权对后世皖南和浙西地域范围的控制。

清道光七年（1827）冬月，吴日沛所记的《通用杂字》中，有“严州六县，建德寿昌，桐庐分水，遂安淳安，上达徽歙，下通苏杭”的说法，反映了遂安在新安江流域的地位。光绪七年（1881），定居苏州的潘钟瑞“有新安祖籍之行”，他在之后所撰的《歙行日记》中写道：“遂安、淳安，昔皆隶歙州，前明乃改隶浙江。”这里的“昔”，当然是追溯颇为久远的历史，虽然并不确切，但反映了徽州人心目中遂、淳与徽州的联系。

关于遂安与徽州的密切关系，在一些风水书中也有所描述。康熙五十五年（1716）黟县人抄录的《地记并图》一书，其内容包括《徽州休宁游记》《中龙游记》和《东游记》3 篇。其中的《徽州休宁游记》，就记录了一位来自浮梁的堪舆师对休宁县各村风水所作的总体论述：“南缕自月潭而下，……其龙从浙开化、遂安仰山发祖，分支逆大河而上，亦百余里，其流深源长，与他处异，枝叶甚茂，护卫甚密，故其富贵，甲于一邑宜也。”这位堪舆师似乎是应商山吴绍亭之邀前往休宁，上了齐云山，游历商山，并至卫【渭】桥、龙湾一带。在他眼中，休宁一带的龙脉就来自遂安等地。另外，从历史文献上看，徽州与遂安历来就有着密切的关系。例如，《晋书·程灵洗传》记载：“灵洗，字元涤，新安人，绍泰元年平徐嗣徽有功，封遂安县侯。”程灵洗系历史上的著名人物，他因“侯景之乱”时率兵抗击叛军而名垂青史。

据历史文献记载，遂安县治前后有所变化。东汉建安十三年（208），孙权平定山越，分歙南之武强乡置新定县，县治在安定里木连村溪北。西晋太康元年（280），改新定县为遂安县。唐武德四年（621），由木连村溪北迁县治于五狮山下，依山筑城，由此得名“狮城”。狮城原先并无城墙，明正德八年（1513）始筑城墙，周长 4 里余，共建有 5 座城楼。万历二年（1574）重修城垣，周长 778 丈，高 2 丈 4 尺，仍设有五个城门。对此，万历《遂安县志·形胜》描述：“婺峰环其前，五狮拥其后，襟带武强、龙渡诸溪，肘臂六星、文昌诸阁，虽不通大驿，实严胜壤也。”清光绪九年（1883）城墙隳坏，再次得以复修。后至 1935 年，狮城又经重修，当时城中拥有东街、北街、西街、南街、直街、横街和张家路等街道和弄巷。

根据当代方志的记载，1932 年，狮城成为建制镇，名狮山镇。1949 年之后，始名狮城镇。1959 年，新安江水库蓄水，狮城被彻底淹没。在此之前，该处一直是遂安县的政治、经济、文化和交通中心。据孙泽柽《狮城简说》讲述：1933 年，淳（安）遂（安）、遂（安）开（化）公路动工兴建，当年路基筑就，翌年九月通车。其中至淳安县界 30 公里，至开化县界 31 公里，陆路交通尚属畅通。此外，水运方面，境内的遂安港舟楫穿梭来往，可经由淳安港口中转，上溯新安江上游的徽州，下行顺流则可直达杭州。从总体上看，遂安的水陆交通皆颇为便利。

二、商业与商人

(一)物产与商业

据《淳熙严州图经》记载："隋置睦州，地狭且瘠，民贫而啬，谷食不足，仰给它州。惟蚕桑是务，更蒸茶刈漆，以要【邀】商贾懋迁之利。"该条资料比较简单，但也说明宋代之前严州各地的商业已有所发展。不过，有关遂安早期的文献资料较少且颇为笼统，比较具体而微的史料主要见于民国时期。例如，1930年的《浙江省遂安县物产状况暨行销情形》[1]就提及遂安的物产，兹列表如下：

①《工商半月刊》第2卷第17期

种类	制造方法	制成时期	产地	产额	销路	价格	发售处
绿茶	山户精制名曰毛茶，由茶号收买加工精制，经过炒筛拣扇等手续，始称绿茶，内分珍眉、虾目、针眉、秀眉、贡熙等名目	6月下旬至8月底	本县四乡均有，惟西乡最多	制成箱茶名曰洋庄，行销外洋，年约15000～16000箱；篓茶甚有限，年约七八百担	运上海售与洋商，转运欧洲各国，俄国最多，英国次之	毛茶价值连年不一，今年每百斤四五十元，箱茶六七十两至百余两不等	上海永盛昌、慎源、公升、永源、丰润、忠信昌、永兴隆等茶栈
柏油	柏子先落镬蒸熟，用杵捣成细末，取出其核心，再由人工用榨制油	1～3月	原料多购自邻县，本县出产无多	约2000件	运销富阳及杭州等处	每百斤十三四元至十六七元不定，因柏子岁收有丰歉之故	本县孙永昌、亨益正、陈万隆、乾大、泰源等栈
桐油	用牛力拖石轮辗碎，再经人力榨成液体	4～7月	同前	约2000余担	杭州、上海	每百斤高时30元左右，低时十四五元	本县孙永亨、益正、陈万隆、乾大等栈
青油	柏子核内之仁，经人力榨成液体	1～3月	同前	约1200～1300担	同前	每百斤10～20余元	同前
火腿	将猪腿用盐腌入缸内，约40天起缸，洗净晒干，即名火腿	每年冬至后	本县四乡均有，以北乡最多	8000只	运销杭州、徽州	每百斤40元左右	本县泰源栈、德兴和、裕新隆
靛青	将原料浸入水内，和以石灰，取出粗梗，即成靛青	十月间	本县四乡	800担	严州、寿昌一带	每百斤约9元	本县悦来行

上表所列，最主要就是茶、油、火腿和靛青。关于茶，与上述调查差相同时的民国《遂安县志》卷3记载："茶，多栽山地，谷雨采者为毛尖，春为春茶，夏为子茶，产额二十余万斤，设号制成箱茶，运销上海，转售欧美各国。"该志刊印于1930年，反映的基本上是20世纪20年代遂安的茶业情况。

浙西遂安与皖南徽州毗连，境内崇山峻岭，绵延不绝，土壤颇为肥沃，是天然的上佳产茶区域。遂安茶叶的品质，以十三都之大、小两源所产为最优，该处地接休宁，茶叶制法与徽州无异，产茶数量较多，茶汛又比温、绍两区及皖、赣、闽各省为早。因此，每届新茶运销上海，有时能卖到高价，在近代以后颇受洋商欢迎。民国时期，遂安所产茶叶约可分为大方、烘青、炒青，以及当时刚发明不久的炒烘青。茶厂集中于遂安城区，遂安箱茶须经装筏运往淳安港口，再由港口运出。1940年，茶叶专家陶秉珍撰有《淳安遂安茶产调查报告》一文，其中指出："遂安在淳安之西南，东界淳安、衢县，南界常山，西南毗连开化，西界休宁，北界歙县。淳安四面环山，惟流贯中部之遂安江、武强溪沿岸多冲积平原，如东部之安阳乡，中部之横沿乡，西部之汾口乡，俱阡陌纵横，平畴秩秩，为食粮供给之所；南西北乡则山岭绵亘，植茶称盛。"[①] 陶氏的此次调查，是亲历安阳、协和、横沿、大同、汾口、武强、乳庄、武泉和洋村9乡，以实际探问所得，列出"遂安茶产统计表"。从中可见，当时的遂安制茶厂共有20家，年产茶9950担，当地民众的收入，皆依靠茶叶生产以养活家人。当地有数万女工，平日都眼巴巴地盼着茶季到来，好赚几个工钱维持生活。

在前列《浙江省遂安县物产状况暨行销情形》中，除了茶叶之外还提及火腿。这些火腿，有很大一部分是销往徽州的。而与火腿相关的，还有遂安仔猪。根据道光《徽州府志·食货志·物产》的记载："豚，买于宛陵界中及严之遂安、衢之开化。中家以上，岁别饲大豕，至二三百斤，岁终以祭享，谓之年彘。"这是说皖南徽州有饲养年猪的习惯，而这些猪仔，有不少就来自遂安一带。对此，晚清同治年间休宁旅杭商人汪玉衡，在其所辑录的《路程编歌》中指出："遂安港口在河东，乡镇店面多热闹，港内出猪肉价松，赖爵滩中溪两分。"[②] 这是指淳安港口镇一带出产猪

① 《浙江农业》第26～29期，1940年。

② 王振忠：《徽州民间珍稀文献集成》26册，复旦大学出版社，2018年，第21页。

肉，价格颇为便宜，而这些猪肉正是从遂安运来出售的。关于这一点，在淳安的日用类书中也有契约为证："△△宝号清览：今来字无别，兹因红皮肥猪一只，余故托人走字来前，只望宝号亲手查收，……弟于本月△日肩来，若猪未足，亦付回音。即此近安！△△△△△△顿首。"另外，在徽州启蒙读物《日记杂字》中，有"支钱廿四千，往遂安挑花猪"的记载。而徽州人编纂的《农工杂字》（抄本）也提及："十一月节，将近过年，撰银钱，买年货，做小贩，挑扁担，往遂安，赶苗猪，下乐平，挑腌鱼……讲价过价，算账清楚"，这是说徽州人经过一年的劳作，手头有了些许积攒，到11月份，便开始为过年置办年货。其中，有的是到江西乐平去挑腌鱼，有的则前往浙江遂安赶苗猪。所谓苗猪，也就是仔猪。因遂安地处浙西山区，交通闭塞，养猪成为当地积肥、解决肉食和家庭经济的主要副业，不少农户豢养母猪，将母猪所生仔猪销往皖南各地。据调查，1949年以前，遂安一带农家在屯溪、休宁、祁门、黟县、歙县经营遂安花猪的猪行就有30多家，平均每年流出的仔猪多达20000余头。遂安花猪因其个体硕大，体质粗壮，耐粗饲，肉质鲜美，而深受徽州民众的喜欢，故此人们每到11月，就要前往遂安赶苗猪。今人谢一瞻在《梦里故乡长干塝》一文中回忆：

> ……在石板路上行走的，还有一群"遂安佬（屯溪人称原浙江遂安县小贩）"，也是从河对岸摆渡过来。或挑着卖豆腐乳的木桶，沿街吆喝叫卖，或挑着一筐筐小鸡、小鸭、小鹅苗，走村串户。最有趣的是贩猪崽的"遂安佬"，每年秋冬季节，一帮又一帮过来，给屯溪四乡乃至周边邻县村庄，贩运来不计其数的小猪崽。他们来时，或一前一后，或左顾右盼，手里扬着用细竹梢子做成的长鞭，或在前面引导，或在后面驱赶着成群结队的小猪崽，缓缓行走在青石板路上。那领头的赶猪人，嘴里还不停地发出抑扬顿挫、带有拖腔的吆喝声，既像是向小猪们发出号令，又像是在演唱悦耳动听的山歌，不紧不慢，一路行来，引得看热闹的孩子们，跟前跟后，忙个不停……[①]

根据1935年王昌楷《遂安畜牧之概况》一文所言："仔猪断乳后一月，即出售

---

①《屯溪文史》第14辑，第164～165页。

与猪客。猪客为本邑人，其专收买仔猪，运往安徽省之祁门、宁国、歙县、休宁、绩溪等处出售。每年每猪客数百元之资本，能赚二百元左右，利息甚厚。……至于运送方法，系由数猪客合股，集群而运，每群约一百至三百只。”

另外，《浙江省遂安县物产状况暨行销情形》中还提及各类油料。对此，民国《遂安县志》卷3有记载：“青豆，与白豆同时，二豆均可制腐及豉酱，且可榨油，商人运销杭、徽等处。”此外，油有柏油、桐油、菜油、青油、茶油和麻油等，“柏油约四千五百担，青油约三千担，运销杭省等处。桐子来自开化居多。茶油亦由开、常输入本地，产额无多。”对此，吴兴中的《淳、遂两县的私营工商业》一文亦指出：“遂安主产茶叶、土纸、木材、桐油、青油等。据民国二十八年（1939）统计：年输出精制‘洋装’绿茶一万五千箱，毛茶一千篓，土纸二万块，桐油一千担，青油一千五百，菜油一千担。在购销方式上，两县居民习惯于乌桕兑盐，菜籽兑油，以物易物的交易方法。”关于这一点，原泰源店职工叶润中也回忆说，该店是根据当时农村自然经济为主的特点，采用“桕子换盐”等以物易物的方式，颇受民众欢迎，“每到桕子旺季，天不亮就开门，点起汽油灯收购。对最初挑来的桕子价格优惠些，换盐时一斤换一斤，还要加送些，直到来人挑不动为止。这样农户得了利益，回去时就沿途向众人宣传泰源店换盐多，吸引其他农户争先恐后前来投售。除了换盐外，也可以换其他用品”。

当然，《浙江省遂安县物产状况暨行销情形》中的调查并不完善，仍有不少遗漏。与之差相同时的《遂安县志》卷3还提及：“纸：六、七、八各都山中多植毛竹，取嫩竹加工，制成纸，分花笺、南屏、交白等名目，每岁产额花笺约二万块，南屏、交白均万余块，运杭省，转售北地。”此外还提及：“漆：旧志列有此种，近始有人栽植，出产不多。……乌墨：五、六都等处筑窑烧成，运售杭省。……柴炭：柴有松柴、杂柴，炭有白炭、乌炭，供给自用外，运销杭、沪等处。近年山木采伐殆尽，价日昂贵。棕：采割树皮，供蓑衣绳索之用，亦有运销他处者。箬：采制成捆，运销他处。……杉：产额最多，为用最广，十三都、十六都等处，运往江、浙，岁约十余万株。……桃：土产为毛桃，实小，近有一种实大味甘者，为接桃，来自徽属。”关于遂安的产纸状况，据《遂安土纸》一文指出，遂安县盛产土纸，1935年的年产量曾高达6万余件。这些土纸在淳安港口镇装船运至杭州，再转售到北方各省。另外，有关木材的生产和交易，徽商除了将本土木材源源东运之外，他们还前往浙西各地

“拚青山”。清代遂安县的一些出拚杉木山约中，就有“择吉开山砍伐，搬运下杭生理”的字样。[①] 而从淳安、遂安运出的木材，汇集于杭州，统称为“杭木”，并由此流通到长江三角洲的广大地区。

(二)商人

早在明代，遂安与淳安、西安，合称“三安”。遂安县城虽是一个不大的山城，但城内聚集了各种各样的人，其中有不少是徽州人。对此，万历时期歙人方承训的《复初集》中，有一篇《从伯景礼公状》，文中指出：“遂安迩邑也，违歙二百余里，称饶富，便宜治生，……凡遂安市贾皆歙人。”[②] 从此处的记载可见，遂安当地的商人主要是一些来自歙县的人。及至清朝，有关歙县人在遂安的活动，仍然时常见诸记载。例如，民国《遂安县志》卷 7《人物 · 流寓》，就提及清代徽州歙县人程明先，“尝客于遂，遇岁祲，远籴三江，相继平粜，米价不腾，人皆感之”。从其事迹来看，程明先应当是活跃于遂安一带的粮食商人。

除了歙人之外，婺源人也相当不少。婺源中平东北有济岭，与严州遂安相通。婺源《鸿溪詹氏宗谱》就提及 32 世、盛清时代的詹黄生，曾在遂安开设典当铺，“有借祠宇器什质钱者，察其情，还质焚券，遂人德之”。此一事迹，后亦转载于民国《重修婺源县志》。在该部族谱中，还提到 34 世、乾隆时代的詹国济，“贸于浙之遂安，尝置平原地为义冢，岁时必亲赍楮帛以奠”。当时，在遂安开设典铺的婺源人并非仅此一例。例如，清同治元年（1862），婺源县板桥乡（现属休宁县）洪氏的分家阄书中就提及，洪钢等七兄弟的父亲与伯父，于道光二十年（1840）在遂安开设“有兴典”“永昌典”等。此外，婺源花桥人吴宗淦，“尝客遂安四十余载，通运盐之河，定急公之局，修会馆，造渡船，掩骼施茶，济饥平粜，遂安父老至今尤称其事”。[③] 从其“通运盐之河”的行为来看，应当是在遂安当地从事盐业经营。婺源漳前人王本坦，“甫五龄，父殁于浙之遂安，得凶问，哀毁如成人。年十四往遂扶榇归，星行露宿，常在柩下……比长承父业，居遂，多义声”。[④] 凤山人查暲，“少业儒，稍长，随父

① 沈炳尧：《明清遂安县房地产买卖商品化特征——明清遂安县和徽州府各县房地产买卖比较研究》，《浙江学刊》1996年第1期。

② [明]方承训：《复初集》卷29《从伯景迪公状》，《四库全书存目丛书》集部第188册，第171～172页。

③ 光绪《婺源县志》卷34《人物 · 义行》。

④《武口王氏金源山头派支谱》，卷41《人物11 · 义行7》。

客浙遂安之横沿，其地故有义冢，暲见地隘，更输金，倡置义冢葬埋，至今已数十年，犹绰有余地”。查暲为乾隆时人，他在遂安设置义冢，显然说明在当地活动的徽州人（特别是婺源人）应相当不少。

此外，还有不少黟县人也活跃于遂安。1920年第一刻《新安思安堂征信录》所列“民国七年戊午至己未腊月旅休乐输特别捐名”中，就提及一些遂安黟商的捐款。另据方志记载，黟县屏山人舒廉“初贸于浙江遂安”。西川人胡崇福，“在遂安县数十年，以义气为遂人所重，宰不平，解纷争，罔不心服”。[①] 汪斑“黟县增生，父商于浙，尝捐修遂安路，及半而卒，斑踵成之”。[②] 另外，2014年11月20日，笔者曾在徽州经眼过一小箱文书，其中都是黟县钟山金氏在遂安活动的资料，包括坐票、硃卷、对联及店铺开张等方面的内容。在这批资料中，书信原件较多，粗略一翻，其中还有一些是徽商在遂安一带建造会馆的资料。根据其后陆续了解的情况来看，黟县钟山金氏从乾隆年间到光绪时期一直在遂安开店经营。

活跃于遂安的黟县钟山金氏之旧宅

① 同治《黟县三志》卷7《人物志·尚义》。
② 光绪《重修安徽通志》卷251《义行》，《续修四库全书》“史部·地理类”第654册。

关于黟县商人在遂安的活动，在一册《来往信录》抄本中也有所反映。该书是1934年前后一个叫“颖生”的黟县人所抄录，内容包括他自己与父母兄弟和朋友的通信，其中时常谈及遂安的商况市景。例如，一封写给父母亲的信中提到：“遂地客岁新盘多难道彩，皆因地瘠民贫，农村破产，粮价过低，以致交易减色，到处商业衰落，都由于此。嗟我徽人谋食不易之秋，如何维持家计？后起者速谋别径，庶可挽救于将来。”当时在遂安，有不少茶商活动。另一封写给父母的信函也提及：“遂茶价平秤八十余元，近因箱茶闭盘，市大跌下，能得开秤，不酌则属万幸！男见收价吵大，故不敢做。”此外，还有的信提到了茶价涨跌的情形。

当时，在遂安从事茶叶经营的，尚有徽州府其他县份的商人。如歙县茶商也收购淳安、遂安等地的茶叶，不少商人或亲自前往遂安采购茶叶，或与当地的其他茶庄过从甚密。关于这一点，在歙县芳坑江氏商人书信中有不少描述。例如，某年桃月（三月），江耀华在写给儿子江泽之的信中提到：“……旧年之屋，租金二百七十二元。另立公司，系遂安客合股，我附不满千数，一切归我。用人与汪卫章兄经手办事，向年旧交，为人牌子要紧，司友同乡一半，仍者婺源。”该信提及江氏与“遂安客”合股经营，公司成员主要来自歙县和婺源。某年九月二十一，开设于遂安北街的德兴和茶号之茶商胡善卿，在寄给江耀华的信中提及：“八月十三日由屯返遂，忽忽迳过，未至阳湖叙谈。……于十五日抵遂，屡接上海来信，皆言茶情疲滞，未知尊处得遇机会克沽否？实为念念！弟上首二帮稍有微利，因三帮箱额五百十件太多，放在疲市之中，至今未沽，不知能转机保本否？上海茶务，全托哲明宗公代为主盘，想伊逢事先着，绝无落后之误……”此外，某年四月十日，胡善卿在写给谦顺昌茶栈江耀华的另一封信中提及：“商洛友王汉廷，向在遂邑十都开店者，递年却专放内源茶叶生意，近年就本地售卖。今年商洛友闻说屯价颇好，硬做徽庄到屯云云。弟看他此样茶叶张汤水还好，且官堆亦大，弟叫他先发样茶一程到宝庄沽售，如或两相宜，亦免行用耳。如此样可通，价目幸望稍加格外些乃祷。”这些信函，都在具体讨论茶叶行情与商业运营。

除了书信外，在一些账册中也有记录。如歙县芳坑江氏文书中，有《乙巳年经办茶总》一册，其中的春庄中就记载：

> 收遂安庄茶三千二百斤，广秤，结用洋七百六十二元五角。

收鸡萝庄茶一千三百斤，广秤，结用洋二百七十四元。

收街口庄茶五千一百斤，广秤，结用洋八百九十八元。

……

“乙巳”应即光绪三十一年（1905），此处提及茶商江耀华前往遂安、街口一带收茶。清代、民国时期，在街口附近的璜蔚，除了徽州当地的茶商之外，天津、上海和山东等地的茶商也纷纷在那里开设茶行，专门收购歙县街源一带及浙江淳安、遂安的茶叶。璜蔚一带的茶商贸易范围，亦覆盖了歙县周边，以及淳安、遂安等县。

除了芳坑江耀华之外，清末民国时期歙南大茶商吴炽甫也到遂安一带采购茶叶，这在现存的一些书信中有所反映。1917 年 7 月 4 日，吴成灏写给祖父吴炽甫的信函提及：“遂安尖曾买得六篓（计杭大秤三十六元一担），因京来信，命买素毛峰运京（计须卅余篓，头号十二三篓，二号六七篓）。毛峰春茶早已落市，无从买处，所以只买得此六篓抵三号用，已包样寄京。”关于民国时期遂安的茶叶营销，《申报》上有不少报道。例如，1928 年 7 月 6 日的《申报》上，有发自屯溪的《路庄绿茶市况汇报》，其中便分别报道了婺源、屯溪、歙县、德兴、玉山、浮梁和遂安各地的茶产状况。其后，另有《遂安珍眉市价复涨》一文，提及当时在上海，较之“婺源、屯溪之高庄货”“遂安珍眉系属中庄货”，盘价颇合英、俄各庄的销价，所以“市盘又复回涨至九十两，较前数日见涨四五两”。

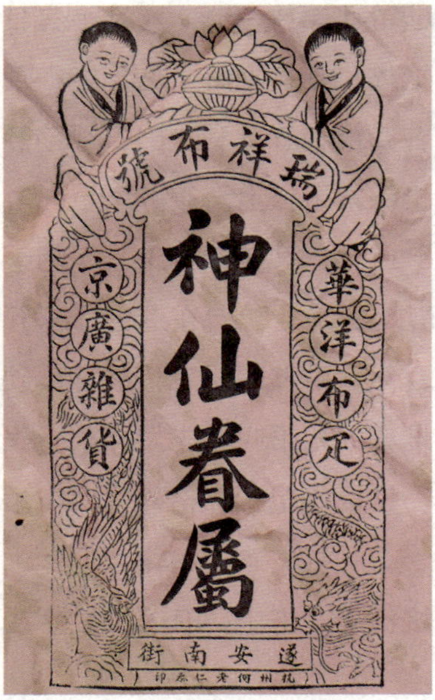

开设于遂安南街的瑞祥布号包装纸

除了茶业之外，徽商在遂安还开设有布店、杂货店等。关于杂货店，有一份宣统元年（1909）正月汪咸熙等人所立合同：“盖闻经商首重合群，臻富端由和气。同心同德，立万年有道之基；克勤克俭，奏百度维新之效。因是爰集交好创鸿业，租设遂安北街纯孝坊坐北朝南店屋，开张永兴隆字号粮食、油水、布匹、杂货，店业成本，以做十二股，每股资本四百元。”[①] 这是徽州人在遂安合股经营杂

① 安徽五福文化产业发展有限公司：《徽商大典》“宣统永兴隆杂货店合同”条。

货的契约文书。

当时在遂安，除了徽州人之外，还有不少来自浙江、江西等地的人。据民国《遂安县志》卷5记载，城内有来自各地的人群：

民国时期遂安域内的各色工匠

种类	说明
冶工	俗称炉匠,县南三都永康人、县北霞社人,以熔铁制成器物,如食锅、火炉、火掀、犁头、犁劈等,均自制自售
铁工	专制农工器具及零星铁器,业此者多异地人
铜锡工	俗称铜锡匠、洋铁匠,业此者义乌、永康人为多
陶工	县东龙渡桥一处,其制法左手以黏土,置旋轮之顶,右手持竹片压之,使成茶壶、汤瓶、钵盂等形状,随将土坯晒干,入窑烧之,即成陶器
窑工	乡村修造房屋需用砖瓦,多集赀设窑烧成。近城专制砖瓦出售,名开窑篷,业此者多台州人,本地亦间有之
饰工	俗称银匠,专制妇女饰品
木工	建造房屋之工,俗称大木;制造桌椅嫁具之工,俗称小木
竹工	如编箩、篓、筐、篮等用具,篾地起花之类
圬工	俗称砖匠
石工	凿矿烧灰者,俗称矿匠;凿石料为建筑用者,俗称石匠
圆木工	俗称桶匠
雕工	凡建筑房屋、祠庙,均需此雕梁刻桷
画工	专为人追摹遗像,若泥塑各庙神佛,亦称画匠,以东阳人为最著名
纸工	县南七、八都产竹最多,开槽制纸,所需工不少,业此者多江西广信人
柴工	专为柴商包做柴料,业此者多处州人
缝工	俗称裁缝
染工	业此者多西乡蒋家村、章沂、毛家等处人
髹工	俗称漆匠
梓工	俗称刻字匠,又称谱匠
杂工	如近城一带之制草履,一都一带之制草纸,七都一带之制草席、篷盖、箬帽,皆女工居多

关于这一点，民国《遂安县志》卷1记载："邑人所业手工，若成衣、竹木、泥水、雕刻、铜铁诸业，皆甚发达，惟冶工多永康人，锡工多义乌人，大墅人能制箬帽，桃源凌家人能编草席，几为专业。"另外，该志还专门提及"商业"："经商以徽人居多，杭、绍亦有之，邑人较少，近则乡村多本地人经商者。商以盐业为上，南货业次之，其他又次之。茶业由各商兼营，纸、柴、木、炭各商，皆本地人运销杭、沪等处。"以上的这些描述，也为后人的回忆所证实。例如，吴兴中在《淳遂两县的私营工商业》一文中指出："淳安城乡有商店220余家，集市以县治狮城为主，兼有汾口、横沿、安阳、郭村、东亭五处集镇。经商者多为徽人，杭、绍次之，本地经商者甚少，故原淳、遂两县都有'无徽不成市'之说。……遂安有国药、粮油、细布、南北杂货、茶叶等七个商业同业工会，坐商179家，其中城区占129家。"另外，民国《遂安县志》还提及："典业十七年停歇，盐栈为承销官盐机关，近设有五家，经冬乌桕成熟，乡农多以桕子易盐，获利颇厚。至日用所需设肆以贸易者，俗称南货店，次为京广洋货店，酒糖则称坊，衣铺称庄，药铺称堂，书铺称社或局，其他染坊、灯笼、面馆、理发、镶牙，则以商而兼工，水果、熟食仅设摊场，则为小贩矣。"此处提及的乡农"桕子易盐"的做法，已见前述。

1921年遂安县商会成立，会址设在狮城镇的新安会馆，后迁至东大街。第一任会长是杭州人，副会长余成金则是黟县人；第二届商会会长章渭鎏是绩溪人，副会长胡庆洛是黟县人。从遂安县商会设于狮城镇新安会馆以及正、副会长之构成，可见，徽州人在遂安的地位。除了徽州人外，前文也提及，狮城镇还有不少绍兴人。以下概述吴兴中：《淳遂两县的私营工商业》，程雷生：《狮城秦泰源商号》等文的描述：遂安最大商号是秦泰源资本坊，坐落在狮城镇北街曹家弄口，占地面积达5000多平方米。该店是绍兴人秦宛舜创办于清宣统三年（1911）。至20世纪40年代末，已发展到三槽（酒槽、酱槽、纸槽）一坊（豆腐作坊）三店。前店后厂，兼营收购"三籽"（桐、桕、茶籽），销售官盐。最盛时有职工108人，拥有资金以银圆计达32000余元。除本店外，秦泰源还在狮城开设宜富春、宜富春南号二家分店，统称"三店"。秦泰源虽然是绍兴人所开，但其"前店站柜台的多为安徽绩溪人，由经理自管，设内帐、外账会计"。另据原泰源店职工叶润中回忆，1925年，他14岁时，经同乡水客（即采购员）介绍，从安徽绩溪进店当学徒，当时店名为泰源盐栈。经理程维善是安徽绩溪人，副经理金庆三为绍兴人，另一位副经理程业荣也是绩溪人。其营销方式颇为灵活，“柏子换盐”等以物易物的做法，就是该店的营销方式。

三、徽商与遂安社会文化

遂安与徽州毗邻，民国时人吴日法在《徽商便览》中指出，歙县东南至浙江遂安县界170里，“由街口而至遂安”。其陆路“则鸟道萦纡，凿山渡度，又有危峰岭、连岭为障，危峰岭岭巅有小岭十二，皆通遂安，道路甚为崎岖”。而休宁县的东南一角亦与遂安毗邻，清康熙年间休宁县令廖腾煃曾指出：“休宁地方，傍山依谷，东连严、衢，南通遂安，西接江右。”①这些都说明，遂安与徽州山水相连，关系极为密切。

正因为相距甚近，两地的交流相当频繁。关于这一点，在一些族谱中多有反映。例如，《遂安中洲程氏族谱》14卷首1卷，清康熙五十六年（1717）崇本堂的木活字本。该族始祖可追溯到东晋程元谭，程氏于南宋绍熙二年（1191）自歙县富溪村（今属黄山市屯溪区富溪乡）迁居遂安县中洲村（今属淳安县中洲镇）。另外，清江大来等辑《济阳江氏总谱》卷上《凡例》指出：该谱中的“统公派”包括婺源谢坑、休宁澍田、梅田、徽城南街、五王阁、歙县前庄、歙城东关、旌德金鳌、太平文埜、歙县瑞里、泾县白花、江西丰城、浙江龙游、兰溪、黟县江村、江西鄱阳、金溪、浙江开化、歙县江村、浙江西安、桐城炭埠和浙江遂安，计22族。而婺源《三田李氏重修宗谱》中开列的“各派捐输芳名”，其中提及“浙严遂安慈峰宏山派”，计有永思堂天泽公下捐输银25两，节孝坊春芬公下捐输银25两，世宥公下仕隆公房捐输银16两。另有“浙严遂安乘凤凤川派”，荣四公下捐输银24两。此外，《越国汪公墓祠志》中，也有分迁各地的宗派，如达公派中就有淳安县横塘和遂安县支派等。乾隆三十四年（1769）修成的《札溪吴氏宗谱》，计有32个散谱字号，其中，第22至32号，皆为札源吴氏外迁分支各派，为首的是同在歙县廿五都飞地的乔亭派，其后则是迁居浙江遂安等地各派。类似的例子还有相当不少。

除了两地宗族具有千丝万缕的联系之外，一些村社也存在着诸多渊源。如下水南的泗洲庙，又称老佛庙，曾析分出9个社，包括璜蔚义和大社、遂安庙社、淳安庙社、璜田雁州社、长陔长标社、街口巨川社、溪口小川社、深渡武阳社和王村绍濂社，祖庙分香，各处的信众颇多。

在传统时代，两地民众也时常前往彼此对方务工经商。例如，根据《中国经济

① [清]廖腾煃：《海阳纪略》卷下，《四库未收书辑刊》第7辑第28册，北京出版社，2000年，第422页。

志》，20世纪30年代的调查，在采茶季节，“歙、绩两县，摘工多淳安、遂安及本省旌德、太平县人。休、黟摘工，以安庆六邑人居多。婺源多浙之开化、遂安，及赣之浮梁”。其中，休宁县的采茶工人一般都是妇女，她们多来自浙江遂安，本省旌德、太平，以及安庆府六县。另外，据对歙县长陔区南源村的调查：“该村除了二三户鳏寡不种地外，其余的农民差不多全都到一二十里地以外的山上，租入浙江遂安业主的山地种植苞芦。其租佃手续大多是集体租入后，大家分种，租额也较低，一般是收一石交九升至一斗左右。山地多半是遂安的祠堂公地，主要由于山地费工、成本高，庄稼易遭山地野兽破坏，因此租额较一般为低”。① 而在遂安西北乡，种茶则喜欢雇用徽州人，因工资以每元7工计算，较本地人低廉。另外，在徽州，也有一些遂安客民。例如，20世纪30年代，绩溪十三都逍遥岩茶落坞伏岭下村人因公产出让发生纠纷，具体原因是伏岭下村人邵炳铎、邵在渊和邵运根等将该处公产业木出拼与遂安人，“硕木种菰，人数复杂，良莠不齐”。② 这种情况应当由来已久，故自清末以来，“以土客言交际，则遂棍、赣痞口舌兴戎”，③ 对于当地的社会治安产生了一定的影响。

除了下层民众的交流外，一些读书人也落户遂安。清代遂安人毛升芳撰有《冒籍纪实》一文，指出：“遂邑夙称材薮，我朝定鼎以来，人文尤盛，但他郡接壤，历有寄居，若令其入籍与考，钻营飏去，则本邑真才反有遗珠之叹。”康熙十年（1671），有人条陈利弊，“列寄庄户一款，以杜冒籍考试之萌，法至善也！”毛氏还举了一个发生在身边的例子——有位徽州人叫张永登，“出身微贱，违禁捐纳武衿”，结果被毛升芳等人举报。毛氏还指出：在遂安的“寄庄户不下百十余家，医、工、商贾侨居吾遂者又踵相接”。在这种背景下，他非常担心法久渐弛，所以要求将相关禁令勒石，以期一劳永逸。④ 此一例子说明，当时有不少徽州人迁居遂安，并因科举考试而引发两地士人的纠纷。这一点，与淳安一带的情况亦颇相类似。

在频繁的接触与交往中，新安江上下游民众对于彼此都形成了相当的认识。新安江中下游曾流传着《徽州萝卜与遂安高桥》的故事，说的是——从前，徽州萝卜

---

①《歙县长陔区南源村树木情况调查》，出自华东军政委员会土地改革委员会：《安徽省农村调查》，系华东农村经济资料第4分册，1952年，内部资料，第219页。

②《绩溪同乡会开会纪》，《申报》第20832号，1931年4月3日。

③［清］刘汝骥：《陶甓公牍》卷12《法制科·休宁民情之习惯》，第230页。

④［清］毛升芳：《冒籍纪实》，民国《遂安县志》卷10《艺文》，第1028～1029页。

大得出奇，而遂安高桥亦高得古怪。某日，遂安城里有个人想到徽州去见识一下徽州萝卜。与此同时，徽州也有人欲往遂安去看看那座高桥。他俩同日动身，各走了两天，在遂安连岭上相遇。遂安人问："客官仙乡何处？欲往何处？"徽人答曰："吾乃徽州人，一向闻听遂安有座高桥，颇想见识。客官您是哪里人？"遂安人说："小可为遂安人，想去看看徽州大萝卜到底有多大？"徽州人见状便说："那不用去了，我跟你讲一下算了。据说有一年，朱元璋、刘伯温带领千军万马来到徽州，吃了三天三夜，那个萝卜还只吃了大半个哩！"遂安人感叹："这个萝卜实在是大得出奇！"随后，他便接过话头说："那你也别去遂安了，我就跟你说一下吧——前年六月，本人在高桥上撒一泡尿，直到去年六月，才刚刚落到桥脚。"这个故事以徽州人与遂安人相互矜夸为主题，反映了新安江干流与支流人群之间彼此相互理解的愿望。

事实上，在以两县交界处为背景的民间故事中，遂安人与徽州人时常同时出现。如大连岭有处叫"郎跺脚"的地方，就流传着"背新娘娶亲"的故事。故事说的是——在传统时代，遂安山区娶亲有背转新娘的风俗，即新郎将新娘背回家，途中可以换人转背，但新娘之双脚不准落地，否则新娘可悔婚约。相传，旧时徽州有一位石匠，自恃自己力气大，他一个人独背新娘至此，实在背不动了，就把新娘放下稍歇。新娘见状不高兴了，一气之下返回娘家。这位石匠后悔而跺脚，故名"郎跺脚"。[①]

上述两个故事，都反映了徽州与遂安的地域差异与相互间认知。当然，在不少方面，两地也存在着共通的方面。例如，由于新安江一水贯通，上下游历来有着密切的交流，除了徽州的一府六县之外，华云进香的习俗，在新安江中下游民众中亦颇有所见。抄本《墨口碎锦》一书，可能是严州府遂安县的徽州人后裔所作，其中收录有《华云进香疏》：

奏维大清国浙江严州府遂安县新安乡唐化里十八都玉峰社渭城住居奉道进香酬愿祈福保安弟子姓　名　，本命某年　月　日时生，某某合家眷等，是日焚香，上干圣听情旨，伏为言念弟子某，盖为某名下祈保清吉。焚香告许金关之前香愿之名，自许之后，果蒙康泰。兹者不负初情，涓卜吉期，沭【沐】手斋戒，敬神朝拜，礼谢鸿恩，希销愿字，降福延生。专祈身躬清吉，福寿加增，

① 陈琪：《徽州古道研究》，2016年。

添丁衍庆，密赐祯祥，求谋遂意，利息时致，五谷盈余，牲财旺相，官非息散，大盗冰消，横祸不生，诸叨美利。右具文疏，上奉齐云仙境无量寿佛仙境会上诸天威灵，伏惟昭格。大清光绪某年月日信士弟子某具疏百拜。

文中的空格，或“某某”，显示这是一份疏文活套，为还愿的相关文书，其外的封签作“齐云仙境无量寿佛进香弟子某文疏上封”。齐云山虽为道教名山，但在普通民众的心目中，佛、道并无非常明确的区别。另外一份则是光绪年间“朝九华”的疏文，附筒外签“九华圣境地藏王佛进香弟子某文疏上封”。这同样也是酬还香愿的疏文活套。可见，严州一带的人也与新安江上游之徽州人一样，前往九华、齐云进香。而且，他们亦将前往九华、齐云进香视为一体，称作“华云进香”，这与徽州的情况也完全相同。

总体上看，遂安县地当皖南前往浙西的交通要冲，境内地形多样，部分土地又较为肥沃，是新安江中游开发较早、农业比较发达的地区。自东汉末年孙权派部将平定山越、设立新都郡诸县，迄至1958年10月28日遂安县建置被撤销（与淳安县合并），前后历时1300余年。而在此前，狮城镇一带一直是遂安县的政治、经济、文化和交通中心。根据2014年出版的《淳安县志》记载，从1956年库区勘测调查资料可知，狮城镇居民有1347户、5371人，其中非农业人口多达3392人。① 及至1959年6月20日，新安江截流（水库大坝封孔），库区正式蓄水，遂安县遂被淹没，原有的码头悉数遭废弃，附近城镇及乡村的人口也纷纷被迁往各地。

第四节　港　口

一、文武双港口

港口镇位于淳安县西南17里，地当武强溪（遂安港正源）汇入新安江之口，故称港口。此处又有文源水汇入，故又称文武双港口，是新安江流域物资集散地之一，

① 《淳安县志（1986～2005）》编纂委员会：《淳安县志（1986～2005）》，浙江人民出版社，2014年，第74页。

淳安县港口镇旧貌

旧时有“金港口，银茶园”之谚。在明代以来的商编路程中，淳安县港口镇一向备受关注。例如，明末清初徽商西陵憺漪子（汪淇）纂辑的《天下路程图引》（亦作《士商要览》），就记录了徽州府由严州至杭州的水路程：

本府。梁下搭船。十里浦口。七里至梅口。三里至狼源口。十里至瀹潭。五里至薛坑口。五里庄潭。五里绵潭。五里蓬寨。五里九里潭。五里深渡。十里白石岭。五里境口。对河大川口。五里小沟。五里山茶坪。五里结坞头。五里横石。五里牵甽滩。五里米滩。五里八郎庙。五里街口。巡司。五里王家潭。三里滚滩。二里常潭。二里和尚岭。三里威坪滩。十里竹节矶。五里至云头潭。五里锡行渡。五里老人窗。十里慈滩。对河橦梓源口。十里仰村冈。对河向山潭。十里小金山。即上石渡。五里羊须滩。五里淳安县。三里东溪源口。七里赖爵滩。十里遂安港口……[①]

在上述的商编路程中，“遂安港口”连称，中间并未加以里数，从字义上看，港口看似属于严州府遂安县，也有一些人产生过误解。但实际上，从辖境隶属关系上看，港口应属于淳安县。

何以会出现这样的表述？明人黄汴《天下水陆路程》卷 7 有“休宁县至杭州府水”，其中提及新安江中下游时写道：“……淳安县。遂安县河口。共六十里。茶园……”《天下水陆路程》最早刊行于明隆庆四年（1570），较上引的《天下路程图引》所载应

① 杨正泰：《天下水陆路程·天下路程图引·客商一览醒迷》，第360～362页。

当更为原始。港口位于武强溪汇入新安江的入口处，从地理形势上看，位于淳安境内的港口，的确可以看成是武强溪之河口。另外，武强溪为遂安港之正源，源出白际山脉大连岭西麓，有时也被直接称为遂安港，故武强溪河口亦可称为“遂安港口”。汪淇将“遂安河口”迳改作“遂安港口”。这原本没有多少问题。而这一点，也因《天下路程图引》在明末清初的广泛影响，而影响到此后所有的商编路程。例如，1919年吴日法编纂的《徽商便览》中，有一“杭州由水路至徽州路程”，与上揭的路程方向相反，是从杭州江头（即江干）逆流而上前往徽州，其中涉及新安江中游段的部分，也是“遂安港口”连称。另外，近二十年来在徽州民间收集到的商编路程抄本中，有不少也都谈到港口。如，《杭省江中【干】至屯溪锦衣词曲》中亦提及：“遂安港口水如梭。”后人不明此理，故误以为港口镇隶属于遂安。

新安江与港口形势示意图

从淳安港口亦称“遂安河口”来看，港口在新安江流域具有重要的交通地位——它地处武强溪（遂安港）汇入新安江的入口处，不仅与上流的威坪、淳安，下游之茶园镇关系密切，而且还与新安江支流武强溪流经的遂安县息息相关。

在新安江沿线，港口是一个重要的城镇。清代商编路程《杭州上水路程歌》中

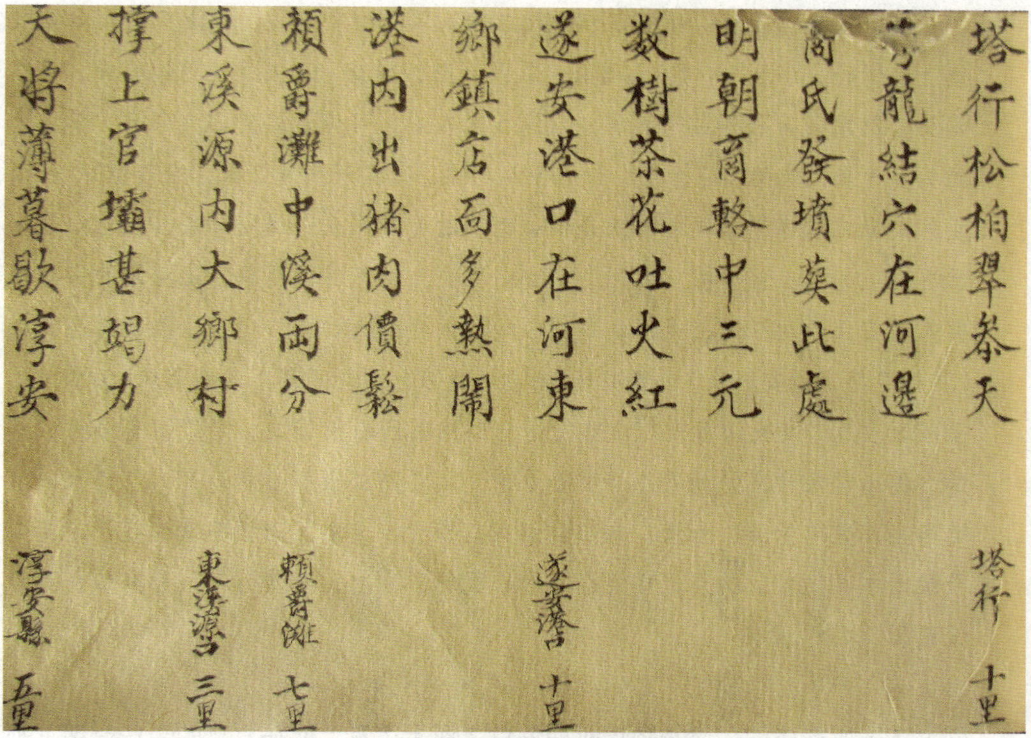

塔行松柏翠参天
[illegible]龍結穴在河邊
商氏發墳葬此處
明朝商輅中三元
数樹茶花吐火紅
遂安港口在河東
鄉鎮店面多熱鬧
港内出猪肉價鬆
賴爵灘中溪兩分
東溪源内大鄉村
撑上官壩甚竭力
天將薄暮歇淳安

塔行 十里
遂安港 十里
賴爵灘 七里
東溪源 三里
淳安縣 五里

清人汪玉衡《路程编歌》描述的港口

有如下描述："遂安港口急如梭，赖爵滩东溪口过，官坝工程浩已久，淳安古歙渎者多。"而清同治年间旅杭商人汪玉衡，则在其《路程编歌》中写道："数树茶花吐火红，遂安港口在河东，乡镇店面多热闹，港口出猪肉价松。"这是状摹港口镇市廛的兴盛状况，其中特别提及当地产猪，肉价相当便宜。1930 年 9 月，地理学者钱兆隆途经此地，根据他的观察，港口"去茶园凡四十里，地居江左，市缠【廛】栉比，商务亦盛，设有电灯厂，为浙江上流七大镇之一。名产有火腿，售价甚廉，惟味过咸，与云南之宣威、浙江之金华、江西之安福所产者相较，未免有逊色也"。可见，直到民国时期，港口仍是新安江中游的一大市镇。当地名产火腿，显然与遂安、淳安一带盛产仔猪有关。

二、"金港口"的商业与商人

港口是新安江流域经济大动脉上的重要市镇，当地物产主要是茶叶、桐子、木材和柴炭等。港口沿江有数座码头，可同时停泊不少过往船只。今人方月桂有一篇《漫忆港口》：

港口镇成椭圆形，新安江自西北向东南绕镇横贯而过，水上交通十分便利。镇上有新码头（杨家桥）、大码头，以及同益、桂花、遂安5座河埠码头。这些码头全部用茶园石板铺砌而成，水深5米左右，可停泊船筏200余只。其中大码头宽3米，有踏步百余级，以客货运为主；桂花码头宽2米，有踏步50余级，供居民日常洗涤用；同益码头是同益商号的专用码头；遂安码头，以停泊往来于遂安县的船、筏为主。其时，粮食、农副土特产品的运输，工业品的供应主要靠新安江水运往来，是淳、遂、歙地区的经济大动脉。镇上主要街道有直街（从裕隆协至遂安码头）长300米，横街（杨家桥至周王庙）长约百米，后街（周王庙至观路口）长约百米，这些街道全部用茶园石板铺成。港口镇有得天独厚的自然地理条件，是新安江"黄金水道"之要冲，吸引着各地商人。商人以徽商为主，兼有兰溪、永康、东阳、绍兴、萧山、义乌、诸暨等地的商户，商业繁荣为本县之首。物产以粮食、茶叶、桐籽、木材、柴炭为最，素有"金港口，银茶园"之称。①

以上文字所描述的，应是晚近时期港口之商况市景。而在更早的一些时期，则仅见有零星的记录。例如，有一册文书抄本是徽商与浙盐运销相关的资料，书中首先是"杭州海门大信潮期"，接着为"乾隆五十八年分各号盐额"，列举了毕大生、毕宏茂、毕永生、项万宁、朱敬裕、曹同升、朱恒丰、汪正益、余元吉、金宏盛、项同盛和方和生12家盐商，共销食盐8310引。再接着是"浙省盐例淳安正课粮项额费等件，每引派数"，首列"正益户"之派数，以及每领程引等费和每引派数等。当时，食盐是从钱塘江下游溯流而上，沿途经过严州，再至新安江沿岸。其中就提及"港口埠上抬盐"："每引给盐二斤，现发一斤半，存半斤，以作里长盐，后另有人来，发钱十四文。"这应当是指浙盐运经港口时的一些陋规。

除了食盐之外，茶叶转运也是该处的主要贸易之一。关于这一点，反映新安江中游商业活动的《尺牍原稿》抄本中誊录有两封信，其中之一曰：

某仁兄大人阁下：弟于初六日出港口，七日晚原轿转店。案头接初四日所

① 政协淳安县文史委：《淳安文史资料》第7辑，1991年。

发手书二函，于初六日交至小号。因弟他出，致疏布复，请祈勿怪！所谕南货通货情形，实情实理，毫无假饰，刻承允消，心感谢谢！洋期如命月底归请，惟小台青小号未曾带上，为此咨会价目，自当公扣，候示照付可耳。承示上乡茶叶情形，心感谢谢！洋庄城中兹到数班，均未开秤，佥要闭盆，口称十元至十二元，要收好货云云。下路无甚的信，不敢忘报，奉银洋数十元，因弟不在店中，致未奉上，歉甚！歉甚！日来小号银洋亦少，为此咨会。专此布复，即请台安！

信中不仅提及“上乡茶叶情形”，还提到“下路”来信银洋等，这显然反映了港口镇作为转输贸易据点之一的特色。而另一封信函写道：

某某仁兄大人惠鉴：即某兄返店，两奉瑶章，展诵之下，如亲雅教。诸荷藻饰缠延，愧何以当？知贤多劳，公干港口，宾主交欢，美尽东南，不卜可知。乃承不弃鄙人，殷殷示悉，并承挪洋，照数收领，一切感戴春风，曷其有极！而阁下稠情，已与潭水深矣，能不感而且佩？第弟碌碌依人，傀儡徘场，而转运之时，难免露襟，反荷至褒，过邀奖誉，殊切赧然！叨在契末，嗣后幸勿乃尔。附申上乡市情，徽客不多，是收不收，独要另茶。迩日户茶鳞集，价亦贱耳。店贩之茶，实属滞乎，其价与尊示仿佛。近看大局，小贩畏首，既无沾染，满望速脱，恨乏受主，空唤奈何！此中情形，近所罕见。余容后启，匆此布复，并请大安。

该信再次谈及“上乡市情”，以及“徽客”“店贩”“另（零）茶”和“户茶”的相关情形。《尺牍原稿》一书，末有“光绪卅年岁次甲辰仲冬月吴道立抄于遂安万隆”的字样。而上述二信，则是港口一带与茶叶贸易相关的书信。

晚清时期，港口与屯溪、上海之贸易流通颇为繁忙。光绪二十八年（1902），徽州茶商程松云有一封“港口舟次寄芳坑”的信函，其中提到：“……弟由申江廿一动身，廿八抵港口，由此起旱往遂安、开化等处，走婺源，转出屯溪，约在二月底该可到屯。”这封信是写给晚清著名茶商江耀华的信函。此外，另一位叫余龙田的商人，也给江耀华写信：“……弟二字口口，于念二日港口开舟，烦托广隆号斗轩兄吉便，托带上洋，设到宝栈，其箱茶何日收到，祈书信通知上洋宝栈，亦望即书信示复。”“上洋”也就是上海，这是余龙田写信给当时人在上海谦慎昌茶栈的江耀华之信函，其中提及从港口运茶前往上海的商情种种。揆诸实际，在歙县芳坑江氏文书中，类似的书信还有不少。从中可见，自港口运出的不少茶叶（如贡熙、针眉等），皆前往上海销售。

当时，遂安各地的箱茶须以竹筏运至港口，再由港口运往各地。对此，民国《遂安县志》卷1《方舆·交通》记载："武强溪水浅滩高，运输仅恃竹筏，制始于清，上游溯至十三都余家止，下则直达淳安港口。冬间水涸时，可通建德乌石滩凤林港，支流上达七都山后。筏户以殿边村人为多，余如田里、沈家、赵姜家，南则田蓝村、寺前、岩村、山后村、琅水村，西北则溪边、项家等处，亦有营此业者。"方志所谓"制始于清"，很有可能就与此时茶业贸易之日渐兴盛有关。及至民国时期，安徽茶人傅宏镇在《皖浙新安江流域之茶业》一文中指出："遂安箱茶运输，全恃武强溪河道，先用竹筏运至淳安港口镇，再换帆船至杭转沪。其运费可分下力、簰力、船力、车力四项言之。"其中，"簰力"是运费的一种类别，具体说来，"箱茶至港口，每簰可载三十箱，簰力以箱数计算。西乡茶多集中横沿镇，由项家簰承运，沿武强溪至港口。北乡沿双溪多由城簰任之。东南路茶多集中安阳，取道凤林港，过徐家埠，至港口，每箱需簰力洋三角。如，西乡还须过大墅堨，给过堨洋每簰三角，玛沂堨每簰洋一角，又有所谓顺水洋每簰一角。若欲当日加快赶至港口，每簰另给酒资洋一元，或每簰装二十八箱以三十箱论，以示优遇，而其迅速"。根据当年的一些报道，遂安和淳安两县皆是浙江产茶的重要地区，淳安之威坪，遂安之港口等处，业制洋庄茶号共有20余家之多，年产额约万箱。①

除了茶叶之外，粮食贸易也是港口的商业之一。1901年8月6日的《申报》上，有上海北市丝业会馆施则撰写的《述浙省灾情》，其中提及："港口为粮食聚集处所，平时交易甚大。"此种情形，当然由来已久。此外，经港口出口的遂安土纸也相当著名。据署名为"绩溪"者所著的《遂安土纸》一文，遂安县所产土纸，就是由淳安港口镇装船运至杭州，再销往北方诸省。制纸的原料是猫竹（又称毛竹），"节坚干粗，高数丈，用以制纸，出产甚丰"。1949年以前，遂安土纸的生产与运销，几乎为遂安四大首富之一王克承所垄断。当时，"自大市以下，沿凤林港的安阳、茂璜和吴村等地的农民，每年十月份以后，都成群结队地为王克承的纸行挑运土纸到

① 《淳遂茶市无大生气》，《国际贸易导报》第2卷第6期，1931年。

港口镇集中”。另外，吴子俊在《屯溪南北货经营类叙》一文中指出：港口镇还是重要的青豆集散地，当时港口青豆在屯溪的售价每石6～7元(银圆)，每石获利2～3角。有个叫郑景昌的商人资力雄厚，在港口镇设有“泰源昶”店，负责收购和转运青豆。他还派专人深入淳安、遂安的大小集镇，于新豆登场之时低价大量收购，陆续集中转运。其供应对象，主要是本街各大小豆腐店。据说，郑景昌的青豆销售量，曾占屯溪市场的50%。

港口是淳安、遂安两县重要的物资集散地，也是新安江流域经济大动脉上的关键节点。根据方月桂的介绍，1934年，港口镇共有商店32家，经营粮食、油脂、布匹、茶叶、杂货和中西药材等。抗日战争爆发后，外地商人、手工业者纷纷涌入该镇。到1941年，该镇居民达到1917户，9474人。据1944年的《淳安兵要地志》记载，当时港口镇已有商店100余家。1949年3月，淳安县商会上报国民党县政府的各同业公会资料显示：镇上有丝绸呢绒业23户，百货业20户，国药业5户，油坊业3户，染房业4户，酱坊业2户，烟酒业3户，银钢铁锡器业9户，面菜店（饮食）业5户，旅馆业2户，以及屠宰业7户。

港口镇街道全部用茶园青石铺成，沿新安江沿岸绵延伸展，商铺鳞次栉比，其间的商店老板、店倌、学生等，有不少人都来自徽州。例如，在绩溪的一批书信中，有信封上写着：“内函烦带大坑口，交胡玉禄伯父收启，港口来渠械寄。”这是一封侄子写给伯父的信函：

伯父老大人尊前：敬禀者，拜别尊颜，即日到深，次日早晨开船，于廿三日底【抵】港。途中平顺，请可放心，勿劳谨【廑】耳。刻想大人在堂，玉体康健，以慰下怀。侄家中一切之事，烦托代为照料。店中今年新增南货、布匹，是以奉禀。前告时气温暖之际，伏望大人自珍贵体为要。今逢玉光信友之便，特此奉禀，敬请升安！母亲前不另，均此请安。诸尊长前均安。侄来渠顿首奉上，三月廿六日。

写信者胡来渠为绩溪县大坑口人，当时在港口镇的杂货店中从业。关于绩溪人在港口的活动，瀛洲人章亚光曾作《忆绩溪人麇集的淳安港口镇》等文。[①] 根据他

①《绩溪县徽州学研究会会刊》1991年第1期。

的回忆，瀛洲旅外经商者大体活跃在两条线上：一条是走宁国、宣城、郎溪、广德至江苏的溧阳、溧水、南京一线，其中又以郎溪居多；另一条则是沿着新安江至浙江淳安、严州（建德），以及金华、兰溪、衢州、杭州、宁波和上海一线。从他的追忆中可见，在淳安县城乡诸商埠，有相当不少的绩溪瀛洲人。尤其是港口镇，在1949年以前，此地据说是绩溪人的天下，当地徽商的主力则是瀛洲人。在港口街上，绩溪岭南话是人人能听、能说的通用语言，连街后的许多农民也是如此。章亚光曾到过港口，根据他的亲身经历，从绩溪瀛洲到港口，有230华里路程，需4～5天时间。先要走一天旱路60里至歙县深渡，再从深渡坐木帆船，沿新安江而下。其时，除梅雨季节水大船速较快外，平常时候水浅，浅水滩多，船速很慢。所以第一天走50里，晚上只能在歙县街口歇宿；第二天再行40里，晚宿淳安威坪。这一段路，有较多的急滩，船速更慢。至今，章亚光还记得有一处称“梅花滩”的地方，船老板还会要求乘客下去步行，以避开险滩。此后，再行60里，第三天宿淳安县城；又行20里，第四天上午方能抵达港口。

诚如徽州俗谚所描述的“前世不修，生在徽州。十三四岁，往外一丢”，章亚光也是在14虚岁时前往港口“一大”商号学生意，并在港口镇生活了五六年。根据他的印象，陈同益是港口镇最大的商号，主要经营官盐，附设有两爿油坊，一爿蜡烛坊，一爿火腿坊，员工有100多人。该行老板是杭州人，打油的是遂安人，做蜡烛的是绍兴人，做火腿的是金华人，炊事员及杂工是当地人。除此之外，经理、账房、头柜、二柜、管事、店倌、学徒等近20人，其中的绝大多数都来自绩溪瀛洲。“陈同益”自抗战时期起一直到20世纪50年代公私合营，前后三任经理章丽川、章杰生和章虎生都是瀛洲人，章亚光的父亲章灶庭则是上油坊的管事（相当于现在的部门经理）。正因为该店规模大、名声大，所以在民国中后期，淳安县商会的三任会长皆由该店经理担当。章杰生是章亚光的舅公，他在港口街上也开了一爿较大的泰顺布店，附设染坊。该店主营布匹，商品都是前往杭州进货而来，沿钱塘江、新安江运到港口。当时，在港口镇当老板的瀛洲人还有不少，而务工之人更是相当之多。章亚光所在的“一大”商号中，就有4个瀛洲人。当时，商店规模仅次于陈同益的是源济，老板为绩溪仁里人，伙计中的瀛洲人也有五六个。整条港口街上，瀛洲人有近百人之多。[①]

① 卞利：《明清以来的绩溪社会》第7章《瀛洲村之传统经济、宗族与民俗文化》。

2020年7月11日，绩溪学者方静曾在伏岭镇石川（即石尯村），对农民许瑞达（64岁）做了口述采访。据当时发现的光绪二十八年（1902）三月阄书，许氏祖上在淳安港口做生意。该份阄书这样写道："立阄书主盟伯父许文彬，先父士璠公字荣庭，生长平林。弃儒学医，声闻遐迩。爨后，行医于浙江淳安之港口镇，名噪一时。嗣与友人在镇合开中和胜记杂货店，经手司账者，幸得其人，生意兴隆，得分毛利"。关于这爿杂货店，阄书中还指出："淳安港口中和胜记店，合荣庭公股分所十成。内坐一成，归永继二房文杰公后嗣收执。逐年官利余利，照十股得一。仍有九成店本官利余利，文彬与华三两人均分，各自支取。"这份阄书，不仅记录了许氏在淳安港口经营的店业状况，还提及合作各方之利润分配。

除了绩溪人外，在港口镇的黟县人也有相当不少。关于这一点，在不少徽人信函中都有揭示。例如，1934年徽州抄本《来往信录》，是一位叫"颖生"的人之来往信函汇编，其中有一封是当年三月廿二寄给父母双亲的信函，提及自己从黟县渔亭出发，先到屯溪，然后花洋十元，于十八日早晨开船，当时船上共有乘客47位，颇为拥挤。到次日8点，方才抵达港口。又如，与休宁黄村荫余堂相关的一批书信中，保留有一份邵伯黄季生写给黄子植的信函，其中提到："港口镇裕生典，系休郡隆阜戴宅所开，被劫去整有四万之多，盗势甚盛，令人闻知可怕。"这封书信指出，隆阜戴氏在港口开有裕生典，兵荒马乱之际惨遭匪劫。

因地处交通要冲，港口一带历来为徽商麇集之地。不过，由于20世纪50年代后期新安江水库的建设，淳安各地的历史档案保存较少，以往对徽商与淳安港口之研究，大多有赖于今人的口述回忆。[①] 所幸的是，在徽州文书中，相关的资料仍有一些遗存。例如，在晚清民国时期，黟县徽商金氏在淳安县城和港口镇，分别开设了天和号和福元号。其中，福元号是港口较大的店号，开设于同治六年（1867），至1921年闭歇，历时五十余年。关于福元号，胡善卿在寄给江耀华的信中提到："其方盖乞代觅快舟寄港口，交福元号收，转寄遂安乃祷。"

现存的《福元店屋讼底抄稿》，讲述的则是同治十二年（1873）至光绪十七年（1891）在港口镇上演绎的徽商故事。

---

① 章亚光：《忆绩溪人麇集的淳安港口镇》，见《绩溪县徽州学研究会会刊》1991年第1期。

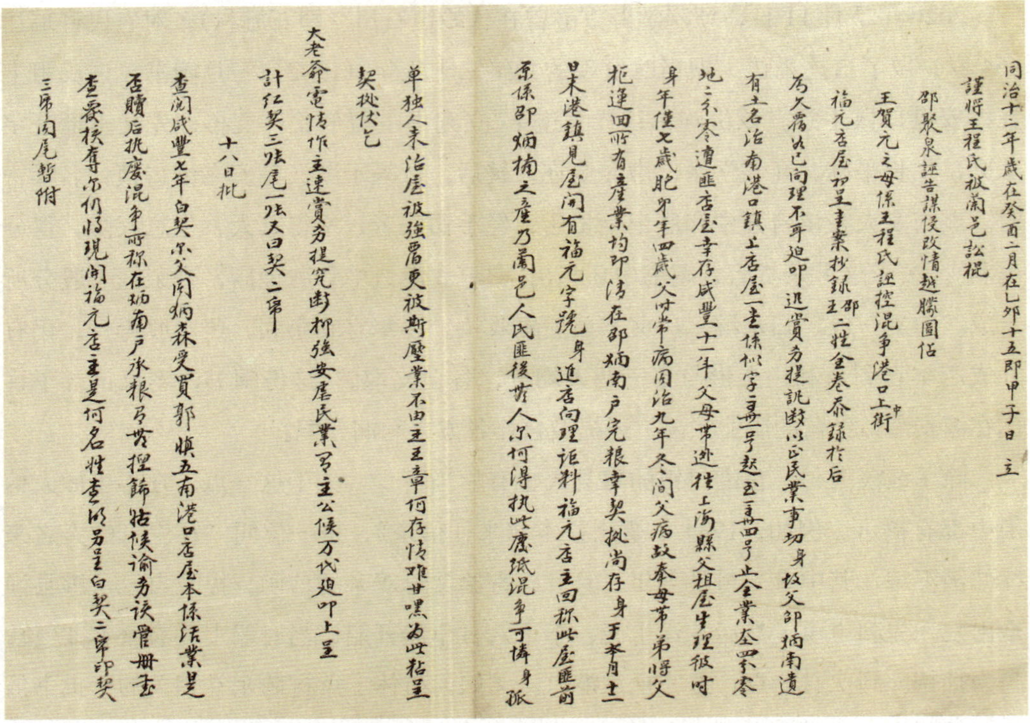
同治十二年歲在癸酉二月在乙卯十五即甲子日 呈
謹將王程氏被蘭邑訟棍
邵聚泉誣告謀侵改情越騰圖佔
王賀元之母係王程氏誣控混爭港口上中街
福元店屋抄呈稟抄錄王邵二姓全卷茶錄于后
為人霸占已向理不再迎叩迅賞勇提訊斷以安民業事切身故父邵炳南遺
有土名治南港口鎮上店屋一堂係似字二百卅一止号止全業丕四分零
地二分零遭匪店屋幸存咸豐十一年父母帶逃往上海縣父租屋生理彼时
身年僅七歲胞弟年四歲父又帶病同治九年冬間父病故奉母帶弟将父
柩运回所有產業均印清在邵炳南户完粮章契抵尚存身于本月十二
日來港鎮見屋内有福元字號身進店向理詎料福元店主回称此屋匪前
原係邵炳楠之產乃蘭邑人氏匪後並無人尔何得執此廢紙混爭可憐身孤
單獨人來治屋被強霸更被斯壓業不由主王章何存情难甘嘿為此粘呈
契批伏乞
大老爺電怜作主迅賞勇提究斷抑強安善民業另主公候万代迎叩上呈
計红契三張尾一張又白契二紙
十八日批
查阅咸豐七年白契尔父同炳森受買郭慎五南港口店屋本係活業是
否贖后挑廢混爭所称在炳南户承粮另無捏飾姑候諭勇谈冊查
查覆核奪尔们与現開福元店主是何名姓查明另呈白契二紙印契
三紙內尾暫附

清光绪，淳安县港口上中街《福元店屋讼底抄稿》书影

从《福元店屋讼底抄稿》中可知，邵聚泉之父邵炳南（一作邵炳楠）原在港口镇上拥有一处店堂，“系似字二百卅一止号止，全业丕四分零，地二分零”。咸丰十一年（1861），因太平天国战乱逃往上海，另租房屋从事商业。当时，邵聚泉年仅 7 岁，其弟只有 4 岁，他们的父亲病魔缠身。及至同治九年（1870）冬，邵炳南因病去世，其妻携带两个儿子将灵柩运回。所有产业都在邵炳南户内完粮，契据亦皆保存完好。同治十二年（1873）二月十二日，邵聚泉来到港口镇，发现自己父亲原先的店屋内开有福元字号，于是进店交涉。不料福元店主回答说，此屋在太平天国之前原来确是邵炳南之产业，但他系兰溪人，兵燹战乱之余并无后人，所以现在开有福元店。其时，店中之人还指责邵聚泉执一废纸前来混争产业。面对如此情形，邵聚泉觉得自己势单力孤，遂将红契三张、契尾一张以及白契数纸作为凭据，上告官府。对此，福元店相关各方也纷纷出面反驳。其一是店主王程氏的诉状，个中提及：其夫王炳章于同治二年（1863）契买应鞏斋店屋一堂，曾花费巨赀修理。该店业一向是在王炳章户头内交纳国课，已有十余年之久，“且前周宪给有该屋印单，又有

册书收字，可谓铁凭”。关于应鞏斋出卖与王炳章方面的契约，在《福元店屋讼底抄稿》中亦有抄录。从契约内容来看，该店周遭皆是其他商铺，可见所处地段颇佳。另据该契可见，应鞏斋因葬祖无资，遂于同治二年十二月，将港口镇店屋以100两纹银的价格卖与王炳章，并立有杜契。所纳之税，也由在坊八图古城庄应鹏源户推入三十一都二图港镇庄王炳章户收税粮。另外，双方还立有加找契。从上述契约可见，应鞏斋应是淳安当地人，王炳章来自何方则并不清楚，但从其在港镇庄立有王炳章户的情况来看，应是在港口镇经商的商户。

王炳章获得此一产业四年之后，于同治六年十二月，又将之抵押给徽商金友玉。据当时的押契记载：王炳章将店屋抵押，获得光洋300元，议定十年后年满取赎。并约定十年之外另立租批，仍租金友玉方面开张生理，议定每年租钱60000文。四个月之后，金友玉又将店屋转租给福元号，当时立有租批。就这样，邵聚泉方面提交了咸丰七年（1857）以后的红、白契及契尾数纸，而王炳章、金友玉方面则提交同治二年以后的杜契、加找契、押契和收据。如此看来，双方似乎都有充足的证据。

同治十二年（1873）二月二十五日，邵聚泉再次上呈指出：港口镇店屋原先是开设烟店的廖人和卖与郭裕升，郭裕升之子郭慎五再转卖给邵炳南。产权虽然转移，但应当是仍由廖人和开设烟店，所以邵炳南向廖人和收租，每年洋银60元。咸丰年间，邵炳南逃往上海，但港口镇仍然是“屋存契在”。自己现在奉母命前往执契管业，不料却遭到当下店主王老竹和程品三之抵制，为此，他再度上呈请求官断。对于邵聚泉的告状，王程氏方面也提出反驳，其中除了再次说明此业契买年久之外，还质疑对方：太平天国之后，港口镇店屋的产权过割已十多年，但邵聚泉竟然从未出现。他们指出：“上海非外夷之地，浙省升平日久，十年不归，昧理昧情，难逃犀察。且泉运货，贸易港镇，来往人所常见，其中刁诈，希图侵占显然。”他们的质疑似乎也并非毫无道理——太平天国动乱结束后这么长时间，邵家并未前来港口镇主张权益。而且，邵聚泉也经常前来港口镇经商，但此前也从未追索过店屋产权。官方的最终判决是维持现状，但给予另一方以一定的补偿。

综合前述之渐次推演可以大致勾勒出本案的发展脉络：在此案中，太平天国战争结束之初，应鞏斋当是乘乱将暂时无主的店屋出卖与王炳章。后者则因对方的身份为武举人，产权交易中又有绅董作为中人，所以深信不疑。此后数年的产权及经营权传承脉络清晰，形成了看似合法的既成事实。至于邵聚泉方面，咸丰十一年

(1861) 邵父因兵燹战乱逃往上海。当时，邵聚泉年仅 7 岁，可能对于父辈店屋之产权并无多少概念。及至同治十二年（1873），邵聚泉已 19 岁。或许是此时其母忽然翻出父亲遗留下的一批契约，遂令其执此契前往淳安港口镇主张权力，也由此引发了这一场官司诉讼。

总之，《福元店屋讼底抄稿》虽为残本，但其故事情节却颇为完整。从福元号店址来看，该处位于淳安港口镇上中街，坐东朝西，“其屋东至协兴店屋，西至街心，南至鼎利店屋，北至润源店屋”，可见此店应地处比较繁华的商业街区，而港口镇之店铺产权交易及经营权更替亦极为频繁。

三、转输贸易与地方文化

港口因是新安江中游的一个市镇，镇上除了商人之外，店员和码头工人居多，故而在民间文化上颇具鲜明特色。在当地流传的民间故事，有不少都可以从港口镇的经济活动中寻找到相关脉络。例如,淳安县汾口叶村人叶念仕,时人称“念四胡子”，生于清道光年间，殁于民国初年。其人家道小康，幼时读过数年书。后来因家道中落，以出卖劳动力谋生，先后当过学徒，打过短工，还跑过码头，亦曾参加过太平军。在民间传说中，此公为人诙谐，机智大胆，好打抱不平，常与官家、财主作对，是民间口碑中阿凡提式的诙谐人物。迄今，有关他的故事很多，其中之一是《捉弄管账先生》：泰源店是港口街上第一家大店，店屋前街通后街，铺面、栈房和作坊颇多。当年，念四胡子在店里当学徒。有位 50 多岁的管账先生，深受老板信赖。但此人对于店中同事颇为苛刻，常在老板面前说闲话，指责他人未能诚心出力，或偷懒无能，借此抬高自我。因此，店内同事都很讨厌他。有一天，管账先生吹嘘自己系本店学徒出身，做了 40 年，店里的一砖一瓦、一弄一角，他都了如指掌，不但白天一说便知，即使夜间也是一摸就清楚了。对此，有人很不服气，便说：“真的吗？我们白天都要走错，你夜里不点灯能摸到？我们不相信！”管账先生说：“不信，我跟你们打赌。你们将我的床铺搬到后街楼上去，我在一个月内不点灯摸上去睡。如果这一个月点了灯去，算我输，我在地上装狗，爬三个圈给你们看。”大家说一言为定。从次日夜里起，一连四五天，这位管账先生真的不点油灯，从前街直接摸到后楼上去睡了。可是，到第七天夜里，当他在漆黑中摸到后街楼上床上去睡时，用手将帐子一撩，却发现没有门，他以为摸错了方向，又摸向两边，也没有。左摸过来，右摸过去，都没摸到帐门，心慌之下，汗毛也跟着竖了起来，吓得连摸带滚，边摸边叫："来人啊，有鬼！……有鬼！"原来，是念四胡子抓弄他。那天，念四胡子因看不惯他吹牛皮，不服气，故意将其帐子调了一个面，将有门的一面挂到靠墙壁一面去了，所以管账先生摸来摸去，总是摸不着帐门。直到此时，念四胡子趁管账先生到前街店堂去拿灯时，又赶快将帐子依旧调过来。等到管账先生点着灯火回来一看，帐子好端端的，用手一撩，帐门开了。这时，那些伙计也都赶来了，七嘴八舌，嘲讽管账先生见鬼，让他认输，要他在地下爬三个圈。管账先生无奈，只得红着脸扑在地上装狗爬了三圈了事。从那时起，管账先生再也不敢乱吹牛皮了。①在旧式店铺中，管账先生的地位较高，不少学徒都对他们的严格管束心怀不满。《捉弄管账先生》这样的故事，便是此种心理的折射。

除了店员之外，有关码头生活的色彩也相当突出。新安江作为一条黄金水道，生活于港口的船工相当不少。今人方月桂在《漫忆港口镇》一文中指出：

由于该镇地处江河的汇流点，水患频繁，水上运输时有事故发生。因此，居民多信奉"敕封护国庇民督理水陆海潮王晋封宣灵王加封显佑王周"为保护神。在市镇中心地段还有周宣灵王庙（民间称周王庙），建筑面积约1500平方米，门前有戏台，院内外可容千余名观众。周显灵王，相传名周处（？～299），字子隐，晋代阳羡（今江苏宜兴）人，曾上山杀虎，入水斩蛟，捐躯沙场，为国为民而死（见《世说新语》、《晋书·周处传》），为民称颂，立庙以祀。解放前，农历除夕，全镇居民家家户户要去周王庙祭神，名曰"出行"。

正月初二日，要去拜年。从正月十三日起抬周王神像出巡，至镇上洪氏宗祠、徐氏宗祠，镇郊苍峰村徐氏宗祠，各瞻拜三天。至正月二十一日神像归位。其中，正月十五日，从周王庙出发舞龙灯，闹元宵。龙灯形式有板龙、滚龙。板龙由镇上淳安、义乌、江山籍船民承办。板龙分节，每节6尺长，外包彩色龙衣，按户按丁出一节；龙头、龙尾由船户中富户承制。滚龙由镇上的永康、东阳、衢县籍经营银铜铁锡器业老板出资承办，用竹篾分节制成，外蒙彩采色龙衣。

21世纪初新编的《淳安县志》中，也提及港口一带的周王庙会写道："在庙会

---

① 邵野搜集整理、祁连休选编：《中国机智人物故事大观》，河北教育出版社，1991年，第328页。

的几天里，周宣灵王由镇上三大姓轮流在祠堂里供奉，先周姓，次洪姓，最后为徐姓，每姓三天。三大宗族各摆排场，比所祭猪头大小，比祭品多少，相沿成习。”①

周宣灵王，是新安江及钱塘江流域最受崇拜的神灵之一。从文献上看，在新安江流域，周宣灵王有着颇为广泛的信众。在一些地方（比如上游的徽州），周宣灵王多以药神的面目出现；而在中、下游，此一信仰则与水运有着密切的关系。港口一地的周宣灵王信仰，显然与当地转输贸易的经济背景密切相关。

20 世纪 50 年代末，因新安江水库的建设，港口镇最终沉于千岛湖底。对此，方月桂在《漫忆港口镇》一文中指出：“民国以来，港口镇一直是区、镇机关所在地。据 1956 年新安江库区勘察调查资料，全镇人口 3903 人，其中非农业人口 870 人，有各类房屋 3000 余间，建筑面积达 7 万平方米，多为砖木结构的两层瓦房。1958 年移民时，分别安置于建德县白沙镇、程家（以后部分居民转迁至江西省资溪县乌石乡）和桐庐县胜峰乡等地。1959 年，该镇被新安江水库淹没。”而根据当地方志等资料的记载，1958 年 12 月 5 日，为了千岛湖的航道通畅，港口镇的多数房子被拆除，镇上的工商业户，有部分迁移到建德白沙和桐庐县胜峰乡。其他的农业户口，则大多迁往江西省。此外，还有部分村庄被迁移到毗邻的建德及本县淳安。及至 1959 年，港口镇悉数淹没水底。据指认，如今千岛湖的上江埠大桥之下，就是原来港口镇的范围。

第五节　茶　园

一、百步茶园近瓦窑

从明代以来，新安江上就流传着一首《水程捷要歌》，其中唱道：“一自渔梁坝，百里至街口，八十淳安县，茶园六十有。”这首《水程捷要歌》，最早见于明末清初西陵憺漪子（汪淇）编纂的《天下路程图引》（后亦作《士商要览》）。该书中另有“徽州府由金华至温州府路”的文字记录，其中指出从徽州府歙县渔梁坝搭船，50 里至

①《淳安县志（1986～2005）》编纂委员会：《淳安县志（1986～2005）》下册，浙江人民出版社，2014年，第1694页。

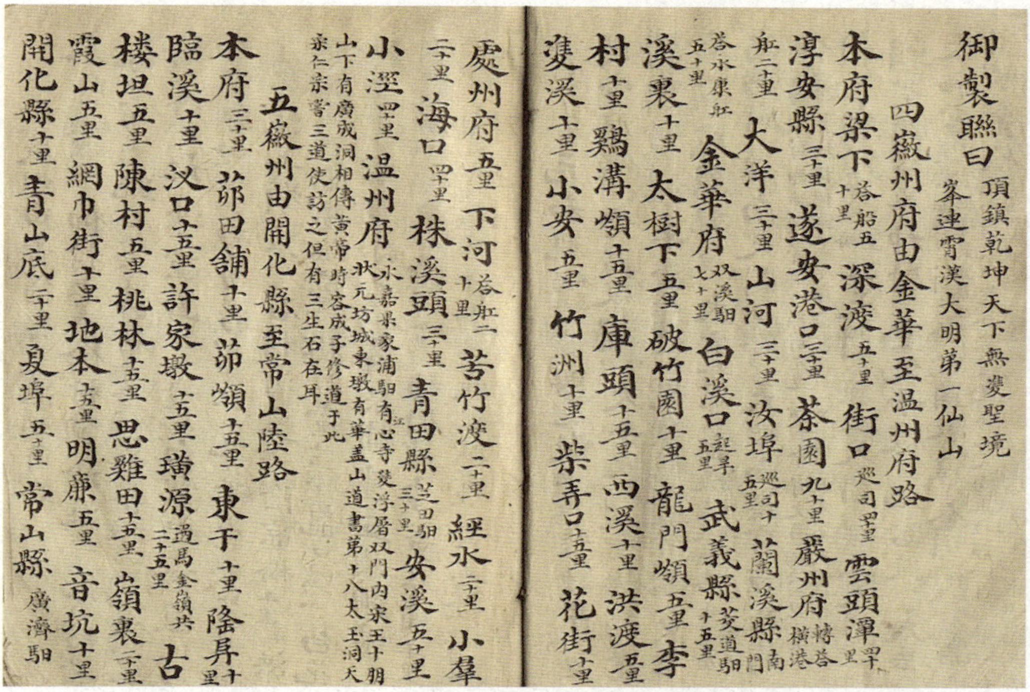

御製聯曰 頂鎮乾坤天下無雙聖境

峯連霄漢大明第一仙山

四嶽州府由金華至温州府路

本府梁下搭船五十里 深渡五十里 街口巡司四十里 雲頭潭四十里

淳安縣三十里 遂安港口三十里 茶園九十里 嚴州府搭橫港

舡二十里 大洋三十里 山河三十里 汝埠巡司十五里 蘭溪縣南門

搭水康舡五十里 金華府双溪驛七十里 白溪口赶早五里 武義縣菱道驛十五里

溪裏十里 太樹下五里 破竹園十里 龍門嶺五里 李

村十里 鷄溝嶺十五里 庫頭十五里 西溪十里 洪渡五里

雙溪十里 小安五里 竹洲十里 紫弄口十五里 花街十里

處州府五里 下河搭舡二十里 苦竹渡二十里 經水二十里 小皐

二十里 海口四十里 株溪頭三十里 青田縣芝田驛三十里 安溪五十里

小溪四十里 温州府 永嘉県家浦驛有江心寺㑹浮屠双門内宋王十朋狀元坊城東墩有華盖山道書第十八太玉洞天

山下有廣成洞相傳黄帝時容成子修道于此

宋仁宗嘗三道使訪之但有三生石在耳

五嶽州由開化縣至常山陸路

本府三十里 茆田舖十里 茆嶺十五里 東干十里 隂昇十里

臨溪十里 汊口十五里 許家墩十五里 璜源過馬金嶺共二十五里 古

樓坦五里 陳村五里 桃林十五里 思雞田十五里 嶺裏二十里

霞山五里 網巾街十里 地本十五里 明康五里 音坑十里

開化縣十里 青山底二十里 㫐埠五十里 常山縣廣濟驛

《士商要览》抄本

深渡，再 50 里到街口，由此进入浙西。先后经云潭头、淳安县城、港口，再 30 里就到达茶园镇。当时，从淳安县到茶园镇为 60 里的水路，故称“茶园六十有”。从现存的实物来看，这首《水程捷要歌》后来也被写在一些扇面上，当年就有不少徽商，正是摇着书有此类《水程捷要歌》的扇子，来往于新安江上。

关于茶园，在清代的商编路程中，也有“百步茶园近瓦窑，罗山墩上月初高。藻河昔日遭龙患，瀑布飞流到塔行”的描述。文中的“百步”“瓦窑”“罗山墩”“藻河”“塔行”等，皆是茶园附近的地名。由新安江从徽州前往浙西，再沿着桐江、富春江、钱塘江抵达杭州，并进而走向长三角，茶园为其必经要冲。对此，歙县里东山一带的启蒙读物《三言杂字》抄本曰 ：“做生意，……往茶园，下严州，出杭州，至苏州。”此一记载，便是对传统时代徽州人外出路途的一个简要概述。

二、徽人聚居的茶园镇

茶园，原称茶坡。清初地理学家顾祖禹在《读史方舆纪要》中指出 ：茶园“在县东八十里，下有茶园渡”，其旧址位于淳城东 50 里的新安江北岸（今千岛湖中密山岛西二里）。关于茶园镇，过往文人曾留下不少诗文。譬如，明人程敏政有《未至茶园梅水横发泊舟三日》诗，其中有“人生亦堪笑，咫尺是乡关”一句，反映的是茶园与徽州本土地理及心理距离之亲近。清人蔡珮亦有《茶园》一诗：“遥望茶园近，寒烟淡远村。人家千树暗，野菊一灯昏。山应林中鼓，更传月下屯。披衣惊梦起，前路又滩喧。”如果说蔡珮之《茶园》诗主要还是对个人心境的状摹。那么，钱塘人夏之盛的《新安纪行草》则较为写实，该书中的《茶园》一诗吟咏道：“闻说茶园好，今来问俗宜。面河开户牖，凿石作生涯。土物鱼盐贵，乡音歙婺歧。瓦窑埠头路，七里溯逶迤。”诗中提及的“乡音歙婺歧”，从一个侧面反映了19世纪中叶徽州歙县、婺源人在茶园一带为数众多。

光绪七年(1881)三月，祖籍歙县大阜的苏州人潘钟瑞返乡展墓，他在《歙行日记》中指出：“盖自严州迳达新安曰直港，自金、衢而至新安曰横港，皆从严州分路……（十五日）晌午，过茶园，市镇颇大，有显佑王庙，额曰‘绍我见休’；又有新安会馆，额曰‘圣域济川’云。昔我族营生于茶园者不少，今寥落矣。”所谓直港、横港，正是徽人东下浙江的水路。从中可见，茶园镇曾有大批徽商活跃其间。潘氏所说的“新安会馆”，亦即徽州会馆；而“显佑王庙”之“显佑王”，其全称为“衍正尚相公显佑王”，也就是在皖南浙西极为流行的九相公信仰。在徽州，民间相传汪公大帝(汪华)计有九子，其中的七、八、九三子分别为爽、俊、献，亦即普通民众熟知的七相公、八相公和九相公。九相公庙和新安会馆（徽州会馆）在茶园的存在，间接印证了当地徽州人群的规模。而从潘钟瑞之描述中可见，歙县大阜原先有不少人在茶园镇务工经商。此种情形，在歙县南乡乃至徽州的其他一些县份皆不罕见。例如，晚清诉讼案卷抄本中，有位来自歙县南乡、当时侨寓茶园的寡妇张方氏（年54）与儿子张来苟一起向淳安县告状申冤：

> 缘氏夫张衍明，本籍徽歙人氏，于光绪十年间来至治下茶园镇帮工度日，续蒙知友助扶，即于本镇开设豆腐小店以为生理。时因本籍产业无多，即将儿女全家带来共活，凭中价顶该镇人江春茂名下水田一业，佃种营生，历有年所……

此一案例，是说歙县人张衍明先是前往茶园镇帮工，后将全家都迁往茶园，并出价买下当地人的水田佃种。类似于此的例子应当相当不少，故而在稍后，张方氏还指出：“新安人在治下生理者难以指数。”

抄录于民国初期的《杂辑》一书，主要是记录清代歙南磻溪方氏的活动，其中就提及："我家事业，本处二三十里为多（经粤乱十失其九），谷租收六七百担，黄豆等杂粮亦千外担。……三房事业，浙之茶园有田二千余亩，并杭清和坊德茂茶庄。"此外，该书还记载，磻溪方月滨"生于江北通州，承平后归里。十余岁曾至西塘习茶业，后因父信商公在芜湖，又至芜做生意。归里，由吾父荐至淳安之茶园湖下章来垚官店中两年"。另据抄本《磻溪纪事》的记载，有位叫方若龙的人，"曾肄业于浙之茶园"。而从前述磻溪三房在淳安茶园"有田二千余亩"的记录来看，一些徽州人在茶园置产的规模应相当可观。

除了歙县、婺源人外，在茶园等淳安各地，黟县人也有相当不少。1919年，由侨寓上海等地的黟县籍绅商牵头，旅居屯溪之黟人集资在屯溪珠塘铺创建思安堂，该堂建设以上海徽宁思恭堂为蓝本，负责起停自外地运屯的客死黟人之棺柩，并专门辟有义冢，殓埋外运而来及客死屯溪之无主黟人棺柩。根据1920年第一刻《新安思安堂征信录》的记载，从"民国七年戊午至已未腊月旅休乐输特别捐名"可见，当时参与捐输的徽州人，其从业地点包括屯溪、瑶溪、闵口、龙湾、五城、下溪口、梅林、隆阜、新屯、万安街、休城、上溪口、黟县、渔亭、徽州府、江西景德镇、贵溪县、东亭、兰溪、淳安、港口、茶园、严州、桐庐、富阳、无锡、新市和遂安。由此看来，在茶园的黟县人应有相当不少。此外，还有一些绩溪人活跃在浙西各地。1925年，由曹诚瑾主纂的《旺川曹氏统宗谱》，除登录绩溪旺川曹氏的十一行派外，还开列了外迁各派，其中就有茶园一支。

正是由于徽州人（特别是徽商）之纷至沓来，茶园镇的商业颇显繁荣。在淳安，茶园与淳安城区、港口和威坪并列为最重要的码头，民间素有"金港口，银茶园"之谚。根据今人的回忆："茶园地理位置优越，土地肥沃，富庶殷实，物产以木材、油桐、梓油、茶叶为最，素有'银茶园'之称。明时即称茶园市，商业繁盛，店铺林立。有长约500米的主街道，还有和泰、白海、书院等。大街小巷，均用青条茶园石铺设，光洁平坦，街上行走，咚咚有声。街店建筑砖木结构，楼上一排窗户，店面排门全开，大小商铺排列有序，以徽商居多。如朱光【广】裕盐庄、酱坊、榨油生意很大，外埠设有多处分号。再如同和泰、程广隆等店号生意兴隆，财源茂盛。"[①] 另一位叫

① 徐树林、王兢：《淳安都文化》，中国文化艺术出版社，2012年，第192页。

洪淳生的当地人，写过一篇《茶园镇和茶园移民》："茶园是淳安县最好的地方，是淳安县最大的盆地，良田万亩，是个著名的鱼米之乡。……茶园镇，位于淳安老城区东面五十华里，新安江下游左岸，是三条水源，即清平源、太平源、赋溪源的汇合点。大街小巷的路面均是青石板铺设的街面，平坦整洁，人走在街上，有'咚，咚，咚'的声音。夏天，如果赤脚走在青石板路上，脚心就感到凉荫荫的。茶园街分为上街、中街、下街三段。街上大小商铺不少，以徽商居多，共有人口四千多人。街上的建筑无论民居和店房，高的一般为两层。"① 对此，钱根清等人在《故乡忆》一文中，满怀深情地写道："你我有缘同乡生，难忘儿时茶园镇。古街弄堂石板路，码头石阶百步青。祠堂庙宇棋杆石，亭楼豪宅石牌坊。贾商店铺顺街立，粉墙黛瓦户千三。江岸群山翠尽染，田园茶桑五谷丰。"②

根据此前淳安当地文史学者的描述，在传统时代，茶园镇上殷商富户颇多。20世纪50年代土地改革时，仅茶园镇下街就有64户地主（含工商业兼地主），却找不出一户贫农。当年最大的商号朱广裕就在茶园镇，此一商号在镇上设有油坊、盐店和酱园等；另在淳城镇、桥西、港口和徽州歙县等地也开设有分号，为新安江流域蜚声远近的著名商号。③ 对此，胡公舒在《我的父亲与朱广裕油坊》一文中指出："朱广裕油坊是茶园镇上一家有名的商号。茶园镇位于淳安县东区新安江畔，水陆交通方便，土地肥沃，物产丰富，是淳安的天然粮仓。经济作物有油料、茶叶、木材、毛竹等，桐籽年产3万余担，柏籽年产1万余担，还有驰名浙皖的茶园石。这一切为朱广裕的业务发展提供了条件。"上揭文章的作者为徽州绩溪人，其父胡俊斋于1911年经同乡介绍到朱广裕商号当学徒，拜戴礼和为师。戴氏是朱广裕的第一代管事先生，与东家朱厚卿都是休宁同乡。口述资料显示，朱广裕创建于清光绪年间，油坊坐落在茶园镇中心，油车则位于下街口。此外，朱广裕还拥有300余亩田产和若干山林等。该店主营官盐、粮食和油料等商品，开设有全区唯一的一家盐栈。戴礼和本人在茶园拥有100多亩田产，他与胡俊斋先后担任茶园镇镇长和淳安东区商会会长。1941年以后，朱广裕拥有的营业房、主厂房和附属设施等占地1600多平方米，有两副大石研槽、8台木榨机，主要加工桐籽、柏籽和麻油等，日夜两班

① 洪淳生：《茶园镇和茶园移民》，吴康福：《新安江富春江库区大移民》，中国文史出版社，2015年，第183页。
②《沉睡在千岛湖底的故乡》，吴康福：《新安江、富春江库区大移民》，中国文史出版社，2015年，第175页。
③ 方浩然、洪樟和：《茶园镇史话》，政协淳安县文史资料委员会：《淳安文史资料》1991年第7辑。

加工，日产桐油约30担。据说，在朱广裕的全盛时期，店员及生产工人有120余人，其中不少都来自徽州，因其同乡观念浓厚，彼此关系颇为融洽。该店之运营，一直到1956年公私合营。1958年以后，因新安江水库之兴修而将商店迁往白沙。[①]

在传统时代，除了外来商人的影响，茶园镇之繁荣亦有赖于四乡农村特产的输入。茶园历来是淳安县境内竹木、茶叶、桐籽、柏籽和其他农副产品的集散地，前引夏之盛《茶园》诗中提及的“土物鱼盐贵”，实际上主要是指盐之输入来自他处。洪淳生就指出：“住在清平、太平、赋溪三条源里的农民，人们到茶园镇来出卖桐籽、柏籽等土特产，并买食品、布匹等日用必需品，全仗两个肩膀两条腿，穿上草鞋，穿过村庄，奔走在崎岖的小石子路上。”根据民国时期的调查，淳安桐油品质，“为浙江桐油中之佳品”，而茶园则是淳安较为重要的桐油产地。[②]另据徐树林、王兢《淳安都文化》一书的描述，茶园位于清平源、太平源和赋溪源三源汇合口，附近的清平源山林茂盛，盛产茶叶、木材、竹子、竹笋、蕨菜、香菇、板栗、苦槠及各种药材。当地民众辛勤劳动，挑担撑筏，通过肩挑背驮，旱路运输，民间称之为“挑茶园担”。“一二百斤的担子就凭一双肩膀两条腿两只草鞋，挑到茶园镇。路远要起早摸黑奔波两天，近的也是两头不见日头”。对此，有一首民谚生动描述道：“一根扁担颤悠悠，骨头里汗如水流。一挑挑到茶园镇，口干舌燥饿昏头。”[③]

关于城镇与腹地之交流，在清末民国时期的日用类书中，有数份相关的“书信款式”可以为证。譬如：

> △△仁兄先生清览：今来字无别，因生枣一事，不知仁兄行内货足否。如货未足，即付回音，每担△元△角，弟于本月△△日办货△担肩来。如货已足，亦付回音。弟当立待，不胜幸甚！△月△日△姓△△字具。

其二为：

> △△宗兄大人清览：今来字无别，因生枣、山查【楂】饼△百△十斤，托

① 政协淳安县文史资料委员会：《淳安文史资料》1991年第7辑。
② 徐世治：《淳安县之桐油》，《合作前锋》1939年第5期。
③ 徐树林、王兢：《淳安都文化》，中国文化艺术出版社，2012年，第171～172页。

族内弟（肩人列后）肩来，望宗弟亲自查收。余不尽言，耑此布达。△月△日愚兄△△字具。

在该册文书中，有“淳东△△都△△庵募化十方诸大护法喜助银钱造客堂，今收到信士姓△△名喜助洋△△△正，功德无量。告竣之日，标姓勒名，永垂不朽。民国△△年△月△日，约△△名募化”的字样。此外，书中还另抄录了两封信函的封面，其一为：“内函寄茶园镇朱兴泰宝号，即托转交东秋岭叶泰春先生台剖，自湖边王缄。”其二则为：“信送茶园镇朱兴泰宝号收，费转交东秋岭王伯有严君台启，自湖边王缄。”可见，此一抄本反映的地理范围应属位于淳安东乡的茶园一带。而上述的两份书信款式，反映的也正是茶园附近城乡之间的交流。

三、淳安茶园与徽州

1930年，地理学者钱兆隆撰有《钱塘江上流游记》一文。在该文中，他写道：“（茶园）位于江右，去严州约百十里，民居若堡垒，窗牖窄小，地屋穹然。舟中望之，宅户分明，历历如绘。是地以产茶园石著名，其色青丽，质亦坚实，为建筑之良材。浙西一带，多仰给于此。”钱氏所说的“民居若堡垒”，与康熙年间返乡展墓的徽商程庭眼中的“宛如城郭”颇相类似，指的就是“粉墙矗矗，鸳瓦鳞鳞，棹楔峥嵘，鸱吻耸拔”的徽派建筑。在浙西，由于徽州移民众多，故当地的建筑形式亦以徽派居多。事实上，从20世纪中期的茶园镇旧照片中，可清晰地看出，镇内以徽派建筑占绝大多数。

钱兆隆还指出，茶园镇以出产茶园石闻名遐迩。茶园石亦称茶园青，在江南一带极负盛名，素有“天下美石出茶园”之誉。据说，南宋时期定都杭州，因重新建造都城，需要大量质地上好的石头，官府闻知茶园青石坚硬耐磨，再加上又有新安江一水之便可直达杭州，于是便派人前往淳安大批开采。明代，万历《续修严州府志》卷2中有“（淳安）县东五十里茶坡，溪南两峰相值，一山低垂如龟，一山高昂如鹤，其山产青碧坚石，徽、浙官民采用”的记载。茶坡，即茶园之旧称。据《新安纪程》抄本记载，清道光三年（1823）八月二十五日，日记主人春甫氏“至茶园，其地产石，纹理坚致，性受雕刻，远运以作坊表，土人穴山数里取之”。及至同治年间，徽商汪玉衡由杭州溯江而上返归故里，曾途经茶园，他在辑录的《路程编歌》中写道：“前去茶园乡镇市，年年出石数无穷。”晚清歙县许姓盐商的《南旋日记》也记载：

光绪元年（1875）十月十八日，“午刻过茶园，河中有以船作水碓，颇类故乡风景”。光绪九年（1883）二月二十八日，“午刻至茶园，停舟买石”。大约编纂于民国时期的《习登日记》抄本，亦于某年五月十五日条下，记载了某船户装载松板前往茶园，回空时则从当地装回石板。这些石板，当然也就是在徽州当地得到广泛使用的茶园青石。关于这方面的情况，清同治许绍曾《先资政寄庵公营造账》中，收录有“壬戌年腊月二十六日石匠李玉司面议包做石坟”的相关记录，其中就多次提及茶园石：

> 一、坟堆中用草皮，傍砌茶园石，边堆对心八尺四寸，周围二尺三寸结算，计石料二丈七尺七寸二分。
>
> ……
>
> 一、坟后靠山箍桶，用黟县青石磺一座，高五尺，石碑圈甲茶园石两根（计长五尺二寸）。石碑托碑梁计两根，每茶园石三尺二寸，茶园石碑帽碑顶三尺二寸。
>
> ……
>
> 一、坟面开间四尺六寸，茶园石柱两根，每三尺四寸；
>
> 一、坟面两边八字长五尺，砌茶园石，每边二丈一尺；
>
> 一、八字外两边用茶园石小柱两根，共四根；
>
> 一、柱外用云鼓一块，共两块，每块二尺茶园石；
>
> 一、拜台用茶园石，砌六重，每重作五尺七寸。
>
> ……
>
> 一、茶园石板每丈二百文。[①]

其后的“支银钱账”中也提到，“支钱七千四百文，茶园石板卅七文”，每丈茶园石的价钱也是200文。另外，“支洋二元，茶园石门柱一对”。[②]这些，都反映出茶园石在徽州民间兴作中的广泛使用。

关于茶园石，在歙县曾广泛流传着一个民间故事，这个故事说的是——早年自歙县南乡雄村到县城，只有一条山间泥泞小路。村内盐商巨贾曹家的朱太夫人（乾

---

① 王振忠：《徽州民间珍稀文献集成》第2册，复旦大学出版社，2018年，第273～275页。

② 王振忠：《徽州民间珍稀文献集成》第2册，复旦大学出版社，2018年，第282页。

隆时期户部尚书曹文埴之母，道光年间军机大臣曹振镛的祖母）立下心愿，要将它改筑成一条全铺石板的康庄大道。当她80寿诞将临之际，预先放出风声："亲戚朋好倘能助我完成修路心愿，请赠送茶园石板，无论多少，我都收下。至于其他礼品，则一概璧还。"风声传出之后，寿诞贺喜之期，各处送来的礼单上果然都列明"茶园石板若干丈"。对此，曹府根据徽歙习俗，还礼时也以石板丈数之多少回赠红绫。大约不到一年，这条通往县城的道路便告竣工。此后，曹家还修整了从雄村至岩寺的道路。当然，单单依靠寿诞期间亲朋好友馈赠的石板数量，显然并不能完全满足需要，故而曹家也还自行前往产地购买。当时，他们出动了十数艘大船运输，一时间，新安江上唯见曹家运石船只穿梭来往。此传说，从一个侧面反映了茶园青与徽州道路建设之密切关系。

揆诸史实，上述故事也并非完全空穴来风。根据方志记载，清代歙县胡祖裀继承祖业富甲一方，有鉴于旱南一带的道路"崎岖险阻，跋涉维艰"，其"母王氏八十寿辰，不受贺，命祖裀辈修筑之，路宽五尺，皆以浙江茶园石料铺造。工竣，拨款生息，以为岁修之备，百余年来费已无存，祖福（祖裀之兄）曾孙光鋆犹克承先志，继续修治"。[①] 此小传，与前述的民间故事颇相类似。事实上，茶园石与徽州的道路建设关系极为密切。民国《歙县志》言：徽州歙县等地"道路皆以石成之，虽穷乡僻壤，入山小径，靡不石也"。这些石板，有不少便出自茶园。例如，歙县县城荷花池人程光国，于乾隆年间重修徽青古道箬岭段，数十载备尝艰苦，沿江调运淳安茶园石，筑路几近百里。对此，清人洪亮吉在《新修箬岭道记》一文中写道："以歙石易泐，不可用，本山石不足，复自新安江辇载浙石青白坚久者补之，长七八尺至四五尺不等，皆随道之广狭筑之。"[②] 洪氏所描绘的，就是程光国出巨资重修箬岭古道的事迹。当时，程氏从浙江购买茶园石，其子程振甲后又承父志续修，前后历时30年，持续修筑，终成坦途。文中的"浙石青白坚久者"，亦即著名的茶园石。抄本《杂辑》亦记载，歙县七贤人胡汉余"以茶业贸易京师起家，积资至五六百万，颇从事善举，由塔岭以至深渡之路三十里，横铺茶园石板，系胡氏一家所为"。此外，鲍逸豪在《牌坊群风光十忆》中有《六忆青板大街》："五衢平整四乡冠，一色茶园石板宽。何事

① 民国《歙县志》卷9《人物志·义行》，第385页。
② 民国《歙县志》卷15《艺文志》，第651页。

不容行正道，走趋泥泞出门难。”这说明著名的棠樾牌坊群内之道路，也是由一色的茶园石板铺砌而成。而在新安江下游的淳安，县长冯世范于1929年辟建后街，亦全部是以茶园石板铺砌其上，县民称便，称之为“冯公街”。

除了铺砌道路之外，茶园石的用途还有相当不少。据抄本《杂辑》记载：徽州“郡中城外三大石桥，工程之巨甲天下。除万年、紫阳二桥不足论，而河西桥高三丈、阔三丈，十六洞一律茶园美石砌成，中设桥高长二十余丈，真大观也！”另据《重修万年桥征信录》的记载，万年桥的石头就是来自茶园的“石板红麻石料”。而在屯溪，毗邻老街西端尽头，嘉靖年间建成的镇海桥为六墩七孔石桥，又称屯溪桥，或屯浦桥，民间俗称作“老大桥”。桥身长100余米，桥面、桥栏等皆以茶园青石铺设。此种情形，在整个新安江流域都很普遍。20世纪30年代，地理学家张其昀就曾指出：“茶园镇背山面江，流纹岩开采颇盛，俗称茶园石，乃浙西一带主要建筑材料。”1930年，钱兆隆进入遂安境内时，至小溪，见“溪东有锦溪桥，全用茶园石砌成，颇壮丽可观”。

茶园石，又名青碧石，产于旧淳安县茶园镇后山和赋溪乡下於村一带。由于茶园石纹理精细，且便于截取和雕刻，故而用途颇为广泛。据1947年淳安当地报纸的报道，沿新安江东下，杭州西湖的不少坟冢，以及几家著名扇庄、金铺之房墙，皆以茶园石筑成。清光绪十四年（1888），位于上海的徽宁思恭堂扩建，台阶前的两对石狮，就是由上海的绩溪徽馆业同人捐助。而雕刻石狮所用的石头，也正是来自浙江茶园。在徽州，位于唐模村口的“同胞翰林坊”，是为了旌表村中许承宣、许承家兄弟而立，两人于康熙朝皆中进士，一授编修，一授庶吉士，皆属翰林院，故有“同胞翰林”之称。牌坊始建于康熙年间，三间三楼四柱冲天，上雕飞禽走兽和各种图案，基座上有石狮4只，通体皆用茶园石雕成。绩溪瀛洲乡大坑口村南的“奕世尚书坊”，濒临龙川河。牌坊始建于明嘉靖四十一年（1562），四柱三门五楼仿木结构，亦系精选茶园石等凿制而成。此外，在新安江流域，上自徽州下至杭州，民间丧葬时坟前所安坟面，其坟面石多数是以茶园石制作而成。而广大农村的碾粉石磨、舂米石臼等，有不少也是以茶园石为基本材料。

据今人的追述，在传统时代，淳安茶园一带有不少本地人穴山采石，从而形成了特殊的人群与产业。方浩然、洪樟和就指出：“清末民初，镇上经营采石的商户有6家，炮工、石工、抬工、雕工和船工等多达数千人，采石场多达10多处。加工成品，大的如石狮子重达千斤以上，小的如石臼，可以手提。最大的石料数制作华表的那种，粗坯高达数丈，重达万斤，要费几个月才能雕成。采石场的石工、抬工，大多来自‘铁威坪’地区的人，有的后来在这里定居。驮威坪村就是他们的聚居地，至少有近百年的历史。也有来自开化的。”民国时期，采石业兴旺发达，年产青石多达五六万方，产值 10 万余元。在当地，也有一些商贾专营茶园青的石料输出。茶园石运输使用专门的大木船，称为“石板船”。每年春夏雨水泛涨之时，一艘艘满载石料的石板船便由此处络绎开出，极为壮观。在近代水泥大批出现并被用作建筑主料之前，茶园青石的销路相当广泛。

由于盛产茶园石，茶园附近一带出现了不少石匠。当时，采石场俗称“石宕”，采石谋生者亦遂称为“宕户”。石宕工人分为石工师、抬班及杂工三种。1937 年，署名“仁农”的人撰有《淳安石民的生活》一文，其中说：“有一种山民，他们专门以打石为业的……他们的财产，可以说是厘田厘地都没有的，他们的寄生处，完全是系在石头上。假若一日不做他们打石的工作，那么他们的生活问题，也随而至于停止。”根据他的观察，石民又分为两种：一种是流动性的匠工，他们居无定所，每逢某处有人砌屋基或筑堤铺路时，他们便前去承包来做，或打明堂石、石柱和石门等细工事情。所谓细工，就是把粗大的石块，将其琢成精美的狮象龙凤之类。另一种石民则有一定住所，他们大都集居在淳安县东的茶园镇。根据“仁农”的调查：“在未取石料之前，先把石坦（取石的场所）打平，如需要多长多宽多原【圆】的石板或石条时，把黑线画好，再在墨线上打开小沟纹，以铁凿在四周同时击下，不久那合意的石料即脱离其母岩，于是石料得矣。我看到有些石坦，因年深日久，由山上打下去，大约有十余丈之深，那打得之材料，就需要工人来抬上，才得可以装运推销。至于抬的时候，由十余丈深的下面扛着大石块至上面，实在是一件很不容易的事，而且又是一件很危险的事。但他们为迫于生活，也顾不得一切。在抬的时候，每个人都是步伐整齐而异口同声地喊着‘合作！’‘合作！’的声调。的确，若一忽儿不合作，就有人命的惨剧发生，这是多么的危险啊！”[①] 仁农笔下的“石民”，亦即一般人口中所说的石匠。

在迄今发现的民间文献中，有不少反映茶园石匠的劳作与生活。例如，在清末民国时期的日用类书中，就有两份“做大路包文款式”，其一曰：

---

① 杭州《青年月刊》1937年第4卷第6期，第26～27页。

立包文人△△，今因包到△村△都△图△水口殿里数十余丈，粗工饭钱及杂用物件一概包清在内，包定路石每坊英洋△元△角正。务须磅脚叠至坚固，磅中挑石障样；路面大石平墁，毋许凹凸；并上边大路之中常石墁面，面边石纙亦须坪坦无摇动；路心石一尺二寸起数，须要定事。作一包定，每丈英洋△元△角。其包洋约至照工付出，不得多支。此系两造情愿，故立包文于△△堂众等名下作凭，以防后日身等做路了【潦】草塞责，包洋众议扣除。如路成功，无有高低歹处，包洋亦（不）得短少拖欠。恐口无凭，笔则有据，故立包文，大发存照。

从契约的描述可见，修路、砌磅、挑石等称之为“粗工”。

另外，1929 年淳安叶青黎所抄的《纹契式》中，亦有一份《包批式》：

立包批人△△，今包到△△△兄边黄泥堨一根，长几丈，阔几尺，又结瀛一个，瀛口阔几尺。当日三面言定，包价洋银几元正，起工之日陆续支付，工夫完竣，一并支付清楚，不得少欠分文。倘有工夫撩【潦】草，听凭扣除包价。如有三年之内洪水冲坏，包人承值自砌，不涉出包人之贵【责】。此系两愿，并无异言翻悔，恐口无凭，立此包批为证。

年号、中笔如式。

从上述两份文书中多次出现“△”“△△”“△△△”的字样来看，这显然是契约活套，反映了此类活套曾被一再套用。在徽州，堨、塝等都是相当重要的水利设施，许多做堨的石工皆来自淳安。例如，清宣统二年（1910）二月，张叙伦堂首事人等共业合墨中就提到，村末水口庙外的堨坝，因被水冲坍，故请到“淳邑叶玉寿石将堨甃彻成功”，议定工资洋 56 元。[①] 歙县信底《泥爪》抄本中，也有一封提及淳安的石匠：“润叔大鉴：……再则大坝之事，侄遇石匠二三次，估计皆未确定，兹将头一次之作账附奉请阅，二次比前次更贵……今日经郑月照领来一淳安坝匠萧司务，估计开价五百余工，每工二万四千。侄再三与之批评，始行决定完全包做如式，共四百五十工，计币一千〇八十万元。该匠再三要求，多少增加一点，由桂林许加

① 俞江主编：《徽州合同文书汇编(点校本)》，桂林：广西师范大学出版社，2020年版，第1553页。

一万元，计一千〇八十一万元，约三日内订约，大约连零星开支，总在一千一百万元之谱可以了事。”在随后一封信中，又写道：“大坝已于十五日开工，此次是由郑月照兄介绍之淳安塝匠萧志庆承包，工作甚好，至昨日止，外塝已砌好约一半。”从信的内容来看，徽州东家对于淳安坝匠的技术颇为满意。

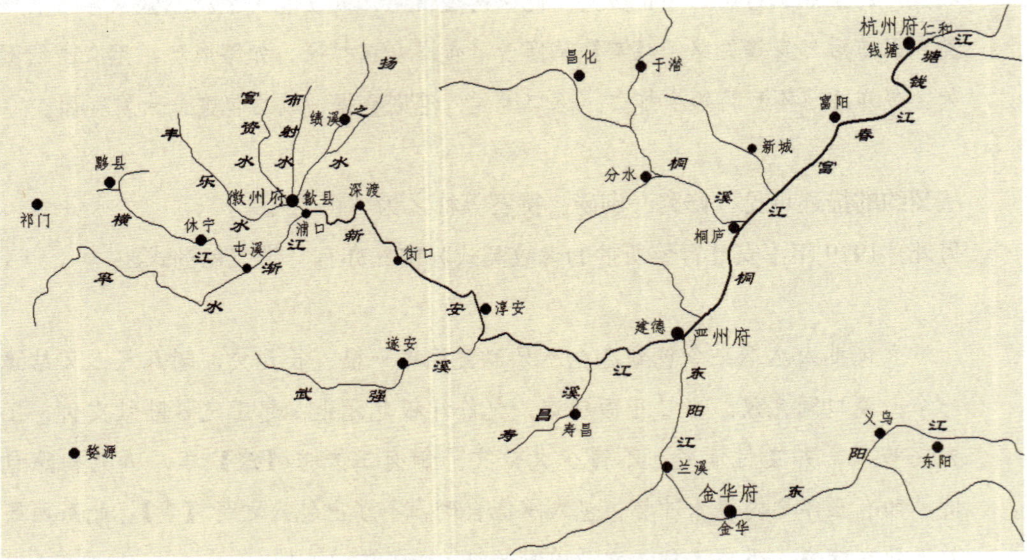

明清新安江示意图（取自王振忠：《新安江》，李甜绘制）

晚清民国时期，随着水泥作为建筑材料的兴起，茶园采石业受到了愈来愈严重的冲击，特别是抗战爆发之后，钱塘江沿岸的一些地方被日寇占领。受此影响，茶园镇上的一些采石场相继停业。从此，茶园石之开采日趋衰落。迄今，昔日的采石地只留下一些遗址。例如，茶园青石埠原来是采集青碧石的地方，当地曾留下不少采石场。千岛湖形成之后，原有山下的石池被淹没于水下，但山顶还剩下七口石池，现取名为“天池岛”，是千岛湖中的一个著名石文化景点，上有天池、百岁桥、奇石陈列馆等景观，供游人观赏、追思。

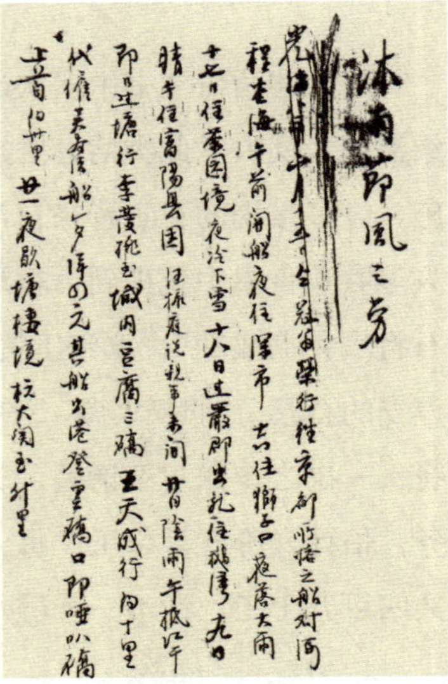
沐雨節風之劳

《沐雨节【栉】风之劳》抄件，歙县芳坑徽商江氏文书，1882年

茶园是新安江上的交通要冲，晚清著名茶商江

耀华在《沐雨节【栉】风之劳》中曾记载：

光绪八年二月十五日，仝冠翁荣行往京都，……午前开船，夜住深市。十六住狮子口，夜落大雨。十七日住茶园境，夜冷下雪。

光绪八年，亦即1882年。另一册1922年的《随笔便记》亦曰：

（正月）廿七日，夜住茶园镇；
三月初一日，开船，恰遇顺风，住程朋湾；
初二日，亦顺风耳，住严东关卡；
……
初四日，住茶园镇，演戏二庙。

可见，江耀华曾多次来往于茶园镇。此外，著名诗人许承尧在《癸酉日记》五月十五日条中，也提及自己的新安江之行："早九钟，水退，强行，纤路时有断续，至茶园上之关王庙宿，约三十里。闷甚！"癸酉，即1933年。除了往来过客外，还有不少人在当地定居及务工经商。茶园最有名的特产除了茶园青石材之外，还有五香豆腐干。根据茶园人洪淳生的描述，茶园豆腐干细腻芳香，极有韧性，即使将之两边折起，中间仍然不会断裂。在传统时代，由于茶园是交通要埠，南来北往的客人穿梭来往，许多人都会捎带些特产回家，或是自己吃或是送人。与此相关的，还应提及皖南浙西民间流行的"茴香豆腐干"之通俗常言。所谓茴香豆腐干，原来是嘲讽旧时被老板开除的徽州学徒。例如，有一首在绩溪流传的民谣《写封信啊上徽州》就这样唱道：

青竹叶，青纠纠，写封信啊上徽州。
叫爷不要急，叫娘不要愁，儿在苏州做伙头。
儿在外学生意，心中记住爹娘的话：
"茴香豆腐干，不能自己端；吃得苦中苦，方为人上人。"
学好了生意我再上徽州。
天啊地啊老子娘啊，没有出息我就不回头。

从前，徽州人送儿子外出经商做学徒，总是要叮嘱他（们）勤奋学艺，不要被老板炒了鱿鱼，做了“茴香豆腐干”。据说，茶园镇下街朱广裕商号中就有一位徽州伙计，某次与老板吵架，情绪冲动之下打了后者，结果被解雇。他因无颜返乡，就在茶园街上当起脚夫。由于腿脚勤快，被同和泰老板看上，招入充当伙计。这位伙计因受“回乡豆腐干”之刺激，遂怂恿老板做起真正的“茴香豆腐干”——他在卤豆腐干的卤汗里掺入茴香、桂皮、花椒和冰糖等，并用店里卖剩的鲜鱼干末、虾皮末碾碎，掺到豆腐坯中，以增加香味和鲜味。如此配料，加之制作豆腐的大豆新鲜饱满，做出的豆腐干风味清香，很快打开市场，并销往外地，成为蜚声远近的名优特产。[①]

在传统时代，茶园与徽歙的关系极为密切。1944 年 11 月 10 日的《复兴日报》上，曾刊载一位名叫祝玉琴的人撰写的《闲话徽州》，其中提及 :“徽州茶叶是全国皆知的特产，普通一般人只知道有黄山毛茶。其实南乡街口、茶园一带产量最丰，占全县出产量在百分之五十以上。”此处将茶园当作歙县南乡的属地，显然是作者的笔误，不过由此或许也可看出一些人在潜意识中对毗邻二地之密切关系的看法。歙县的桂溪，为古贵溪地，传说唐隐君辞吴越王聘，负琴书走贵川，爱其山水幽秀，由歙州转徙至此，为项氏世居之地。又曰小溪者，“袭淳安茶园小溪之名，不忘先世籍淳之意”。[②] 类似的自叙家世源流，在新安江流域并不罕见。

根据方浩然、洪樟和所撰《茶园镇史话》，茶园之得名素有两种传说，其中之一是说汉朝方储乘鹤途经此地，看到此处山好水好田地好，遂在该地结庵定居，人称方仙翁。他骑的一只仙鹤喜食鲜嫩茶叶，方仙翁种茶以供，日久成园，其子孙遂以茶园为村名。[③] 正因为如此，茶园镇居民原以方氏为主，当地也是祭祀方储的重要地点。在淳安，三月三日相传为东汉方储之忌辰，东源进贤渡与茶园镇对方储的纪念活动相当隆重。方储为东汉时人，系迁居淳安始祖方纮之孙。其人天资聪颖，博学多闻，曾注释孟氏易，知天文五行，精占卜吉凶。建初四年（公元 79），方储被举为孝廉，授郎中职。汉章帝一次召集文武大臣议事，令文官居左，武官居右，方储则居正中，他自称 :“臣文武兼备，任所使用。”章帝夸其才，将乱丝一堆，交由方储整理。方储毫不迟疑地拔出佩刀，将乱丝斩为三截，称 :“乱必剪之而后理！”

---

① 徐树林、王兢 :《淳安都文化》，中国文化艺术出版社，2012年，第192～193页。
② 卞利 :《徽州聚落规划和建筑图录》，安徽人民出版社，2017年，第144页。
③ 政协淳安县文史资料委员会 :《淳安文史资料》1991年第7辑。

帝遂赞其胆识。和帝永元五年（93），皇帝欲往城郊祭天，方储与之意见相左，愤然饮毒酒自尽。后和帝追赠其为尚书令、黟县侯，命官护尸归葬歙之东乡。所谓歙之东乡，也就是淳安茶园一带。后代方姓子孙遂于茶园中街建有“方宅厅”，每年三月三日，方姓族人都要举行盛大庙会，热闹非凡。①

对方储的信仰，在新安江流域各地都相当盛行。根据韩国学者朴元熇的研究，北宋以后，随着新宗族制的出现与发展，尊崇名人的专祠开始转化为宗祠，新安江流域的仙翁庙便是反映此一现象的实例。明代中叶以后，随着商品经济的发达，生存竞争日益激化，里甲制的崩坏，乡村社会失衡日渐显著，以围绕着真应庙祠产的纠纷为契机，方氏宗族的乡绅带头发起修筑真应庙，方氏宗族组织的扩大由此揭开。万历三十六年（1608），歙县、淳安方氏缔结了“十派合同”，联合起来结成柳山方氏，以应对乡村社会激烈的社会变动。及至明末清初，祭祀方储的庙已成为加强宗族团结的中心，而方储也随之被推崇为柳山方氏的始祖。根据当地人的描述，茶园镇居民最初以方姓为主，后来因其他客姓逐渐迁入，民间信仰也悄然发生了微妙的变化——周宣灵王的信仰日渐流行。在茶园镇境域的两端各有一座周王庙，分别称为上庙与下庙，菩萨每十年开光一次，从农历十月初五开始，至二十一日结束。

根据《茶园镇史话》一文提供的统计数据，1932 年，淳安县推行乡镇保甲制，当地始称茶园镇，为淳安县五镇之一，辖十保 863 户，有居民 4067 人。1956 年，全镇有 4383 人，其中非农业人口 1556 人，有大小民房 2000 余间 5 万平方米。1958 年新安江水库建设，茶园镇人民分别迁居到浙江的富阳、建德、开化和江西省的资溪、武宁等县，其中迁居建德白沙的有 1062 人，多为工商业和手工业者。②

1959 年新安江水库建成，茶园镇淹入水底，其故址在今千岛湖东南湖区茶园岛附近。现在的茶园镇，则是 1985 年在毛竹源新址上所置。毛竹源港以原地处毛竹源村而得名，是新安江水库建成后形成的港口，水域开阔，建有码头 6 座，泊位 8 个，最大靠泊能力为 250 吨级。③ 至于茶园镇周围的陆路交通，则有铁路通金华、公路通杭州、金华等地，有火车货运站、汽车站和轮船马头。

历史翻开了新的一页……

---

① 徐树林、王兢著：《淳安都文化》，中国文化艺术出版社，2012年，第191页。
② 方浩然、洪樟和：《茶园镇史话》，政协淳安县文史资料委员会：《淳安文史资料》第7辑。
③ 朱道青：《中国水系辞典》，青岛出版社，2007年，第483页。

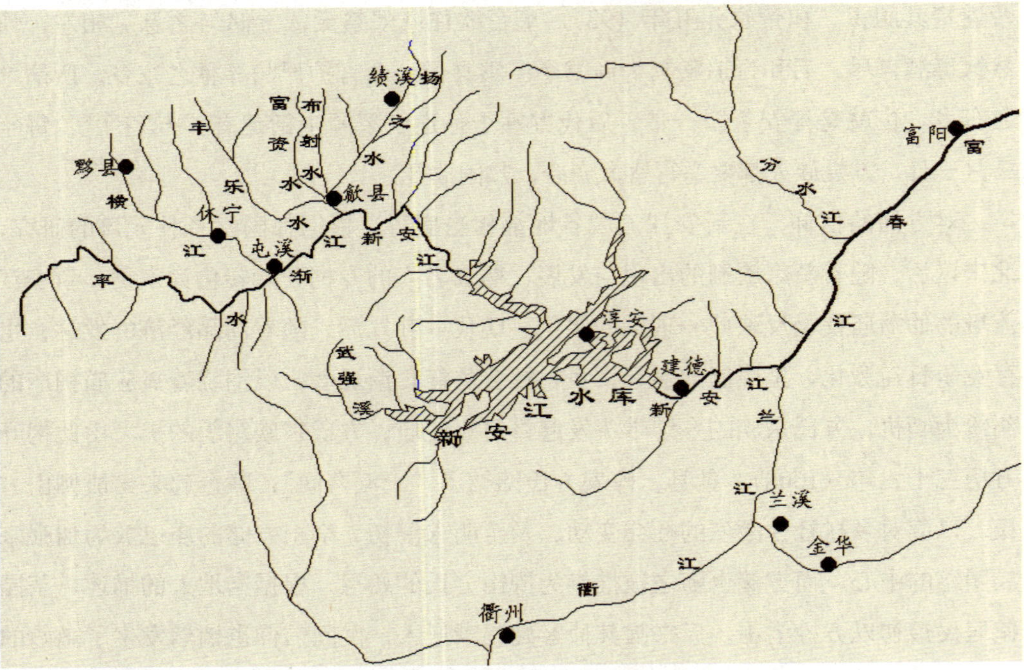

1959年以后，新安江流域图（示意图）（取自王振忠著《新安江》，李甜绘制）

第六节 梅城镇

清末光绪三十三年（1907），徽州知府王振声离任，当年五月二十九日，他在《严州夜泊》一诗中写道："新安江水涨悠悠，二月春阴送客舟。夹岸云山三百里，一帆烟雨到严州。"[①] 沿新安江到建德，经梅城镇码头转"直港"可抵杭州、湖州和嘉兴，转"横港"则可达兰溪、金华和衢州，梅城镇交通地位十分重要。

一、徽衢两水合严州

数十年前，日本学者斯波义信在《宋代徽州的地域开发》中指出："唐宋时代，徽州与外界的交通网络也开始建立。……水路有：从西门沿新安江至严州，可行200石舟（《严州图经》卷三中说，可行400石舟），然后顺浙江直达杭州。"这是宋代的情形。

① [清]王振声著，孟化、张廷银整理：《王振声诗文书信集》，凤凰出版社，2020年，第158页。

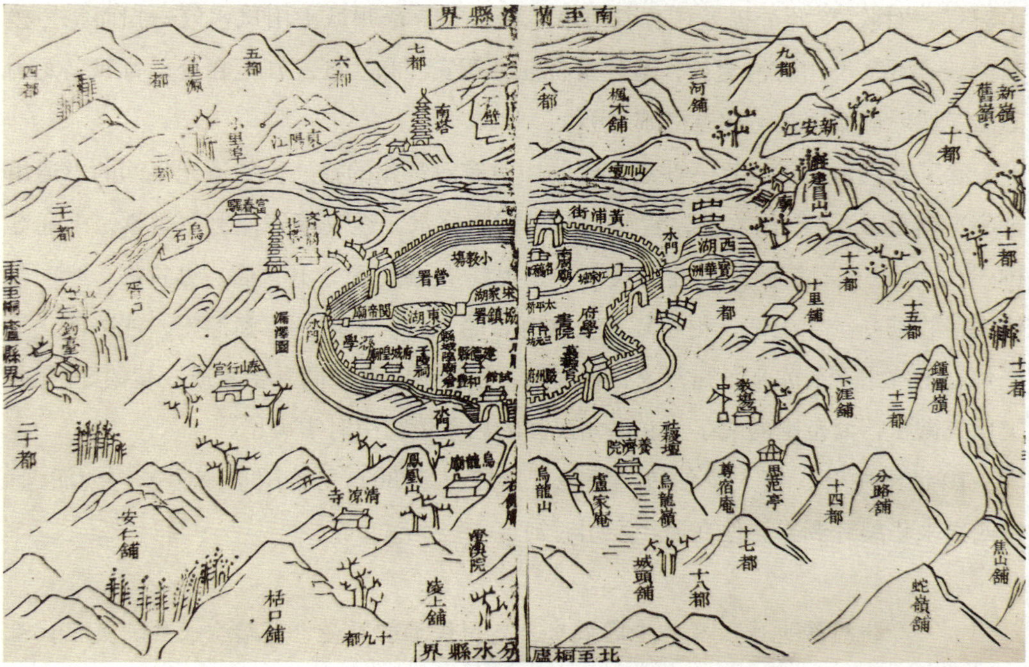

建德县图

而从明清传统的交通路线来看，从徽州到杭州，有一条“徽州府由严州至杭州水路程”。诚如该路程之后所附的一首《水程捷要歌》所述的那样：“一自渔梁坝，百里至街口。八十淳安县，茶园六十有。九十严州府，钓台桐庐守。……徽郡至杭州，水程六百走。”新安江一水东下，便可直接到达杭州。这些路程和路程歌，从晚明以来，就不断地为世人所传抄。例如，清乾隆年间徽州歙县岩镇《谢凤鸣家记事簿》中，就抄录了“徽州府至严州府水路程”，而《水程捷要歌》，也被抄在杭州舒莲记制作的折扇上。

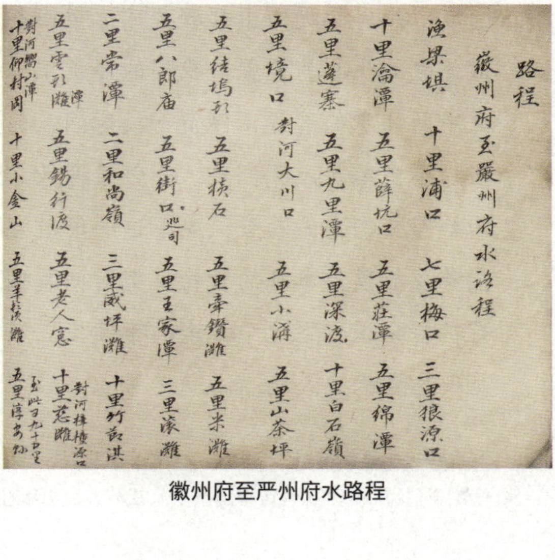
路程
徽州府至嚴州府水路程
漁梁堨 十里浦口 七里梅口 三里狼源口
十里淪潭 五里薛坑口 五里莊潭 五里綿潭
五里蓮塞 五里九里潭 五里深渡 十里白石嶺
五里境口 對河大川口 五里小溪 五里山茶坪
五里結鳩[illegible] 五里梖石 五里[illegible]鑽灘 五里米灘
五里八郎廟 五里街口 巡司 五里王家潭 三里[illegible]灘
二里常潭 二里和尚嶺 三里威坪灘 十里竹[illegible]淇
五里雲[illegible]灘 潭 五里錫行渡 五里老人[illegible] 十里[illegible]灘 對河[illegible]源口
對河[illegible]小潭 十里仰村[illegible] 十里小金山 五里羊[illegible]灘 五里淳安[illegible] [illegible]

徽州府至严州府水路程

关于这条水路的路程歌，后来还出现了一些变种。例如，抄件《杭省江中【干】至屯溪锦衣词曲》就写道：“杨【扬】帆东馆近严州，城砌梅花古迹留。最看暮春新雨后，万山云气一时收。”此处提及，暮春时节风雨沓至，严州城上山岚水气一扫而空，极其清新之致。严州府治建德，地处富春江、新安江和兰江三江汇合处，背靠乌龙山，因沿江城垣形似梅花，故有梅城之称。

除了路程歌之外，在一些启蒙读物中也有对严州的描述。如道光年间的《通用杂字》就提及："严州六县，建德寿昌，桐庐分水，遂安淳安，上达徽歙，下通苏杭。”之后的《三言杂字》“生意类”中也提到："做生意，开大店。办货物，……本钱大，收茶叶。芽尖子，粗菘萝。做水客，船上坐。从威坪，到淳安。往茶园，下严州。出杭州，至苏州。归行家，等客来。谈价钱，兑银两。生意成，趁钱好。”此类反映徽贾行商范围的文字，在徽州民间的启蒙读物中时常可见。

19 世纪中叶，英人罗伯特·福琼（1812 ~ 1880）受英国皇家园艺协会派遣，曾四次来华展开调查。他在途经严州时写道：

> 严州府城也像所有的中国城市一样用围墙护卫着，城墙全长约 4 英里，看起来这儿也是个历史悠久的地方，但停泊在城外河里的船只数量很少，从这点来看，我估计这个城市在商业上并不是很重要。严州大量出产家居用品——只是简单油漆了一下，价格比沿海城市要便宜很多。严州也是前往徽州的船只的集散地，因为要给船上人员提供日常生活服务，相关生意便做得很大。从城市规模来看，严州大约有 20 万居民。他们看起来不是那么富有，至少在穿着方面，他们肯定不如其近邻杭州人那样华丽。
>
> 严州府附近的山都较荒凉，但山谷与低地则很肥沃。严州正好处于杭州与徽州之间半程的位置，我们的船员似乎也想趁机利用这个机会，把严州当作一个中间休息的地方，停留一段时间，而且这一段河流的流速大大提高了，需要增加不少船员。我们在严州停了两天，进行各种准备工作，买了各种东西，比如给船员们穿的草鞋，剩下这一段航程我们要吃的大米，以及各种可以贩卖到上游乡村以便牟利的货物。把时间耽搁在这儿，我一点也不反感，这正好让我有机会见识一下这个古老的市镇，以及这个地区的部分农村，对我来说，这可是一片全新的天地。[①]

---

① [英]罗伯特·福琼：《两访中国茶乡》，江苏人民出版社，2016年，第233～234页。

清代，有位歙县籍的淮南盐商途经此地，他在后来撰述的《往扬日记》中写道："……早开行，将至严州，水甚小，上滩不易。上下水船约有百余号，撑持声嘶，嘈杂满耳。欲上岸，则无小船可渡，几欲效杨朱之哭矣。禹翁因在船闷极，嘱水手背至岸，予亦随之。由岸步行至严州东关，在关前货店小坐。二点钟船甫到，船家因等后船，夜即泊城外，明月甚朗，塔影、山光亦堪娱目，惟城外十分荒凉，夜有更声。睡醒后，微雨洒蓬，月色犹朗。"这位盐商经过严州的时间为光绪元年（1875）十月十六日，而稍早的1868～1872年的同治年间，德国地质学家李希霍芬在其中国旅行日记中也写道："严州是一个很贫穷的地方，只有低矮的石头垒的城墙。这个地方很小也没什么贸易，但是此地正好位于新安江和钱塘江的汇流处，汇合后的河流仍然被叫作钱塘江，虽然新安江的水势更大，而且决定了汇合后河流的走向。通过钱塘江，茶叶和大米被运往下游，盐、鱼等物品被运往上游。"①

与李希霍芬差相同时的一位旅杭徽商汪玉衡，辑录有《路程编歌》，其中有对严州一带的生动描述："扬帆风顺送东馆，又至严城大顺风。舟到严州拢了船，家长籴米叫纤添。打酒买肉做神福，祈神一路佑平安。敬毕相邀伙伴友，大家散福饮尝荤。吃完夜饭呼早睡，明晨一早就开船。"此段记载，描述了船至严州时过客的停顿，以及补充给养等。清末婺源秀才詹鸣铎《我之小史》第三回写道："按灰【徽】州至严州，河面渐出渐阔，严州以去，江面更阔，用大橹，不打桨。"这是从徽州下行到严州，进入桐江以后江面顿然开阔。与詹氏描述时间上较为接近的《安徽省志》也记载："于此地交通以莫大便利者，即新安江之水运是也。此江本为山地间之急流，但水深一寻有余，在其下游可通吃水三四尺、四五丈长之民船，下水四日到严州，更一二日即可达杭州。若在降雨后河水增涨之时，则由屯溪仅有四日可到杭州。惟上水虽载轻，亦航行困难，由严州约需五六日，由杭州则非十日以上不可云。"

1934年1月21日，有位叫穆因的人，在一篇《江行小纪》中写道："严州是从浙江到徽州中间的一个水码头，市廛繁盛，船到此地，要停住半天。你不妨上岸去逛逛，或往钱江第一楼吃花茶。楼临江头，推窗远望，可以看见对面的塔影，风景确是不错！这类茶馆，在这一路大点的码头——严东关、威坪、街口差不多都

① [德]费迪南德·冯·李希霍芬：《李希霍芬中国旅行日记》上，商务印书馆，2018年，第278页。

有。在船上做活的工人，也有他们的趣味，当船上要买柴火，或者投篙等，把船停在沿岸的乡村边下时，便有许多乡下姑娘、妇人，用篮盛着豆腐、鸡蛋、甘蔗、酥糖等，赶到河边来叫卖，于是船上的工人便尖声怪气地和她们打情骂俏，寻得一点安慰。”1935 年，另一位署名“昭蔚”的人写了《徽州鸟瞰》一文，提及：“自屯溪至杭州，计程七百里，有‘徽州府对严州府，三百五十里；严州对杭州，三百六十里’之谚。舟行速度，以水大小为正比例，最快者三日，如遇水干挤港，则十日半月，往往不定。沿途山光水色，波涛纵横，令人叹为观止。”

1937 年，著名地理学家张其昀在《严州之地理与历史》一文中指出：浙江省大部分地区为丘陵地带，丘陵地带又可分为两类，其中的一类为“雄伟丘陵地”，此类丘陵地的特色是“山高而水清，多峡谷险滩，少平地宽谷，广大的盆地更不可得见，严州即为此类地形之代表”。稍早的钱兆隆亦曾提到：“由此（按：指严东关）至严州凡五里，有人力车可通严州，徽、衢二港，即交会于此。……过严东关，则沙滩连互，水浅而急，舟行以寸计，其难进可知。至严州，自桐庐至此，两岸重峦叠嶂，耕地绝少，土人多植黍粟于江岸山麓，以资糊口，盖亦因地以制宜耳。严州昔为府城，亦称建德，浙江中流大城也，地当徽、衢二港之合流点，四通八达，舟楫辐辏，以故贸易称盛。”自严州上行至皖南徽州，为新安江的干流部分。

严州是新安江水路的重要节点。明末清初西陵憺漪子（汪淇）所编的《天下路程图引》卷 1 记有一条“徽州府由金华至温州路”：自歙县渔梁搭船，由新安江东下严州府，转搭横港船，经兰溪县至金华府，再由白溪口起旱，经武义县至处州府、青田县，最后到达温州府。关于严州府附近的水路，汪之谦的《新安江竹枝词》曰：“一向桐江溯上游，徽衢两水合严州，船家到此方忙甚，客自闲观倚舵楼。帆收直港指新安，高倍严陵七里滩，莫怪迂回多费力，好山好水饱供看。”该诗诗注曰：“水自徽者为直港，即新安江，自衢者为横港，别曰兰江。”这是说浙水有南北二源，北曰徽港，南曰衢港。其中的北源徽港（一名歙港），亦即新安江上游之别称，而严州（府治在今浙江建德县东北）则是杭州与徽州的交通枢纽。光绪年间，侨寓苏州的歙县大阜人潘钟瑞返乡展墓，作有《歙行日记》，根据他的描述：“盖自严州迳达新安曰直港，自金、衢而至新安曰横港，皆从严州分路。”换言之，从严州开始，分直港和横港，直港直接通往徽州，横港则流经金华和衢州二府。歙县芳坑江氏商人文书中有一封书信，其中提及“至严州府，当即已换横港之船，次日开行，于廿二日午后抵兰关”。[①] 这里的横港，也就是指前往金华、衢州各地的水路。

而关于直港，1920 年的《徽州杂述》指出："自杭州至徽州之屯溪镇，水程七百里，艰险已甚钱塘江之广阔，阅者诸君所知也。今以此尖锐之小舟，行于洪涛中，其胆力航海家不是过矣。况昼夜兼行，黑暗之中，其难更百倍于白昼。及严州以上，则波涛急激，巨石纵横，大概五里之程即有一滩之阻。至此，则此种特制之狭长尖锐小舟，功用见矣。然非驶舟撑篙者之手法熟练，可立碎于石滩转折之间。滩上有水深仅数寸者，小舟载重拖曳而上，船底石子辚辚，几于陆地行舟。有米滩最为高峻，船至此，加添数十人牵缆而过，谓之打滩。两岸有专以打滩为常业之人，船户为一种特别族类，相传系元未陈友谅之部卒，朱元璋放逐江中，永禁登陆。故操舟之术至精，为徽河交通之要物。不然使他处之舟子，行此难阻之长途，不半路必碎舟而沉矣。”[②]

早在明代中叶，歙人方承训就曾写过一首《新安谣》："新安江行难，三百六十滩，一滩增一丈，徽郡迥天上。石险水迅，一尺万仞，篙师肩倒，柁老足悬，摧舟拆樯，归客仓皇，涨流顺水，瞬息千里。”[③] 由此可见，新安江沿岸峭壁陡峻，落差极大，正像有人所状摹的那样“水无不怒石，山有欲飞峰”，险滩急流众多。从杭州到徽州，沿途有不少地段都是逆流上滩，“上滩要背纤，下滩像射箭；险滩船难撑，像过鬼门关”，其艰难于此可见。以水运为生的船民中流传着一些歌谣："逆水叫皇天，顺水活神仙。要说撑船苦，好比吃黄连。”由于上滩的艰难，沿途需要一些纤夫拉纤。如在严州府下，“舟楫上水，在此叫纤”，这是明清商业书上的明确提示。而在一封徽商的两地书中，也有“叫船须当赶快，不可沿途搭人。富阳、桐芦【庐】经过，七里龙【泷】也要小心，到了严州加纤，水路更要赶行”。所谓“严州加纤”，就是在严州找人拉纤。晚明时期，黄汴曾言："严州纤夫亦苦，涉水不分冬夏，所得无分文赌沽之费，惟应户差薪米而已。”清康熙年间，徐卓之《休宁碎事》摘录了《岁寒堂初集》的记载：

溯严陵而上，其为滩三百六十，雇役挽舟，而人假水以赁食者尝近千人，

① 歙县芳坑江氏文书，档案号：434304-Q309-005-00056-021(1)

②《徽州杂述》，见《申报》1920年3月19日。

③ [明]方承训：《复初集》卷5，《四库全书存目丛书》集部第187册，第578页。

> 舵师呼之“纤板官”。初至，酒一盏、肉二脔劳之；过此，糜饮三、干饭一，或以盐沃箸，苦菜蒸食之，甘如饴。山与水曲，舵师呼纤板官曰左则左之，曰右则右之。绿蓑烟雨，上下如猿猴。抵屯溪，获俸钱而归。

可见，在清代前期，以背纤为生的人被称为“纤板官”，其人数曾达近千人。这些纤夫沿岸傍崖，高喊号子，低头匍匐而行，极其艰难。晚清潘介福在《癸未省墓日记》中记载：“（五月）初七日戊辰，船开比昨更早，风来更大，日光淡淡，雾气沉沉，四山都是风色，舟子摇橹不前，改为拉纤，盖上水船难于上滩之迟，下水船易于下滩之速，电掣箭飞，数里一瞥。而自严州以下，波平水阔，不复有此便利。又见来船风帆高挂，了不费力，益形我舟之迟，然顺流而下，实不迟也。俗传徽河中有名滩三十六，无名滩三十六，今驾长能道其名者不及三十六之数，而《徽州府志》称新安江有三百六十滩，数且倍之。盖上自张公山出练水，下至三折泷入钱塘江，以并言之耳。”“癸未”为光绪九年（1883），其中也提及新安江上的拉纤。稍早于此的潘钟瑞，亦曾返乡展墓，他在后来所写的光绪七年（1881）《歙行日记》中，详细描摹了自己经由新安江上水与下水的两次经历，其中一次提到：“（三月）十四日丙子，晨发，天阴如墨，行数里，遂雨。巳刻，自倒潭插而宗潭而马没滩。午后，雨益甚，帆牵篙柁，并力齐施，舟子皆箬笠棕蓑。上滩时，邪许之声震山谷。谚云：‘一滩高一滩，徽州在天上。’言劳苦也。……自严州以上，两岸峭崖石骨刻露，其下水清可鉴，石子巉巉，为水冲激，绝无棱角，大者如碗如盎，小者如珠如粒，五色备具。……舟上米滩，进寸退尺，一步一顿，滩声汹怒，胆怯者往往就界口陆行，非特欲速也。”另据民国时人回忆：“严州以上每天完全靠纤工背纤，慢慢而行，一天行不走四、五十华里，将到深渡时还有一个浅水的‘米滩’。仅二十多华里航程，竟行驶了一天！”这些，都反映了新安江水路通行的艰难。

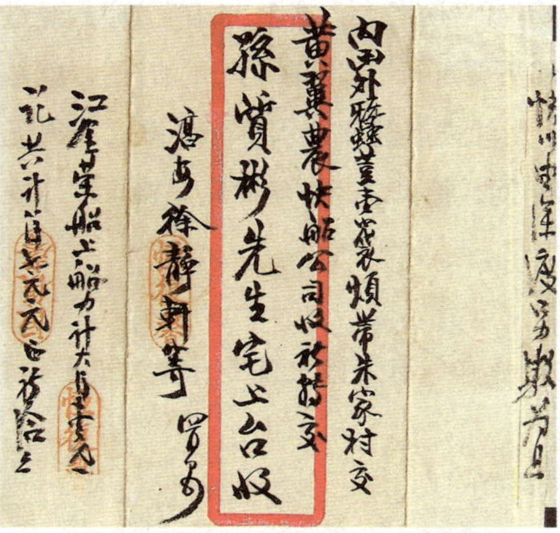

与新安江快船公司相关的信札

民国时期，新安江水路上出现了“快船”。所谓快船，亦即定时航船，此种船只利用12舱大篷船，每艘计有高铺客位16号，统铺客位不定。当时，航行于屯溪、深渡之间者有浙江快船公司，计船4只，下水一天，上水须一天半至两天不定，每日上、下水各一班，沿途各大村庄皆可停靠上下。而自深渡至淳安、严州之间，则有深严利行公司，计有快船8号，下水至淳安一天，上水须二天，每天上、下水各一班，沿途各埠亦皆可停靠上下。

二、商人与商业

南宋吴自牧《梦粱录》卷12《江海船舰》:“严、婺、衢、徽等船，……如杭城柴炭、木植、柑橘、干湿果子等物，多产于此数州耳。……但往来严、婺、衢、徽州诸船，下则易，上则难，盖滩高水逆故也。”清嘉庆年间编纂的歙县《桂溪项氏族谱》中，收录有一幅桂溪村落全景图，其下记述了该村通往他处的8条路线，包括5条陆路和3条水路，根据《桂溪图·图说》的记载：“桂溪，古贵溪地。……路有五，出皆通大衢。西北出村口，至王村，达郡城及浙之严州府。”光绪十七年（1891）刊行的《西坑派汪氏宗谱》卷1中也有一幅“睦州图”，其注记曰：“按古睦州，即今之严州也。”该图的中央为严州府城，除了府署之外，另画有建德县、钟楼。府城之南，有新安江蜿蜒流淌；其东有桐庐县城，东北有分水县城，西南有寿昌县，西北则有淳安县和遂安县。

从自然环境上看，浙西的金华、衢州、严州三府与徽州府的绝大部分同属于新安江流域。而且，西晋置新安郡时治始新县（也就是现在浙江的淳安县）。从行政区划的角度来看，金、衢、严与徽州也有着重要的渊源。而就交通地理而言，徽州人沿新安江东下至杭州，最先到达浙西的金、衢、严地区，当地完全是徽州商人势力自然延伸的部分。明清以来，有无数的徽州人在此务工经商。1936年，浙江省立图书馆馆长陈训慈在《歙县金石志序》中指出：“康、乾之间，徽歙人南迁吾浙者数百家，至今严、杭、绍兴沿江诸邑，其后裔聚居犹蕃。”①“徽歙人”是指徽州歙县人，他们集中聚居于浙江省的严州府、杭州府和绍兴府各地。新安江中下游的许多人，对于徽州充满了神秘感。譬如，“徽州客人取宝”就是在严州民间流行极广的俗语。在当地人心目中，“徽州客人”都是些见多识广、智力超群的人物。其实，所谓徽州客人取宝的典故，实际上应源于历史上的“识宝回回”。早在明代，珠宝业便是

---

① 中国东方文化研究会历史文化分会：《历代碑志丛书》第21册，江苏古籍出版社，1998年，第130页。

回族商人的一个传统经营项目。由于他们善于识宝，又擅长珠宝经营，所以当时有“识宝回回”之美称。严州民间流传着许多“徽州客人取宝”的故事，以致于将一些在世人看来无用的人和事物——如没出息的子孙、养不大的猪羊、闲置无用的东西统统当成等待慧眼识宝的徽州人来取之“宝”。这些，都从一个侧面反映了徽州对严州的影响。

清乾隆十七年（1752）进士、江苏太仓人邵嗣宗原籍休宁，他在所著《旧乡纪行》中写道：“严故睦州，宋以前先世居之，今则支派在严者，谱系无可考矣。”指出徽州迁居严州形成的家族支派。除此之外，还有不少人在严州经商。例如，早在明代，据万历《续修严州府志》卷3记载：“出南门外，沿城而下，则为下黄浦；沿城而是，则为上黄浦；有前后两街，徽人杂处，舟车往来，生意凑集，亦称闹市。”歙县瀹潭一带就有方稷榴“自结发出贾，养晦严建、桐间。”[①]文中的“严建、桐间”，就是指严州府的建德、桐庐一带。在歙县许村，根据当代人的总结，传统时代有一条重要的经商路线是沿昉溪南下，过渔梁，经朱家村，顺新安江而下到淳安威坪、建德。从建德往南入兰江到达兰溪、金华，再转衢江入龙游、衢州一线；建德往东入桐江、富春江直达杭州，再由杭州入海北上达上海。而在绩溪瀛洲一带，离乡经商者，也有一条是沿新安江至浙西淳安、严州、金华、兰溪、衢州、杭州、宁波和上海一线。

1914 ~ 1917年间，教育家黄炎培先后赴国内外进行了四次考察，其后出版的《黄炎培考察教育日记》指出：“严州城视淳安较大且完，市亦较盛。徽州各县，从未见有茶肆，淳安城始有之，然止一家。门外大书揭示，设备整洁，似专饷上等客者。酒肆唯屯溪有之，皆上等茶馆。此外，食宿处号中伙安寓者，须自备米菜就餐。至此遂大盛，一巷之间，望衡对宇，农工游手，麇坐呶杂，是亦土风奢俭勤惰之一征也。”当时，黄炎培是从徽州沿新安江顺流而下，据他估计：“建德城二千户，人口一万余”。1921年，署名“风尘余生”在《新安江之观感》一文中的估计与此稍有不同：严州为“新安江要邑”之一，“店铺约千余家，居民三万有余”。1928年8月，佛学家蒋维乔一行五人，自上海乘轮船至大通登岸，先游九华山，再到黄山白岳之间的徽州；然后由新安江入桐江，登严子陵钓台；由钱塘江至杭州，乘火车回沪。根据蒋氏的观察，严州（建德）“市面之盛，亚于屯溪”。

---

① [明]方承训：《复初集》卷22《瀹川族兄稷榴翁八十寿序》，《四库全书存目丛书》集部第188册，第105页。

当代戏剧评论家戴不凡，是旧严州府治建德县城（梅城）人，其祖籍休宁隆阜，定居建德城内，到他这一代已经是14世了。根据戴不凡的回忆，在建德一带活动的商帮主要有宁波帮、绍兴帮、徽州帮和兰溪帮。其中，徽州人主要经营茶、漆、竹木、柴炭、绸布、京广货（日用品）、文具（徽墨）书店和饭馆之类。杭州一带的竹木柴炭，原来几乎都是经建德运去的。不仅是府城，在严州附近的一些城镇也有徽商活动。如清道光二十八年（1848）和咸丰二年（1852）的两份合同显示：吴荫嘉、吴昆山、吴配如和吴载扬，在建德县洋溪镇上街租到洪姓店面楼屋一堂，租来开张吴恒升字号肉酒杂货店一业。揆诸实际，建德县洋溪镇，是当地较大的一个市镇。合同中只提及肉酒杂货店，可能从事的是较小规模的杂货业经营。

除了坐贾之外，明清以来过往严州的行商更是不胜枚举。据《便抄 · 抄录“徽商行路难”之说》记载：“徽州一府六县，地处万山之中，生计艰难，不能在家安食，出外糊口于江、浙两省者十居八九。商规三年一归，必由杭、严二州以达徽之屯溪镇，其间水程六百余里，设卡九重：自江干至闸口，为首卡；隔江三十里闻家堰卡，二；泝江而上有东关卡，三；逾五里严州南门卡，四；再上则威坪卡，五；越五里王家潭卡，六。浙界六卡，名为三起三验，应捐正货，自然照章纳税，已不免有留难苦索等弊。”关于严州一带的货物流通，《捐厘新章》刊本及其他的一些抄本中，皆有颇为详细的记录。以《捐厘新章》为例，书中有“上下水起验卡局”，其中涉及严州的，主要有下列的一些记载：

自常山办货至徽者，常山起，兰溪验，严州起，威平【坪】验；

自西安办货至徽者，西安起，兰溪验，严州起，威平【坪】验；

自兰溪办货至徽者，兰溪起，严州验，威平【坪】起，少一验；

自宁波办货至徽者，宁波起，百官验，义桥起，严州验，威平【坪】照票；

自百官、曹娥办货至徽者，百官、曹娥起，义桥验，严州起，威平【坪】验；

自义桥、新坝、临浦办货至徽者，义桥、新坝、临浦起，严州验，威平【坪】起，少一验。

上述内容，反映的是太平天国以后新安江上下水的捐厘新章。此一《捐厘新章》备载百货的起验捐数，包括“绸缎绫罗呢羽类”“绣货类”“皮货类”“布匹类”“锡箔纸札类”“铜铁铅锡类”“瓷器类”“食物类”“药材类”“油类”“木竹类”和“杂货类”等。以“锡箔纸札类”为例，该条首列几种锡箔，如一般的锡箔每斤起局捐钱 4 文 4 毫、验局捐钱 2 文 8 毫。此外，其他的锡箔还有大金箔、小锡箔、大刷黄、小刷黄等。这些，显然是与新安江流域民众频繁的迎神赛会，以及祭祀活动密切相关。除了锡箔之外，该条中列有各种各样的纸札，这也与新安江流域纸货业的发达密切相关。特别是其中的白全柬、大纸经折、布经折、帐［账］簿等，在目前的徽州文书中所见颇多。《捐厘新章》是官方颁布的条规，而在徽商编纂的各类商业书中，对于新安江上的货物流通，则有更为细致的记载。

在当时的商品流通中，有以下种类是来往贸易之大宗，分别论述如下：

(一)木材

安徽徽州府和浙江严州府，山多田少，尤其是徽州府休宁、祁门、婺源和严州府的淳安、遂安等县，山地往往遍植杉木。早在南宋时期，曾在歙县任官的范成大就描述：“休宁山中宜杉，土人稀作田，多以种杉为业。杉又易长之物，故取之难穷。出山时价极贱，抵郡城已抽解不赀，比及严，则所征数十倍。严之官吏方曰：‘吾州无利孔，微歙杉不为州矣。’……盖一木出山，或不直百钱，至浙江乃卖两千，皆重征与久客费使之。”揆诸史实，南宋绍兴二十五年至三十年（1155 ~ 1160），范成大在徽州担任司户参军，对于徽州的山林经济应有较多了解。乾道七年（1171）八月，46 岁的范成大被任命为静江知府。后来，他将宦途的所见所闻结集而为《骖鸾录》。在书中，范成大指出：从新安江运下的杉木排都集中在严州浮桥一带，被强行课以重税，这让经营木材的商人颇受其苦，竟有滞留数月无法通行者。当时，徽州木材外销所带来的税收，成为新安江下游严州府最为重要的财政来源。严州官吏甚至认为，当地没有其他的财源，倘若没有歙杉之税收，一州的开销将无从着落。

虽然元明的相关史料较为缺乏，但类似的情形应当仍得以延续。及至清代，康熙初年休宁人赵吉士指出：“徽处万山中，每年木商于冬时砍倒，候至五六月梅水泛涨，出浙江者由严州，出江南者由绩溪，顺流而下，为力甚易。”[①] 从上述的记载可以看出，徽州木材之外销，通常选在冬季将大树砍倒，用人力扛至山溪，待来年趁着春雨泛涨之时，将事先砍下的木材顺流放入河水较宽处，然后扎成木排，前后

①〔清〕赵吉士：《寄园寄所寄》卷11《泛叶寄》，第877页。

相连，由排工撑篙，源源不断地顺水而下。对此，汪之谦《新安江竹枝词》曰：“今年运比旧年佳，下水常常带树牌。”该诗注曰：“徽人贩木至杭者，皆联长牌，雇建德船带下。”

除了徽州运出的木材外，也有一些木材来自严州附近。乾隆《建德县志》曾指出：“建德百里之区，山居什八，田居什二，面山则惟植松、杉。植杉者先募贫民开种杂粮，不取租直．三年后业主乃以牲酒劳之，承种者始为栽植杉苗。次年补苗，三年修枝，看山防火，必至卅年然后拼砍。植松稍易，亦必拼砍于十五六年之后。此虽富人之利，贫民亦藉以佣给焉。”该志刊于乾隆十九年（1754），描述的是雍正朝以前的种植状况。其中，在当地经营山林者，有一些人就来自徽州。例如，康熙年间，歙县璜蔚人胡义椿在杭州开设椿字木行，并在新安江沿岸的街口、威坪和严州等处入股拼山，设立购销分号，收益颇丰。当时，徽商在徽州、衢州、严州采买的木材，沿新安江、桐江、富春江、钱塘江运至杭州江干上岸。在杭州江干，木行鳞次栉比，经营者大多是徽商。乾隆年间于杭州江干创立的徽商公所，在新安江—钱塘江流域还另设有威坪、严州董事，故而徽商公所亦称“徽浙公所”，这是徽州木商建立的同业组织。

(二)茶业

建德是严州的附郭首县，乾隆《建德县志》指出：此处“山川宏伟，水陆险巇，据临安之上游，当衢、歙之逵道，诚浙东要区哉”。作为新安江上的重要节点，严州一带也是诸多茶叶过往的要道。清咸丰六年（1856）八月，胡铁花随其父亲由绩溪登源河“运茶至歙之竦口，登筏至郡城（徽州府城）南之渔梁，换小船，泛练江，出浦口，入新安江，上大船，顺流而东，过严州，至杭州登岸，运茶过坝。步入城，出武林门，至黑桥，换船出关，过石门、嘉兴而出黄浦，九月至上海”。绩溪上庄胡氏世以贩茶为业，每年春季都返乡收茶，并经由新安江将徽州茶叶源源不断地运往长江三角洲的上海等地。1921年9月23日《申报》上，提到“浙省严州、遂安等处所产箱茶，来沪运销外洋，经由沪杭甬铁路茂顺泰转运公司陆续由闸口车站报装，先后到沪”。可见，民国以后，茶叶已通过铁路运往杭州、上海。

除了途经严州之外，还有不少徽商就在严州一带从事茶业经营。根据王瀚巍、马勇虎等人的研究，歙县昌溪吴炽甫就在严州府各县收购茶叶。其中，介号京茶庄的茶叶收购地点为樟村、更镇、航头、淳安、洋溪和黄山等地。例如，建德县樟村收茶开支账簿就记载：“(光绪三十三)四月初五，支大钱一百文，严州府甲头；……(宣统三年）四月十九，支洋一角，严州府总丐头抽丰。……支小洋八角，严州府水戽门修庙捐。”① 这是介号京茶庄在各地收购、加工茶叶时，与地方社会往来的相关规费、摊派等。

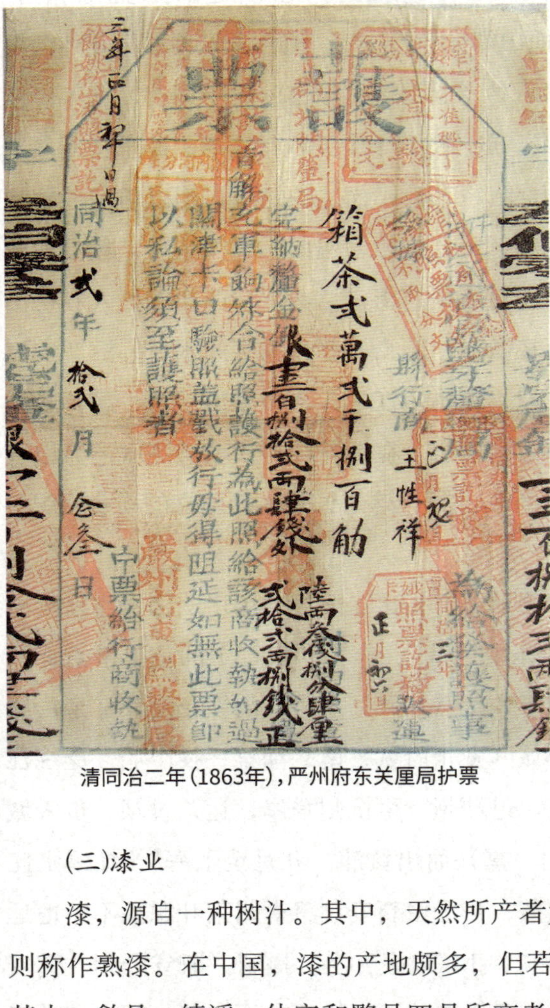
箱茶弍萬弍千捌百觔
同治弍年拾弍月念叁日

清同治二年（1863年），严州府东关厘局护票

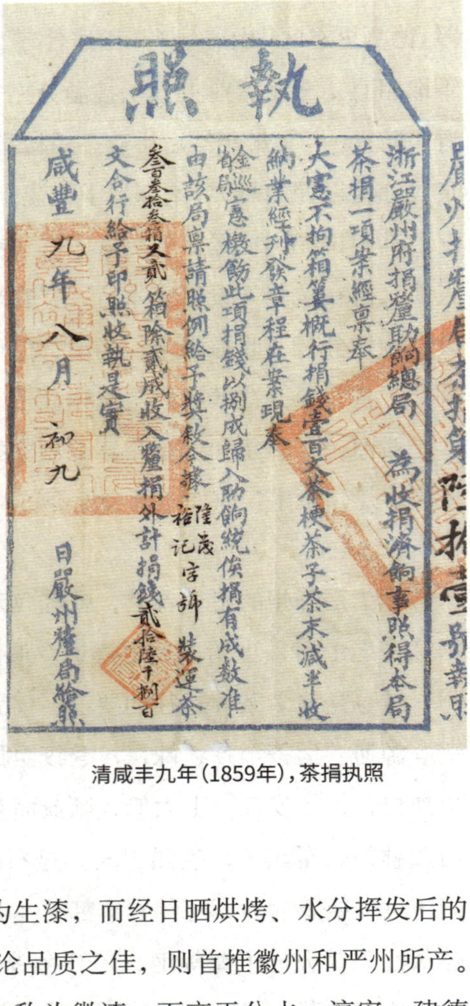
執照
浙江嚴州府捐釐助餉總局 為收捐濟餉事照得本局
茶捐一項業經稟奉
大憲不拘箱簍概行捐錢壹百文茶梗茶子茶末減半收
納業經刊發章程在案現奉
撫憲檄飭此項捐錢以捌成歸入助餉統俟捐有成數准
由該局稟請照例給予獎敘
叁百叁拾叁箱又貳箱除貳成收入釐捐外計捐錢貳拾陸千捌百
文合行給予印照收執是實
咸豐九年八月初九日
嚴州釐局給

清咸丰九年（1859年），茶捐执照

（三）漆业

漆，源自一种树汁。其中，天然所产者为生漆，而经日晒烘烤、水分挥发后的则称作熟漆。在中国，漆的产地颇多，但若论品质之佳，则首推徽州和严州所产。其中，歙县、绩溪、休宁和黟县四县所产者，称为徽漆；而产于分水、淳安、建德、遂安、寿昌者，则曰严漆。但在江南一带，通常皆以“徽严生漆”连称。这是因为浙西严州与皖南徽州毗邻，再加上徽州人大批移居严州，严州漆业也多由徽商控制。

① 马勇虎：《徽商传统行业的近代经营——清末民初歙县吴炽甫京茶庄商业账簿研究》，第二届“徽州文书与中国史研究学术研讨会”论文，2018年3月24～25日，芜湖。此文后收入王振忠、刘道胜：《徽州文书与中国史研究》第2辑，中西书局，2021年。但论文内容不完全相同。

《苏州市景商业风俗图册》中的“徽严生漆”店

南宋淳熙《严州图经》记载，当地“唯桑蚕是务，更蒸茶、割漆，以要商贾懋迁之利”。明代中叶太仓人陆容在《菽园杂记》卷13中指出：“严州及于潜等县，民多种桐漆桑柏麻苎。”及至晚明，王士性《广志绎》卷4《江南诸省》中亦提及浙江省境内的物产：“杭州省会，百货所聚，其余各郡邑所出，则湖之丝，嘉之绢，绍之茶之酒，宁之海错，处之瓷，严之漆，衢之橘，温之漆器，金之酒，皆以地得名。”此外，清代成书的《杂货便览》叙及各地物产，其严州府条下就有：“桐油，漆，纸，茶。”在此背景下，明清以来江浙一带的漆铺，皆高悬“徽严生漆”之招牌。例如，藏于法国国家图书馆的《苏州市景商业风俗图册》中，就见有悬挂“徽严生漆”幌子的商铺画面。

当时，长江三角洲各地的茶店往往兼卖“徽严生漆”。对此，建筑学家陈从周在其《梓室余墨》一书中写道：“童时见徽商茶叶铺皆附有徽严生漆之市招，徽指旧徽州府治，严指旧浙江严州府治，盖当时茶叶铺皆售漆也。”此种情形由来已久。根据民国时期的调查，徽严生漆的销售市场，以杭州为其枢纽。当时，产自徽州的漆，以及一部分严漆，皆沿着新安江、桐江、富春江和钱塘江抵达杭州。而分水和建德一带所产的漆，则先集中在桐庐，然后运往杭州。由于茶叶运输从屯溪或深渡出发，沿新安江水路恰好经过严州。精于算计的徽商遂借一水之便，将运茶沿途的特产严州漆，捎至杭州售卖。久而久之，社会上遂有“茶漆店”的名目。例如，20世纪二三十年代设于杭州的徽州茶号方福泰，在其茶叶包装纸上就注明：“本庄自运各省红绿名茶：龙井、莲心、松萝、武彝、三炼珠兰、六安香片、洞庭碧螺，黄白贡菊，白莲藕粉，徽严生熟名漆，货真价实，遐迩驰名。”此处提及的“徽严生熟名漆”，就生动反映了徽州茶庄之兼营特色。

(四)粮食业

明末歙县知县傅岩曾提到一个案例，“巴黑之船雇江八斤驾自严而徽，失客吴斗顺之麦一石五斗。”从姓氏上看，巴黑之船可能来自歙县渔梁坝，他从严州运粮前来徽州。徽人汪之谦的《新安江竹枝词》写道：“偶同严城泊未开，欣看横港几船来。定知是送兰溪客，顺入金华载米回。”横港是流经衢州府、金华府抵达严州府的河流。在传统时代，金衢盆地为产米之区，对于徽州来说则是最近的米粮接济地。清人吴霖在《救荒议》中言：“浙之婺州金华、兰溪产米之乡，则径从横港抵严陵至歙浦。”在传统时代，有不少来自金衢盆地的粮食转输徽州。

以上只是经由严州转输商品之荦荦大端。据徽商汪炳森编撰的《徽河零货捐小史》记载，清代有不少徽商在江浙从事盐业、典当，其中富商巨贾颇不乏人。他们每寄家信必捎带银钱，特别是逢年过节时多至千金，皆专设信客往来。信客即以此钱置办民间日需之物，贩运买卖，藉以生利。此类由信客捎带的货物，名为“徽信货”。对此，浙江境内的新安江上各厘卡对往来“徽信货”估本抽捐，当时有一特殊名目——徽信货捐。及至清末，时移势异，徽州盐商、典商一落千丈，往来“徽信货”逐渐减少，“徽信货捐”也大幅缩水。各厘卡为了补足税额，并乘机捞取油水，遂将返乡徽商所带零星行李勒令报捐，名曰徽零货捐。有鉴于此，旅外徽商群情激愤，“徽商一肩半肩之行李搜括靡遗，……两浙之地大矣，五方之人杂矣，别商无而徽商独有，如公道何？”于是，光绪二十一年（1895）、二十二年，旅浙徽商先后向兰溪厘局、严州厘局、浙江厘捐总局上书陈情请愿，指出此一做法的荒唐无理。经过他们的不懈努力，终于迫使浙江厘捐总局发布告示，将“徽零货捐”名目永远革除，严禁各卡司巡苛索舞弊，并将相关告示勒石立碑，分置各卡，以便往来周知。

不过此事并未完全了结，不到十年，浙江厘捐税卡又巧立名目，再以“徽杂货捐”名义，肆意盘剥返乡徽商。歙县瀹坑等地有句俗谚：“船来三日大，船去照依旧。”这是说徽商贸易大多依靠水路航运，故有的商人回家会用船带来许多外地商品和土特产。对此，一份由徽商李代仁保存的文件提及：“……徽人之作客在外，零星寄家食用之物，自与经商贩货情事迥别，如非托名诡寄，断不应沿途收纳厘捐，致滋苛扰。据禀，严东关、威坪等卡，闻有给票，亦有并不给票，无非司巡藉端需索，刁为中饱。其情形实为可恶，亟应严行禁革。仰厘饷局立即查明，通饬严禁。如有卡员庇护司巡，或相与因以为利，一经告发，或被查出，即行分别撤提，从严究办，以挽颓风。”正是在这种背景下，徽商不断呼吁革除“徽杂货捐”，并由旅苏徽州同乡会出面呈请浙江省政府干预。他们重点申诉：“浙东捐局自江干以上、兰溪以下，现将前清勒石永禁之徽商零货捐，改为徽杂捐名目，勒索盖印费，变本加厉，尤以严东关、威坪两局为甚。旅苏皖同乡会已录案电请查禁，此间皖人亦即日开会集议抵制”。[①] 此类“厘卡林立，捐税重叠”的状况，一直持续到 1928 年前后仍然存在。

三、社会文化

明人王士性在《广志绎》卷 4 中，颇为精辟地论及浙江风俗。其中，他将浙江全省 11 个府分为三区：“杭、嘉、湖平原水乡，是为泽国之民；金、衢、严、处丘陵险阻，是为山谷之民；宁、绍、台，温，连山大海，是为海滨之民。三民各自为俗：泽国之民，舟楫为居，百货所聚，闾阎易于富贵，俗尚奢侈；山谷之民，石气所钟，猛烈鸷愎，轻犯刑法，喜习俭素；……海滨之民，餐风宿水，百死一生，以有海利为生，不甚穷，以不通商贩，不甚富。……闾阎与缙绅相安，官民得贵贱之中，俗尚居奢俭之半。”根据王氏的分析，浙江十一府可分为三个区域。其中，金华府、衢州府、严州府和处州府因地处丘陵山地，当地人是山谷之民，性格刚烈，生活比较节俭。

在传统时代，严州府与徽州关系密切，除了历史上的政区统属因素之外，还有两地频繁的经贸往来的原因。这使得在方言上，严州片徽语包括原严州府的淳安、遂安、建德和寿昌四县，这一带成了徽语之延伸区。

语言之相近，也是诸多民间信仰共通的重要文化背景。康熙五十七年（1718），

① 《申报》1922年10月10日第10版。

侨寓扬州的徽商程庭返乡展墓，于四月初一日宿严州城下，就曾看到“人家延僧做道场，燃莲花红灯，遍放河干，随流上下，绰约辉煌，颇堪娱目”。清道光年间，《新安纪程》的作者走进澄清门，根据他的观察，其南门上写着“瓯歙中冲”4字，这说明此处地当徽杭交通要道。“城内街道宽平，商贾辐辏，有祭祀七相公的建昌殿(俗称七老爷庙)”。众所周知，七相公，即越国公汪华的第七个儿子。以其为主神的庙宇的存在，反映了徽州民间信仰在新安江下游的广泛传播。除了七相公外，周宣灵王（简称周王）在严州亦颇受崇拜，此一神明由钱塘江下游的杭州逐渐溯江而上，最终形成皖南、浙西，乃至赣东北部分地区共同的信仰。在徽州，乾隆时人吴梅颠的《徽城竹枝词》曰：“庙建黄坑神所依，周王有帽却无衣。年年九月十三日，显圣徽州鸡自肥。”诗注曰：“所谓生在严州，死在衢州，显圣在徽州。”文中的严州、衢州，均属于新安江中下游及其支流的相关流域。

严州府建德县的徽国文公庙（俗称徽州会馆，或新安会馆），在福运门，庙中奉祀的神明为文公朱熹。该会馆在清初原是詹惟宁的旧宅，乾隆五十年（1785）被售于新安公所。及至嘉庆二年（1797），戴恩荣等增建大厅，并附建魁星阁。此后，历经道光七年（1827）、光绪年间和 1918 年的历次重修与扩建。在严州一带，若有同乡人流落当地，会馆帮助解决一宿两餐，有的还解决路费。一些鳏寡孤独者病死于建德，会馆也会负责收埋安葬。当年，徽州会馆的演戏颇为有名。根据戴不凡的回忆，在他小时候，“阿得（我们）徽州会馆”做的戏是最出名的。如果会馆中的某些人当年生意兴隆，挣了许多钱，那么大家公凑一台三日三夜的戏——到乡下去接“抬戏箱”来会馆做一下，以示对纯阳祖师保佑发财的感激。“徽州会馆做戏出名的原因，一在于做的次数多而又定期不误，每年二十两月必做两回戏，一做就是十日十夜。此外，当听说别的会馆祠庙请来的班子好，它还经常去接戏箱来做。这和其他会馆祠庙一年只做一回，或两三年，以至五年、十年才做一回，甚或‘赖戏’者不同（定期该做戏而不做叫‘赖戏’）。二在于不惜重金，上到徽州、东阳，下到绍兴、上海、宁波（那里原有唱昆腔的好班子）去专请‘好班子’来做戏。这和其他会馆祠庙到期随便到别的祠庙会馆接戏箱，或者请个行头破破烂烂的‘烂班子’来做几天，还一下‘戏愿’也不同。三在于戏台好，虽不是很大，可是红漆油油，柱子从上到下都描金涂碧，很考究；虽然露天，却四面有高墙，坐在高凳上也看得清、听得明”。到徽州会馆看戏，任何人都可以自由出入。由于做戏时看客特别多，所以有“挤破徽州会馆”的谚语。当时，“出戏班子”的地方是在歙县的西北乡一带。他们经屯溪、街口沿新安江而下茶园，一路可经白沙（今建德）、寿昌城、大同一带从旱路到衢州；另一则继续沿江而下由建德入兰溪江到金华、衢州一带，再一路则是由建德沿富春江而下，经由旱路通过桐庐到达浙西平原。

据戴不凡回忆，建德的会馆“全都拥有一笔不小的基金，它原是按同乡人自己量力捐助的；临时不足（例如每逢十年‘菩萨开光’，修理会馆时）则再捐募。捐助一可以向菩萨表示敬诚以求福佑，二可以向当地同乡和家乡扬名。因而，连阿得徽州同乡商人，也都乐意量力而行。基金或用于购置田地房屋收租，或用于投资商店作坊入股取息。会馆同乡除单身汉外，不论贫富，每隔多年可以轮充执事一年，执事每年大约七或九人；除了灯节以后照例去吃一顿酒席以外，其实是虚应故事。一切实权多操纵在首（执）事一人或二三人手里，他们一般都是同乡中最财主的人家，或是以会馆为业的人。会馆都供有自己的菩萨，每年菩萨生日，凡是同乡每家都可以去一人吃酒肉一顿（或发‘面筹’二至四根‘折席’——凭面筹去面店吃几碗：‘片儿川’或‘三鲜面’），此外的活动就是做戏”。[①] 进入民国以后，徽州会馆也有不少变化。1928 年 5 月，旅严徽州同乡程维新发起组织严州徽州同乡会，得到了与会徽州人士的热烈响应。

除了在地的民间信仰之外，与严州相关的还有“三分潮水上徽州”的故事。据民间传说：从前歙县绵潭坑有一个皮（撑）鼓匠，在京城谋生，每日驮着半月弹弦（如弹棉花用的弓弦），走街串巷。其时，朝廷为抵御外国入侵，向民间征召奇人义士，巡城士兵见皮鼓匠肩扛半月弹弦，像是一把硕大的弯月大刀，便以为此人武功了得，遂带他入宫拜谒皇帝。皇帝坐在金銮殿上，远远见来人驮着大刀很感新奇，认为此人定然武艺高强，遂招为驸马。入夜之后，驸马脱下衣裳，往睡在床上的公主身上一盖，嘴里还讲：一蟒罩天下啊！翌日，皇帝问女儿驸马昨夜说过什么，公主如实回答。听罢，皇帝龙颜大怒，心想驸马居然要“一蟒罩天下”，这岂不是想篡权吗？便下令将驸马捉来推出问斩。皇后听闻此事，丈母娘心疼女婿，就通知驸马快快逃走，让他逃回徽州老家避难。皇后告诉驸马，应乘船沿江而上，自己会送三分潮水相助。

① 戴不凡：《浙江家乡戏剧活动漫忆》，中国人民政治协商会议建德县委员会文史资料委员会：《建德文史资料》1988年第3辑。

她仔细叮嘱，驸马上船后应紧闭眼睛，一直到徽州老家才能睁开。不料，船到严州府东关时，驸马听见花花的潮水声，心想已有好几个时辰过去了，应该已到徽州老家了，遂睁开眼睛，猛然间发现，刚刚还是翻涌而至的潮水，此时开始渐渐退去。结果，船只到了严东关就无法动弹，被岸上追来的官兵追到杀掉。从此以后，钱塘江的潮水就只能到严东关，而上游的新安江就再也没有潮水到达了，这就是民间传说中“三分潮水上徽州”的典故。这故事，实际上曲折地反映了钱塘江—新安江的水上活动与行旅生活经验。

在严州一带，还有一些水上人群的活动。明清以来，严州府建德县的九姓渔户，活跃于杭州、绍兴、金华、衢州四府，以及皖南的徽州府。对此，清人纳兰常安有《九姓渔船》写道：“建德扈民止九姓，吏各给一纸牌，出入境土，其人既非土著，而又时时浮泛江海，性剽悍，为居民蠹，居民以为患，不齿之。于是九姓争自濯磨，相与敛戢，止于九姓内自结婚姻，若朱陈然。其初尚以捕鱼为业，近且生聚富饶，造巨艘，通盐、茶之利，相率而知礼义，重廉耻，非复曩之习气矣。然其族终身栖息篷窗中，不宅原陆，女子多修容弓足，挽鬓云，颇能于险处撑篙捩柁。当其岸平潮落，风帆顺张，则又咸理女红，巧夺针神，往往客商艳之，聘以千金不屑也。”这一段描述，反映了随着水上交通和商业的繁荣，九姓渔户这一区域人群，已逐渐发生了变化。他们的船叫江山船，有栏杆、头亭、蕉叶白等名称，船上的陈设相当华丽，也很干净，船上的饮食很精致、新鲜。每只船上都养了两三个漂亮的女子。刚刚成年的，称为“同年妹”；稍微大一点的，称为“同年嫂”。这些同年妹、嫂大抵以浙江桐庐、严州的人居多。同年，是“桐严”之讹，也就是桐庐、严州的“桐严”同音之讹。船上这些女子，有的是船主亲生女儿，有的则是从别人家购买来的。从小就请老师来教她们唱曲弹琴，各种技艺都很精通。由于新安江—钱塘江一线是福建、安徽、浙江等省的交通要道，凡是读书人、官僚和商人只要登上江山船，饮食起居，都由这些人伺候，不需要再找仆人。因她们非常清楚如何伺候客人，所以很能得到客人的欢心，来往的客人往往被她们迷住而不能自拔。关于这一点，在一些竹枝词中也有诸多反映。如清人窦镇的《兰溪竹枝词》就有：“塔痕遥对箬篷新，卷起珠帘金碧匀。底事相传同年妹，阿侬原是桐严人。”

第三章　新安江流域城镇的经营文化

第一节　新安江流域经商风气之地域差异

晚清民国时期，在歙县东乡一带流行过这样的一首民歌：

哥啊哥！
送汝一根金，买谷买良田。
谷放仓里仓仓满，谷放坛里坛平舷。
买田要买金丝土，买地要买黑沙湾。
做屋要做三层楼，开店要开两三爿。
茶庄开在徽州府，生意做到屯溪街。
……

这首题作“屯溪老街”的民歌，是新嫁娘对家中兄长之祝福。民歌反映了一般民众的理想——在徽州，“十户人家九为商”，将茶庄开进府城，把生意做到屯溪街，是许多人世代梦寐以求的念想。

这种理想，不仅见于歙县东乡。1934年前后的《来往信录》抄本，抄录了一位叫“振”的人写给“芳妹”的信函，文中提及：“黟地种田之人何止千万，不过黟邑风俗，做生意以为荣，种田以为耻。”此一风俗，应是徽州各地颇为普遍的现象。民国年间，建设委员会经济调查所曾在皖南各县调查，先后刊印了当涂、芜湖、宣城、广德、郎溪、歙县和休宁7县的调查报告。其中，对1934年歙县、休宁二县的调查，在年代上与《来往信录》差相同时。该两份调查报告收入后来出版的《中国经济志》第2册，对于民国时期的徽州社会有生动的记述：“徽州人民，自清初以经商获利后，遂舍农弃儒，争逐什一之利，父兄教训子弟，莫不以经商为终身事业，视为发财终南捷径。虽远赴千里，亦不戒惧，徽商之名，于此成立。”此文将徽人“舍农弃儒，争逐什一之利”的时代定在“清初”以后，显然太晚。不过，文中反映的社会现象却是真实的。

在这种浓厚的商业氛围中，不少本无意经商的人，也因各种有形或无形的压力而被驱赶着外出经商。例如，有一封书信这样写道：

> 奇生学兄伟鉴：……兹启者，家大伯昨由△邮双卦，所陈种种，皆欲弟出外习商，藉继先业，今约在清明后赴遂。惟弟之志，对于商场本不欲意蹈身于其中，因恩慈父见背于太早，祖严弃养不我佑，一家八口，皆赖家大伯照顾。然大伯时有气痛病，长兄脑蒂失聪，三位小弟年龄尚幼。今日一意欲得弟出外，受其指导，俾获造极，幸何如之！然弟质愚识浅，遽尔习商，恐有欲速则不达之虞，故于昨日曾去一函，与大伯意欲负笈，半学期后再作出外，不知其回信所言与否，容后告吾兄达人，可为思考否耶？祈示知是盼，专渤，祗请春安！学弟△△顿首。

这位收信者“奇生”的“学弟”，便是弃儒经商的一个青少年。从信中可见，他于清明后拟赴的经商之地，就是在新安江中游的遂安一带。

在淳安、遂安一带，传统时代有不少徽州人活动。有一册封面题作罗梦兰抄录的《契据文约》，中间夹有一纸，上有“浙江淳安北乡十二都二图富山庄……”的字样，内里有不少民间日用类书活套，例如：

> 立拼批人△△，今因便用，自愿将△△字号内计土名△处山场一业，其四至：上至△△界，下至△△界，里至△△界，外至△△界。四至之内，立此拼批，尽行出拼与徽州歙南△△处，家住△都△△地名△姓△△名下为业，开田掘泥，三面言定，时值拼价洋几元正，其洋当即收足，其业听凭开劄爬泥，其业内一并杂色花息，听凭掘毁，泥尽交还。自拼之后，两无翻悔，恐口无凭，立此拼批为据。

这份契约反映的是淳安某处山场，出拚于徽州歙县南乡某处人“开田掘泥”。书中另有一份卖契：

> 立卖契人△△，今因正用，自愿将△△字号内，计土名△△处山场一业，

计山税几分正，其四至：上至△△，下至△△，里至△△，外至△△。又土名△△山场一业，内计山税几分正，其四至：上至△△，下至△△，里至△△，外至△△。四至之内，一并杂色花息等项，立契，尽行出卖徽州歙南△△、家住淳邑△都△△地名△姓△△名下为业。三面言定，时值卖洋△△元正。其洋当即收足，其业即时经管，开劄耕种，便卖他人，无得找价。其山税△△户，口于△△地名△姓△△户输纳上粮，两不关会，再不另立推单税。自今已往，并无重复交易。已【以】后倘有亲房内外人等争论，俱系出卖人承当，不干受业人之事。再无异言，恐口（无）凭，立此卖契永远存照。

民国△△年△月△日立卖契人△△。

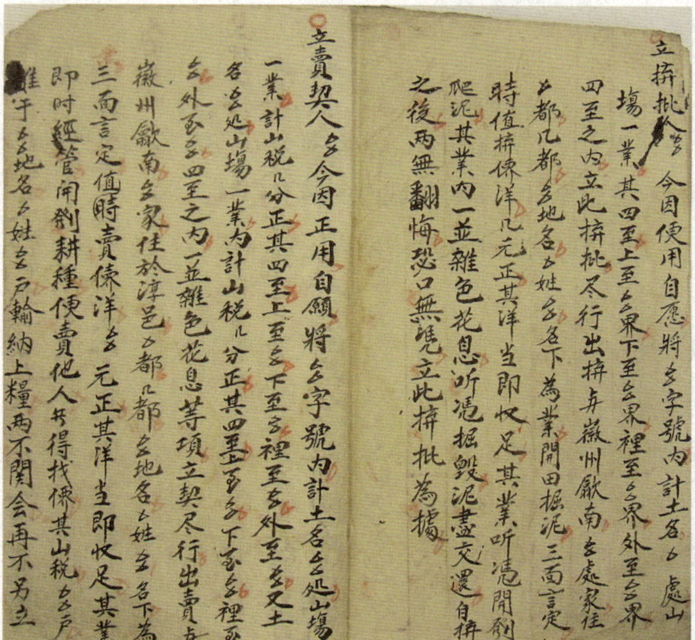

民国年间淳安的拼批和卖契

此一卖契，反映的也是歙县南乡人移居淳安县某都购买当地山场的事实。除了在浙西山地开垦耕作之外，一些徽州人还在当地城镇租赁房产，关于这一点，也可以从一些契约中窥其一斑。例如：

立押契人淳西△区△段△△庄△△姓名，今因正用，自身情愿，将△△字号内计基税几厘正，土名△△本地庄上祖居三间贴壁天井楼屋一堂，将合身分法所管半堂，左边出面房步一柱到顶，上至椽桁瓦片，尽行出押与徽歙南三十二区六甲一甲三段△△乡△△姓名下为业，△面言定，时值押价△△圆正。其洋当即收足，其洋不得起利，其屋不得起租。言定押于年分△△满期，还本取赎，不得延搁延迟。如若不然，其屋听凭经管住歇，出便他人，无得找价。其税△△纳内，推入徽歙△△户上纳，单票两明，先年致【至】今，并无翻悔交易。若有亲房内外人等异言，俱系出押人承当，不干受人之事，今欲有凭，立此押契为据。

民国△△年△月日立押契人△△

中见人△△

代书人△△

正是因为徽州人大批前往遂安、淳安等地，新安江流域各地的人群遂在频繁的互动、冲突中，愈益凸显出上下游区域内的诸多差异。

以遂安为例，传统时代当地民歌中就有一首《拣郎》这样唱道：

【母】听说呀，我女儿要拣郎，待我为娘拣个郎，拣个么秀才郎哎嗨唷，哎子哎嗨唷嗨唷，问我女儿喜欢不喜欢哎唷？

【女】听说呀母亲娘，拣个秀才郎，秀才郎，吒商量，芋芳当生姜，哎唷叫声母亲娘哎，女儿呀么不喜欢哎嗨唷。

【母】秀才郎我女儿不喜欢，待我为娘二拣郎，拣个么财主郎哎嗨唷，哎子哎嗨唷嗨唷，问我女儿喜欢不喜欢哎唷？

【女】哎唷唷哎唷唷，财主郎放利息，开典当，老婆好几房吒唷，叫声母亲娘哎，女儿呀么不喜欢我个娘哎。

【母】财主郎我女儿不喜欢，待我为娘三拣郎，拣个么生意郎哎嗨唷，哎子哎嗨唷嗨唷，问我女儿喜欢不喜欢哎唷？

【女】哎唷唷哎唷唷，生意郎，东奔西跑为银两，女儿要守空房哎唷，叫声母亲娘哎，女儿呀么不喜欢我个娘哎。

【母】这呀不要来呀那不要，为娘还拣什么郎？送你进庵堂哎嗨唷，哎子哎嗨唷嗨唷，想我女儿一定来喜欢哎唷。

【女】哎唷唷哎唷唷，母亲个娘，女儿不要进庵堂，自家来拣个郎哎唷，哎子哎嗨唷嗨唷。

【母白】塔拉？！

【女】对面的放牛郎，我个娘哎。

显然，这是母女二人对唱的传统民歌。从中可见，与上游的徽州相比，遂安、淳安一带相对较为俭朴，对于商业经营并不那么热衷。对此，民国《遂安县志》卷1《方舆志·职业》，对于当地的商业就有如下的论述："经商以徽人居多，杭、绍亦有之，邑人较少。近则乡村多本地人经商者。商以盐业为上，南货业次之，其他又次之。茶业由各商兼营，纸、柴、木炭各商皆本地人，运销杭、沪等处。"从方志记载可见，在遂安市面上，经商者以徽州人为数最多。这种情况应当较为普遍，因此，在整个新安江流域，徽州商业文化的影响颇为深远，以下择要述之。

第二节　新安江流域的商业习俗

一、出门惯例

在新安江上游，徽州人称外出务工经商为"出门"。在传统时代，徽人经由新安江出门，随身通常携带有数种必备用具。对此，民间启蒙读物《六言杂字》，就简明扼要地勾勒出徽州人外出经商必带的物品："盘船行李衣扁，铺盖脚箱路程。烟筒烟袋烟插，火石火刀火筒。算盘夹剪戥秤，天平砝码称银。水路坐船过坝，须要把稳担心。"上述这一段话，是指坐船出门，要携带行李铺盖、路程，还有抽烟用的烟具、打火石，以及做生意的天平砝码，等等。其中，尤其是商编路程特别值得关注。

明清以来，外出务工经商的徽州人相当多，许多人每当出门，都要开具与此次外出经商活动相关的路程。现存的商编路程，从其形式上看，既有公开出版的刊本，又有成册的抄本，还有单张的抄件和印刷品散件。例如，笔者手头有一种徽州商编路程，版幅宽6厘米、高12厘米，经折装，应是当年徽商外出时便于揣在口袋里随身携带的。该折前后封面为枣红色硬皮，中有烫金长方框，正面抄录《杭州上水路程歌》,反面则为《徽州下水路程歌》。其中,《杭州上水路程歌》新安江段的路程写道：“扬风东馆近严州，城砌梅花古迹留，最爱暮秋新雨后，万山云气一齐收。”其下注曰：“东关 十里（富春驿，有方腊将台故址迹。西北港上水，百里至兰溪县，亦通江西、闽、广之路）。”这是指严东关一带的交通。另外，又在严州府条下提及：“建德县梅花城，今被逆氛拆毁，改为骨牌形，舟楫上水，在此雇纤。”所谓“逆氛”，应指太平天国时期的兵燹战乱。

此后，《杭州上水路程歌》还写到新安江中游的情况：“百步茶园近瓦窑，罗山墩上月初高。藻河昔日遭龙患，瀑布飞流到塔行。”这里将百步街、茶园、瓦窑埠、罗山墩、藻河和塔行等地名嵌入路程诗，接着又提到“遂安港口急如梭，赖爵滩东溪口过。官坝工程浩已久，淳安古歙渎者多。”此后，一滩一滩而上，就进入了新安江上游的徽州，“界口西来近八郎，淳安古歙各分疆。山多田少民勤俭，岭顶层层种黍粱”——此乃描摹街口一带的山川风景。再接下去，便到达绵潭、漳潭、薛坑口、瀹潭、南源口、梅口和浦口，再到梁下（即渔梁坝）。若复前行，则由义城、雄村、岑山渡、烟村渡及杨村等处，经浯村、南溪南、篁墩和草市等地抵达率口、屯溪。而由屯溪，经隆阜、潜阜、万安可到休宁县。《杭州上水路程歌》中，还有一首反映过往商客使用商编路程书的诗歌：“一路滔滔虽顺风，舟行遥指岸西东。津迷只把程图看，远近虚无即目中。”这是说外出旅行，或返归故里，在旅途中遇到难以判断时，就将路程图书拿在手上翻阅、查看。于是，远近的地理形势就一目了然了。类似的新安江水程经折，还有相当不少。如光绪年间的《一帆风顺》、1932年杭州至屯溪水程折等，也都是徽商随身携带的日用物品。

从晚明以来，在有关新安江的路程书中，都会附录有《水路捷要歌》，即：“一是渔梁坝，百里至街口。八十淳安县，九十严州府。钓台桐庐首，潼梓关富阳。三折拢江口，徽郡至杭州，水程六百走。”此一《水程捷要歌》，除了抄本和刊本所载之外，还有一种是抄写在扇面上的。例如，我手头有一柄略显残破的扇子，上面就写有类似的诗歌，只是文字稍有不同，作“茶园六十走……桐庐八十守，八五富阳县”等。这一首诗歌标作“仿录徽州水路全抄”，也就是从歙县码头渔梁坝，经由皖浙交界处的街口，到达浙江境内的淳安县，再到茶园、建德和富阳县，经桐江、富春江、钱塘江，一直到杭州的水路，沿途的水路距离一共有六百多里，所以路程歌中说“徽郡到杭州，水路六百有”。上述的这些数字，如“八十”“六百”等，都是指两个地点之间的距离。这把扇子是杭州的一个扇庄“舒莲记”制造的，据说，民国时期杭州最著名的扇庄有三家，其中之一就是这个“舒莲记”。在这把“舒莲记”扇子上抄录有徽州到杭州的水路程，而这把扇子又是在徽州发现的，这可能说明，当年来往于新安江上的不少徽商，便是摇着这样的扇子，乘着江船，徜徉于沿途的青山绿水之间。类似于舒莲记所制、写有新安江水路程的扇子，目前发现有两把，另一把更为精致的泥金折扇，现在收藏于安徽黄山市的中国徽州文化博物馆。

值得注意的是，各类商编路程中还有不少涉及一府六县的风俗惯例。例如，卞利教授收藏的清朝道光年间绩溪县上庄商人辑录的《生意规略》中，有一《标船规单》：

蓬踪四方，举目有江湖之异；程途千里，屈指非朝夕之间。莫图击楫偷安，苟免征车受许多颠险、无数疏虞。古语“舟中皆敌国”，寓意尚和；谚云“隔板是黄泉”，勉人知谨。波涛千派，挂风帆益励战兢之心；星月天天，摇夜栒更防窥伺之辈。偶遇接谈，最宜寻消问息；沿途搭伴，恐为入室操戈。水火无情，切莫展头焦额；尔我相济，势须学者击尾援。所为者如斯不慊，似守株待兔。费心皆觅利，真个如涉海求珠。名列后先，轮班提备戒酣歌，愚人视听禁呼喊，骇众观瞻。若守夜，切莫解衣；才闻警，便须设备。分别勤惰，赏罚过功。到头无半点之虞，举目贺万全之喜。共前约，毋致后，尤同舟之人，请书芳字。

上揭这段话的意思是出门旅行，特别是沿水路搭船相当危险，所以理想的设计是结伴而行，在船上守望相助。为此，同舟共乘者要在“规单”上写下自己的名字。此类的“规单”现存有实物，即笔者手头的《摽船规戒》之卷首。在民间文献中，“扌”字旁与“木”字旁时常可以通用，故“摽船”亦即“标船”。《摽船规戒》序也有与上述《标船规单》大同小异的文字，末尾的“请书芳字”后，另多出了以下的文字：

一斑某	二斑某	三斑某	四斑某	五斑某	（六斑某）
（一）某	（二）某	（三）某	（四）某	（五）某	（六某）
（一）某	（二）某	（三）某	（四）某	（五）某	（六某）
（一）某	（二）某	（三）某	（四）某	（五）某	（六某）

（一）某 （二）某 （三）某 （四）某 （五）某 （六某）

该序内容的大意是说：外出经商因沿途治安不靖，商人们需相互配合，结成“斑”以同舟共济。在明清时代的商业书中，对于乘船出门外出经商，各地商人都积累了相当丰富的经验。明人李晋德之《客商一览醒迷》中，就有不少有关船中防盗的告诫。如“日行恐恐，夜泊惺惺”条下注曰：“乘船天气虽晴，波平风息，亦不可嬉戏、作乐、舞笑，须常怀恐惧，频观云色推移变态。倘风浪勃至，安泊无地，虽舟舣善处，亦必惺惺少寐，防有小人钻舱，抽帮劫盗。汝若熟睡，人各自顾，谁暇为我谋哉！”[①]此外，还有“天若东冥休起早，日终西坠便湾船”[②]等条，亦是书中提及的乘船防盗自保之箴言。类似的谆谆教诲，在其他的商业书中亦不乏其例。譬如，明代徽州人程春宇编纂的《士商类要》中，就有专门的一篇《船脚总论》；该书收录的《为商十要》之第二条，亦便是“凡行船，宜早湾泊口岸，切不可图快夜行”云云。可见，船上行旅生活中的注意事项，为各地商人所重视，其中颇多经验之谈。

从上揭序文中的“轮斑堤备”一词来看，“斑”似同“班”，“堤”同“提”，[③]反映的可能是新安江上结伴乘船外出经商时的一种安排——亦即轮班防范盗贼。另外，由“共遵前约，毋致后尤，同舟之人，请书芳字”的行文来看，此段序文以及其后的押署，类同于乘船之人相互之间订立的合同。值得注意的是，《摽船规戒》中的此段序文，显然折射出传统时代徽州人强烈的契约意识。而其中提及的搭伴出行、“轮斑堤备”的做法，可能反映了新安江上徽人外出的一种惯例，此种惯例，在迄今所见的徽州文献中尚属首次发现。

另外，《摽船规戒》中的“摽”字，可能同“标”，原始含义是指以比价方式发包工程或买卖货物的手续，如招标、投标或开标之类。从“同舟之人，请书芳字”后的“斑”之排列形式来看，这显然是自由组织、结伴外出的一种形式。而就其粗糙的印刷现状来看，《摽船规戒》也颇像是一次性“消费”的物品，其样式极似在

① 杨正泰：《天下水陆路程·天下路程图引·客商一览醒迷》，第296页。

② 杨正泰：《天下水陆路程·天下路程图引·客商一览醒迷》，第296页。此条亦见于明代徽州程春宇编纂的《士商类要》卷2之《买卖机关》，作“天未大明休起早，日才西坠便湾船”，杨正泰：《明代驿站考（附：一统路程图记、士商类要）》，上海古籍出版社，1994年，第298页。

③ 民间文献通常极不规范，特别是在行文用字方面颇为随意。故本文在录文时，除少数酌加必要说明外，基本上是依据原貌呈现。

徽州各地常见的那种印制好的会书。

当时，徽州人由皖南经新安江到浙西，再经桐江、富春江、钱塘江前往杭州，进入长江三角洲。佚名抄本《做杉木放牌要览》中就引述据说是“严州【子】陵先生”的诗歌：“君为名利往，我为名利来，羞见先生面，黄昏过钓台。”从表述口气上看，这显然不可能出自严子陵之手。但类似的诗歌，亦见于商编路程《徽州下水路程歌》：“隐钓严陵近，渔歌断渡联。今宵休秉烛，好共客星眠。”严陵也就是严子陵（严光）。此人系东汉会稽郡余姚县（今浙江余姚）人，很早时就有赫赫声名。他小时与东汉开国皇帝刘秀同学，汉光武刘秀称帝后，他并不趋炎附势，反而隐姓埋名，不想当官。虽然汉光武请他前往京城，但他最后还是不为所动，跑回富春山一带躲了起来，富春山即新安江下游之后的富春江一带。后人为了纪念严子陵这样的高人，遂设了严子陵钓台，又名双台垂钓。因为严子陵淡泊于功名，而来往于新安江上、前往杭州等地经商的徽州人，则是追求功名的一群人，故而后来遂形成一种特殊的习俗。1928 年，佛学家蒋维乔在其所撰《严子陵钓台记》中指出：“桐江为皖浙往来所必经，徽州人多经商逐利，其初出经商者，过钓台，辄蜷伏舟中，不敢窥视。意以严先生不求名利，若见之，即经商必失败。”此一描述是说徽州人第一次出门做生意，船只经过严子陵钓台时，初出茅庐者都要躲在船舱里，据说是不能让他们看到严子陵钓台。这是因为徽商出门经商是为了追逐利润，而严子陵先生则不求名利，初次出门之徽商倘若看到严子陵，那他此行的经商贸易一定会失败——这当然是徽商外出时的一种习俗，故前引《做杉木放牌要览》中有“羞见先生面，黄昏过钓台”云云，实际上反映的是徽商的一种禁忌。

明清以来，水运是民众出行最为便捷的交通方式之一，历来为外出者的首选。徽州抄本《备用六言杂字》曰：“水路坐船过坝，须要把稳耽心，摇橹拽桨背纤，伞雨袍複【袱】褡裢，货物过关报税，早夜宿店安身。”人们在外出时，通常需要与船行或承运者签订契约，这些在民间日用类书中有相当多的反映。譬如，徽州文书抄本《通用称呼帖式》中就有一份《揽约》：

立揽约人△△，今揽到△名下△货若干，凭牙议定，系身船揽去，装载△处埠头，照数交卸。言定船银水脚若干两正，当凭牙行已付△银若干，仍找沿途凭折陆续交付，货交清日，即照议数找清，两无异说。如货漏仓潮湿，并有坏损、失窃情由，照值市价，系身船只赔偿，无得推辞。今恐无凭，立此揽约存照。

这份《揽约》中出现了“△△”或“△”字样，显然说明这是一种格式活套。它是从承运者（亦即船户）的角度出具的契约，此类揽约有时又叫船票、发票、通知书，或运货船单等，是乘客与船户订立的契约合同，其格式在不少日用类书中皆有登载。当然，除了日用类书中的格式活套之外，当年的实物印刷品亦有不少留存至今。例如，《故纸堆》中即有一张《船票》：

休宁县船户汪寿春，揽到歙县凌客四位，名下随身行李大小不计件，照码单查收。客膳每位每餐计钱卅文，水脚船钱、大小打滩、贴埠、贴纤、神福一应在杭付讫，送至深渡顶埠交卸，此照……外走官坝、天井滩，每位贴钱 0 文。

挂找洋肆元、六百廿一文，沿途支付船户收用。

光绪十一年元月廿六日，杭江曹泰来行船票。

顺风快利。

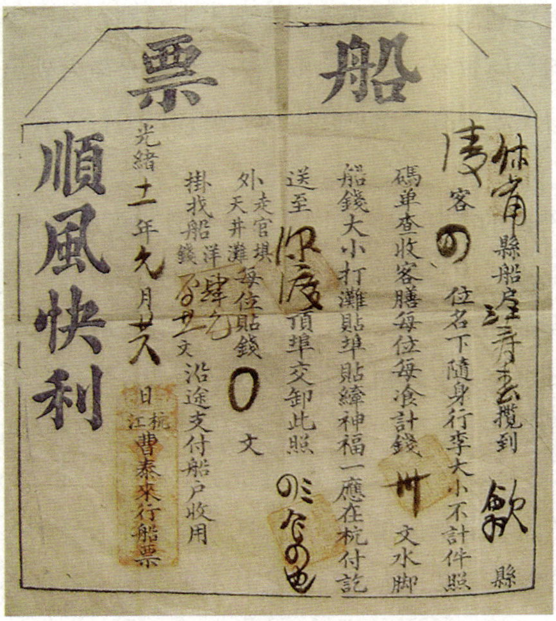
船票

休寧縣船户汪寿春攬到歙縣

凌客四位名下隨身行李大小不計件照

碼單查收客膳每位每飡計錢卅文水脚

船錢大小打灘貼埠貼縴神福一應在杭付訖

送至深渡頂埠交卸此照

外走官垻天井灘每位貼錢〇文

掛找船錢洋肆元 文沿途支付船户收用

光緒十一年元月廿六日 杭江曹泰来行船票

順風快利

清光绪十一年(1885)杭州曹泰来船票

上述船票由杭州曹泰来运输过塘行出具，原件为固定格式的印刷品，其上仅船户、客人姓名及船钱、日期等以毛笔填写，并盖有“曹泰来行”的图章。曹泰来行是江干一带颇为著名的转运过塘行，清末民国时期，婺源人詹鸣铎往来杭州，就经常投宿曹泰来行。据詹氏所著的章回体自传《我之小史》第 4 回记载，他曾随父亲詹蕃桢抵达江干，投宿曹泰来行。从他的观察来看，“时曹泰来行内，多是灰【徽】州客，听见皆故乡口音，气求声应。”

上揭的船票中，有“顶埠”的字样，意思应为“终点码头”之义。至于其中提及的“官坝”，位于淳安县附近，徽州商编路程《杭州上水路程歌》中就有：“官坝工程浩已久，淳安古歙渎者多。”（关于这一句，《杭至徽屯路程歌》作：“官坝工程起久矣，淳安古昔读书多。”）其下注曰：“若冻【东】溪源无水，走官坝，地极险峻。”另外，《徽州下水路程歌》中亦有类似的记载。至于“天井滩”，婺源县生员詹元相于康熙三十八年（1699）十月初十日，从溪口搭船往屯溪，再雇船前往杭州、苏州并赴江宁省城参加乡试。他在所撰的《畏斋日记》中指出：“船行三十里，至天井滩，因水浅，步过米滩里余上船，至小金山。”可见，天井滩在米滩附近，与东坝一样，都是水路上较为险峻的地段。

类似的旧船票还有不少，涉及的船行还有“余锦洲”、“鲍茂林”等转运过塘行。例如，与“曹泰来”一样，“余锦洲”也是相当著名的转运过塘行。其创始人余锦洲为歙县人，早在嘉庆初年，他就在钱塘南栅外一图海月桥内塘地方，捐造厝所数间，专门安置新安旅榇，此即后来著名的新安惟善堂之滥觞。余锦洲回乡故世后，由其孙余鋐顺、侄余晃共同经理。直到光绪年间，余氏后裔仍然是新安惟善堂的董事。民国时期，余锦洲转运过塘行也仍在营业，当地人称之为“余锦洲老行”。过塘行又名船行、过载行、转运过塘行等，即旧式的货运公司。此类商号，在民国以后，有的就以公司命名（如当时的杭州江干洋泮桥上首，就有一家“徽侨传达总公司转运过塘”，是徽州人所开，亦即传统时代的转运过塘行）。根据通常的惯例，客商将货物交付船行后，由船行开具收条，交由船户，船户将货物运到目的地交付收受的商号。所需运费，或由交运客商先付，或由船户向收受货物之商号领取，船行则于运费内抽取部分手续费。船行必须对交货的客商负责，而船户则要对船行负责，倘有损失，概由船户赔偿。从前三百六十行皆有相关的对联，其中之一为“送往迎来欢腾四海，平风静浪高挂一帆”，即转运过塘行的生动写照。从各类转运过塘行的记载及现存船票，可以从物资流通的独特角度考察新安江流域频繁的商业交流。

二、商业习惯

徽州俗有“前世不修，生在徽州，十三四岁，往外一丢”之谚，这是说徽州人到了十三四岁，都要外出学做生意。一般情况下，往往是托乡族亲朋帮忙，父带子，兄带弟，叔带侄，这种现象比较普遍，民间称之为“拖带鱼”。根据《徽州商业志》等书的记载，求职之前，推荐人先要跟店东或执事说好，然后将学徒带往店铺，拜见店东或执事，后者若感觉可以接受，推荐人和学徒便可购买蜡烛、香纸等，再到店内，对着“青龙牌”向店东或执事行跪拜之礼，并在财神像前焚烧香纸。这些仪式做完之后，出门者便可成为该店的正式学徒。学徒一般都是十三四岁的少年，每天清晨必须为店东或执事准备洗脸水，并负责后者日常生活中的端菜打饭、刷痰盂和倒夜壶等杂务。此外，还要勤于在店内扫地抹桌，为顾客送货等。到了晚上，则要在店堂内歇宿。根据一般的规定，不论营业忙闲，皆不得在柜台上随意看书阅报，平时更不准擅自外出。学徒期限通常是三年，三年满师后方可返乡省亲。此后，则视店铺内的情形逐渐升职，月薪亦渐次增多。在店内不勤快、违反店规屡教不改者，要找来介绍人将其辞退。为此而不得不返乡者，民间讥称为“茴香（回乡）豆腐干”。

不少徽商店铺标榜诚信经营。例如，嘉庆年间编修的《古歙岩镇镇东磡头吴氏族谱》一书中就有《吴南坡公行状》，其中提及吴南坡的说法 :“人宁贸诈，吾宁贸信，终不以五尺童子而饰价为欺。”据说，长此以往，“四方争趣坡公，每入市，视店识为坡公氏字，辄持去，不视精恶长短”。[①] 这当然是行状对状主的一种褒扬。不过，正是因为徽州店铺标榜童叟无欺，并制定了严密的商规店约，故而从总体上看，各地徽商的声誉通常较好。关于这一点，不少商业书和商人书，都有反映新安江流域商业活动的相关内容。

例如，在歙县芳坑江氏商人文书中，就有《江湖十二则》。其中的第一条提及 :“写船不可无埠头，车夫不可无脚头。倘悭小希省牙用，船无埠头，小人乘奸为盗，夫船车夫无脚头，脚子弃货中途，或至财劫命休，此皆因小而失其大，切宜戒之！”这是说雇觅车船，都要有“埠头”“脚头”这样的中介，以便有所保障，倘若吝啬相关开支，容易因小失大。第二条谈道 :“出外收拾行李，若有铜、铁、锡、铅、石、砚一切重物，不可收入箱笼及裹于包袱之内。倘付脚夫、船户挑载装舱，疑是财帛，遂起歹心，不可不戒。如有此物，宜显露外面为是。”该条是说行李中的重物应放在明处，以免负责装运的脚夫、船户误解，引来杀身之祸。第三条告诫 :“外出为客，务宜朴素。若到口津肆店，服饰整艳，小人必生窥觎，潜谋劫盗，有性命之忧。如孩童年少，父母垂爱，以金银为之冠帽、手镯、项圈、耳坠之类，小人利其财物，或毁体折肢采取，或连孩童抱去，谋杀之端由此。”这是提醒外出务工经商之

① 安徽省徽州行政公署商业局 :《徽州商业志》，1987年前后，打印稿，第115～116页。

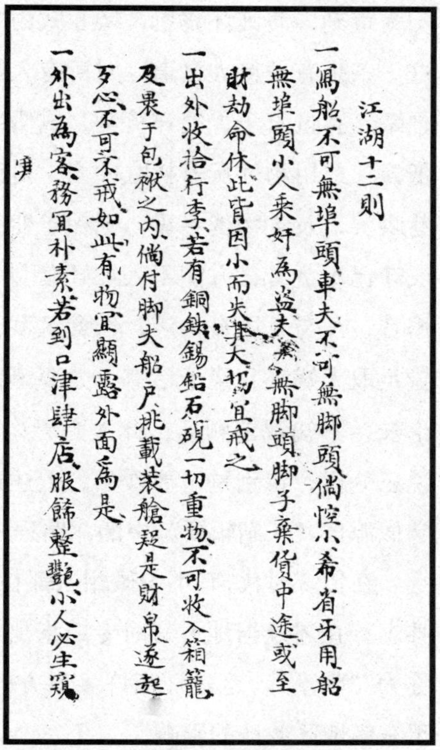
江湖十二则
一雇船不可無埠頭車夫不可無脚頭倘悭小希省牙用船無埠頭小人乘奸為盜夫黨無脚頭脚子棄貨中途或至財劫命休此皆因小而失其大切宜戒之
一出外收拾行李若有銅鐵錫鉛石硯一切重物不可收入箱籠及褁于包袱之內倘付脚夫船戶挑載裝艙疑是財帛遂起歹心不可不戒如此有物宜顯露外面為是
一外出為客務宜朴素若到口津肆店服飾整艷小人必生窺伺

《江湖十二则》抄本

人服饰打扮应当朴素，不可招摇，以免被人觊觎。第四条是有关出门旅行的："乘船登岸，宿店野行，所佩财帛，切宜谨密收藏，应用盘缠，少留在外。若不仔细，显露被人瞧见，致起歹心，丧命倾财，殆出于此。居家有财，亲友见之或借，不惟无以推辞，拒之必生怨隙。"这是说无论外出还是居家，都当财不外露，以免人财两失，或招人嫉妒。第五条提及："同船搭船之人，或人物衣冠整齐，无甚行李，踪迹可疑者，非拐子即门摸吊剪之流。或自同赌戏以煽诱，或置毒饼果以迷人，或共伙党，而前后登舟，或雇正载而邀吾入伴，若不识其奸，财本遭掳。入苏、杭、湖船，人居上层，行李藏于板下，苟不谨慎，多被窃取。"这是说出门人要善于察言观色，留心同行之人的一举一动，以免受骗上当。其中特别提到长江三角洲一带的情况，说坐船时尤其需要小心。第六条谈道："凡出外，必须择的伴，庶几有辅。若路逢素非相识之人，同舟同宿，未必他心似我，一切贵细之物，务宜藏密，谨慎防护，夜恐盗而昼恐拐也。"这是说出门要找合适的伙伴，但人心隔肚皮，应自我保重。第七条说："不论陆路、水行，俱看东方发白，方可开船。离店若东方明暗，全无曙色，寒鸡虽鸣，尚属夜半，便急促解缆陆行，恐遭奸人劫夺之害。至于日将西坠，便当湾泊投宿。俗云：投早不投晚，耽迟莫耽错也。"这是外出的经验之谈，应在天色明亮时行走，以免遭人劫夺。第八条为："有物不可离房，无事切宜戒步，大抵鼠窃之辈，有心窥探，或日善日征，亲热往来，同【伺】我他出，即潜入盗偷，故房门常宜关锁，出门宜早回头也。"这是说出门应看管好自己的财物，小心谨慎。第九条，"凡在外，絃馆歌舞之家，不可月夜潜行，遇人适兴酌林，不可畅饮过度，见人博奕【弈】睹戏，宜远而不宜近，有人携及作乐，不得随人打斗。少年老实，方保无虞。"这一条是说出门在外，不可酗酒赌博。第十条，"凡待人，不论行客、主家，必须和颜悦色，不得暴怒，致恐争气生事。至于僮仆，尤宜抚恤，勿为苛刻，使其怀我恩，实心效力。谚云：在家靠妻子，出外靠仆僮。尤所宜戒。”这一条是有关待人之道，对所有人都应当和气。第十一条是“吊白打拐、诓赚掣哄之辈，智过君子，狡诈莫测。或假装乡里讲乡谈，称其寄托，哄出我银，却将铅石抵换；或用物件玩器执立冲衢，自谓客仆偷出主物，不求高价，惟求现卖，诱入僻巷哄买，及觉物伪寻觅，则拐子变易衣帽，虽立面前，不复识认，种种诡计，惟老成守己不贪者，方能不入彼奸套”。这是说要防止各类欺骗。第十二条，“出门来戒悭吝，凡与人同舟共店，饮食蔬菜，务均众同嗜，不宜背地自用。或每事独占便宜，皆足取人嫌弃。至于话言，尤要谨慎缄默，使人难以窥我虚实。若满口矜夸，说短论长，不知观前顾后，此人必无内养，诚为可憎”。这是说做人不可吝啬，遇人且说三分话，特别是不要吹牛。上述这些，涉及外出务工经商的诸多注意事项，其文字似源自《江湖辑要》中的《路程十要》而加扩充。

在传统时代，有不少徽州人都在新安江中、下游的城镇中从事商业经营。民国《衢县志》在述及当地方言时专门指出：“店友曰伙计，徽人则通称之曰朝奉。”将伙计称为“朝奉”，这是江南许多地方的惯例，这也从一个方面反映了徽州商业文化对于东南地区各地的影响。

根据《徽州商业志》等书的描述，在新安江流域，传统时代的商业经营管理，商号内部人员大致可划分为东家、掌柜、职员、伙计、学徒和后司（勤杂，炊事人员）等。东家是出资人，亦称资本家。掌柜为店铺的实际经营者，有的也叫管事或经理，受东家的信任和委托，全权负责店铺的经营。当然，在合伙制的店业中，有的掌柜是由善于经营的股东担任。职员主要有管账（会计）、跑街和柜头等，一般与资方关系密切，其地位和工资皆较高，并有相当的权力。伙计（亦称学生）主要是销售人员，一般占商号从业人员的一半以上，他们通常具有较为丰富的业务知识。商号通常都有各类管理制度，有关劳动和生活管理制度，俗称“店规”。①

1918 年，安徽省立二师学生张正春撰有屯溪商业状况的调查报告，其中提及“商店同事，各有专责”，包括账房、水客、柜伙、发货、中班、学生、栈司、正作、杂务和厨司等，这些角色，根据店铺规模之大小而有所增减。至于普通店规，“由同业公议而定，大概凡同事定生意者，在阴历正月初四、初五、初六及元宵诸日。既

① 安徽省徽州行政公署商业局：《徽州商业志》，1987年前后，打印稿，第115页。

完后，凡本店同事必守其共同之规则，即戒以嫖赌吸鸦片及亏空舞弊等情。偶犯店规，即行开除。凡学徒初入店时，有由本店认可之妥实保证人为保证。又除本店规定每年有数十日余工外，有事请假，酌量扣除薪俸。凡伙友支给薪俸有定时，商量先用，以支一月之薪金为度，此普通店规之大略也”。凡结账时期，由商店来往酌议而定，或逢每月朔望及月底结一次，而普通商店则以旧历端午、中秋和年节结账。

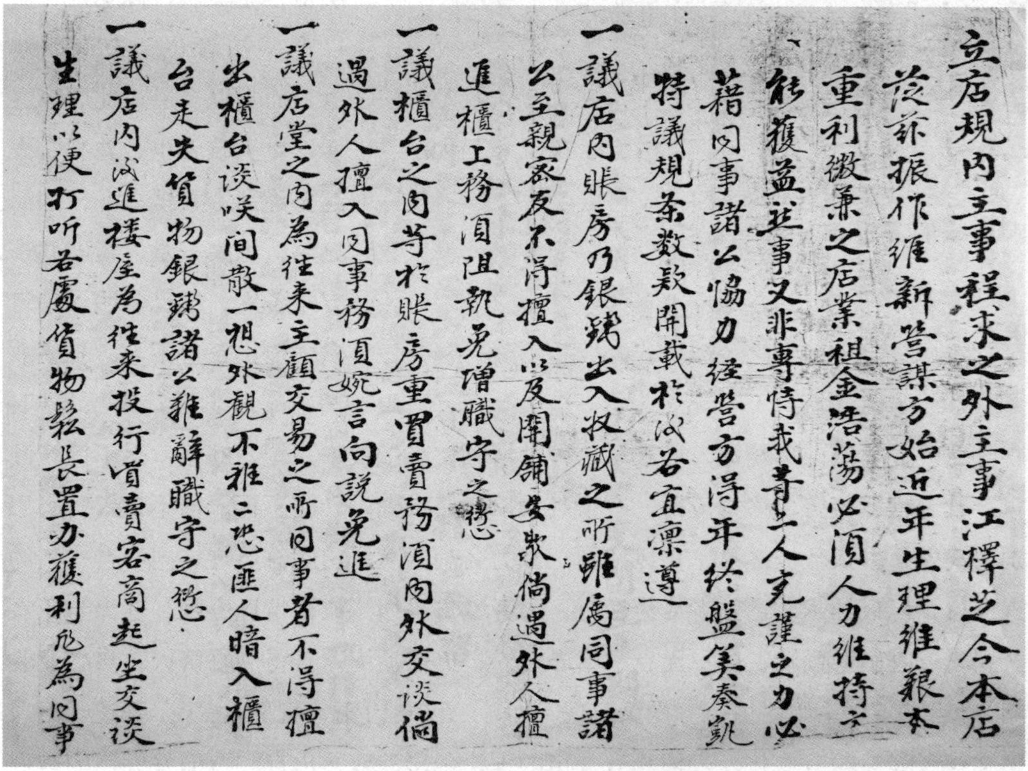
立店規内主事程求之外主事江櫸芝今本店
從茲振作維新營謀方始近年生理維艱本
重利微兼之店業租金浩蕩必須人力維持方
能獲益然事又非專恃我等二人克謹之力必
藉同事諸公協力經營方得年終盤算奏凱
特議規條數款開載於後各宜凛遵
一議店内賬房乃銀錢出入收藏之所雖屬同事諸
公至親密友不得擅入以及閑鋪要衆倘遇外人擅
進櫃工務須阻執免增職守之愆
一議櫃台之内等於賬房重買賣務須内外交談倘
遇外人擅入同事務須婉言向說免進
一議店堂之内為往來主顧交易之所同事者不得擅
出櫃台談咲閒散一恐外觀不雅二恐匪人暗入櫃
台走失貨物銀錢諸公難辭職守之愆
一議店内所進樓屋為往來投行買賣客商起坐交談
生理以便打听各處貨物盈長置办獲利凡為同事

清嘉庆二十三年（1818）三月立《店规》

迄今为止，我找到两种传统时代的店规。其一系佚名无题抄件，该抄件为清嘉庆二十三年（1818）三月立，其序称：“立店规内主事程求之、外主事江櫸芝，今本店从兹振作维新，营谋方始。近年生理维艰，本重利微，兼之店业租金浩荡，必须人力维持方能获益，然事又非专恃我等二人克谨之力，必藉同事诸公协力经营，方得年终盘算奏凯，特议规条数款开载于后，各宜凛遵……”从序文的语气来看，这应当是1818年整顿商店时重订的店规。其下列有13条，对店铺之基本规矩，以及店员的待人接客等，都做了详细的规范。

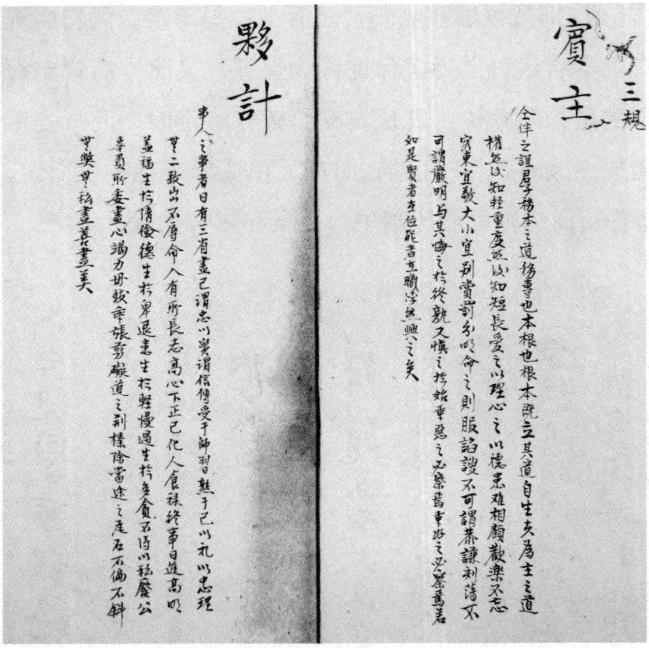

佚名《店规》抄本

另一册佚名《店规》反映的年代不详，但其序文更显文雅：“盖众以典刑，虞书称大舜之德；敬明乃罚，周王戒康叔之封。故事有明征，无轻贷，此朝廷之所以尊国法者也。夫道以修身，而身以立道，此居家之所以重王政者也。兹我仝人越土经商，异地立业，四海兄弟，悉聚一堂，情同共事，方寸各殊。第见聪明子弟自负才能，正道不习，日事放荡，流而忘返，乐不思归，喜呼幺，爱粉黛，贪麴蘖，好浪游，种种情弊，难以枚举。一入邪境，无不荡产倾家。及至计屈势穷，终身流落，有家难投，有路难奔，光阴不再，何不自警？当思别祖离家，求谋什一之息；栉风浴雨，皆为名利两途。由店有店规，同心合一，约宜凛遵，以戒异术。岂强者倚势横行，弱者缄口畏缩。或徇情以容隐，察出与犯者仝罚，务宜敏勉勤功，朝夕无怠，卓志自立，毋贻后悔。若得利物济人，自必业胜陶朱，契合金兰，则财恒足。爰议三规、七事、五条、十款、批例、常规，开述于后。”序文作者显然颇有文化，表述具有一定的理论色彩，应是出自“贾而好儒”的徽商之手。其中提及徽州人在异地他乡开廛列肆，订立《店规》，内容包括三规、七事、五条、十款、批例和常规。

其中的三规为“宾主”“伙计”和“学习”。首先一条“宾主”，是界定东家与经理的关系：“仝伴之谊，君子务本之道。务专也，本根也，根本既立，其道自生。夫为主之道，权然后知轻重，度然后知短长，爱之以理，心之以德，患难相顾，欢乐不忘。客东宜敬，大小宜别，赏罚分明，命之则服，谄谀不可谓恭谦，则刻薄不可谓严明。与其悔之于终，孰又慎之于始。众恶之必察焉，众好之必察焉。若如是，贤者在位，能者在职，浡然兴之矣。”此处多次提及“道”，主要是阐释东家与经理的相处之道，希望能选贤举能，促进店业的兴旺发展。

三规之二为“伙计”，规定了店铺伙计的职责：“事人之事者，日有三省，尽己为忠，以实谓信，传受【授】于师，习熟于己，以礼以忠，理无二致。”至于第三条的“学习”，则是对初入门道的学徒之规范：“学生习徒，黎明则起，洒扫庭除，内外整洁，日事一切，铺摆货物，上传下接，自有常规。学生伺外，徒弟伺内。凡事请教前辈，而行不可自恃，凛遵店规，专心习学，交接应对，敏事慎言。闲杂人至，虽要关心，宾客长辈当敬，人情不可自专。既昏便息，检点门户，小心火烛。行有余力，则以学文。食无求饱，居无求安。分别有序，进退有让，非理勿动，非礼勿言，又敬不违，劳而不怨，过而能改，善莫大焉。”以上这些，是店业中人待人接物的总体原则。

至于“七事”，则是对店中各类营销人员薪酬及具体职责的规定，列表如下：

职位	正俸	职责内容
主总	24两	经理购售，识时通变，调拨需人，事无陨越，大小诸务，一任梳清，正大光明，人咸赖良惠钦嘉
水客	20两	分内生意，采办一切，玉石能分，风景生情，理无执一，承委不愧，无弊无私，诚当敬
头柜	20两	分内生意，知行识市，交易不亏，使人悦服，喜色扬扬，才能应羡
二柜	16两	分内生意，调理货物，不至毁坏，事无虚花耗散，爱惜物件，则是忠心
三柜	12两	分内生意，检点货物，出入无讹，应用各项，预备无虞，温故知新，勤力不愧
手艺雇工		分内各司一艺，事有常规，每日额数之外，加做别事，则是有功
学生习徒		分内应役三年，各事勤心，不致遗忘，日就月将，有进无退

上述的“主总”，也就是店铺的经理；而“水客”，则是指外出采购货物的行商。这个店铺也设有头柜、二柜和三柜，类似于典当铺。但就其职责上看，应当不是徽州朝奉。从上表来看，手艺雇工和学生习徒都没有正俸，根据一般的店铺惯例，学徒一般三年无工资，仅供给膳食和理发钱。[①]

《店规》中还有“五条”，包括私悬、嫖淫、赌博、斗殴和夜行，这些都是店铺中的纪律禁忌，凡违犯者则开除出店。此外还有“十款”，皆是次于“五条”的过错，

① 安徽省徽州行政公署商业局：《徽州商业志》，1987年前后，打印稿，第115页。

凡犯者予以相应的处罚，视情节不同，或扣减工资，或不予增薪，或罚款赔偿、辞退等。《店规》中的“批例”计有四条，第一条是界定人、己之间的任务，“各人分内之事，必遵常规，己事额满，能干外事，则是有功，论功申赏。若是己事不备，使别人相帮，则是有过应罚”。第二条是有关回家探亲的规定，“家有大人，每年省亲，给假一月，期外计日扣俸。手艺雇工、学(生)习(徒)，不在此例”。第三条是身俸之开支规定，“各人身俸，按月支用，不得接踵长支”。第四条是亲朋来往住宿的规定，“各有亲朋来往，酒果自理，店只茶饭，一宿两餐，不得欠停。”该条较前引嘉庆二十三年（1818）店规的规定要更为宽松，因为前者规定：“一议同事往来亲戚，不过一茶之敬，倘要接饭留宿，务须禀明管事，各自支销伙食，不得擅自款留。”至于“常规”，写在抄本中另附的夹纸上，只见有寥寥数条目录，其具体内容未见，可能的情况是，此一店规尚在斟酌起草之中，还没有最终完稿。但从此处所列的条目来看，徽州的店规具有比较普遍的内容。

第三节　新安江流域的商业及其协作

新安江流域的一些商人存在着协同合作的倾向，有一份衣庄合同这样写道：

立合同议约人李春苗、朱礼卿、港人和、洪樟坤、遂源和、茶人和，今因志同道合，彼此议定在茶元【园】下街创设春记衣庄，计资本金一千二百元正，分为六股，每股二百元，计李春苗一股，洪樟坤一股，朱礼卿一股，遂源和一股，港人和一股，茶人和一股。公推茶人和经理人张楚雄君为总经理，洪樟坤为协理，所有号内国币往来及伙友进退，并对于生意挑布，俱归总协理完全负责，妥议规条载明于后，共宜遵守。欲后有凭，立此合同六张，各执一张，永远为据。

本号名为春记衣庄，股金额为一千二百元，股息常年一分五厘计算，每年不拘盈余，年终必须发息，不得藉词拖欠之；

每年正月开股东会一次，由经理人报告一年营业状况，如有盈余亏耗，皆由各股东摊派之；

如有盈余，立盈余项下提出二成，作为各伙发酬金劳金，以示奖励之；

庄内如有意外之事，及条件未善，由各股东临时召集斟酌修改之。

中华民国念六年二月日　立合同议约人李春苗（押）

洪樟坤（印）

朱礼卿（印）

遂源和（押）

港人和（押）

茶人和（印）

代书人朱锡章（印）

现存的这份 1937 年之合同议约是由股东李春苗收执，其中，除了李春苗、洪樟坤和朱礼卿三位股东外，另三位股东遂源和、港人和、茶人和颇为耐人寻味。从“茶人和”经理人张楚雄来看，这三者应分别是遂安、港口和茶园三地分别合成一伙的股东。这份合同发现于徽州，几位股东应当都是徽商，故而合同议约涉及的地域，就包括新安江上下游的徽州、遂安、港口和茶园一带。

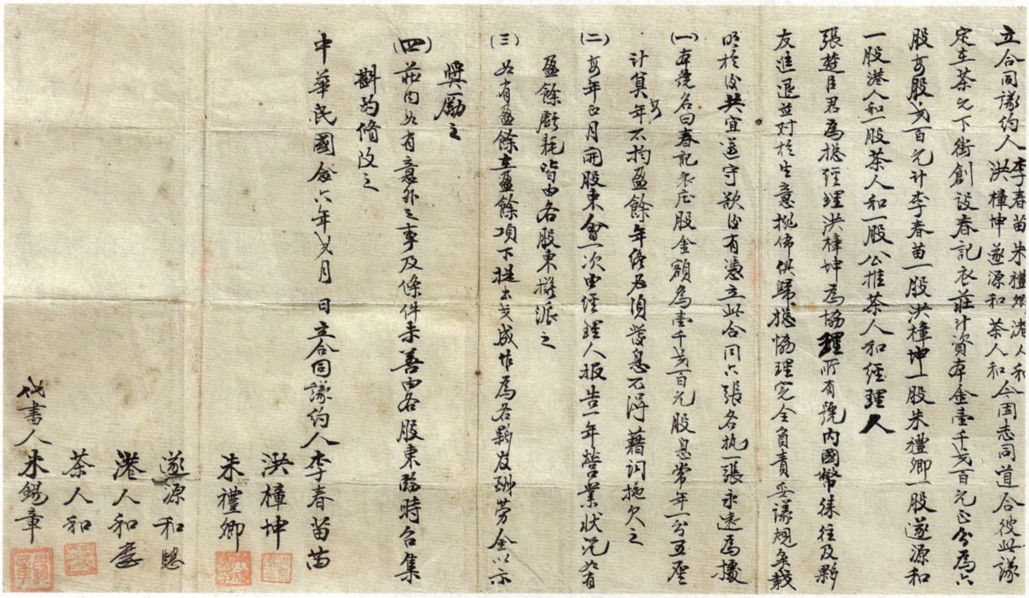
立合同議約人李春苗、洪樟坤、朱禮卿、遂源和、港人和、茶人和合同志同道合彼此議
定在茶園下街創設春記衣莊計資本金壹千五百元正分為六
股每股為二百五十元計李春苗一股洪樟坤一股朱禮卿一股遂源和
一股港人和一股茶人和一股公推茶人和經理人
張楚雄君為總經理洪樟坤為協理所有莊內國幣往來及夥
友進退並對於生意攏佈俱歸總協理完全負責妥議規條載
明於後共宜遵守欲後有憑立此合同六張各執一張永遠為據
(一) 本莊名曰春記衣莊股金額為壹千五百元股息常年一分五厘
計算每年不拘盈餘虧損為償股息不得藉詞拖欠之
(二) 每年正月開股東會一次由經理人報告一年營業狀況如有
盈餘虧耗皆由各股東攤派之
(三) 如有盈餘立盈餘項下提出二成作為各夥發酬勞金以示
獎勵之
(四) 莊內如有意外之事及條件未善由各股東臨時召集
斟酌修改之
中華民國念六年二月　日　立合同議約人李春苗
洪樟坤
朱禮卿
遂源和
港人和
茶人和
代書人朱錫章

1937年在茶园开设春记衣庄的合同议约

除了这种商业股分上的合作之外，更多的则是通过会馆联系在一起。明清以来，徽州是个高移民输出的地区，徽州人呼朋引类，所到之处，纷纷建立会馆、公所。会馆的出现始于明代，首创于北京。及至清代，诚如许承尧所云："吾徽人笃于乡谊，又重经商，商人足迹所至，会馆、义庄遍行各省。"凡是徽商比较集中的地区，都设有徽州会馆，新安江流域各地城镇自不例外。从宣统二年（1910）刊刻的《兰溪新安同善堂征信录》可见，乾隆三十三年（1768），徽人在兰溪三十五都建新德庵，"购备山地，俾徽商病故在外，归榇不及，以便埋葬。续于道光十一年添造厂舍，停无力运回之棺，给发带棺运费，予以限期，立冢掩埋，使有主遗骸得归故土，无依旅榇免暴荒郊"。规条载："光绪癸卯年起，分福、禄、寿、财、喜为五班，挨班各司一年，轮流管理新安阁、新德庵各项收支银钱出入，并收掌田房、契据、租息等折，一切事务，每年月底结清总账，检点单契，不准短少分文，悬宕挂欠，公同照数点交后手接管。所置一切傢伙什物，另立底册两本，一分存新安阁公匣，一分存堂中，每逢先后手交接时，必须对簿核明，如有短少，以及私自借出者，即须议赔。傢伙什物，如系任意作践，亦应赔修完整。"《兰溪新安同善堂征信录》亦明确指出，一切章程，悉仿上海徽宁思恭堂的做法。

在新安江的干流各处也设有徽州会馆。例如，浙西淳安的徽州会馆早在清雍正七年（1729）即已存在，馆址在小南门城内，会馆面积2000平方米以上，有房屋数十间。[①] 与南方的不少地方一样，有的徽州会馆也叫新安书院，或徽国文公祠。对此，婺源士商江南春就指出："徽国文公祠，天下省城、都会皆有之。"在衢州，亦有新安书院（即徽州会馆）。江氏多年侨寓衢州，经常住在新安书院中，其居所称作"居然"。他对于新安书院及其附属设施，有着深入的了解。江南春在《华园冈义冢序》一文中就指出：华园冈义冢在衢州西安县西门外三里多，该义冢肇端于歙人汪氏的置产葬祖。道光二十六年（1846）九月，华园冈义冢建成，江南春受托题额"畅叙幽情"，并为之书写对联。翌年，江南春应邀前往华园冈义冢，但见"墙屋鳞次，石柱齿排，暖日烘窗，烈风隔壁，中安土地神，祠旁立各幽魂木主，左停男棺，右栖女椁，横亘数十步，见之而凄然意索、悄然神伤者，厝所也。外则隆然凸然，新土未干，不计其数者，则今年之葬者也"。为此，他作《游华园冈记》以记其事。前文中提及的

① 安徽省徽州行政公署商业局：《徽州商业志》，1987年前后，打印稿，第82页。

汪乐山，为婺源鸿溪人，系江南春的外叔祖。他在道光二十六年对义冢的扩充，是在活跃于衢州一带的徽州典商、盐商，以及其他商厮商伙的支持下完成的。关于徽州旅榇所，民国《衢县志》指出共有三处，“一在七里凉亭，一在花园岗，俱名新福庵。民国初，徽商项槐又在城北五里赵家坂新建旅榇所。”其中的“花园岗”，应当就是江南春笔下的华园冈义冢。

在江南春生活的年代，浙西的金、衢、严各地是徽州人活动的重要场所，除了新安书院这样的徽州会馆外，还有其他的一些组织也与徽商有关。道光二十四年（1844）秋，江南春有事前往衢州，住在新安书院内。根据他的观察，衢州城内的周宣灵王之庙极多，都是在三月四日、四月八日作为周王的诞期，“盈街塞巷，张幔演戏，直至五月无虚日”。当地人传说，在众多的周王庙中，只有朝京门内之庙，据称是周王肉躯之所在，与天宁寺定光佛的肉躯一样有名，最著灵异。相传头门外的两座石狮，是由徽州人士自皖南运至庙中，并创为狮子会，“较之他庙他会为盛，至今遂为徽人之庙”。每年九月十三日张灯结彩，礼拜演剧，已经历行多年，当地俗谓“遍地徽州”。在明清时代，江南一带素有“钻天龙游遍地徽州”之谚，龙游亦即衢州府的一个属县。此处的“遍地徽州”，则是指与徽州人有关的周宣灵王信仰。有趣的是，由于徽商的关系，周宣灵王庙与徽州会馆的关系颇为微妙。当时，徽州会馆的中堂是供奉朱熹，左边供奉周宣灵王，右边供奉财神。这种排列颇为耐人寻味，朱熹祖先出自徽州婺源，为新安理学的鼻祖之一。徽州会馆祀奉徽国文公朱熹，是徽商以儒商自许而高自标置。中堂右边供奉的财神，凸显了徽州会馆作为商人会馆的特征。而中堂之左的周宣灵王（简称周王），则是新安江—钱塘江流域最受崇拜的神明，徽州俗谚有“生在严州，死在衢州，显圣在徽州”的说法，清乾隆时人吴梅颠的《徽城竹枝词》曰：“庙建黄坑（俗讹为洪坑）神所依，周王有帽却无衣。年年九月十三日，显圣徽州难自肥。”此一神明由钱塘江下游的杭州，逐渐溯江而上，形成皖南与浙西共同的信仰。到江南春生活的时代，衢州是周宣灵王信仰的一个中心。文中提及，每逢周王诞期，是将供献给朱熹的供品，先奉献给周宣灵王；将在会馆所演之戏，先在周宣灵王庙中上演。在衢州城内周王庙相当之多，三月四日和四月八日是周王的诞期。不过，上述两则又称衢州西街（衢水西门外）最著灵异的庙宇中之周宣灵王圣诞在九月十三，早于文公会期一日。该庙头门内的石狮两座，是徽州人从徽州运到庙中，徽州人还创立了狮子会，狮子会比衢州其他的庙会更为繁盛，以致于该周王庙后来竟成了徽州人的庙宇。每年于九月十三日张灯结彩，礼拜演剧。由于九月十三较朱熹的诞辰要早两天，所以对周宣灵王的祭祀颇有喧宾夺主之势。

近代以来，随着徽州会馆的式微，同乡会组织纷纷成立。例如，《徽州旅衢同乡会章程》，于1930年7月第一次会员大会上制定通过，后又经第二次和第三次会员大会修正通过。章程共分数章，第一章对同乡会的名称作了界定："本会以徽州旅衢州同乡人共同组织之，定名为徽州旅衢同乡会。"其宗旨"以联络乡谊，共谋公益，发挥自治精神，增进旅居幸福为宗旨"。旅衢同乡会对于同乡的任务包括：1. 幼年失学之补救及增进学问知识事项；2. 疾病之疗养事项；3. 贫困之扶助事项；4. 职业之介绍事项；5. 生活之改进事项；6. 非法侵害之援助事项；7. 公共娱乐之设施事项；8. 储蓄之提倡事项；9. 商业工业上之发展事项；10. 交通之改良事项；11. 灾祸之呼吁救济事项；12. 公共物产之管理事项；13. 其他一切公益事项。凡徽州旅衢同乡，不分性别，凡有该会会员一人之介绍，填具志愿书，经执行委员会通过，便可得为该会会员。

除了会馆、同乡会之外，还有商会组织。在店铺消歇的过程中，新兴的商会、同业工会等亦起到了重要的作用。根据徐方幹、傅宏镇1937年的调查："遂安有茶业同业公会之组织，地址即设于新安会馆内，昔称茶业公所，会员初仅九家，现已增至二十七家。民（国）二十年，遵照工商同业公会法组织，称为遂安县茶业同业公会。淳安县在昔亦有公会之组织，近年来茶业衰退，只存六家，箱额仅四千一百八十箱，该业中人颇多消极，故此项组织已无形停顿。"

此外，值得一提的还有徽商公所、保商公会的活动。如所周知，徽州地处万山之中，自古以来，她与浙江一带的交通，主要就是依靠新安江水路。通过这条水道，无数徽州人外出务工经商，又有许多人返乡展墓省亲。徽州当地的土特产源源不断地东下浙西，而江浙一带的日用消费品及商业利润，则不间断地流入徽州。因此，新安江可以说是徽州的生命线。当然，有人群的流动，有财富的转运，就会有盗贼剪径。明代黄汴所编的《天下水陆路程》卷7"江西由休宁县至浙江水"条就指出："富阳之下，有潮有盗。"此一记载，反映的是明代中叶的状况。关于这一点，明代有位叫龚天申的同知，他在《为议陈肤见以安地方事》中描述：严州府"蕞尔山乡，冲当水陆，昔本清平之地，今多草窃之虞"。以当时的附郭县——建德县为例，虽然官方也设有稽查力量，在一些地方竖旗一面，上书"巡警"二字，但在实际上却是"虽为保障，实系虚文"。负责缉捕盗贼的哨船寥寥无几，水兵亦不过数名，"既无御寇之能，又乏乘潮之智。送迎使客，徒侈弥文”。于是，一些滩高水浚、波连巨浸之处，仍然是“公肆劫夺”的盗贼之地。因此，新安江水路上的盗贼劫杀事件屡有发生。清代前期，歹徒蒋德彩等人就在钱塘江至衢州一带水面乔装改扮成船户、客商，“随身假带被囊行李”，伺机作案。他们先后多次谋财害命，如雍正二年（1724）三月，蒋德彩等人就在富阳落山头谋害徽州信客，劫得银钱320两。此种对携带重金之信客下手的案例，直到晚清时期仍然时有所闻。光绪三十三年（1907），徽州信客宋三禄和王春喜等收带金、衢、严三处“徽信”，被严（州）东关厘卡多方留滞，驶至马目埠，天色已晚，盗匪多人登舟肆劫，失去所携“徽信”千余封，而被劫夺的捎带银钱也达6000余元，为数相当可观。同年十二月，来自金华县的徽商程世华所乘的船只，在严州府城十里之马目埠遭到匪盗百余人抢劫，“失信八百余号，银洋货物六千余元”。被劫银钱，皆系浙西店伙寄回徽州养亲育子的血汗钱。①

除了信客之外，过往严州的商人旅客也深受其害。咸丰年间的信底抄本中就有记载：“小号月初着伙往杭购货，与潘正升同伴，于初七夜，船泊建德地界郑坑坞口住宿。不料三更后，来盗数十人，明火持刀入船，将行李尽行劫去，小号六百，正升五百。当即呈控在案，现已获有盗犯廿余名，皆系茶园附近人多，仍首犯尚未拿到。”而在清末秀才詹鸣铎的章回体自传《我之小史》第9回中亦曾叙及——光绪三十三年（1907），作者二弟由新安江返归徽州，途中遭遇抢劫，颇吃了些小亏：

> 原来二弟船至宗潭安宿，至夜半忽听得“蓬，蓬，蓬”，一班粗汉打上船来。时余镜清睡后舱马路，连忙扒起。劈头打一洋枪来，子弹由眉心边穿过，幸未受伤，急由后舱跳落水去。另有歙县二客人也跳下水去，其余客人将头钻在被窝里，皆不做声。我二弟真危险，眼巴巴望着他们刀劈皮箱，取去各客衣服物件，甚为匆促。另有一人见二弟脚旁放一考篮，试提之颇重，遂携之行。一霎时间，呼啸而去。大家都有损失，二弟考篮内有三百余洋，所亏尤钜。纷纷起身，时正天亮，二弟上岸观看，见考篮堆在路上，账册书信四散，内有一小千里镜，尚未取去。一时大家聚议，二弟要到严州建德县去报案，命船户摇回。至木业公所，会程巽堂，即办禀帖送入该县。

---

①《浙省乱事汇闻》，出自《申报》第12569号，光绪三十三年十二月十九日。

作者詹鸣铎说："查宗潭为马目源，有炮船常驻，我平素上下，往往停船，原未尝出有此事"。但由于江河辽阔，为官府炮船实力所不逮，故而新安江沿途地面极不太平，徽商只得自己组织起来，保护商人利益。关于这一点，宣统三年（1911）《往来书信》稿本中，保留有一份珍贵的记录："徽、严壤地昆【毗】连，河道一水可达，近因严河不靖，盗案叠出，并河道年久失疏，拟同集资，不领公款，亦不派及浙民，设立徽商公所，捐办巡船拾号，稽查保护，并疏通河道，系为保护商旅有益起见，应行照准。"此一记录，是光绪三十四年（1908）浙江巡抚的批文。从中可见，当时侨寓严州的徽商共同集资，设立徽商公所，捐办巡船，置备器械，封设总董、副董，从而建立起商人组织。另据旅浙严徽州保商公会、分会同人公启，当时添设巡船二艘，分驻徽港扼要处所，"上下梭巡，保卫行旅"，每逢归客过杭，每客捐取上水巡费洋一角。由保商公会刊印三联单，分存江干各船行代收。根据《徽商李代仁等禀设保商公所请立案由》记载："据禀已悉，该职商等为保卫徽商行旅起见，公同筹垫款项，仍照案添设巡船二艘，已函商严州府，于九月开办，以固冬防，应准照行。此后，巡缉经费复由该商等广为劝筹。凡徽商上水人客，每人输巡费洋一角，并拟自宣统二年起，箱茶每箱捐洋五厘，篓茶每篓捐洋一分，树木照售出之价，每洋捐收一厘。既经预为筹商，茶、木两董事亦均赞成，应予立案，先行试办。"此档案见于宣统元年（1909）的《浙江官报》第16期。而由保商公会刊印的三联单，迄今尚保留有多份。例如，笔者手头的一份《徽港巡费联单》格式如下：

> 徽州旅严保商分会为保卫航路事。缘迩年来河道不靖，自富阳江至徽界抢案迭见，旅严同人组织保商分会，禀请添设巡船，保卫行旅，常年开办，实行在案。惟费巨款绌，非筹集的款，势必旋举旋废，为此同人佥议众擎易举，请烦旋里诸同乡每位捐助巡费大洋一角，即于舟过严州时，由南门本会筹捐处经收。今据曹客捐助大洋一角，合给联单收执征信，须至单者。中华民国四年四月廿九日给。

从中可见，这位姓曹的返乡旅客在捐助了大洋一角后，由旅严保商分会出具联单，作为凭信。在此份印刷品上，盖有"徽州旅严保商分会"图章。此外，还有民国五年（1916）八月十八日和民国六年（1917）九月七日的《徽港巡费联单》，其中的捐助者分别是“汪客”和“王客”。而歙县私人收藏的《协助巡费三联收照》上，也有大同小异的记录。这份1915年5月26日的三联收照提及：因“严河上下游一带盗匪充斥，抢案迭出”，清末旅浙同人呈请浙抚批准，组织“徽属保商公会”，创办“浙严徽商水师巡船”，扼要驻扎，并派兵随船护送。当时，屯溪著名茶商吴俊德曾被推为严州保商会名誉会长。民国建立以后，保商公会多次呈明浙军都督，循照向章，请过往同乡每人协助巡费大洋一角，作为相关开支。[1]

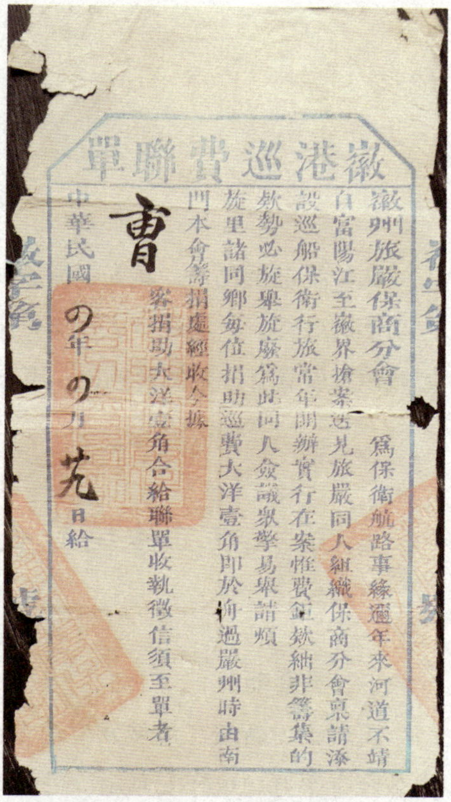
徽港巡費聯單
徽州旅嚴保商分會　爲保衛航路事緣邇年來河道不靖
自富陽江至徽界搶案迭見旅嚴同人組織保商分會稟請添
設巡船保衛行旅當年開辦實行在案惟費鉅款絀非籌集的
款勢必旋舉旋廢爲此同人僉議衆擎易舉請煩
旋里諸同鄉每位捐助巡費大洋壹角即於衕過嚴州時由南
門本會籌捐處經收今據
曹客捐助大洋壹角合給聯單收執徵信須至單者
中華民國四年四月廿九日給

民国四年(1915)四月廿九的《徽港巡费联单》

关于严州的保商分会，有一册徽州画家日记稿本——《绘事日利》，年代稍后于上揭的《徽港巡费联单》，其中提及：1921年5月，徽州名医王仲奇舟泊严州，先后被建德知事、保商会董纪厚请去诊病，一夜诊视50余人，王仲奇逐一开方。后者备席款待，席散，由保商会派两名商勇持枪，护送至歙县深渡。此例说明，晚清民国时期，为了保护自己的商业利益，徽商公所及后来的旅严保商分会，直接参与了新安江上的治安管理，以弥补官方警政之不足。不过，徽商组织商队护航，仍未能阻止相关案件的发生。对此，当时的《申报》上报道：从杭州经严州府淳安、遂安，抵达徽州屯溪一带，“时有抢劫行旅之案，入夏以来多至三四十起”。当年六、七两月，建德县严东关以上商船被劫者，多达19桩。七月初，黟县某商往返十日，被劫两次，损失3000余元，向官府报案，也没有下文。[2]

① 参见《新安江古航道航运安全初探》，邵宝振：《发现徽州：徽学资料整理与研究》，安徽师范大学出版社，2021年，第30～31页。

②《禀请查办徽河盗匪杭州》，《申报》1910年9月20日。

余 论

从传统迄至现代，新安江流域城镇之变迁受多种因素影响。举其荦荦大端，社会动乱的破坏，区域经济之发展，交通路线的变更，自然灾害的发生等，都对该流域城镇发展具有一定的影响，以下分别叙之。

第一节 传统时代影响城镇变迁的几个因素

一、社会动乱

历史上，新安江流域发生过多次具有相当规模的社会动乱。譬如，东汉末年，史载金奇率万户屯守安勤山、毛甘率万户屯守乌聊山。建安十三年（208），孙权遣将贺齐率兵攻打二处，克安勤山和乌聊山。南朝梁太清三年（549），侯景叛军攻占新安（今淳安县排岭），并进犯歙县。程灵洗招募乡勇在南乡凭借险阻抗击叛军，双方在新安江流域展开了激烈的争战。唐永徽四年（653），青溪（今浙江淳安）女子陈硕真揭竿造反，在歙人蒋宝策应下攻占歙县。唐宝应元年（762），方清发动歙、黟农民起事，声势颇为浩大，一度攻占了歙州。唐乾符五年（878），黄巢率部进军歙州，钱镠带领官军抗击，前者败走江西。翌年十一月，黄巢所部再攻歙州，大败钱镠，连克宣、宁、歙、信、饶、杭各州，后受官军围剿而离去。此后，较大的社会动乱还有数次，其中有几次的影响比较深远。

(一)方腊起义

根据当代《淳安县志》的记载，浙江淳安县迄今仍遗存有著名的“方腊起义刻石”：“口庚子十月初九日，睦州青溪县万年乡方十三作逆，名腊，妻姓邵。至十二月出洞，初五烧人家屋，打到杭州，便打秀州，城不开。丑年三月，天兵捉焉。四月七日，辛太尉入洞，收下入京，改为严州淳安县。丰源院僧用琴记。”[1] 刻石中的“方十三”也就是方腊，为睦州青溪县万年乡碣村（即今淳安威坪）人，出身佣工。北宋宣和二年（1120）十月，方腊在万年乡方有常家做佣工，他利用“食菜事魔教”动员、组织民众，结果被他人所告发。十月初九，方腊集合千余人，在洞源村东方有常家的漆园誓师。数日内聚众十万，自号“圣公”，改元“永乐”。方腊率众镇压了帮源一带地主武装的反抗，占领了青溪县西北重镇——万年镇，随即向县城进发，先后攻下青溪县城、睦州。后又率主力攻克歙州，诛杀当地守将。接着又回师东线，占领杭州。方腊麾下发展至“众殆百万”，各地民众纷纷揭竿而起。最后是由童贯率官军十数万前来镇压，经过双方的殊死搏斗，方腊不幸被俘，并遭解往汴京处死。此后，方腊余部仍坚持斗争，直到宣和四年（1122）三月，起义才最终被镇压下去。

从方腊起事到其就戮，前后历时一年，对新安江流域产生了重要的影响。方腊起事阶段，曾经攻占青溪、歙州等地。方腊被镇压之后，宋徽宗于宣和三年（1121）改歙州为徽州，作为统县政区名称的“徽州”首度出现。此后，以“徽州”命名的行政建制延续了将近800年。另外，当时还改睦州为严州，改青溪县为淳化县，淳化县和遂安县皆属严州。“徽”的原意是捆绑，“严”亦有镇制之义，这反映了远在中原的中央政权，希望牢固控驭新安江流域，故此一时期新安江流域的城镇，仍然具有重要的军事性质。

(二)咸同兵燹

咸丰元年至同治三年（1851 ~ 1864）的太平天国运动，其波及的范围广达大半个中国，对于新安江流域也有着重要的影响。

综合徽州方志的各类记载，咸丰四年（1854）正月二十三日，太平军首次占领祁门县城。咸丰六年（1856）三月，石达开率太平天国西征大军由江西乐平进入徽州，南路军队攻克休宁后分驻屯溪，与清军发生冲突。咸丰十年（1860）三月，太平军攻占淳安、遂安两县。次年二月下旬，太平天国干王洪仁玕至遂安。六月十一日，清两江总督曾国藩统军自宿松进驻祁门县。咸丰十一年（1861）三月初二，曾氏率部进攻歙县太平军，大败；四月初，曾国藩移驻东流县。十一月，太平军由浙

① 《淳安县志(1986～2005)》编纂委员会:《淳安县志(1986～2005)》，浙江人民出版社，2014年，第1524～1525页。

江严州经歙县街口、深渡攻打驻守屯溪的清军。同时，太平军辅王杨辅清率部自宁国入徽，联合严州太平军欲截击清军粮路。朱品隆奉曾国藩之命自石埭入徽，次月与清军唐义训部会合，十七日赴屯溪，破太平军营垒。同治元年（1862）二月初九，左宗棠率湘军攻占遂安。同治二年（1863）四月三日，太平军进驻歙县长林、休宁万安，攻打草市和屯溪等地，皆被清军击退。同治三年（1864），李世贤等率领太平军分道入徽，围攻府城等地，后由岩寺奔屯溪，攻破奕淇（今奕棋）朱村清军营垒，清军逃往屯溪。四月二十日，太平军自岩寺攻入屯溪，斩清将数人后前往休宁龙湾、上溪口。当年天京沦陷后，洪仁玕护幼天王洪福经淳、遂向江西撤退。九月十六日，太平天国宗王苏得福等在屯溪被清军杀害。[①]

此一时期对于城镇的发展，除了战争的直接破坏之外，还有一些税务机构的改迁。如同治二年（1863）皖南牙厘分局由湾沚迁至渔亭，统管徽州各厘卡。

（三）朱老五火烧屯溪街

1929年3月31日，安徽东至人朱富润率部一百余人，翻越赤岭进入徽州，抵达祁门县历口，焚毁了当地的数十家茶号、店铺。随后，他又率部于4月1日进入祁门县城，焚烧了县署、公安局及王永顺木器厂，同时没收了洪源永茶栈的大量资金作为军需，并释放了监狱囚犯。4月2日，朱老五率部进驻黟县渔亭镇。他在当地搜罗枪支弹药，没收富商财产，焚毁了益泰当铺，大火殃及镇上的布店、衣庄和药铺等。4月3日，又在齐云山麓与休宁县警队交火，后者一触即溃。朱老五率部乘胜追击，突破了多道防线，并顺利进入休宁县城。朱老五进入休宁县城后，除了打击地方政权外，还没收了布庄、衣铺及洋广京货店的资财。接着又分兵两路，其中一路与赶来的屯溪商团40余人展开激战，不久，后者即被击溃，多人尸横在地。乘此大势，朱老五遂押着一些豪绅富商作为人质前往屯溪。当时，居住在屯溪的达官巨富闻风奔逃，当地巡警40人携械潜匿，而商会会董也纷纷躲藏。4月4日，朱老五率部进入屯溪，勒令交出屯溪商团团长汪仲容和商团的枪械。市面上的商号猝不及防，惶惑骇怖之余，只得公推大康钱庄经理刘紫垣和教会牧师沈玉书，代表诸商户硬着头皮与朱老五谈判。后刘紫垣眼见难以了局，遂不辞而别，潜逃无踪。对此，朱老五等人气急败坏，遂将屯溪汪仲容的德厚昌南货店浇

① 黄山市屯溪区地方志编纂委员会：《黄山市屯溪区志》下册，方志出版社，2012年，第860页。

上汽油，纵火焚烧。大火蔓延，很快殃及左邻右舍的钱庄、锡箔号。火势愈来愈大，其他商号唯恐危及全市，纷纷请求朱老五下令灭火。朱老五仍然坚持要求交出 40 支枪，就会立即灭火。当在场的商号老板皆表示愿意负责后，朱老五随即下令灭火，并亲临火场督促。不过，商号老板们在德厚昌火灾扑灭后，纷纷收拾细软逃避，根本无人再去兑现交枪之事。第二天早晨，朱老五等发现由休宁押解至屯溪的十余名豪绅富户，大部分已于夜间脱逃，不禁怒火中烧，遂令将余下 5 人押至大桥头枪决。接着，放火焚烧了商会、商团、公安局、公卖局、厘税局等机关。此时，由于无人救火，火势迅速蔓延，整个屯溪镇淹没于火海之中。这场大火焚烧了很长时间，东镇、西镇、河街三大商业中心悉遭焚毁。部分士兵还渡河前往不远的阳湖，烧毁了著名茶商吴荣寿的住宅。其后，朱老五又率部向率水上游的龙湾一带进发。沿途，他们焚毁了龙湾盐栈三所、商铺十余家，龙湾对河之下溪口村 130 余家亦遭焚烧。由于皖南地方军事力量薄弱，商团组织亦缺乏战斗力，故而率部入徽的朱老五若摧枯拉朽，势如破竹，这引起了国民政府的极大忧虑，蒋介石遂多方调兵遣将，大力围追堵截。在此情形下，朱老五率部穷途颠沛，进退狼狈。当他们进入江西后，后有追兵，前有堵截。在与当地驻军的激战中，朱老五身负重伤。4 月 23 日，朱老五被俘。两天后，他被处以极刑。

朱老五火烧屯溪街，将屯溪桥至江西会馆（今“屯溪老街”牌楼处）一带店铺民房焚毁殆尽。经此一役，屯溪一镇精华毁于一旦，“数百家损失千余万”。1929 年出版《图画时报》第 555 期上有一张照片，其下中英文双语，写有 ：“皖南屯溪此次遭朱老五焚劫，自古以来所未有。此为屯溪河街之一段，现已成灰烬。”4 月 6 日，朱老五离屯前往龙湾，屯溪各界人士联合成立了“匪灾善后委员会”，清理废墟，救灾恤黎，重建街市。1932 年出版的《灯光人影》中，有一首绩溪人舒啸的《屯溪匪灾》诗 ：“朱来一火竟成灰，数万鸿嗷遍野哀。天若有心重建设，未知谁是栋梁材。”此后，屯溪才逐渐缓慢恢复。

(四)抗日战争

日军虽然没有踏上徽州的土地，但侵华战争对于新安江流域社会有着重要的影响。根据 1995 年版的《歙县志》记载 ：1937 年 12 月 27 日上午 10 时 45 分，日本轻轰炸机一架，由西北方飞临歙县上空，在县府后面投下小炸弹 5 枚，炸死平民 6 人，伤 6 人 ；11 时许，又投 4 枚，死伤数人。1938 年 9 月国民党陆军第三十二集团军自江西来皖南接防，总部设在棠樾，总司令上官云相住徽城河西西干山房。同年，日机轰炸徽城，原世美坊北侧两防空洞被炸毁，死亡数十人。1939 年 7 月间，日机空袭县城，投下燃烧弹，引起大火，从税务上顶延烧至阳和门附近。11 月间，日机在县城十横街（小北街口）上空投弹，损失惨重。1940 年 3 月 12 日，9 架日机轰炸县城，投弹 40 多枚，死伤各 5 人。1941 年 5 月 20 日上午，日机 4 架空袭县城，在大夫坊（今歙县中学操场西侧）投弹 2 枚，炸死 2 人。类似的情况，间或还发生在徽州的其他县份。例如，民国时人章伯辅有《日机轰炸绩溪》诗曰：

中华民国廿七年，二月二十有六日。午后一时五十分，警报忽传空袭急。仓皇翘首瞻云际，空际隆隆声锐厉。遥见南方铁鸟三，冲云飞扑凶堪悸。相呼避匿语未终，飞机已到顶当中。一声骇绝都屏息，耳中忽听咚咚咚！撼地震天机倏逝，气息才舒机又至。盘旋轰炸再而三，还有机枪助威势。泥尘石块冲天起，弹片飞落吾家里。瓦背更闻簌簌声，不知多少人伤死。可怜妇女与儿童，面无人色尽痴呆。机去已遥犹栗栗，伏身不敢把头抬。何方被炸相传语：城里城外十六处。人死五六伤十余，犹幸苍天多看觑……

诗歌还提到“去年十二月五日，日机头次炸吾绩。弹下死伤人廿余，余许祠堂毁半壁”。

抗日战争对于新安江流域的影响，在一些徽商书信中也有所反映。如有位活跃于淳安茶园的徽州盐商在其家信中写道：“此番中日战事相持，延长势所必然，争斗地点成为焦土，人民遭劫不可胜计，各商业有停业之局，未知何日可能安耳！……现南京已放弃矣，国事茫茫，不知如何结果。绩溪被敌机轰炸，城中日只数人，夜即回家，长此行动，甚为困苦。各处迁移来淳者日见其多，照此战局势必延长，商家受累不浅。”另一封许惠春写给呈坎罗吉人的信中提及：“时局混混沌沌，敌人进富阳后，战事无甚大战。再，上来敌之兵力不敷分派，敌无直（进）之企图，年内不致如何变化，可望混过残年。兰溪与徽州同属战区，徽州紧，兰溪亦紧；徽州安宁，兰溪亦安宁。不过徽州山多好躲避，其余相仿，兰溪住家逃往乡下者，回来者多有，有钱住家仍在乡住。兰溪昨、今日均无惊【警】报。前日衢州飞机场投弹四十五枚，城内小南门投弹三枚，彼【被】毁房屋五六十间，亦属惨矣！”而在徽州本土，一

个叫“渊”的人写了《屯溪被炸后的几点意见》：[1]

> 七月二十二日，那是一个晴朗的日子。在上午九时左右，警报机又是突然发出了吼声，那是空袭。人在街上乱跑，但心里并不惊慌，他们以为或者仍是虚惊。但不久，轧轧的机声，证明了敌机已飞临上空。倏忽间，拍拍的机枪声，隆隆的炸弹声，和哭骂叫喊之声，杂然并作……这是屯溪遭第一次空袭。据事后调查，有永昌茶行等数家被炸，裕泰合记茶厂被炸毁茶箱二百三十件，共死伤同胞二百余人……我们都知道屯溪是皖南的第一大镇，茶厂有百数十家。

上述的日记，真实地记录了日寇侵华给皖南山城带来的破坏，反映了抗战初期人们的日常生活和社会心理。当时，由于屯溪遭受日机轰炸，一些店屋惨被焚毁，居民亦有伤亡。一些商店为了避免损失，纷纷将存货疏散下乡。因此种局势，地方政府遂颁布命令，将白天市场改为早、晚两市：早市放在上午六时至九时，晚市则为下午四点至九点，其他时间闭市。每天开市及闭市，皆由乡镇公所督令地保鸣锣为号，商店根据锣声作息，违者从严惩处。不过，由于白天的大部分时间关门，店员朝出暮归，商店的收入锐减，对于城镇经济有着很大的影响。

另外，由于抗战爆发，徽州各地都出现了不少驻军。从战时一篇《遍地皆兵之徽州》的报道来看，军队强占当地中学的校舍，沿途拉夫，并向各县商会、民众索要大批粮草，“人民不免惊惶万分，城中妇孺老少都逃避一空”。乡间百姓皆不敢入市交易，城市附近居民，稍有赀财者皆避逃四乡。各商店闭门，银楼、典当、衣庄都暂停营业。为了应付军方的要求，商会召集屯溪各业聚会商议，分摊筹办捐款。这些，也对城乡商业产生消极影响。

此后，随着抗战的持续，屯溪也逐渐成为避难桃源，有大批机构迁入屯溪。1938年，国民政府设皖南行署于屯溪。特别是上海、苏南、浙北及安徽大部沦陷后，因徽州地处万山之中，屯溪成了一隅偏安之地。安徽省主席行署、省党部皖南办事处、省直属屯溪区党部、省保安司令部和国民党第三战区司令部等，都曾设于屯溪，苏、浙、沪的大批官员和商人也纷纷卜居此处躲避战火。对此，文化名人曹聚仁曾说：

---

① 《茶声半月刊》1939年第4期。

“自从浙赣路通，从杭州到金华，不过三四个小时；而杭徽公路既通，朝发午至，不独新安江很少行客，即富阳、桐庐、建德、兰溪、金华的轮运帆运，也只以运货为限，大家连富春江七里泷都忘记掉了。可是，抗战中兴，杭、富先后沦陷，桐庐以上，又恢复了帆船。日军再陷金华、兰溪，浙赣道，要转经新安江，于是浙江淳安、皖南屯溪，一时成为冲要市镇。多少朋友，都从新安江到过淳安，西南大后方，也牢牢记住这一大动脉了。”[①] 另外，邱金茂在《屯溪风光》[②] 一文中也指出：“屯溪在战前，不过是一个红绿茶的散集地，地位上并没有什么重要。到了抗战期间，突然变为一个东南前线的军事政治和商业重镇。在政治方面，那时有皖南行署，管理皖南十余县的政治。在商业方面，沪、杭的物资，都先运到屯溪，再由此运往内地各处，所以那时商业相当发达。在军事方面，因为屯溪是自由中国东南方的前哨，驻军也不少。他如报馆、银行、学校都是很多。所以那时的屯溪，可以说是机关林立，商业繁盛，人烟稠密，确实热闹过一番。”由此可见，抗战爆发，淳安、屯溪的地位陡然上升。

抗战时期，屯溪城市景观发生了重要的变化。“屯溪街只是直统统的一长条，依傍着新安江，迤逦数里之长，石板路整齐清洁，两边商店栉比鳞次，门市部陈列着各种光怪陆离的货物，满目琳琅，令人不得不回想到当日盛极一时的金华、兰溪。尤其上海来的朋友，男男女女，奇装艳服，炫耀过市。都市气息，日益浓厚”。[③] 当时，随着抗战的全面爆发，以及随后进入相持阶段，大批政府机关渡江南迁，皖南之徽州成为战时的大后方，屯溪人口激增，其时有民谣曰：“屯溪人，数不清，公务人员加学生，工商业者遍地是，碰来碰去都是兵。”来自东南各地的战争难民、机关人员、工商业者和军队士兵等纷至沓来，一时间车马喧阗，人烟辐辏，屯溪空前繁荣，俗有“小上海”之称。这种景观的变化，同样让人想到社会风气的改变：“皖南社会，民情淳厚朴实，节俭刻苦，这种善良风气的保育，已有悠久的历史，向为社会人士所公认。近年来，因抗战烽火的蔓延，皖南重镇的屯溪，披上了战时畸形繁荣的外衣，社会风气，陡然向奢侈与颓废的途程发展。有钱的大亨们，在那里骄奢淫逸，过着醉生梦死的生活。奇装艳服的摩登女士，招摇过市。无奇不有，人欲横流，恬不以为耻！……烟赌盛行，奢华相竞，看市面繁荣，就没有一点战时气象。有人说，它

① 曹聚仁：《万里行记》卷5《浙东》，生活·读书·新知三联书店，2000年，第242页。
②《现代邮政》1948年第1期第3卷。
③ 民国三十二年（1943）二月五日《东南日报》，大江：《战时皖南行政资料》，第9～12页。

是‘小上海’，其实屯溪只不过是一个放了小脚的‘乡下姑娘’，几年来，受了‘海风’的吹染，目眩眼花，变得不成样子了”。[①]当时，市面上奢侈消费却日甚一日，“屯溪镇奢侈风气有增无已，男女烫发，争奇斗艳。各消费场所，豪客一掷千金，此种风气，固非一时养成，盖为积年累月所造成之不良习染也，社会风气偏重享受，则一般人欲望必因之增加，是以贪污及种种轨外行为由是而生”。[②]

与屯溪的繁荣相较，歙县则呈现出一片衰败景象。1944年11月10日《复兴日报》上刊载祝玉琴的《闲话徽州》一文，生动地描述了抗战对歙县的影响：

> 徽州虽然是一个比不上小上海（屯溪）、小屯溪（淳安）那样的繁荣场面，以徽州的盛名，却也不亚如小上海、小屯溪的繁荣。未曾到过徽州的人只知道有徽州，而不知有屯溪、淳安之称。假如第一次刚刚踏进徽州的一个异乡人，他会要这样的问一个徽州人：“还有徽州的城市呢？”你告诉他这就是徽州城市的话，他会这样的回答你：“呀！这样就算完了一个徽州府城啦？”从他那种口吻中就可想像得到他的理想脑筋里的徽州名声。
>
> 无论在战前战后，徽州虽说不到都具备着地势上的优越。然而，在一条汽车公路的交通上的确负起了重要性。自抗战以后徽州就已慢慢丧失名声，引不起人们对它的瞩目，而只知道有小上海——屯溪的存在了。
>
> 自粤汉战事影响了交通以后，徽州市容也就日落千丈寥无声息，更引不起人们对它的注意了。徽州距离屯溪只有五十华里的路程，所以在商业上也多是依据屯溪的物价来作为商情升降的标准。[③]

对此，“半天吟草”的《屯溪竹枝词》之三曰[④]：“徽州还是旧徽州，此日屯溪距上游。半座空城堆瓦砾，河西桥畔起朱楼。”诗注曰：“徽州府遭敌机狂炸后只剩空城，商业亦都移往屯溪矣。只西门河西桥一带，因汽车站在此，稍有市面。朱楼谓

① 高飞：《为正气奋斗——写皖南青年战地服务队》，民国三十四年（1945）七月十六日皖新社，大江：《战时皖南行政资料》，第251页。

② 石瑛：《取缔奢侈风气》，《徽州日报》民国三十二年（1943）六月二十五日短评。

③ 大江：《战时皖南行政资料》，第337～339页。

④《快活林》1946年第3期。

车站红粉高墙也。”可见，抗日战争在一定程度上促使歙县的彻底衰落。关于这一点，另一首竹枝词也写道：“石寺钟声响夕阳，轻车缓缓入苍茫。当时和尚无人识，三百年来却一场。”注曰：“石寺在徽州西门外，其地有石塑和尚，云是清初时人，据传徽州三百年后有一大劫，人以为此次轰炸已应其语。”

二、经济发展

关于这一点，可以茶叶贸易与屯溪城镇变迁为例。晚清以来，随着徽州盐、典等传统商业的衰落，茶业成了当地经济的重要支柱。茶叶运销畅滞，与屯溪市景商况的盛衰密切相关。

早在1925年，明达在《屯溪各业状况》一文中就指出：“屯溪为徽属一大巨镇，去秋七八月间，自江浙战争发生以来，银根奇紧，商务停顿，各业均抱消极主义，货物未办。入冬徽河干涸，船只阻滞，生意较往年大减，以致各业难获厚利。唯洋庄茶叶因战事后稍有起色，得沾余利，年终柴炭价腾贵，茶号屋租定者，较前年多数家，市面随之活动，如钱业永达厚、裕康，布业震大、益甡，杂货景昌、福泰，衣庄万隆，茶庄同昌成，煤油协和、同义、公德、士古，均称获利，其余各业均平稳，市面大概无甚更动云。”[①]20世纪30年代日军的侵华，导致茶叶销售发生极大困难，这使得陷入困境的徽州农村更是雪上加霜。“皖南茶叶在我国产茶之各省中向居首要地位，‘祁红’、‘屯绿’品质优良，尤为茶中之冠。战前，多运销海外，为我国国际贸易中心之一大产品，故皖南茶叶之畅销与否实关系国茶生产之盛衰。……红绿茶之产额，据战前统计，当在年产四十万箱左右，外销茶就产量较多之年言，约二十万箱至三十万箱左右（约合十二万担至十八万担），折当时市价约在四千万元以上。此一笔巨款，就地方言，实为人民生活之一大泉源；就国家言，亦为国际贸易之重要事业，其关系国计民生至为重大……自民国三十年太平洋大战爆发后，海口封锁，对外贸易停顿，皖南茶叶亦遭受空前未有之厄运，……自从茶叶衰落以来，茶价日贱，茶农终日劳作，不得一饱，大半灰心懈怠。荒无【芜】茶地，遍地尽是。亦有多数茶户将原有茶地改植杂粮，以救眉急。……皖南茶叶之所以盛，与其之所以衰，其重要关键在于运输。……今江海封锁外销固不能畅达，即内销市场亦因水路之阻滞与夫运输工具之缺客满，无法运销矣！内销市场如平津，东北多已沦陷，

① 明达：《调查：屯溪各业状况》，《微音》1925年第20期。

其他邻省如赣、浙、湘、闽等亦多产茶名区，欲从而另辟市场，因此目前皖南茶叶，确无出路可言”。[①] 当时的报道形容说："祁红屯绿，绿怨红啼。”的确相当形象。在此背景下，“因销路不良，农村经济危机日趋严重，于是有许多茶农，因感于生计迫切，不得以多将茶树砍伐改种杂粮，以致昔日绿黝黝的可爱茶林，一变而为牛山濯濯矣”。[②]

由于茶业的衰退，使得一些公益事业也遭到破坏。“屯溪关于被弃婴儿的收养保育，慈善人士，原组有育婴堂，主办其事，其经费由茶商们在茶箱捐内提拨。许多年来，收育弃婴的业务，办得相当良好，可惜三十一年间，因茶业不能外销，内销复不畅旺，数百家茶号，全部停业，经费来源断绝，该堂遂被迫停办”。[③] 屯溪原有新安公济局，内附育婴堂，经费多出自茶商。抗战军兴，经费日见艰难，“婴堂乃停，但是人口众多，物价日高，以致贫苦之家，饔飧给不［不给】，而弃婴于道之事，常有所见，呱呱凄泣，为状至惨”。[④] 根据当时人的观察，“流浪于屯溪及附近街镇之乞丐，触目皆是，其

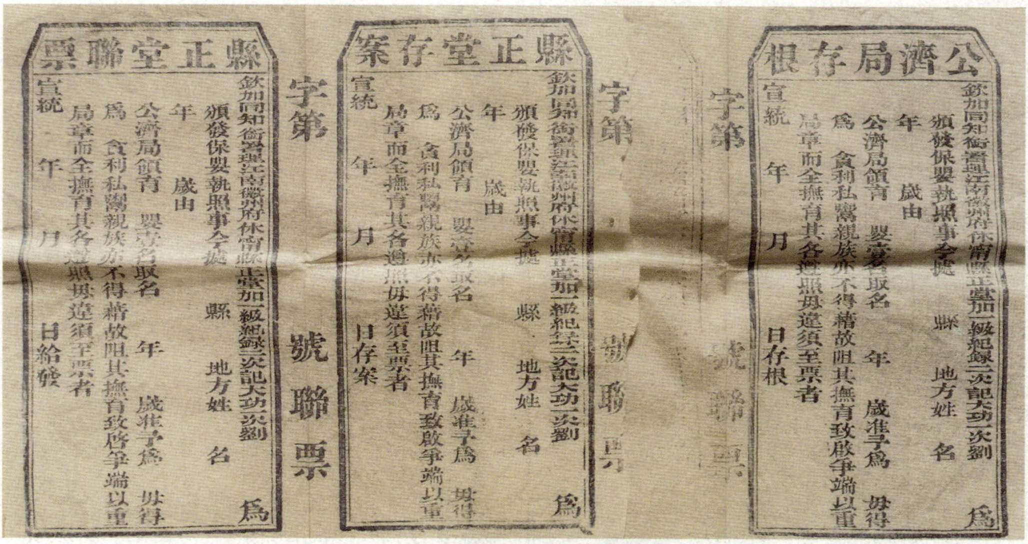

公濟局存根

欽加同知銜署理江南徽州府休甯縣正堂加一級紀錄三次記大功一次劉 為
頒發保嬰執照事今據 縣 地方姓 名
年 歲由
公濟局領育 嬰壹名取名 年 歲准予為 毋得
為 貪利私鬻親族亦不得藉故阻其撫育致啟爭端以重
局章而全撫育其各遵照毋違須至票者
宣統 年 月 日存根

字第 號聯票

縣正堂存案

欽加同知銜署理江南徽州府休甯縣正堂加一級紀錄三次記大功一次劉 為
頒發保嬰執照事今據 縣 地方姓 名
年 歲由
公濟局領育 嬰壹名取名 年 歲准予為 毋得
為 貪利私鬻親族亦不得藉故阻其撫育致啟爭端以重
局章而全撫育其各遵照毋違須至票者
宣統 年 月 日存案

字第 號聯票

縣正堂聯票

欽加同知銜署理江南徽州府休甯縣正堂加一級紀錄三次記大功一次劉 為
頒發保嬰執照事今據 縣 地方姓 名
年 歲由
公濟局領育 嬰壹名取名 年 歲准予為 毋得
為 貪利私鬻親族亦不得藉故阻其撫育致啟爭端以重
局章而全撫育其各遵照毋違須至票者
宣統 年 月 日給發

清宣统年间的屯溪公济局票据

---

① 杜仲梅：《皖南茶叶及运销》，民国三十四年（1945）八月二十四日《中央日报》，大江：《战时皖南行政资料》，第133～135页。

② 皆耳：《屯绿祁红悲迟暮，珠兰依旧笑春风——参观皖南农矿品展览》，大江：《战时皖南行政资料》，第120～121页。

③ 高梦飞：《三十二年儿童节成立的屯溪婴儿保育院》，民国三十四年（1945）四月四日《前线日报》，大江：《战时皖南行政资料》，第316页。

④ 耕禾：《话屯溪育婴院》，民国三十三年（1944）九月十一日《复兴日报》，大江：《战时皖南行政资料》，第320页。

数目之多，固为后方各大城市所仅见。而其或残或病，或饥或冻，其状之惨，更不忍睹，致其哭号乞求之声，遍传街头巷尾，行其路，不忍闻其声”。[①]

1939 年 1 月起，国民党财政部贸易委员会实行全国茶叶统制，在屯溪设立皖赣办事处。安徽省茶叶管理处也于 3 月在屯成立。抗战时期，得到第三战区长官司令部和皖浙两省政府的协助，箱茶由新安江船运至兰溪，转由公路运丽水，再船运至永嘉，最后运至香港销售。经济制度与交通线路的变化，也极大地影响着新安江沿岸城镇的发展。

三、交通变迁

传统时代，新安江流域有不少陆路为翻山越岭的羊肠小道。对此，淳熙《新安志》卷 10 有“自睦州青溪县界至歙州，路皆鸟道萦回”的记载。此后，嘉靖《徽州府志》、弘治《徽州府志》、康熙《徽州府志》和乾隆《江南通志》、光绪《重修安徽通志》

《义成朱氏宗谱》中的新安江

① 《屯溪的社会救济问题》，民国三十四年（1945）五月十一日《中国日报》社论，大江：《战时皖南行政资料》，第 311 页。

等，都照抄了这段文字。揆诸史实，东汉末年贺齐出守新都，始凿连岭，以通江浙。及至明清时期，随着徽州人的大批外出务工经商，对外交通愈益繁忙。在水路方面，经新安江可直达杭州，进入长江三角洲各地；并可从建德梅城转港，抵达金华、兰溪、衢州一带。

除了水路之外，一些商人为了出行便利，还捐资兴修了不少陆上通道，翻山越岭，前往新安江流域的中下游各地。进入民国以后，新安江流域的公路交通有了新的改进。1945年，大江编《战时皖南行政资料》一书所收各文，对于徽州当地的交通颇多涉及："皖南水陆交通尚称便利，京湘铁路当涂入境已通至歙县，公路计有省屯路，自大渡口至屯溪，长二八三公里，战后仅汤口至屯溪段（长六五公里）可通车，屯景路自屯溪至祁门张王庙，计长一二三公里，战后仅屯溪至祁门可通车，长六九公里，歙淳路自歙县至街口，计长五四公里，战后通车杭徽路之昱岭关至歙县段，计长四四公里，宣（城）长（兴）路之宣城至广德界牌段，计长八六公里，京（南京）建（德）路之郎溪望牛墩至十字铺计长五六公里，芜青路自芜湖至青阳，计长一一九公里，战后均全部毁坏。"[①]1933年11月26日，屯溪至杭州公路正式通车，全程240公里。1935年1月1日，屯溪至芜湖公路正式全线通车，计271公里。同年10月15日，屯溪至景德镇公路通车，全程195公里。[②] 对此，民国时人詹道三在《杂录》抄本中曾经指出：

> 休宁公路的路线，由休城起，东下经屯溪镇，直达歙境之篁墩，计程凡五十里弱。……自从有了这段公路，交通便利得多，因它对于时间经济，都能节省。从前上等人士来往，非乘船，即乘轿，时间既缓，用费又大；中下社会的劳动者，为生活的驱使，唯有苦着两条腿子奔跑。于今有了公路，上等社会的人，固然便利；即中下社会的同胞，也因车价便宜，常常享着幸福。照此看来，我们这休宁公路，基本虽然巩固，但是路线很短，长途旅行，仍感不便。将来如果上由休城至渔亭，直达黟县、祁门，下由屯溪经歙县，直接与浙省路线相联，或更经绩溪度岭达芜湖，一面由屯溪横接龙湾上溪口，经婺源入赣省。那么，不但我皖南六县便利，即各省交通亦十分如意了，尚望我邑人士及办事诸公共同努力才是。

---

① 《皖南的交通》，大江：《战时皖南行政资料》，第53页。

② 安徽省徽州行政公署商业局：《徽州商业志》，1987年前后，打印稿，第18页。

关于公路之便利以及水陆交通的比较，1935 年，有位祖籍徽州的杭州高中生指出："我记得十年前，那时我才八岁，曾经随家回徽一次，当时陆路交通不便，我们从杭州坐船由钱塘江转入新安江而上，路程共有六百多里，但是走了半个多月才到家，一路又多骇滩，所以水路是非常不便利的。……现在徽州公路建设进步之速是足惊人的……"[①] 曹聚仁在《新安江的黎明》一文中也谈道："我们从杭州上行，轮船只能驶到桐庐为止（90 公里）；桐庐以上，只能通行帆船，定期帆船二天可到兰溪，也是九十公里。进入相关的新安江，上行到休宁（屯溪）或徽州，也是百八十里，帆船无法通行，只能行驶小舴艋。日期就难以预定，冬日水浅，每天行十里八里都不一定，有时四五里，半月二十天到徽州，算是顺当；有时船只运货，一个月四十天，也说不定，'天上'二字就是这么来的。中间七十二滩，煤滩、米滩最长最险；徽帮学徒，出门学生意，十年八年不回乡，也是常事。古代文士咏叹赣江、新安江，说是有如长江三峡呢。自从浙赣路通，从杭州到金华，不过三四小时；而杭徽公路既通，朝发午至，不独新安江很少行客，即富阳、桐庐、建德、兰溪、金华的轮运帆运，也只以运货为限。大家连富春江七里泷都忘掉了。"[②]

除了公路之外，清末民国时期，新安江流域的铁路也开始兴修。如皖赣铁路皖段，始建于清光绪三十一年（1905），后来由国民政府铁道部投资招工修建。1938 年，因战火逼近，为阻止日军南侵，国民党政府遂下令当地驻军拆除钢轨，破坏路基和桥涵。[③]1940 年 10 月 10 日，日军飞机六架空袭屯溪，皖南养路队落弹五枚，办公室及宿舍被炸，死 1 人，伤 2 人。1942 年春，日本侵略军由浙向马金岭方向进犯，威胁皖南山区。皖南行署急令各县，将屯景路楠木岭至祁门、大北埠至小维岭段、芜屯路绩溪至丛山关段、省屯路太平至汤口段、屯淳路定潭至街口段自行破坏。[④]1938 ~ 1945 年抗日战争期间，辖区路旋毁、旋修，交通濒于梗阻。[⑤] 交通的破坏，使得皖南的一些特产无法外运。

交通的变化，对于新安江流域的社会产生了多方面的影响。1935 年，有位叫"伯

---

① 李绍忠：《徽州》，《中学生文艺季刊》第1卷第1期，1935年。
② 曹聚仁：《万里行记》卷5《浙东》，生活 · 读书 · 新知三联书店，2000年，第242页。
③ 歙县地方志编纂委员会：《歙县志》，中华书局，1995年，第254页。
④ 徽州地区交通志编纂委员会：《徽州地区交通志》，黄山书社，1996年，第13页。
⑤ 徽州地区交通志编纂委员会：《徽州地区交通志》，黄山书社，1996年，第51页。

肇”的徽州中学学生，在《徽州》一文中写道：“民国二十二年冬杭徽路通车，徽州的‘世外桃源’的藩篱也就打破了。”[①]1936年，李士权在《谈谈“无徽不成镇”的徽州城》中指出：“自从徽杭、芜屯、省屯、淳屯……各公路通车以来，徽州的地位一变，各路的中心点，都集中在徽州，而徽州人一向守旧的思想，也因而起了划时代的变化，从前是流浪者口头宣传，而今是亲身体验，这些汽车路所带到徽州的，好的方面是时代的文明，坏的方面是时代的罪恶，一切的一切，都渐渐地变了！……西门外的地皮自汽车开通以后，已由二三十元一亩而飞涨至二三百元，在这衢铁路中心点的徽州——歙县——这条路开通以后，徽州的繁荣是可预料的。”[②]虽然徽州的发展并不如李氏所预期，但因公路、铁路之渐次开通，对于新安江上游地区的社会经济发展显然产生了重要的影响。

四、自然灾害

除了战争、经济、交通等因素之外，传统时代的自然灾害，对于城镇发展也有一定的影响。

综合方志记载，地处亚热带的新安江流域，降水以锋面雨为主，降雨时分，涉及的范围广、雨量多、强度大，而且往往来势凶猛，雷电交加，极易形成灾害性天气，从而导致山溪水位的暴涨暴落。另外，每年梅雨期结束，雨带北移，伏旱即至，一个多月内天气晴燥，蒸发极为旺盛，故而又容易造成干旱。在这种背景下，新安江流域的水旱灾害一向就相当严重。特别是洪灾，更是如影随形。近数百年来，由于对山区开发的加剧，在新安江流域的许多地方，存在着诸多滥伐山林的现象，从而导致了日趋严重的水土流失，这使得洪灾发生的频率远较以往更高。明万历《遂安县志》中收录有唐龙的《节推白溪陆公遗爱记》，其中提及：“嘉靖己亥夏，严州路大水，遂安下流腾涌，巨浸滂溃，屋庐冲啮，鲜完堵，稼且漂为断梗，穷民多溺死，不死者相为聚盗。”1915年，徽州歙县南乡一位私塾先生在《苦情诗》中，追忆了光绪二十七年（1901）三至五月间的洪灾，指出当时因“天时不顺，默雨数月不堪，其水涨来甚大，万民死其无数。”为此，他作有《洪水纪事》诗一首：

---

① 《中学生》1935年第52期。

② 《市政评论》第4卷第8期，1936年。

辛丑年间被水灾，朝日暮夜暮天开。农人误拓人生事，一步行来一步催。栽种田园栽种时，心为焦燥【躁】费心机。越雨越落越又大，湿未湿黑湿参差。大雨滔滔五月天，万家苦了叫声怜。黄麦乱尽胡须色，失去粮食费用钱。一番大雨水遥遥，性命攸关也不劳。蛟龙得雨千重浪，滚去人家万户推。两岸青山浮动饶，几多白屋浸油摇。诸人齐上高楼望，耳听池中大海潮。洪水涨来满屋高，撑船街市镇摇摇。吓到惊慌无去躲，涎死之人总不消。谁家性命在高楼，叫破喉咙也难留。眼泪汪汪无可救，水推沙涨埋滩头。一阵雨来一阵高，好被江湖起大潮。都此前生该注定，其人怎得见波涛。却恨爹娘莫怨天，家资推尽不安然。一时三刻池中物，尸首推来千万千。圣主原来不奉天，谁家落去不堪怜。披头散发尸难过，满泪汪汪下九泉。

此一抄本后的署名题作“民国肆年桃月日立，方华云抄写一本”，从笔迹及内容上看，抄录者显然文化水平不高。不过，诗歌反映的自然灾害对城乡的破坏却颇为生动。类似于上述描写中的洪灾，在历史时期曾一再发生。清末宣统二年（1910）六月十七日《申报》上有一则《金、衢、严、绍水灾警告》曰：

浙省金、衢、严、绍各属，自四月终迄今，兼旬狂雨，各港山水同时暴发，宣泄不及，横溢成灾，而尤以严东关下游为最盛。因徽江、衢江之水汇合下注尤猛烈，严州府城沿江一带冲坍房屋数十间，兰溪县城自初五至今，街衢水高丈余，沿江商民损失尤钜。上游淳安、遂安及徽属之屯溪镇以下灾情尤重。昨据遂安茶商某君言，接到家报云：威坪上游界口镇迤东某村出蛟，全村烟灶三百余户全行冲没，什物猪犬，蔽江而下，间杂男女尸骸，见者咸为酸鼻云。旧年各属被水，今年复加重数倍，下游如桐庐、富阳等县，沿江亦有冲没民居情事，各属麦田、菜豆、早稻等受伤尤甚……

报道中提到的“遂安茶商某君”，显然是来自歙县界口（街口）一带的徽州茶商，所述颇为翔实，从中可见水灾损失之惨重。关于这一点，邱金茂《屯溪风光》[①] 中就

---

①《现代邮政》第3卷第1期，1948年。

有“咆哮的水”，其中提及：“屯溪四面皆山，山水均流入新安江，江身狭浅，每当雨季，山洪暴发，大水一时不能宣泄，每易成灾。民国廿九年屯溪大水，人民损失，洪水来时数小时之内，江水由浅而深，由深而溢，流入街道，轻则断绝交通，重则毁屋伤人，且水流湍急，来势甚猛，汪洋一片，滚滚东流，树木器物，随流急下，莫可阻御，状伟而可怖。”另外，1942年，深渡遭受特大洪水，几乎淹没全镇，商店损失较大。[①] 这种情况，也存在于整个新安江流域。

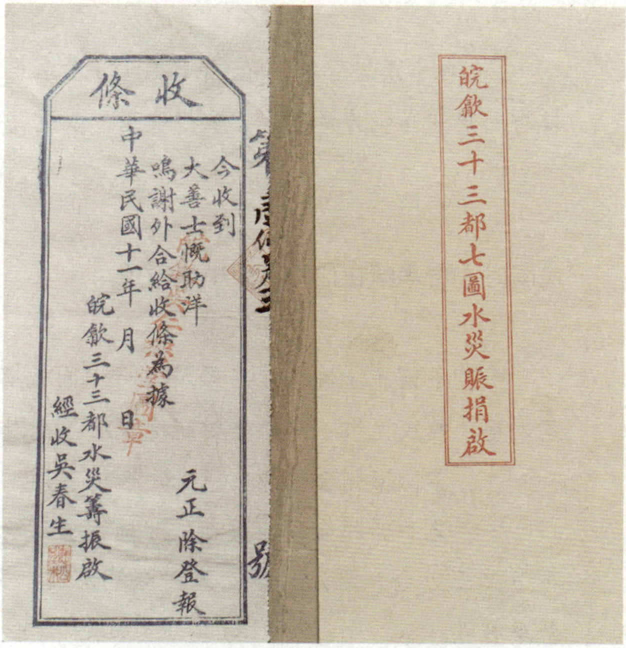

1922年歙县三十三都七图水灾赈捐相关文件

据十多年前淳安县防汛防旱指挥部办公室余本祥的介绍，从1848～1948年的100年间，淳安县发生全县性大洪水12次，平均每8年一次。从1949年至2006年的58年间，淳安县发生全县性大洪水8次，平均每7年一次。[②] 例如，1901年，“浙江富阳、桐庐、淳安等县，蛟洪暴涨，惨被奇灾”。1901年8月6日《申报》刊登上海北市丝业会馆施则撰写的《述浙省灾情》，其中提及：

> 一、严州东关沿江铺户被灾者约数十家，其里岸民居当山洪溜入时，随波漂没者竟有三十余户。此外颓垣破屋，一望皆然。
>
> 一、严州城内市面货物半被糟蹋，南门外沿城等处地方，及对江各村落，竟有变成沙碛，生瓦无存者，四望高阜，支篷架竹，类皆垫溺余生，其荡析离居之惨，令人目不忍睹。

① 安徽省徽州行政公署商业局：《徽州商业志》，第102页。
② 余本祥：《淳安县小流域洪灾防御要点分析与应用》，《中国防汛抗旱》2008年第2期。

……

一、自小溪岩登陆，直至茶园左近，十余里岸倾路断，田禾被水后，颜色焦枯，甚有一片汪洋化为泽国者。乡村坟墓，或竟荡焉无存。

……

民国时人詹华国在他的笔记中也写道：

一、茶园市上冲去小店矮屋二三十间，墙坍壁倒者，合镇尽然。闻相距数里之遥，被灾尤惨，竟有全村断绝炊烟，其因饥饿而毕命者，日有所闻。

一、茶园徽州会馆漂去所寄之柩百余具。

一、港口为粮食聚集处所，平时交易甚大，近来异常萧索，商人之耗折者不下二三万金。沿江村落、田禾淹没无遗，土性又不宜补种，晚禾灾象已成，势难补救。

一、淳安城中虽突遭洪水，民居亦多颠覆，然幸未伤人，邑尊拟举行平粜，以苏民困。以上所历灾区，以严属为最重。然闻徽之屯溪上游，更有十倍于此者。

当代的水灾记录

1922年6月15日和7月11日，浙江省两次大水，“滚滚洪涛卷地来”，酿成了奇灾巨劫，新安江畔的淳安、分水二县受灾尤为严重，史称“壬戌洪水”。为了体察灾情，淳安县威坪镇黄江潭村人方赞修（字述斋），“登山陟水，驰勘数月”，后抱笔成吟，遂成《勘灾杂咏》。该书以诗歌形式，对灾后惨目伤心的灾荒图景做了翔实的描摹。壬戌洪水造成了大面积的山体滑坡。“那年山洪暴发，村村都在啼哭，老伴被洪水吞没，茅屋在水上漂浮”，这成了许多淳安人的惨痛记忆。这种情形，一直到1949年以后还有发生。其中，以1969年6、7月和1999年

6月洪水所造成的灾害最为严重。[1]不过，由于新安江流域山区的特征，洪水来得快，但消退也颇为迅速。因此，虽然有时也造成极为严重影响，但灾后的恢复状况仍然较好。

第二节　20世纪以来新安江流域的城镇变迁

根据新安江流域各市县方志的记载，民国元年（1912）废徽州府，各县直属安徽省。1931年，设首席县长制，徽州首席县长驻歙县。此后，新安江上游的行政区域变动不居。比较大的变动如：1934年7月，婺源县划属江西省。抗战时期，安徽国民政府统治区有两个重要的政治文化中心，长江以北为立煌县（即后来的金寨县），长江以南为屯溪，故而出现“北有立煌，南有屯溪”之说。屯溪成为东南战区之大后方，皖南抗日救亡运动的中心。1947年6月，婺源县划回安徽省。1949年5月，成立徽州专区，隶属皖南区，治所初置歙县，后迁屯溪。全区领屯溪市和绩溪、旌德、歙、休宁、黟、祁门6县，婺源县则划属江西省。此后，一度废除徽州专区，原领诸县市改隶芜湖专区。后又重设徽州专区，继而改为徽州地区，以及后来的地辖市。1983年12月，撤销太平县，以所辖区域与歙县黄山公社、石台县广阳公社合并，成立黄山市（县级）。1986年11月27日，国务院发出《关于安徽省徽州地区行政区划的批复》，撤销徽州地区、屯溪市和黄山市，设立地级黄山市，市人民政府驻屯溪，下辖歙县、休宁、黟县、祁门4县和黄山和徽州2区。而在下游，最大的变化是淳安、遂安一带的行政区划变迁。民国初年，淳安县县以下行政区仍沿用清末旧制。1921年，全县分为10区，辖263村里。1930年，取消原有区名，冠以数字。1934年10月撤区，改为县与乡镇两级制。1940年，实行新县制，分东、西2区。1941年，设城区、威坪、茶园和桥西4区，下辖31乡镇。1949年，废除保甲制，逐步建立行政村。1959年7月，划31乡镇为83乡镇，辖441个行政村。1956年8月，港口、茶园、威坪由镇改为乡。遂安县也有类似的变动过程。1958年10月，经国务院批准，撤销遂安

① 余本祥：《淳安县小流域洪灾防御要点分析与应用》，《中国防汛抗旱》2008年第2期。

县建制，与原淳安县合并。行政区划的调整，特别是黄山市行政区划之形成，对于新安江上游城镇发展具有一定的影响。

除此之外，20 世纪以来，新安江流域的城镇变迁，主要受两个因素的制约：

第一，新安江水库的修建，改变了整个新安江流域的生态与环境，也在一定程度上影响着沿线城镇之发展。

根据新安江水库建设的各类数据显示，[①] 新安江干流穿行于崇山峻岭，水流湍急，险滩众多，河床比降明显，据统计，从安徽屯溪至浙江铜官不到 100 公里，天然有效落差竟高达 100 多米。流域地形西高东低，地质以沉积岩为主，当地气候温暖湿润，雨量充沛，流域内多年平均降雨量为 1756 毫米，径流量达 113 亿立方米，是建造大型水电站的上佳地点。新安江水电站是中国第一个五年计划的重点项目之一，1957 年，其主体工程正式动工兴建。根据最初的设计，该电站以发电为主，兼顾防洪、航运、排灌、养殖、林果木生产以及旅游业开发等，具有多方面的综合性效益。对此，曹聚仁在《新安江的黎明》一文中指出："我曾从屯溪下船，一夜之间，便轻舟过了万重山，第二天早晨到了建德，走完这一百八十公里的新安江；却也曾从淳安上陆步行，走过了威坪到街口，才宿下来。当时，我们当然想不到今天的新安江水库，就在街口安坝筑库发电的。大概三十年前，也有几位谈水利的朋友，说是在衢港筑坝，可以发电供全省之用；也有人说七里泷也是水电的筑坝理想所在。直到 1956 年 7 月，才知道我们第一个水电厂，正在新安江中段，我所步行的一段上——从安徽屯溪到浙江淳安铜官峡谷，街上面几公里许，水位天然落差上下达百米之巨，江流湍急。水库于 1957 年筑坝，1960 年 4 月开始发电，今年 10 月 1 日全部完工，新安江也就进入它的黎明期了。……它的电力，除了供应浙江全省、皖城乡，即安徽的南半，还可以供应上海及苏南一部分城乡，它带来的光明，就有这么广阔。这也是三十年前所想不到的。"

新安江水电站建成投产以后，虽然并没有达到预期设计的多年平均值，但其产生的直接、间接经济效益也颇为可观。具体说来，它为长江三角洲一带的部分农田，提供了可靠的农用电源，促进了农村电力排灌事业的发展，为一些农田的旱涝保收奠定了一定的基础。1958 年夏，萧华作有一首《新安江江水电站》诗："宏坝

① 本节有关新安江水电站的各类数据，根据本书参考书目中所列相关各书的记载综合而成，不再一一注明。

横截新安江，银线排空输电忙。碧水悠悠肥鱼跃，澄波涟涟育新桑。巨人挥动万马力，送能送电又送光。自力更生歌一曲，工农携手奔前方。”根据相关专家的描述，新安江水电站建成之后，在当地形成了一个巨大的水库，因库容量大、蓄水多，一定程度上调节了洪水下泄的流量，使得新安江上游的洪水流量大为削减，减轻了新安江下游和富春江沿岸数十万亩农田，以及沿江城镇的水害。水电站建成蓄水之后，新安江库区之航运条件较此前一些地方的情况有所改善。此外，新安江水库建成后，部分区域的淡水渔业生产有所发展，因水库形成而出现的“湖泊效应”，形成了良好的生态环境，有助于库区水果、茶叶及香料植物的栽培。此类的湖泊效应，也对气候具有一定的调节作用，使得库区的一些地方形成环境优美的风景区，促进了千岛湖镇等处旅游的发展。

当然，历史的发展，并未完全尽如人意。我们也应当看到，新安江水库的建设，在产生巨大综合性效益之外，同时也带来了环境、社会等诸多方面的问题。前后历时十数年的新安江库区移民工作，是在中国特定的历史条件下展开的“国家特别行动”，其中，充满了极为复杂的曲折和偏差。新安江水库建成之后，“峰峦成岛屿，平地卷波涛”，这一环境与社会的变迁，带来了多方面的影响。根据《新安江开发志》的记载，“据从 1954 年 7 月开始历时两年完成的水库淹没调查统计，共淹没淳安县 49 个乡镇、1377 个自然村；淹没耕地近 31 万市亩；淹没房屋 26 万余间；淹没城镇、集镇各 5 座；淹没国营、公私合营、合作企业等工商企业 255 家；淹没矿藏资源 5 处；淹没交通设施及公路干线 4 条，计 137 公里；淹没电信线路 505.1 公里；淹没文物古迹（春秋战国至明清时期）1040 处；尚有不计其数的古树名木等。淳安库区人民为兴建水库作出巨大牺牲；而库区移民安置动迁，则是淳安人民为支援水电站建设，促进能源建设事业发展作出的巨大奉献”。① 新安江建成水电站后，淳安等地因其城镇基础、交通、电讯设施悉数被毁，工商企业纷纷外迁，由此经历了一个“倒退十年，徘徊十年，恢复十年”的艰难过程。新安江水库的建设，还产生了大批移民，其中有不少原先是城镇人口，这也重构了新安江流域的人口地理版图。以城镇的盛衰递嬗为例，今天的淳安县，系 1958 年由原淳安、遂安两县合并而成，原有的两县县城及淳安境内的威坪、港口、茶园 5 座古城镇，已于 1959 年新安江电站水库建成蓄水时没入水中，彻底走入了历史。

① 《新安江开发志》编纂委员会、淳安县新安江开发总公司：《新安江开发志》，浙江人民出版社，2009年，第3页。

与此同时，当然也新兴了一些城镇。如，千岛湖原名排岭，在明嘉靖《淳安县志》中载为“牌岭”，原是荆棘丛生的深山僻坞。1959 年新安江水库形成后，成为三面环水、一面枕山的蜂腰形半岛。此后几经改造，其城镇建设得以逐渐发展。1991 年，排岭更名为“千岛湖镇”，成为新安江中游水陆交通两便的城镇。

2. 交通状况的变化

在 20 世纪 30 年代以前，皖南运输主要依赖新安江、阊江和青弋江三条水路。原先，屯溪沿新安江顺流而下至杭州，传统上一直是徽州人外出务工经商的主要途径，1950 年代初尚能正常航行。新安江流域以屯溪为中心，形成的主要航道包括屯杭线（屯溪至杭州）、屯渔线（屯溪至渔亭）、屯上线（屯溪至上溪口）和屯龙线（屯溪至龙湾），水域范围内有大小民船数百艘，加上来自中下游各地的船只，总泊数多达千艘。每年通过新安江输出红绿茶和大量土特产品，同时输入来自下游乃至长江三角洲的日用工业品。水上交通虽然极为繁忙，但也存在着一些局限。当时，在新安江流域广泛流传着一首民歌：“一条新安江，下飘到苏杭，上游到黄山，难字三点滩，三百六十滩，滩滩泪汪汪。”这首民歌，道尽了沿新安江水路旅行的艰辛。1933 年 11 月，徽杭线（徽州至杭州）全线通车，这使得新安江水运的作用受到严重削弱。20 世纪 50 年代末新安江水电站大坝之建成，新安江水运及陆运更是受到重大打击，这也使得水路沿线的城镇遭受不同程度的影响。例如，屯淳路是连接皖、浙两省的主要公路，起自屯溪，经岩寺、歙县、大阜、定潭、正口、街口至浙江淳安（威坪），全长 119 公里。1959 年新安江水库建成后，街口至威坪和街口至正口段公路淹入水库中，屯淳公路交通中断，这对淳安的影响尤为重大。此后，淳安境内的所有公路均被截断，外连杭州、开化和安徽歙县的公路也都成了断头路。从此，素称“三省通衢”的淳安，与县外完全隔绝。此后，虽然交通有所恢复，但由于运输环节增加、线路延长，淳安境内的商品运输不仅成本高、途耗多，而且效益极低。

20 世纪 20 年代末，新安江上游的徽州境内始建公路。1929 年 3 月，屯溪至休宁 18 公里公路建成通车，开境内公路交通之先声。至 1935 年底，相继建成芜（湖）屯（溪）、省（安庆）屯（溪）、杭（州）徽（州）、屯（溪）景（德镇）、屯（溪）淳（安）和汤（口）茅（棚）6 条公路。新安江流域公路的发展，使得一些地方的商品流通更为便捷，一定程度上抑制了流域内部分地区物价上涨。例如，根据《中国经济志》20 世纪 30 年代的调查，“歙县在公路未通前，各种物价与外界相差甚巨。凡本地土产，以运输不便，低价出售；外进货物，因交通不便，运费昂贵，价值亦因之高涨。今则沪杭朝发夕至，有无相通，各种物价，亦起一重大变化”。这种情况，也同样发生在当代。例如，街口镇位于新安江西岸，与东岸新溪口乡隔江相望，中间隔着200多米的新安江水，严重阻碍了江水两岸村民的日常往来。早年，方圆数十里地的村民如需过河，只能依靠摆渡的船只，或驱车绕行近4小时的山路，方能到达彼岸。2021年9月29日，街口大桥正式建成通车，一桥飞架东西，极大地方便了新安江两岸民众的生产和生活。据初步统计，街口镇现有桔园上千亩，涉及数百家种植户。在大桥建成以前，当地生产的桔子要想卖出，既要陆路运输，又要水运。而现在大桥建成了，先前渡河的时间被节省下来，这对街口镇的经济带来了重要利好。

街口大桥

当然，公路的日渐发展，也直接导致了一些传统港口之衰落。例如，位于练江上游的临溪，在传统时代是旌德、绩溪两县外通浙江的港口，每天有至少数十艘货船进出港口，一度颇为繁荣。及至20世纪30年代，随着芜屯、徽杭公路的通车，临溪港的水运日趋衰落。到了50年代，因水道严重淤塞，再加上雄路至旌德公路建成，港口水运完全断绝。再如，位于歙县城南练江左岸的渔梁，直到民国初年仍然相当繁忙。根据《徽州地区交通志》记载：“坝上有扬之、富资、丰乐三水的货船百余艘进出港口，年吞吐量万余吨。60年代初期，坝上只能行驶5吨左右的尖头船。坝下上行屯溪38公里，下行深渡32公里，每天有六十余艘货船进港，吞吐量万吨左右。因公路、铁路修通，渔梁港口航运也日趋衰落”。[①] 类似的情况，也同样发生在深渡港。在1958年以前，

① 徽州地区交通志编纂委员会：《徽州地区交通志》，黄山书社，1996年，第176～177页。

深渡是屯溪前往杭州途中的重要中转港口。新安江大坝建成以后，因航运中断，深渡一度颇为寂寥。当时，因筑坝高抬的水位，使得深渡仅剩一条长约 500 米左右的小街。不过，因 1959 年徽州公路运输异常紧张，各县进出物资又改由新安江水运中转，深渡遂重新成为水陆运输的重要港口。此种状况一直维持到 80 年代，当时，皖赣铁路通车，公路运输也大为发展，新安江航线中转货物遂逐年下降。

除了普通铁路之外，近十多年来的高铁建设，对于新安江流域的交通格局，更有着重要的影响。2010 年 7 月，《新建杭州至黄山铁路项目建议书》通过中华人民共和国发展和改革委员会的批复。2014 年 9 月，杭黄高速铁路全线开工建设。及至 2018 年 3 月 12 日，杭黄高速铁路铺轨全线贯通；同年 12 月 25 日，杭黄高速铁路正式开通运营。杭黄高铁起自浙江省杭州市，经富阳，沿富春江南岸至桐庐后跨越富春江，经建德、淳安向西北，由安徽省绩溪县至黄山北站，正线全长 287 千米，其中浙江省境内 208 千米，安徽省境内约 80 千米。在新安江流域停靠的站点，包括建德、千岛湖、三阳、绩溪北、歙县北、黄山北。该线路连接起杭州、富春江、千岛湖和黄山等名城、名江、名湖、名山，在很大程度上促进了沿线旅游业的发展。而随着交通网络的不断完善，新安江流域各地日渐形成一个以高铁、高速公路和国、省道公路为主干，以县乡道路为支脉，以民航、水运为补充的四通八达的立体交通网络，此一交通格局的出现，也必然会对区域内城镇的发展带来重要的影响。

参考文献

一、地图、地名志、地名录、地名词典等

淳安县地名委员会：《浙江省淳安县地名志》，1984 年。

屯溪市地名委员会办公室：《安徽省屯溪市地名录》，1985 年。

歙县地名委员会办公室：《安徽省歙县地名录》，1987 年。

绩溪县地名办公室：《安徽省绩溪县地名录》，1988 年。

陈桥驿：《浙江古今地名词典》，浙江教育出版社，1991 年。

陈基余等：《安徽大辞典》，上海辞书出版社，1992 年。

朱道青：《中国水系辞典》，青岛出版社，2007 年。

安徽五福文化产业发展有限公司：《徽商大典》，上海书店出版社，2013 年。

歙县民政局：《安徽省歙县地名志》，团结出版社，2020 年。

安徽省自然资源厅：《安徽省历史地图集 · 古旧地图卷》，中国地图出版社，2021 年。

二、地方志

光绪《淳安县志》，清光绪十年（1884）刻本，复旦大学古籍部藏。

绩溪旅台同乡会：《重印绩溪县志》，1962 年。

康熙《休宁县志》，“中国方志丛书”，成文出版社，1970 年。

《皖志便览》，光绪二十四年（1898）刊本，“中国方志丛书”，成文出版社，1974 年。

康熙《徽州府志》，“中国方志丛书”，成文出版社，1975 年。

乾隆《歙县志》，“中国方志丛书”，成文出版社，1975 年。

道光《徽州府志》，“中国方志丛书”，成文出版社，1975 年。

民国《遂安县志》，“中国方志丛书”，成文出版社，1975 年。

弘治《徽州府志》，“天一阁藏明代方志选刊”，上海古籍出版社，1982年。

万历《遂安县志》，“中国方志丛书”，成文出版社，1983年。

安徽省通志馆 :《安徽省通志稿》，“中国方志丛书”，1934年铅印本，成文出版社，1985年。

《徽州府志辨证》，道光七年（1827）刊本，“中国方志丛书”，成文出版社，1985年。

乾隆《绩溪县志》，“中国方志丛书”，成文出版社，1985年。

安徽省徽州行政公署商业局 :《徽州商业志》，1987年前后，打印稿。

歙县水利电力局 :《歙县水利志》，1988年，油印本。

淳熙《新安志》，“宋元方志丛刊”，中华书局，1990年影印本。

休宁县地方志编纂委员会 :《休宁县志》，安徽教育出版社，1990年。

屯溪市地方志编纂委员会 :《屯溪市志》，安徽教育出版社，1990年。

淳安县志编纂委员会 :《淳安县志》，汉语大词典出版社，1990年。

[清]江登云 :《橙阳散志》，“中国地方志集成”乡镇志专辑，江苏古籍出版社，1992年。

歙县地方志编纂委员会 :《歙县志》，中华书局，1995年。

徽州地区交通志编纂委员会 :《徽州地区交通志》，黄山书社，1996年。

黄山市公路志编纂委员会 :《黄山市公路志》，方志出版社，1996年。

弘治《休宁志》，“北京图书馆古籍珍本丛刊”，北京图书馆出版社，1997年。

民国《歙县志》，“中国地方志集成”安徽府县志辑，江苏古籍出版社，1998年。

道光《休宁县志》，“中国地方志集成”安徽府县志辑，江苏古籍出版社，1998年。

绩溪县地方志编纂委员会 :《绩溪县志》，黄山书社，1998年。

中共石雄村地支部委员会、石雄村村民委员会编，洪竹胜主编 :《石雄村志》，“绩溪徽学研究丛书”之七，2000年。

[清]佘华瑞撰，吴之兴点校 :《岩镇志草》，黄山市徽州区人民政府办公室、黄山市徽州区地方志编纂委员会办公室，2004年。

朱祝新 :《徽州古村落——璜蔚志》，《璜蔚志》编纂组、黄山学院徽州文化研究所，2007年。

《新安江开发志》编纂委员会、淳安县新安江开发总公司 :《新安江开发志》，浙江人民出版社，2009年。

黄山市地方志编纂委员会：《黄山市志（ ～ 2006）》，黄山书社，2010 年。

歙县地方志编纂委员会：《歙县志（ ～ 2005）》，黄山书社，2010 年。

万历《草创歙志》，《上海图书馆藏稀见方志丛刊》，国家图书馆出版社，2011 年。

黄山市徽州区地方志编纂委员会：《黄山市徽州区志》，黄山书社，2012 年。

黄山市屯溪区地方志编纂委员会：《黄山市屯溪区志》，方志出版社，2012 年。

休宁县地方志编纂委员会：《休宁县志》，黄山书社，2012 年。

嘉庆《黟县志》，黄山书社，2014 年。

《淳安县志（1986 ～ 2005）》编纂委员会：《淳安县志（1986 ～ 2005）》，浙江人民出版社，2014 年。

《瀛洲村志》编纂委员会：《瀛洲村志》，2019 年。

三、文书汇编及相关史料

《屯溪基地契白议约地图书信投词帖》，清康熙年间徽州盐商诉讼案卷抄本，1 册。

[清]春甫氏：《新安纪程》，歙县“西溪南吴氏文书”之一，日记抄本，1 册。

《万里云程》，清歙县茶商路程抄本，1 册。

[清]程襄龙：《澂塘山房古文存稿》，道光刻本，复旦大学图书馆古籍部藏。

[清]夏之盛：《新安纪行草》，道光二十七年（1847）钱塘夏氏刻本，上海图书馆藏。

[清]戴启文：《新安游草》，光绪二十一年（1895）刊本，线装 1 册，安徽省图书馆古籍部藏。

光绪三十四年（1908）第三十刻《（徽宁）思恭堂征信录》，思恭堂藏板。

[清]欧阳国：《重修渔亭石桥征信录》，宣统三年（1911）排印本，安徽省图书馆古籍部藏。

[清]李培：《灰画集》，训练总监编辑局编刊，复旦大学中国历史地理研究所资料室藏。

《屯溪南水卡裁撤案由》，徽旅联合会印送，癸亥（1923）冬月。

《古黟新语》第 12 号“编余随笔”，民国十五年（1926）八月一日出版，安徽省黟县档案馆藏。

蒋维乔撰：《黄山纪游》一卷、《白岳纪游》一卷、《严子陵钓台纪游》一卷，1928 年油印本，上海图书馆古籍部藏。

舒啸：《灯光人影、啸余漫录》，屯溪聚文堂，1932 年。

[清] 詹元相：《畏斋日记》，载中国社会科学院历史研究所清史研究室：《清史资料》第 4 辑，中华书局，1983 年。

张海鹏、王廷元：《明清徽商资料选编》，黄山书社，1985 年。

中国社会科学院历史研究所收藏整理：《徽州千年契约文书》40 卷，河北花山文艺出版社，1991 年。

崔莫愁：《安徽乡土谚语》，黄山书社，1991 年。

杨正泰校注：《天下水陆路程 · 天下路程图引 · 客商一览醒迷》，山西人民出版社，1992 年。

欧阳发、洪钢：《安徽竹枝词》，黄山书社，1993 年。

杨正泰：《明代驿站考》，上海古籍出版社，1994 年。

黄宾虹、邓实：《美术丛书》，江苏古籍出版社，1997 年。

[明] 方承训：《复初集》，四库全书存目丛书编纂委员会编《四库全书存目丛书》集部第 187 册、188 册，齐鲁书社，1997 年。

[明] 李维桢：《大泌山房集》，四库全书存目丛书编纂委员会编《四库全书存目丛书》集部第 152 册，齐鲁书社，1997 年。

上海书画出版社、浙江省博物馆：《黄宾虹文集》，上海书画出版社，1999 年。

许承尧：《歙事闲谭》，黄山书社，2001 年。

陈智超：《明代徽州方氏亲友手札七百通考释》，安徽大学出版社，2001 年。

田涛、[美] 宋格文、郑秦：《田藏契约文书粹编》，中华书局，2001 年。

鲍传江等：《故纸堆》，北京图书馆出版社，2003 年。

[明] 戴廷明、程尚宽等：《新安名族志》，黄山书社，2004 年。

[明] 汪道昆撰，胡益民、余国庆点校：《太函集》，黄山书社，2004 年。

杨正泰：《明代驿站考（附：一统路程图记、士商类要）》，上海古籍出版社，1994 年。

刘伯山：《徽州文书》第 1 辑，广西师范大学出版社，2005 年。

[明] 傅岩：《歙纪》，黄山书社，2007 年。

詹鸣铎著，王振忠、朱红整理校注：《(新发现的徽商小说) 我之小史》，安徽教育出版社，2008 年。

[清] 赵吉士辑撰，周晓光、刘道胜整理：《寄园寄所寄》，黄山书社，2008 年。

舒育玲：《徽州楹联通览》，黄山书社，2013 年。

淳安县茶文化研究会：《淳安古今咏茶诗词选》，中国文史出版社，2014 年。

李琳琦、梁仁志：《徽商会馆公所征信录汇编》上、下册，人民出版社，2016 年。

封越健：《中国社会科学院经济研究所藏徽州文书类编 · 散件文书》，社会科学文献出版社，2017 年。

[清] 王振声：《王振声日记》，凤凰出版社，2017 年。

王振忠：《徽州民间珍稀文献集成》30 册，复旦大学出版社，2018 年。

[清] 徐卓辑，李琳琦、梁仁志校注：《休宁碎事》，安徽师范大学出版社，2018 年。

[清] 刘汝骥编，梁仁志校注：《陶甓公牍》，安徽师范大学出版社，2018 年。

[清] 汪洪度著，董家魁校注：《新安女史征》，安徽师范大学出版社，2018 年。

[清] 潘钟瑞：《潘钟瑞日记》，凤凰出版社，2019 年。

封越健：《中国社会科学院经济研究所藏徽州文书类编 · 置产簿》，社会科学文献出版社，2020 年。

戴元枝：《清至民国徽州杂字文献集刊》，广西师范大学出版社，2020 年。

卞利：《徽州民间规约文献精编 · 会馆、善堂、公所暨行业规约卷》，安徽教育出版社，2020 年。

刘伯山：《徽州文书》第 7 辑，广西师范大学出版社，2020 年。

杨永生、翟屯建：《新安江诗词选注》，中国科学技术大学出版社，2020 年。

[清] 王振声撰，孟化、张廷银整理：《王振声诗文书信集》，凤凰出版社，2020 年。

四、调查报告、文史资料以及游记等

东亚同文会：《安徽省志》，民国传钞本。

《中国经济志》第 2 册“安徽省 · 歙县、休宁”，“民国史料丛刊”第 9 种，1935 年版，传记文学出版社，1971 年影印。

建设委员会调查浙江经济所统计课：《浙江经济调查》第 8 册“淳安县”，建设委员会调查浙江经济所，1931 年。

钱兆隆：《钱塘江上流游记》，《地理杂志》第 4 卷第 2 期，1931 年。

傅宏镇：《皖浙新安江流域之茶业》，祁门南乡平里：安徽省立茶业改良场编辑，1934 年。

昭蔚：《徽州鸟瞰》，《绸缪月刊》第 2 卷第 2 期，1935 年。

王昌楷：《遂安畜牧之概况》，《浙江畜牧》1935 年创刊号。

澄清：《徽州之茶》，《文友》1937 年第 1 卷第 5 期。

徐方幹、傅宏镇：《浙西遂淳之茶业》，《浙江建设月刊》1937 年第 10 卷第 8 期。

细草：《徽州的枣市——深渡》，《皖南人》第 5 期，1940 年。

大江：《战时皖南行政资料》，屯溪隆阜：中国文化服务社皖南分社，1945 年，美国哈佛燕京图书馆藏。

华东军政委员会土地改革委员会：《安徽省农村调查》，“华东农村经济资料”第 4 分册，1952 年 12 月（内部资料）。

吴子俊：《屯溪南北货经营类叙》，政协屯溪区文史资料研究委员会：《屯溪文史》第 1 辑，1987 年。

汪行之：《屯溪木业概述》，政协屯溪区文史资料研究委员会：《屯溪文史》第 2 辑，1989 年。

汪行之：《解放前屯溪盐业》，政协屯溪区文史资料研究委员会：《屯溪文史》第 2 辑，1989 年。

吴子俊：《屯溪南北货业经营方式》，政协屯溪区文史资料研究委员会：《屯溪文史》第 2 辑，1989 年。

吴兴中：《淳遂两县的私营工商业》，政协淳安县文史资料委员会：《淳安文史资料》第 6 辑，1990 年。

孙泽柽：《狮城简说》，政协淳安县文史资料委员会：《淳安文史资料》第 6 辑，1990 年。

程雷生：《狮城秦泰源商号》，政协淳安县文史资料委员会：《淳安文史资料》第 7 辑，1991 年。

方鸿志：《茶园石》，政协淳安县文史资料委员会：《淳安文史资料》第 7 辑，1991 年。

唐德刚译注：《胡适口述自传》，华东师范大学出版社，1993 年。

赵本一：《民国屯溪商业市场概略》，政协屯溪区文史资料研究委员会：《屯溪文史》第 4 辑，1993 年。

苏绍周：《屯溪盐商纪事》，政协屯溪区文史资料研究委员会：《屯溪文史》第 4 辑，1993 年。

郑示言：《民国七年屯溪商业状况调查》，政协屯溪区文史资料研究委员会：《屯溪文史》第 4 辑，1993 年。

郑示言：《六七十年前的屯溪》，政协屯溪区文史资料研究委员会：《屯溪文史》第 5 辑，1996 年。

东南大学建筑系、歙县文物管理所：《徽州古建筑丛书——渔梁》，东南大学出版社，1998 年。

曹聚仁：《万里行记》，生活 · 读书 · 新知三联书店，2000 年。

陈安生、鲍翔立：《屯溪老街》，黄山书社，2002 年。

汪顺生、余坚：《休宁徽商老字号名录》，黄山市徽州文化研究院编《徽州文化研究》第 3 辑，黄山书社，2004 年。

程必定等：《徽州五千村》，黄山书社，2004 年。

浙江省淳安县《新安江大移民》史料征编委员会：《新安江大移民：新安江水库淳安移民纪实》，浙江人民出版社，2005 年。

歙县文化局编纂委员会：《歙县民间艺术》，安徽人民出版社，2006 年。

童禅福：《国家特别行动：新安江大移民》，人民文学出版社，2009 年。

金涛：《徽州记忆》1 ~ 5 卷，黄山市文化新闻出版局监制，2009 年。

邵弹声：《徽商在兰溪》，载黄山市屯溪区政协文史资料委员会：《屯溪文史》第 7、8 合辑，2009 年。

[法]劳格文，王振忠：《徽州传统社会丛书》5 种 6 册，复旦大学出版社，2011 ~ 2016 年。（包括吴正芳：《徽州传统村落社会：白杨源》，2011 年；许骥著：《徽州传统村落社会：许村》，2013 年；卜永坚、毕新丁编《婺源的宗族、经济与民俗》上、下册，2013 年。柯灵权著：《歙县里东乡传统农村社会》，2014 年；王振忠：《歙

县的宗族、经济与民俗》，2016年）

王振忠：《抗日战争时期的徽州社会》，载黄山市屯溪区政协文史资料委员会：《屯溪文史》第14辑，2015年。

吴康福：《新安江富春江库区大移民》，中国文史出版社，2015年。

[英]罗伯特·福琼：《两访中国茶乡》，江苏人民出版社，2016年。

邵宝振：《徽州碑刻辑录》之五，《徽学》第15辑，社会科学文献出版社，2021年。

[德]费迪南德·冯·李希霍芬著（德）E.蒂森选编，李岩、王彦会译，《李希霍芬中国旅行日记》上，商务印书馆，2018年。

五、著　作

叶显恩：《明清徽州农村社会与佃仆制》，安徽人民出版社，1983年。

唐力行：《商人与中国近世社会》，浙江人民出版社，1993年。

张海鹏、王廷元：《徽商研究》，安徽人民出版社，1995年。

王振忠：《明清徽商与淮扬社会变迁》，生活·读书·新知三联书店，1996年，2014年修订版。

王世华：《富甲一方的徽商》，浙江人民出版社，1997年。

唐力行：《明清以来徽州区域社会经济研究》，安徽大学出版社，1999年。

王振忠：《徽州社会文化史探微——新发现的16至20世纪民间档案文书研究》，上海社会科学院出版社，2002年；商务印书馆，2020年再版。

熊远报：《清代徽州地域社会史研究：境界·集团·ネットワークと社会秩序》，汲古书院，2003年。

朱开宇：《科举社会、地域秩序与宗族发展：宋明间的徽州：1100～1644》，台湾大学出版委员会，2004年。

王振忠：《水岚村纪事：一九四九年》，北京：生活·读书·新知三联书店，2005年。

邵之惠、洪璟、张脉贤：《徽菜》，安徽人民出版社，2005年。

杭州市江干区政协文史和教卫文体委员会：《江干往事》，杭州富春印务电子有限公司承印，2006 年。

王一胜：《宋代以来金衢地区经济史研究》，社会科学文献出版社，2007 年。

徐树林：《淳安建县立郡肇始地——威坪》，浙江人民出版社，2008 年。

王振忠：《新安江》，江苏人民出版社，2010 年。

[日]中岛乐章：《明代乡村纠纷与秩序——以徽州文书为中心》，江苏人民出版社，2010 年。

胡家禔：《徽州朝奉故事大观》，黄山书社，2010 年。

王振忠：《明清以来徽州村落社会史研究——以新发现的民间珍稀文献为中心》，上海人民出版社，2011 年。

冯剑辉：《崇商尊文两相济——万安》，合肥工业大学出版社，2011 年。

邹怡：《明清以来的徽州茶业与地方社会（1368 ~ 1949）》，复旦大学出版社，2012 年。

徐树林、王兢：《淳安都文化》，中国文化艺术出版社，2012 年。

汪顺生：《溪口——新安江源第一埠》，合肥工业大学出版社，2014 年。

姚存山：《徽苑漫笔》，安徽人民出版社，2015 年。

淳安县茶文化研究会：《一叶知千岛》，中国文史出版社，2017 年。

卞利：《徽州：传统聚落规划和建筑营建理念研究》，安徽人民出版社，2017。

卞利：《徽州聚落规划和建筑图录》，安徽人民出版社，2017 年。

章毅：《理学、士绅与宗族——宋明时期徽州的文化与社会》，浙江大学出版社，2017 年。

黄忠鑫：《明清民国时期皖浙交界的山区社会》，华中师范大学出版社，2018 年。

王振忠：《从徽州到江南：明清徽商与区域社会研究》，上海人民出版社，2019 年。

郭锦洲：《宋明间徽州社会和祭祀礼仪》，安徽大学出版社，2020 年。

王振忠：《明清以来徽州日记的整理与研究》，安徽大学出版社，2021 年。

邵宝振：《发现徽州：徽学资料整理与研究》，安徽师范大学出版社，2021 年。

六、论文集及单篇论文

《江淮论坛》编辑部：《徽商研究论文集》，安徽人民出版社，1985年。

刘淼辑译：《徽州社会经济史研究译文集》，黄山书社，1988年。

黄山市徽州学研究会：《徽学》第2期，《徽商研究专辑》，1990年。

周绍泉、赵华富：《'98国际徽学学术讨论会论文集》，安徽大学出版社，2000年。

王振忠撰：《"徽州朝奉"的俗语学考证》，《中国社会经济史研究》1996年第4期。

杨春雷：《试论明清徽州市镇与社会转型——兼与江浙市镇比较》，《安徽史学》1996的第4期。

沈炳尧：《明清遂安县房地产买卖商品化特征——明清遂安县和徽州府各县房地产买卖比较研究》，《浙江学刊》1996年第1期。

王振忠：《清代一个徽州村落的文化与社会变迁——以〈重订潭滨杂志〉为中心》，《中国社会变迁：反观与前瞻》，复旦大学出版社，2001年。

王振忠：《新安江上的徽商武装巡船》，《寻根》2003年第2期。

[韩]朴元熇：《明清时代徽州的市镇与宗族——歙县岩镇和柳山方氏环岩派》，《上海师范大学学报》2005年第1期。

方舟：《徽州乡绅与地方社会——以〈岩镇志草〉为中心》，《徽学》第4卷，安徽大学出版社，2006年。

王振忠：《万历〈歙志〉所见明代商人、商业与徽州社会》，《传统中国研究集刊》第5辑，上海人民出版社，2008年。

邹怡：《产业集聚与城市区位巩固：徽州茶务都会屯溪发展史（1577～1949)》，《"中央研究院"近代史研究所集刊》第66期，2009年。

张秋婵：《岩镇潘氏宗族考索》，《徽州社会科学》2010年第7期。

王振忠：《湮没的古镇》，《读书》2010年第6期。

王振忠：《明清以来徽州的保安善会与"五隅"组织》，台湾《民俗曲艺》第174期《华中、南与台湾的宗教与社会专辑》，财团法人施合郑民俗文化基金会，2011年。

郭锦洲：《明朝徽州的合族过程——以岩镇吴氏为中心》，《徽学》第7卷，黄山书社，2012 年。

王旭：《皖南山区水利工程与地域社会——以歙县渔梁坝为例》，《农业考古》2012 年第 6 期。

郭锦洲：《明朝徽州的合族过程——以岩镇吴氏为中心》，《徽学》，2012 年卷。

王振忠：《谢肇淛的徽州之行》，《读书》2014 年第 10 期。

唐力行、申浩：《差异与互动：明清时期苏州与徽州的市镇》，《社会科学》2004 年第 1 期。

王振忠：《20 世纪初以来的村落调查及其学术价值——以社会学家吴景超的〈皖歙岔口村风土志略〉为例》，《安徽大学学报》2015 年第 3 期。

王振忠：《万安停槥处：一处徽州慈善设施的重要遗存》，《寻根》2015 年第 3 期。

安君：《明代岩镇汪氏宗族与地方社会互动论略》，《中国地方志》2016 年第 7 期。

祝虻：《明清时期徽州宗族共生的实际形态研究——以岩镇为中心》，《重庆交通大学学报》2017 年第 6 期。

顾维方、李玉尚：《疾病生态史视角下的徽州历史新探——以渔梁坝与歙县血吸虫病为例》，《苏州大学学报》2017 年第 6 期。

陈杰：《宋元以来徽州的宗族、聚落与地域社会——以歙县西乡为中心》，上海师范大学博士学位论文，2017 年。

华烨、冯贤亮：《明中后期徽州岩镇的社会空间与秩序确立——以〈岩镇志草〉的记述为中心》，《徽学》第 11 辑，社会科学文献出版社，2018 年。

王振忠：《太平天国之后淳安港口镇的徽商活动与诉讼纠纷——以〈福元店屋讼底抄稿〉为中心》，《地方文化研究》2020 年第 5 期。

王振忠：《新安江水路上的徽商与淳安茶园》，《徽州社会科学》2020 年第 12 期。

张萍、张梦婷：《徽商与清末屯溪的社会救助——以屯溪公济局的创办为例》，《徽学》第 14 辑，社会科学文献出版社，2020 年。

王振忠：《晚清民国时期徽商在淳安的经营活动——以天和、福元号相关文书为例》，《中国区域文化研究》第 3 辑，中国社会科学出版社，2021 年。

崔龙健、后娇娇：《近代徽州蜜枣加工业述论》，《徽学》第 15 辑，社会科学文献出版社，2021 年。

卢东：《因市布城：近代屯溪城市空间的形成与演变》，《徽学》第 15 辑，社会科学文献出版社，2021 年。

吴秉坤 :《旅浙徽属保商公会考述》，载王振忠、张小坡 :《徽州文书与中国史研究》第 3 辑，中西书局，2022 年。

方静 :《绩溪徽商程本辉遗产继承文书个案评析》,《徽州社会科学》2023 年第 1 期。

后　记

十多年前，我在江苏教育出版社出版过一部小书《新安江》，书中对于新安江流域的风俗民情、民间信仰、商业文化和环境变迁等皆有所涉及。不过，当我着手撰写这部新安江流域城镇的相关著作时，仍然感到有不少章节可资借鉴的前人研究成果颇为薄弱。为此，我不得不从基本史料的爬梳做起，先行整理资料，继而撰写相关论文，然后再将其以合适的笔调写入本书中。

大致说来，就新安江流域整体而言，其上游徽州的文献相当丰富，前贤时彦之研究成果亦颇为丰硕，而中下游的资料则比较缺乏，可资利用的成果亦相当有限。为了避免畸轻畸重，我通过广泛爬梳徽州文书资料，先后整理了浙西淳安福元号资料、遂安徽商王有兴文书等，为新安江中下游的研究提供了一批重要文献。在史料遴选上，如有相同性质的文献，尽量选择下游淳安、遂安一带的史料，希望借此能更好地揭示整个新安江流域城镇的变迁。

在此过程中，我陆续撰写了多篇文章。其间，曾利用两种新见曲本，专门研究了民国时期朱老五“火烧屯溪街”的故事——《朱老五闹徽州：历史劫难的流传与记忆》一文，发表于“澎湃·私家历史”。另外，还撰写了《新安江水路上的徽商与茶园》，刊载于《徽州社会科学》2020年第12期；《太平天国之后淳安港口镇的徽商活动与诉讼纠纷——以〈福元店屋讼底抄稿〉为中心》一文，刊载于《地方文化研究》2020年第5期；《晚清民国时期徽商在淳安的经营活动——以天和、福元号相关文书为例》，刊载于安徽师范大学编辑的《中国区域文化研究》第3集（2021年3月）；《从徽州文献看浙西威坪镇的历史》（上、下），分别刊载于《徽州社会科学》2022年第7期、第8期。这些，都构成本书部分章节的基本骨架。当然，在撰写过程中，也参考了相关的研究成果，这些，都在相关章节行文注释内加以交代，并在参考文献中列出相关成果。

在本书的撰写过程中，谢国兴教授提供了遂安、淳安的相关地图，复旦大学中国历史地理研究所的同事邹怡、安徽大学徽学研究中心的李甜也提供了一些帮助，特此一并谨申谢忱!

王振忠

2023 年清明于上海新江湾